KB184779

2025 개정판

챕스랜드 서채빈 편저

1급

기출 6회분

▶챕스랜드

소방안전관리자

고난도 기출유형 찍어먹기 예상

1급 완벽 대비

✔ 최신 출제경향 반영된 실전모의고사 '6회분' + α
✔ Exclusive 영상 콘텐츠 제공
✔ 퀴즈 문제로 기본개념 완벽정리
✔ 헷갈리는 계산 문제 공략법 수록
✔ OMR 카드로 완벽한 마킹 연습
✔ 기본 이론 저자직강 유튜브 채널 운영

무료 강의

누적 970만 뷰

네이버 카페 바로가기

PREFACE

소방안전관리자 1급 소.고.기.찜

함께 걷는 합격의 길!

<찐정리>를 시작으로, 열일곱 번의 개정을 거듭하며 변함없이 되새겨온 단 하나의 목표는, "실질적인 도움이 되는 자료를 만들자!"였습니다.

그리고 언제나 그 마음을 다잡을 수 있었던 것은 수많은 수험생분들께서 전해주신 진심 어린 메시지와 감사한 응원의 말씀들 덕분이었습니다. 특히 60대, 70대 이상 수험생분들께서 보내주신 도전에 대한 힘찬 열정에 몇 번이고 제 자신을 일으켜 다시 책상 앞에 앉을 수 있었고, 또한 지인분들께서도 제 책과 자료를 보고 계시다는 소식들을 접하면서 진정 '내가 공부하는 마음'으로 한 문제 한 문제를 엮어나갔습니다.

저는 똑똑한 사람도, 특별한 사람도 아니지만 그런 제가 직접 공부하고, 시험 보고, 합격했습니다. 그 과정에서 초심자라면 마주하게 되는 한계와 어려움에 누구보다 깊이 공감할 수 있었고, 그 벽을 뛰어넘고자 끊임없이 고민하고 노력한 결과, 수천 건의 합격 수기와 다양한 데이터베이스를 기반으로 체계적인 노하우를 구축할 수 있었습니다.

계속해서 옷을 바꿔 입는 신규 유형과 빈도 높은 필수 개념, 그리고 실점을 노리는 악랄한 고난도 변형 문제에 이르기까지 어떤 각도에서든 '지피지기 백전백승(知彼知己 百戰百勝)'을 위한 완벽한 대비책으로써 합격을 미리 '찜'해두는 즐거움이 되고자 합니다.

[챕스랜드 커뮤니티]는 수만 명이 모여 움직이는 자료, 소통하는 책이 되어 궁금증에 직접 질문하고 답변하며 합격의 기쁨을 함께 나누는 소통의 장이 되었습니다. 그 모든 열정에 보답하기 위해 더욱 지독하고 집요하게, 오랜 시간 진심을 담았습니다.

혼자 하는 공부가 더 이상 두렵지 않도록!

그것이 이 책의 탄생 이유이자 변하지 않는 목적입니다.

저자 **서채빈**

POINT

소방안전관리자 1급 소.고.기.찜

1 전지부 출제 데이터를 기반으로 최신유형의 고난도 기출예상문제를 담았습니다.

2 단원별 출제 비중을 고려한 구성으로 철저하게 설계되었습니다.

3 OMR 카드가 수록되어 있어 답안지 마킹 시간까지 체크할 수 있습니다.

4 정답과 오답에 해당하는 모든 해설이 담겨 있어 답안 확인과 동시에 복습까지
2배의 공부 효과를 볼 수 있습니다.

5 〈찐정리〉 이론서 및 유튜브 강의를 통해 무료로 전강의 학습이 가능합니다.

6 네이버 카페를 통해 질문과 피드백이 가능합니다.

GUIDE

소방안전관리자 1급 소.고.기.찜

① 응시자격

응시자격	1급, 2급, 3급까지의 소방안전관리자는 [한국소방안전원]의 강습을 수료한 사람이라면 누구나 시험 응시가 가능합니다. 다만 관련 학력 또는 경력 인정자에 한하여 바로 시험에 응시할 수도 있는데 이에 해당하는 자격 조건은 한국소방안전원에 명시된 사항을 통해 확인하실 수 있습니다.

② 시험 절차

구분		내용
취득절차	1급	한국소방안전원 강습 10일(80시간) → 응시접수 → 필기시험 → 합격 → 자격증 발급
한국소방안전원 강습	1급	8시간씩 10일간(총 80시간) 수강
	• 전국 각 지사에서 매월 진행 • 지역(지부)별 강습 및 시험 일정 : 한국소방안전원 홈페이지 '강습교육 신청' 참고	
응시 접수	한국소방안전원 홈페이지 및 시도지부 방문 접수	

※ 응시수수료 및 시험 일정은 한국소방안전원 홈페이지를 참고해주세요(www.kfsi.or.kr).

③ 시험 안내

시험과목	문항 수	시험 방법	시험 시간	합격 기준
1과목	25	객관식 4지 선다형 1문제 4점	1시간(60분)	전 과목 평균 70점 이상
2과목	25			

④ 합격자 발표

합격자 발표	가. 시험 당일 합격 통보 나. 만약 불합격하더라도 강습을 수료한 상태라면 재시험이 가능하기에 10일간의 강습을 수료하는 것이 중요합니다.

CONTENTS

소방안전관리자 1급 소.고.기.찜

소방안전관리자 1급
모의고사

| 1회차 |

1회차 모의고사

01 소방관계법령에서 정하는 용어의 정의로 옳지 아니한 것을 고르시오.

① 관계지역이란 소방대상물이 있는 장소 및 그 이웃 지역으로서 화재의 예방·경계·진압,구조·구급 등의 활동에 필요한 지역을 말한다.

② 소방안전관리자는 소방대상물의 관계인에 포함되지 않는다.

③ 소방대상물에는 건축물, 차량, 항해 중인 선박 등이 포함된다.

④ 소방대는 소방공무원, 의용소방대원, 의무소방원으로 구성되는 조직체이다.

02 무창층에 대한 설명으로 옳지 않은 것을 모두 고르시오.

> ⊙ 지하층 중에서 개구부의 면적 총합이 해당 층의 바닥면적의 30분의 1 이하인 층을 의미한다.
> ⓒ 개구부의 크기는 지름 50cm 이하의 원이 통과할 수 있어야 한다.
> ⓒ 개구부의 하단이 해당 층의 바닥으로부터 1.2m 이하여야 한다.
> ② 개구부는 내·외부에서 쉽게 부술 수 있어야 한다.

① ⊙, ⓒ

② ⓒ, ⓒ

③ ⓒ, ②

④ ⊙, ⓒ, ②

03 다음 제시된 건축물 일반현황을 참고하여 CS빌딩에 대한 설명으로 옳은 설명을 고르시오.

구분	건축물 일반현황
명칭	CS빌딩
규모/구조	• **연면적** : 15,000m² • **층수** : 지상 8층 • **높이** : 32m • **용도** : 업무시설 • **사용승인일** : 2001.01.20
소방시설 현황	• 옥내소화전설비 • 스프링클러설비

① CS빌딩은 2급소방안전관리대상물이다.

② 소방안전관리보조자 선임 대상이 아니다.

③ 2024년 7월에 작동점검을 실시한다.

④ 소방공무원 근무 경력이 3년 이상인 자를 소방안전관리자로 선임할 수 있다.

04 소방안전관리자를 선임하지 아니하는 특정소방대상물의 관계인이 수행해야 하는 업무가 아닌 것을 고르시오.

① 소방계획서 작성

② 피난시설, 방화구획 및 방화시설의 유지·관리

③ 화기취급 감독

④ 소방시설 및 그 밖의 소방관련시설의 유지·관리

05 소방시설관리업으로 등록한 자로 하여금 대통령령으로 지정한 소방안전관리대상물의 업무를 대행할 수 있는 특정소방대상물의 조건을 고르시오.

① 아파트를 제외하고 지하 5층, 지상 25층인 특정소방대상물

② 지하를 제외하고 48층, 높이 210m인 아파트

③ 지하를 제외하고 12층, 연면적 21,000m²인 특정소방대상물

④ 지하를 제외하고 11층, 연면적 9,000m²인 특정소방대상물

06 위험물 안전관리자를 선임하지 아니한 관계인으로서 위험물시설의 설치 및 변경 등에 대한 규정에 따른 허가를 받은 자에게 부과되는 벌칙을 고르시오.

① 1년 이하의 징역 또는 1천만원 이하의 벌금

② 1천500만원 이하의 벌금

③ 1천만원 이하의 벌금

④ 500만원 이하의 과태료

07 재난 유형별 대응체계 중 다음의 내용에 해당하는 단계와 그때의 대응 활동으로 옳은 것을 고르시오.

> 징후 활동이 비교적 활발하고 국가 위기로 발전할 수 있는 일정 수준의 경향성이 나타나는 상태

① 관심(Blue) / 징후활동 감시

② 주의(Yellow) / 대비계획 점검

③ 경계(Orange) / 즉각 대응태세 돌입

④ 심각(Red) / 대규모 인원 피난

08 다음 중 양벌규정이 부과되지 아니하는 행위를 고르시오.

① 소방시설을 화재안전기준에 따라 설치 및 관리하지 아니한 행위

② 자체점검 결과 소화펌프 고장 등 중대위반사항이 발견된 경우 관계인이 필요한 조치를 하지 아니한 행위

③ 관계인이 소방안전관리자에게 불이익한 처우를 한 행위

④ 화재예방안전진단을 받지 아니한 행위

09 다음 중 화재로 오인할 만한 우려가 있는 불을 피우거나 연막소독을 실시하고자 하는 자가 신고를 하지 아니하여 소방자동차를 출동하게 한 경우 20만 원 이하의 과태료가 부과될 수 있는 지역 또는 장소에 해당하지 아니하는 것을 고르시오.

① 석유화학제품을 생산하는 공장이 있는 지역
② 시·도조례로 정하는 지역 또는 장소
③ 위험물의 저장 및 처리시설이 있는 지역
④ 목조건물이 밀집한 지역

10 다음 중 건축에서 정하는 사항으로 보기 어려운 것을 고르시오.

① 방화구획
② 피난통로 등의 구조 및 치수 규정
③ 연기의 확산 및 제연
④ 지하층

11 건축물에 대한 정의로 옳지 아니한 것을 고르시오.

① 토지에 정착하는 공작물 중 지붕과 기둥, 지붕과 벽이 있는 것을 의미한다.
② 대문이나 담장 등 부수되는 시설물도 포함된다.
③ 지하 또는 고가의 공작물에 설치하는 차고 및 창고도 포함된다.
④ 기타 국토교통부령으로 정하는 것이 포함된다.

12 개축에 대한 설명 중 각 빈칸에 들어갈 말로 옳은 것을 고르시오.

기존 건축물의 전부 또는 일부(지붕틀, 내력벽, 기둥, (A) 중 (B) 이상 포함되는 경우)를 철거하고, 그 대지 안에서 이전과 동일한 규모의 범위 내에서 건축물을 다시 축조하는 것

	(A)	(B)
①	주계단	3개
②	보	3개
③	주계단	4개
④	보	4개

13 가연성 물질의 구비조건에 대한 설명으로 옳은 것을 모두 고르시오.

㉠ 활성화에너지가 크다.
㉡ 열전도도가 작다.
㉢ 산소와 친화력이 크다.
㉣ 비표면적이 작다.
㉤ 연소열이 크다.

① ㉠, ㉢
② ㉠, ㉣
③ ㉡, ㉢, ㉤
④ ㉡, ㉢, ㉣, ㉤

2회차

3회차

4회차

5회차

6회차

마무리 문제

Yes or No 퀴즈

헷갈리는 계산문
제 공략법

14 다음 중 불활성 기체로 가연물이 될 수 없는 불연성 물질을 고르시오.

① Ar
② H_2O
③ CO_2
④ N_2

15 다음 중 연소 시 산소공급원이 될 수 없는 것을 고르시오.

① 공기
② 제2류위험물
③ 제1류위험물
④ 제6류위험물

16 다음의 사례에서 작용한 소화방식으로 가장 적절한 것을 고르시오.

전기실A에서 화재가 발생하여 감지기에 의해 화재를 조기에 발견하였다. 이후 이산화탄소를 이용한 가스계소화설비가 자동으로 작동하여 국소방출방식에 의해 약제를 살포하고, 동시에 전기실A를 자동으로 폐쇄하여 외부의 공기 유입을 막고 산소의 농도를 제어함으로써 화재발생 초기에 효과적으로 화재를 진압할 수 있었다.

① 냉각소화
② 질식소화
③ 제거소화
④ 억제소화

17 다음 중 표면연소에 대한 설명으로 옳은 것을 고르시오.

① 열분해를 통해 가연성 증기를 발생시키는 고체의 연소형태이다.
② 연소 시 화염은 백색 또는 청색을 띤다.
③ 분말소화약제를 이용한 억제소화가 효과적이다.
④ 라디칼이 발생하지 않는다.

18 농연을 분출하고 파이어볼 형성을 동반하는 실내화재의 현상과 가장 관련이 적은 것을 고르시오.

① 연기폭발(Smoke explosion)이라고도 한다.
② 화재실 개방 전 천장 부근을 개방해 폭발력을 억제할 수 있다.
③ 천장 부근에 축적된 가연성 가스에 의해 실내 전체가 폭발적으로 화염에 휩싸인다.
④ 건물 벽체 붕괴 현상이 나타난다.

19 위험물에 대한 정의로 빈칸 (A), (B)에 들어갈 말이 가장 타당한 것을 고르시오.

위험물이란, ___(A)___ 또는 ___(B)___ 등의 성질을 갖는 것으로 대통령령으로 정하는 물품을 이른다.

① 인화성, 연소성
② 가연성, 발화성
③ 인화성, 발화성
④ 가연성, 연소성

20
같은 장소에서 다음과 같이 2품명 이상의 위험물을 저장하고 있는 경우 위험물의 저장 및 취급에 대한 설명으로 옳지 아니한 것을 고르시오.

- 유황 : 60Kg
- 질산 : 240Kg

① 유황은 지정수량의 0.6배를 저장하고 있다.
② 질산은 지정수량의 0.8배를 저장하고 있다.
③ 위험물 제조소등에서 저장 및 취급해야 한다.
④ 위험물안전관리법에 의해 시·도 조례에 따라 관리한다.

21
다음 제시된 표를 참고하여 표의 (A), (B)에 해당하는 가스 및 가스누설경보기 설치 위치에 대한 설명이 옳지 아니한 것을 고르시오.

구분	(A)	(B)
주성분	CH_4	C_4H_{10}, C_3H_8
용도	도시가스	가정용, 공업용, 자동차연료용
비중	0.6	1.5~2

① (A) : LNG - 가스연소기로부터 수평거리 8m 이내의 위치에 설치한다.
② (A) : LNG - 탐지기의 하단이 천장으로부터 하방 30cm 이내의 위치하도록 설치한다.
③ (B) : LPG - 가스연소기 또는 관통부로부터 수평거리 4m 이내의 위치에 설치한다.
④ (B) : LPG - 탐지기의 상단이 천장으로부터 상방 30cm 이내의 위치하도록 설치한다.

22
제4류위험물의 성질로 옳은 것을 고르시오.

① 물과 혼합되면 연소 및 폭발을 일으킨다.
② 자체는 불연이나 충격 및 마찰로 산소를 발생시킨다.
③ 자연발화를 일으키므로 용기파손에 주의가 필요하다.
④ 증기는 공기보다 무겁다.

23
통합 감시시스템에 대한 설명으로 옳지 않은 것을 고르시오.

① 장소적 통합 개념으로 구성된다.
② 비용, 장소, 인력 문제를 해결할 수 있다.
③ 시스템적 통합을 통해 감시가 용이하다.
④ 언제, 어디서든 정보 수집이 용이하다.

24
다음 중 화기 취급 작업 시 관리·감독 절차에 대한 설명으로 옳지 아니한 설명을 고르시오.

① 화재 안전 감독자는 예상되는 화기 작업의 위치를 확정하고 예방책을 확인한다.
② 작업 현장의 준비상태가 확인되고 화재 감시자는 화기 작업 허가서에 서명 후 허가서를 발급한다.
③ 화재 감시자는 작업 중은 물론, 휴식 시간 및 식사 시간에도 감시활동을 계속 진행해야 한다.
④ 작업완료 시 화재감시자는 해당 구역에 30분 이상 더 상주하면서 착화 여부 감시 및 직상, 직하층에 대한 점검을 병행한다.

25 종합방재실의 역할과 기능으로 보기 어려운 것을 고르시오.

① 방재상 관리운영 분리 및 입체적 감시

② 설비의 제어 및 작동상황 집중 감시

③ 재난 및 피해의 최소화

④ 정확한 정보 제공

26 응급처치의 기본사항에 대한 설명으로 바르지 아니한 것을 고르시오.

① 환자의 구강 내에 이물질이 있는 경우 눈에 보이더라도 손으로 제거하려 해서는 안 되고 하임리히법을 실시하거나 기침을 유도한다.

② 심한 상처로 출혈이 발생한 부위에는 청결하게 소독된 거즈로 응급처치하고 붕대로 드레싱하는 것이 바람직하다.

③ 혈액량의 5분의 1 출혈 시 생명을 잃게 되므로 출혈 환자의 경우 신속하게 지혈처리를 해야 한다.

④ 환자가 구토를 하는 경우 머리를 옆으로 돌려 질식을 예방한다.

27 출혈 시 일반적인 증상으로 보기 어려운 것을 고르시오.

① 호흡과 맥박이 빠르고 불규칙하다.

② 혈압이 상승하고 체온이 저하된다.

③ 갈증을 호소하고 구토가 발생한다.

④ 피부가 창백하고 축축해진다.

28 심폐소생술에 대한 설명으로 옳은 것을 고르시오.

① 심폐소생술은 B→A→C의 순서로 시행한다.

② 호흡이 6분 이상 중단되면 뇌 기능이 손상되므로 반드시 인공호흡을 시행한다.

③ 환자의 가슴뼈 아래쪽 절반 위치를 5cm 깊이로 강하게 압박한다.

④ 인공호흡 시 코를 막고 가슴이 올라올 정도로 5초에 걸쳐 인공호흡한다.

29 옥내소화전설비의 구성부 중 다음의 설명에 해당하는 것을 고르시오.

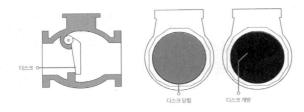

• 배관 내 유체의 흐름을 한쪽 방향으로만 흐르도록 하는 기능을 수행하는 밸브로, 주 급수배관이 아닌 물 올림 장치의 펌프 연결 배관, 유수 검지장치의 주변 배관과 같이 유량이 적은 배관상에 사용된다.

① 스윙체크밸브
② 스모렌스키 체크밸브
③ OS&Y밸브
④ 풋밸브

30 소화기의 사용순서에 대한 설명으로 옳지 않은 것을 고르시오.

① 화점으로부터 2~3m 거리를 띄우고 소화기를 근접한다.
② 소화기를 바닥에 놓고 손잡이를 잡고 안전핀을 제거한다.
③ 한 손은 노즐, 다른 손은 손잡이를 잡고 화점에 조준한다.
④ 방사 시 손잡이를 누르자마자 놓지 않도록 주의하여 방사한다.

31 다음은 펌프성능시험 중 최대운전에 대한 설명이다. 그림을 참고하여 최대운전 시 조작하는 밸브(A)로 알맞은 것을 그림의 (가)~(다)에서 고르고, 이때 빈칸(B)에 들어갈 값으로 알맞은 것을 고르시오.

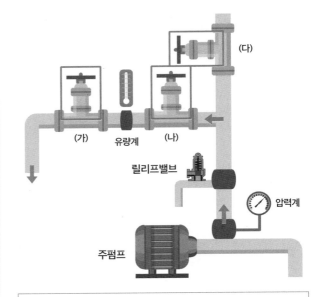

• 최대운전
1. 유량조절밸브(A)를 중간 정도만 개방 후 주펌프 수동 기동
2. 유량계를 보며 유량조절밸브(A)를 조작하여 정격토출량의 _(B)_ %일 때의 압력을 측정한다.
3. 이때 정격토출압력의 65% 이상 되는지를 확인한다.
4. 주펌프 정지

① (A) : (가), (B) : 140
② (A) : (나), (B) : 150
③ (A) : (가), (B) : 150
④ (A) : (다), (B) : 140

2회차

3회차

4회차

5회차

6회차

마무리 문제

Yes or No 퀴즈

헷갈리는 계산은 제 공략법

32 옥내소화전의 방수압력 측정에 대한 설명으로 옳은 것을 고르시오.

① 피토게이지는 봉상주수 상태에서 직각으로 측정한다.

② 피토게이지를 노즐 직근에 밀착하여 측정한다.

③ 옥내소화전이 3개 설치된 경우 3개를 동시에 개방시킨 상태로 측정한다.

④ 측정 시 관창은 반드시 방사형 관창을 사용한다.

33 비화재보 발생 시 대처 요령에 대한 순서로 빈칸에 들어갈 말을 차례대로 고르시오.

```
1) 수신기에서 화재표시등, 지구표시등을 확인
2) 해당 구역으로 이동해 상황을 확인
3) 비화재보 상황일 시 [ A ]
4) 비화재보 원인 제거
5) 수신기에서 복구 버튼 누름
6) 음향 복구 및 [ B ] 소등 확인
```

	[A]	[B]
①	음향장치 작동	화재표시등
②	음향장치 정지	스위치주의등
③	음향장치 작동	예비전원감시등
④	음향장치 정지	지구표시등

34 각 설치 장소별 피난구조설비의 적응성에 대한 설명으로 옳은 것을 고르시오.

① 노유자시설의 5층에서 완강기는 적응성이 있다.

② 근린생활시설, 의료시설 중 입원실이 있는 의원 및 조산원 등의 3층에서 피난트랩은 적응성이 있다.

③ 다중이용업소로 영업장의 위치가 4층 이하인 다중이용업소의 2층에서 미끄럼대는 적응성이 없다.

④ 4층 이상의 층에 설치된 노유자 시설 중 장애인 관련 시설로 주된 사용자 중 스스로 피난이 불가한 자가 있는 경우 완강기가 적응성이 있다.

35 공연장, 집회장, 장례시설, 의료시설 등의 장소에서 능력단위 1 이상의 소화기 설치 시 기준 면적으로 옳은 것을 고르시오.

① 해당 용도의 바닥면적 $30m^2$

② 해당 용도의 바닥면적 $50m^2$

③ 해당 용도의 바닥면적 $100m^2$

④ 해당 용도의 바닥면적 $200m^2$

36 감시제어반의 스위치 위치가 다음의 그림과 같을 때 동력제어반이 감시제어반과 동일한 상태가 되려면 동력제어반에서 점등되어야 하는 스위치(버튼)를 모두 고르시오.

감시제어반

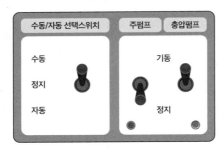

동력제어반

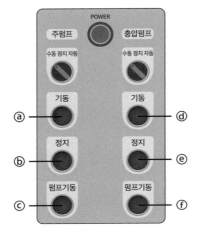

① ⓐ, ⓓ
② ⓐ, ⓒ
③ ⓑ, ⓓ, ⓕ
④ ⓐ, ⓒ, ⓓ, ⓕ

37 옥외소화전이 39개 설치될 때 소화전함의 설치방법과 개수로 옳은 것을 고르시오.

① 옥외소화전마다 5m 이내에 1개씩 소화전함을 총 39개를 설치한다.
② 11개의 소화전함을 분산 설치한다.
③ 옥외소화전 5개마다 1개씩 소화전함을 총 8개를 설치한다.
④ 옥외소화전 3개마다 1개씩 소화전함을 총 13개를 설치한다.

38 가스계 소화설비의 점검 중 솔레노이드밸브 격발시험 방법에 대한 설명으로 옳지 않은 것을 고르시오.

① 연동전환 후 수동조작함의 기동스위치를 눌렀을 때 격발되는지 확인한다.
② 밸브 자체에 부착된 수동조작버튼을 눌러 4초 후 격발되는지 확인한다.
③ 방호구역 내 감지기 A, B를 동작시켜 격발되는지 확인한다.
④ 제어반에서 솔레노이드밸브 선택스위치를 수동 기동 상태로 전환해 격발되는지 확인한다.

39 1층 사무실A에서 감지기가 작동했을 때 수신기에서 점등 및 작동되는 것을 모두 고르시오. (이때 화재실 외 조건은 무시한다.)

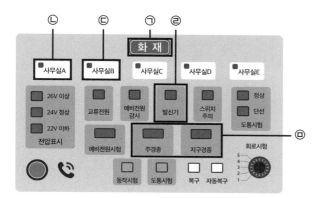

① ㉠, ㉡, ㉤

② ㉡, ㉣, ㉤

③ ㉠, ㉡, ㉣, ㉤

④ ㉠, ㉡, ㉢, ㉣, ㉤

40 다음의 장치에 대한 설명으로 옳은 것을 모두 고르시오.

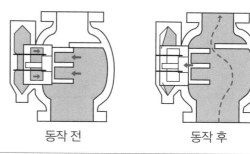

동작 전   동작 후

> ㉠ 준비작동식 스프링클러설비의 유수검지장치인 프리액션밸브이다.
> ㉡ 배관 내 압력이 상승하면 과압을 방출하는 역할을 한다.
> ㉢ 배관 내 유체흐름을 제어하고 역류 방지 기능을 수행한다.
> ㉣ 후드밸브의 고장으로 펌프가 공회전하는 것을 방지하기 위해 보충수를 공급한다.

① ㉠

② ㉠, ㉡

③ ㉠, ㉢

④ ㉡, ㉣

41 수신기의 점검에 대한 설명으로 옳지 않은 것을 고르시오.

① 동작시험 후 복구가 완료되면 스위치주의등이 소등된 것을 확인한다.

② 도통시험 시 정상 전압은 4~8V이다.

③ 예비전원 정상 여부는 예비전원시험 스위치와 자동복구 스위치를 눌러 확인한다.

④ 오동작방지기가 있는 수신기의 경우 점검 전 축적 스위치를 비축적 위치에 둔다.

42 다음 그림과 같이 침대가 없는 숙박시설의 수용인원을 산정하시오.

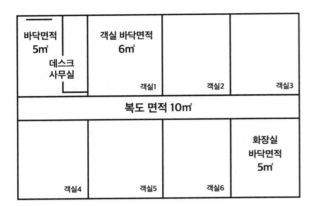

- 종사자 수:2명
- 객실 바닥면적:6m²
- 사무실 바닥면적:5m²,
- 화장실 바닥면적:5m²
- 복도 바닥면적:10m²

① 15명
② 16명
③ 17명
④ 18명

43 소요수량이 80m³일 때 설치하여야 하는 채수구의 개수를 고르시오.

① 1개
② 2개
③ 3개
④ 4개

44 다음 그림과 같은 건물의 최소 경계구역 개수를 구하시오.(단, 한 변의 길이는 모두 50m 이하로 간주한다.)

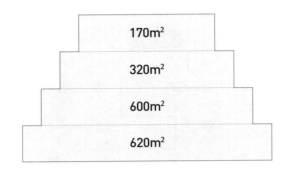

① 6개   ② 5개
③ 4개   ④ 3개

45 B터널에 대한 설명을 참고하여 〈보기〉에서 B터널의 점검 시 필요한 장비를 모두 고르시오.

- 특정소방대상물의 명칭:B터널
- 소방시설 현황:옥내소화전설비, 소화기, 물분무등소화설비, 연기감지기, 자동화재탐지설비, 비상조명등, 제연설비
- 사용승인일:2019. 01. 19
- 작동점검:2024. 07. 24
- 종합점검:2024. 01. 29

─── 보기 ───

㉮ 방수압력측정계

㉯ 저울

㉰ 전류전압측정계

㉱ 음량계

㉲ 차압계

㉳ 조도계

① ㉮, ㉯, ㉰, ㉱

② ㉮, ㉯, ㉱, ㉲

③ ㉮, ㉰, ㉱, ㉳

④ ㉮, ㉯, ㉰, ㉱, ㉲, ㉳

46 비상조명등 및 휴대용 비상조명등에 대한 설명으로 옳지 않은 것을 고르시오.

① 비상조명등은 지하를 제외하고 6층 이상의 층인 곳에서는 60분 이상 작동해야 한다.

② 비상조명등은 조도계로 점검 시 1lx 이상의 밝기가 측정되어야 한다.

③ 휴대용 비상조명등의 설치 높이는 바닥으로부터 0.8m 이상 1.5m 이하가 되도록 한다.

④ 휴대용 비상조명등은 자동으로 점등 가능한 구조여야 한다.

47 소화용수설비에 대한 설명으로 옳지 않은 것을 고르시오.

① 소화수조 또는 저수조가 지표면으로부터 깊이 4.5m 이상 지하에 있는 경우에는 가압송수장치를 설치한다.

② 상수도소화용수설비의 소화전은 특정소방대상물의 수평투영면의 각 부분으로부터 100m 이하가 되도록 설치한다.

③ 상수도소화용수설비의 소화전은 소방자동차 등의 진입이 쉬운 도로변 또는 공지에 설치한다.

④ 채수구는 소방차가 2m 이내의 지점까지 접근할 수 있는 위치에 설치한다.

[48~49] 다음 제시된 소방계획서 일반현황 및 점검표 일부 내용을 참고하여 각 물음에 답하시오.

구분	건축물 일반현황	
규모/ 구조	☑ **건축면적** : 1,500m²	☑ **연면적** : 16,000m²
	☑ **층수** : 지상 10층	☑ **높이** : 42m
	☑ **구조** : 철근콘크리트조	☑ **지붕** : 슬라브
	☑ **용도** : 업무시설, 근린 생활시설	
	☑ **사용승인** : 2022. 06. 20	

번호	점검항목	점검결과
1-A. 소화기구(소화기, 자동확산소화기, 간이소화용구)		
1-A-007	지시압력계(녹색범위)의 적정 여부	(가)
3-H. 스프링클러설비 헤드		
3-H-002	헤드 설치 위치·장소·상태(고정) 적정 여부	○
15-D-. 감지기		
15-D-001	부착 높이 및 장소별 감지기 종류 적정 여부	(나)
16-B-. 자동화재탐지설비 배선 등		
16-B-002	조작스위치 높이는 적정하며 정상 위치에 있는지 여부	○

48 해당 소방안전관리대상물에 대한 설명으로 바르지 아니한 것을 모두 고르시오.

ⓐ 대지면적이 2,000m²일 때 용적률은 800%, 건폐율은 75%이다.

ⓑ 소방공무원 근무 경력이 3년 이상인 사람을 소방안전관리자로 선임할 수 있다.

ⓒ 2024년 6월에 작동점검을 실시하고 2024년 12월에 종합점검을 실시한다.

ⓓ 소방안전관리보조자는 최소 1명 이상을 선임한다.

① ⓒ

② ⓑ, ⓒ

③ ⓐ, ⓑ, ⓒ

④ ⓑ, ⓒ, ⓓ

49 해당 대상물의 점검표에 대한 설명으로 옳지 아니한 설명을 고르시오.

① 소화기 점검 결과 압력이 0.89MPa이라면 (가)에는 ○표시를 한다.

② 스프링클러설비 헤드의 설치 위치 및 장소, 고정 여부와 같은 상태 측면에서는 아무런 이상이 없다.

③ 일반 사무실에 차동식 열감지기가 설치되어 있다면 (나)에는 ○표시를 한다.

④ 수신기의 조작스위치는 바닥으로부터 1.5m 이상의 높이에 위치해 있을 것이다.

50 재해약자의 장애유형별 피난보조에 대한 설명으로 가장 바람직한 것을 고르시오.

① 지체장애인의 경우 차분하고 느린 어조로 상황을 설명한다.

② 전동휠체어 사용자의 경우 2인이 보조하여 휠체어를 잡고 이동한다.

③ 시각장애인의 피난보조 시 여기, 저기와 같은 친숙한 표현을 사용하여 신속히 대피한다.

④ 청각장애인의 피난보조 시 조명 및 메모를 적극 활용하여 소통하는 것이 효과적이다.

1회차 정답 및 해설

정답

01	③	02	①	03	③	04	①	05	④
06	②	07	②	08	①	09	③	10	③
11	④	12	②	13	③	14	①	15	②
16	②	17	④	18	③	19	③	20	④
21	④	22	④	23	①	24	②	25	①
26	③	27	②	28	③	29	①	30	②
31	③	32	①	33	②	34	②	35	②
36	③	37	④	38	②	39	①	40	①
41	③	42	②	43	②	44	③	45	④
46	①	47	②	48	②	49	④	50	④

01

소방관계법령에서 정하는 용어의 정의로 옳지 아니한 것을 고르시오.

① 관계지역이란 소방대상물이 있는 장소 및 그 이웃 지역으로서 화재의 예방·경계·진압, 구조·구급 등의 활동에 필요한 지역을 말한다.

② 소방안전관리자는 소방대상물의 관계인에 포함되지 않는다.

✓③ 소방대상물에는 건축물, 차량, 항해 중인 선박 등이 포함된다.

④ 소방대는 소방공무원, 의용소방대원, 의무소방원으로 구성되는 조직체이다.

답 ③

해 ③ 소방대상물에 항해 중인 선박은 포함되지 않고, 항구에 매어둔 선박만 소방대상물에 해당하므로 옳지 않다.

💬 참고 : 소방대상물의 소유자나 점유자(또는 관리자)로 있으면서 해당 소방대상물의 소방안전관리자를 겸하고 있으면 그 사람이 관계인이 될 수 있겠지만, 관계인의 정의에 '소방안전관리자'라는 말 자체는 포함되어 있지 않기 때문에 ②의 설명이 옳다고 할 수 있다. 관계인으로 정의하는 것은 소유자, 관리자, 점유자이므로 함정에 빠지지 않도록 주의!

④ 소방대는 화재 진압 및 위급상황 발생 시 구조 및 구급활동을 위해 구성되는 조직체로 소방공무원, 의무소방원, 의용소방대원으로 구성된다.

💬 참고로, 소방대에 '자위소방대원'은 포함되지 않는다는 점을 체크!^^

02

무창층에 대한 설명으로 옳지 않은 것을 모두 고르시오.

　　㉠ 지하층 중에서 개구부의 면적 총합이 해당 층의 바닥면적의 30분의 1 이하인 층을 의미한다.
　　㉡ 개구부의 크기는 지름 50cm 이하의 원이 통과 할 수 있어야 한다.
　　㉢ 개구부의 하단이 해당 층의 바닥으로부터 1.2m 이하여야 한다.
　　㉣ 개구부는 내·외부에서 쉽게 부술 수 있어야 한다.

　✔① ㉠, ㉡
　② ㉡, ㉢
　③ ㉢, ㉣
　④ ㉠, ㉢, ㉣

답 ①

해 ㉠ 무창층은 지하층이 아닌 '지상층' 중에서 개구부 면적의 총합이 해당 층 바닥면적의 30분의 1 이하인 층을 의미하므로 옳지 않은 설명이다.
㉡ 개구부의 크기는 지름 50cm '이상'의 원이 통과 할 수 있어야 하므로 옳지 않은 설명이다.
그 외 ㉢, ㉣은 옳은 설명이며 문제에서는 옳지 않은 것을 모두 고르라고 했으므로 옳지 않은 것은 ① ㉠과 ㉡이다.

03

다음 제시된 건축물 일반현황을 참고하여 CS빌딩에 대한 설명으로 옳은 설명을 고르시오.

구분	건축물 일반현황
명칭	CS빌딩
규모/구조	• **연면적** : 15,000m² • **층수** : 지상 8층 • **높이** : 32m • **용도** : 업무시설 • **사용승인일** : 2001.01.20
소방시설 현황	• 옥내소화전설비 • 스프링클러설비

① CS빌딩은 2급소방안전관리대상물이다.
② 소방안전관리보조자 선임 대상이 아니다.
✔③ 2024년 7월에 작동점검을 실시한다.
④ 소방공무원 근무 경력이 3년 이상인 자를 소방안전관리자로 선임할 수 있다.

답 ③

해 **[옳지 않은 이유]**
① CS빌딩은 (아파트가 아닌) 연면적 15,000m² 이상의 특정소방대상물이므로 1급 소방 안전 관리대상물이다. 따라서 2급이라고 서술한 ①의 설명은 옳지 않다. (참고로 층수가 11층 이상에 해당하지 않더라도 이미 연면적 조건에서 1급 대상물의 조건이 충족되므로 1급 대상물에 해당!)
② 연면적 15,000m² 이상의 특정소방대상물은 소방 안전관리 보조자 선임 대상으로, 연면적이 15,000m²인 CS빌딩에서는 보조자를 1명 이상 선임해야 한다. 따라서 ②번의 설명도 옳지 않다.
④ 1급 대상물에 선임 가능한 요건은 소방공무원으로 근무한 경력이 7년 이상인 사람(1급 이상 소방안전관리자 자격증을 갖춘 사람)이어야 하므로 옳지 않은 설명이다.
따라서 옳은 설명은 ③번으로, CS빌딩은 종합점검까지 시행하는 대상이므로 매년 1월에 종합점검을, 그리고 그로부터 6개월 뒤인 매년 7월에 작동점검을 실시한다.

04

소방안전관리자를 선임하지 아니하는 특정소방대상물의 관계인이 수행해야 하는 업무가 아닌 것을 고르시오.

☑① 소방계획서 작성

② 피난시설, 방화구획 및 방화시설의 유지·관리

③ 화기취급 감독

④ 소방시설 및 그 밖의 소방관련시설의 유지·관리

답 ①

해 소방계획서를 작성하는 것은 '소방안전관리자'가 해야 하는 업무이므로 소방안전관리대상물을 제외하고 특정소방대상물의 '관계인'이 해야 하는 업무에 소방계획서를 작성하는 업무는 포함되지 않는다.

참고로, 소방안전관리자를 선임해야 하는 대상물을 소방안전관리대상물이라고 하므로 소방안전관리자를 선임하지 않는 특정소방대상물을 다른 말로 소방안전관리대상물을 제외한 특정소방대상물이라고 할 수 있다.

05

소방시설관리업으로 등록한 자로 하여금 대통령령으로 지정한 소방안전관리대상물의 업무를 대행할 수 있는 특정소방대상물의 조건을 고르시오.

① 아파트를 제외하고 지하 5층, 지상 25층인 특정소방대상물

② 지하를 제외하고 48층, 높이 210m인 아파트

③ 지하를 제외하고 12층, 연면적 21,000m²인 특정소방대상물

☑④ 지하를 제외하고 11층, 연면적 9,000m²인 특정소방대상물

답 ④

해 문제의 핵심은 업무대행을 맡길 수 있는 특정소방대상물의 조건을 고르는 것이다. 업무의 대행은 2, 3급 특정소방대상물과 1급대상물의 경우 예외적으로 11층 이상이면서 연면적이 15,000m² 미만인 특정소방대상물이 포함된다. 그 외 특급 소방대상물이나 예외 조건을 벗어나는 1급대상물은 업무대행이 불가하다.

①과 ②는 특급 소방안전관리대상물이고, ③은 예외 조건을 벗어나는 1급 소방안전관리대상물이므로 1급의 예외 조건에 해당하는 ④번만 업무대행이 가능하다.

06

위험물 안전관리자를 선임하지 아니한 관계인으로서 위험물시설의 설치 및 변경 등에 대한 규정에 따른 허가를 받은 자에게 부과되는 벌칙을 고르시오.

① 1년 이하의 징역 또는 1천만원 이하의 벌금
② 1천500만원 이하의 벌금
③ 1천만원 이하의 벌금
④ 500만원 이하의 과태료

답 ②

해 위험물 안전관리자를 선임하지 않은 관계인의 경우 1,500만원 이하의 벌금 항목이 적용되며 그 밖에도 제조소등 설치 허가의 취소와 사용정지 등의 처분이 내려질 수 있다.

07

재난 유형별 대응체계 중 다음의 내용에 해당하는 단계와 그때의 대응 활동으로 옳은 것을 고르시오.

징후 활동이 비교적 활발하고 국가 위기로 발전할 수 있는 일정 수준의 경향성이 나타나는 상태

① 관심(Blue) / 징후활동 감시
② 주의(Yellow) / 대비계획 점검
③ 경계(Orange) / 즉각 대응태세 돌입
④ 심각(Red) / 대규모 인원 피난

답 ②

해 재난의 유형 중 징후 활동이 비교적 활발하고, 일정 수준의 경향성이 나타나는 상태는 [주의] 단계로 이때는 대비계획을 점검하는 대응이 이루어진다. 따라서 정답은 ②.

💬 참고 : 재난유형별 대응체계

관심 (Blue)	활동성 및 국가 위기로 발전 가능성 낮음 / 징후활동 감시
주의 (Yellow)	활동 비교적 활발, 일정 수준 이상의 발전 경향성 / 대비계획 점검
경계 (Orange)	활동 매우 활발, 국가 위기 발전 가능성 농후 / 즉각 대응태세
심각 (Red)	활동 매우 활발, 심각한 수준으로 국가 위기 발전 경향 확실시 / 대규모 인원 피난

08

다음 중 양벌규정이 부과되지 아니하는 행위를 고르시오.

① 소방시설을 화재안전기준에 따라 설치 및 관리하지 아니한 행위
② 자체점검 결과 소화펌프 고장 등 중대위반사항이 발견된 경우 관계인이 필요한 조치를 하지 아니한 행위
③ 관계인이 소방안전관리자에게 불이익한 처우를 한 행위
④ 화재예방안전진단을 받지 아니한 행위

답 ①

해 양벌규정은 '벌금'형에 한하여 부과되는 것으로, 과태료가 부과되는 행위에는 양벌규정이 해당사항이 없다.
①번의 행위는 300만 원 이하의 '과태료'에 해당하므로 양벌규정이 부과되지 않는 행위는 ①.

📁 CHECK!
②번과 ③번은 – 300만 원 이하의 벌금,
④번은 – 1년 이하의 징역 또는 1천만 원 이하의 벌금으로 ②번부터 ④번의 행위는 모두 벌금형에 해당하는 행위로 양벌규정이 부과될 수 있다.

1회차

2회차

3회차

4회차

5회차

6회차

마무리 문제

Yes or No 퀴즈

헷갈리는 개념 및 제공암기법

09

다음 중 화재로 오인할 만한 우려가 있는 불을 피우거나 연막소독을 실시하고자 하는 자가 신고를 하지 아니하여 소방자동차를 출동하게 한 경우 20만 원 이하의 과태료가 부과될 수 있는 지역 또는 장소에 해당하지 아니하는 것을 고르시오.
① 석유화학제품을 생산하는 공장이 있는 지역
② 시·도조례로 정하는 지역 또는 장소
③ 위험물의 저장 및 처리시설이 있는 지역 ✓
④ 목조건물이 밀집한 지역

답 ③

해 문제에서 묻고 있는 화재 등의 통지에 따라 20만 원 이하의 과태료가 부과될 수 있는 장소는, 위험물의 저장 및 처리시설이 [밀집한] 지역일 때 해당 장소 또는 지역 기준에 포함된다. ③번에서는 '밀집한' 장소라고 서술하지 않았으므로 해당사항이 없는 것은 ③.

> 📁 CHECK! 20만 원 이하의 과태료 장소
> • 시장지역
> • [밀집한 지역] 공장·창고/목조건물/위험물 저장·처리 시설
> • 석유화학제품 생산공장이 있는 지역
> • 그 밖에 시·도조례로 정하는 지역·장소

10

다음 중 건축에서 정하는 사항으로 보기 어려운 것을 고르시오.
① 방화구획
② 피난통로 등의 구조 및 치수 규정
③ 연기의 확산 및 제연 ✓
④ 지하층

답 ③

해 방화구획 중에서도 '연기의 확산 및 제연'은 '소방관계법'에 위임하므로 건축에서 정하는 사항에 해당한다고 보기 어렵다.

11

건축물에 대한 정의로 옳지 아니한 것을 고르시오.
① 토지에 정착하는 공작물 중 지붕과 기둥, 지붕과 벽이 있는 것을 의미한다.
② 대문이나 담장 등 부수되는 시설물도 포함된다.
③ 지하 또는 고가의 공작물에 설치하는 차고 및 창고도 포함된다.
④ 기타 국토교통부령으로 정하는 것이 포함된다. ✓

답 ④

해 건축물이란 토지에 정착하는 공작물(인공적으로 제작한 것) 중에서 지붕과 기둥(지붕+기둥) 또는 지붕과 벽(지붕+기둥+벽)이 있는 것과 그에 부수되는 담장 및 대문과 같은 시설물이 포함된다. 또, 지하 또는 고가의 공작물에 설치하는 사무소, 공연장, 점포, 차고, 창고도 건축물에 해당하며 기타 '대통령령'으로 정하는 것을 의미하므로 ④의 국토교통부령이라고 서술한 부분이 잘못되었다.

12

개축에 대한 설명 중 각 빈칸에 들어갈 말로 옳은 것을 고르시오.

> 기존 건축물의 전부 또는 일부(지붕틀, 내력벽, 기둥, (A) 중 (B) 이상 포함되는 경우)를 철거하고, 그 대지 안에서 이전과 동일한 규모의 범위 내에서 건축물을 다시 축조하는 것

	(A)	(B)
①	주계단	3개
✓②	보	3개
③	주계단	4개
④	보	4개

답 ②

해 개축은 기존 건축물의 전부 또는 일부(지붕틀, 내력벽, 기둥, '보' 중 '3'개 이상 포함되는 경우)를 철거하고, 그 대지 안에서 이전과 동일한 규모의 범위 내에서 건축물을 다시 축조하는 것을 의미하므로 (A)는 '보', (B)는 '3'개가 들어가는 것이 옳다.

13

가연성 물질의 구비조건에 대한 설명으로 옳은 것을 모두 고르시오.

> ㉠ 활성화에너지가 크다.
> ㉡ 열전도도가 작다.
> ㉢ 산소와 친화력이 크다.
> ㉣ 비표면적이 작다.
> ㉤ 연소열이 크다.

① ㉠, ㉢
② ㉠, ㉣
✓③ ㉡, ㉢, ㉤
④ ㉡, ㉢, ㉣, ㉤

답 ③

해 활성화에너지가 작은 만큼 연소가 더 쉽게 일어나기 때문에 활성화에너지는 작아야 하므로 ㉠은 옳지 않다. 또, 통나무보다 대팻밥 형태일 때 불이 더 잘 붙는 것처럼 비표면적이 커야 하므로 ㉣의 설명도 옳지 않다. (비표면적은 덩어리를 잘게 조각내서 흩뿌려 놓은 면적이라고 생각해 보면 이해가 쉽다.)
따라서 ㉠과 ㉣을 제외한 나머지만이 옳다.

14

다음 중 불활성 기체로 가연물이 될 수 없는 불연성 물질을 고르시오.

① Ar ✓
② H_2O
③ CO_2
④ N_2

답 ①

해 ①~④까지 모두 불연성 물질인 것은 맞지만, 그 중 '불활성 기체'인 것은 ① 아르곤(Ar)뿐이다.

②의 물(H_2O)과 ③의 이산화탄소(CO_2)는 완전산화물로써 산소와 화학반응을 하지 않는 불연성 물질이고, ④의 질소(N_2)는 흡열반응을 일으키는 물질이므로 불활성 기체에는 해당하지 않는다.

①의 아르곤 외에도 불활성 기체인 불연물질은 헬륨, 네온, 크세논, 크립톤, 라돈 등이 있다.

15

다음 중 연소 시 산소공급원이 될 수 없는 것을 고르시오.

① 공기
② 제2류위험물 ✓
③ 제1류위험물
④ 제6류위험물

답 ②

해 공기 중에는 약 21vol%의 산소가 포함되어 있어 일반적인 화재 발생 시 공기가 산소공급원이 될 수 있다. 제1류위험물과 제6류위험물은 산화성 물질로 산소를 발생시켜 다른 물질의 연소를 조장하거나 연소가 쉽게 일어나도록 도와 산소공급원이 될 수 있다. 하지만 제2류위험물은 산소를 내포하고 있지 않아 산소공급원의 역할을 할 수 없다.

16

다음의 사례에서 작용한 소화방식으로 가장 적절한 것을 고르시오.

전기실A에서 화재가 발생하여 감지기에 의해 화재를 조기에 발견하였다. 이후 이산화탄소를 이용한 가스계소화설비가 자동으로 작동하여 국소방출방식에 의해 약제를 살포하고, 동시에 전기실A를 자동으로 폐쇄하여 외부의 공기 유입을 막고 산소의 농도를 제어함으로써 화재발생 초기에 효과적으로 화재를 진압할 수 있었다.

① 냉각소화
② 질식소화 ✓
③ 제거소화
④ 억제소화

답 ②

해 문제에서는 불활성 가스인 이산화탄소를 이용한 소화 사례를 설명하고 있다. 이러한 이산화탄소 약제는 질식소화 및 냉각소화 작용도 가능하지만, 문제에서는 구체적으로 화재실 구획 밀폐 및 산소 농도 제어를 설명하고 있으므로 해당 사례에서 이용한 가장 적절한 소화방식은 산소 공급을 차단하는 '질식소화' 작용이라고 할 수 있다.

17

다음 중 표면연소에 대한 설명으로 옳은 것을 고르시오.

① 열분해를 통해 가연성 증기를 발생시키는 고체의 연소형태이다.

② 연소 시 화염은 백색 또는 청색을 띤다.

③ 분말소화약제를 이용한 억제소화가 효과적이다.

④ 라디칼이 발생하지 않는다. ✓

답 ④

해 ① 표면연소는 열분해를 통해 가연성 증기를 발생하지 않는 고체의 연소형태를 말하므로 옳지 않다.

② 표면연소는 무염연소라고도 하며, 화염을 내지 않고 연소하는 것이 특징이므로 옳지 않다. 이러한 표면연소(무염, 작열연소)에서는 라디칼이 발생하지 않으므로 라디칼을 제거하는 방식의 억제소화는 효과가 없다.

따라서 ③의 설명은 옳지 않고, 옳은 것은 ④.

18

농연을 분출하고 파이어볼 형성을 동반하는 실내화재의 현상과 가장 관련이 적은 것을 고르시오.

① 연기폭발(Smoke explosion)이라고도 한다.

② 화재실 개방 전 천장 부근을 개방해 폭발력을 억제할 수 있다.

③ 천장 부근에 축적된 가연성 가스에 의해 실내 전체가 폭발적으로 화염에 휩싸인다. ✓

④ 건물 벽체 붕괴 현상이 나타난다.

답 ③

해 농연 분출, 파이어볼 형성을 동반하는 실내화재의 현상은 '백 드래프트'로 ①, ②, ④번은 모두 백 드래프트 현상에 대한 설명이다. ③은 또 다른 실내화재 현상 중 하나인 '플래시 오버'에 대한 설명이므로 가장 관련이 적은 것은 ③.

19

위험물에 대한 정의로 빈칸 (A), (B)에 들어갈 말이 가장 타당한 것을 고르시오.

위험물이란, ___(A)___ 또는 ___(B)___ 등의 성질을 갖는 것으로 대통령령으로 정하는 물품을 이른다.

① 인화성, 연소성

② 가연성, 발화성

③ 인화성, 발화성 ✓

④ 가연성, 연소성

답 ③

해 소방안전관리자 1급 과정에서 위험물에 대한 정의는 대통령령으로 지정한 인화성 또는 발화성을 갖는 물품이므로 빈칸에 들어갈 말로 가장 타당한 것은 ③ 인화성, 발화성.

20

같은 장소에서 다음과 같이 2품명 이상의 위험물을 저장하고 있는 경우 위험물의 저장 및 취급에 대한 설명으로 옳지 아니한 것을 고르시오.

- 유황 : 60Kg
- 질산 : 240Kg

① 유황은 지정수량의 0.6배를 저장하고 있다.
② 질산은 지정수량의 0.8배를 저장하고 있다.
③ 위험물 제조소등에서 저장 및 취급해야 한다.
④ 위험물안전관리법에 의해 시·도 조례에 따라 관리한다.

답 ④

해 같은 장소에서 2품명 이상의 위험물을 저장/취급하고 있는 경우 지정수량의 환산은 다음과 같다.

저장(취급)하고 있는 양 ÷ 해당 위험물의 지정수량 기준

이에 따라 계산하면 문제의 위험물별 지정수량은 다음과 같다. (이때 유황의 지정수량 기준은 100Kg, 질산의 지정수량 기준은 300Kg이다.)
(1) 60 ÷ 100 = 0.6
(2) 240 ÷ 300 = 0.8
이렇게 환산된 값을 합산했을 때 1 이상이 되면 이를 지정수량 이상의 위험물을 취급(저장)하는 경우로 정하고 있으므로, 0.6과 0.8을 합산하여 도합 1.4가 되는 해당 저장소는 지정수량 이상의 위험물을 저장하는 것으로 간주한다. 따라서 위험물 제조소등에서 취급(저장)해야 하는데, ④번과 같이 시·도 조례에 따라 관리하는 것은 지정수량 '미만'으로 취급(저장)하는 경우에 해당하므로 옳지 않은 설명은 ④.

21

다음 제시된 표를 참고하여 표의 (A), (B)에 해당하는 가스 및 가스누설경보기 설치 위치에 대한 설명이 옳지 아니한 것을 고르시오.

구분	(A)	(B)
주성분	CH_4	C_4H_{10}, C_3H_8
용도	도시가스	가정용, 공업용, 자동차연료용
비중	0.6	1.5~2

① (A) : LNG - 가스연소기로부터 수평거리 8m 이내의 위치에 설치한다.
② (A) : LNG - 탐지기의 하단이 천장으로부터 하방 30cm 이내의 위치하도록 설치한다.
③ (B) : LPG - 가스연소기 또는 관통부로부터 수평거리 4m 이내의 위치에 설치한다.
④ (B) : LPG - 탐지기의 상단이 천장으로부터 상방 30cm 이내의 위치하도록 설치한다.

답 ④

해 표의 (A)는 LNG, (B)는 LPG 가스에 해당한다. 이때 LPG 가스는 누출되면 바닥 쪽(낮은 곳)에 체류하므로 탐지기의 상단이 바닥면으로부터 상방 30cm 이내에 위치하도록 설치해야 한다. 따라서 옳지 않은 설명은 ④.

📁 **CHECK! 가스누설경보기 설치 위치**

LNG	(1) 탐지기의 하단은 천장면의 하방 30cm 이내에 위치하도록 설치 (2) 가스연소기로부터 수평거리 8m 이내에 위치하도록 설치
LPG	(1) 탐지기의 상단은 바닥면의 상방 30cm 이내에 위치하도록 설치 (2) 가스연소기 또는 관통부로부터 수평거리 4m 이내에 위치하도록 설치

22

제4류위험물의 성질로 옳은 것을 고르시오.
① 물과 혼합되면 연소 및 폭발을 일으킨다.
② 자체는 불연이나 충격 및 마찰로 산소를 발생시킨다.
③ 자연발화를 일으키므로 용기파손에 주의가 필요하다.
✔ 증기는 공기보다 무겁다.

답 ④

해 제4류위험물인 인화성 액체는 물보다 가볍고 증기는 공기보다 무거우므로 옳은 것은 ④.
① 인화성 액체는 물에 녹지 않는다, 공기와 혼합되었을 때 연소 및 폭발을 일으키므로 옳지 않은 설명이다. ②의 설명은 제6류위험물에 대한 설명이므로 옳지 않다. ③의 설명은 제3류위험물에 대한 설명이므로 옳지 않다.

23

통합 감시시스템에 대한 설명으로 옳지 않은 것을 고르시오.
✔ 장소적 통합 개념으로 구성된다.
② 비용, 장소, 인력 문제를 해결할 수 있다.
③ 시스템적 통합을 통해 감시가 용이하다.
④ 언제, 어디서든 정보 수집이 용이하다.

답 ①

해 장소적 통합 개념으로 구성되는 것은 기존의 감시시스템에 해당하는 설명이다. 통합 감시시스템은 그러한 기존의 감시시스템을 벗어나 '시스템적' 통합 방식으로 구성되고 언제, 어디서든 정보의 수집 및 감시가 용이하며 비용, 장소, 인력 문제를 해결할 수 있다는 것이 장점이다. 따라서 옳지 않은 것은 ①.

24

다음 중 화기 취급 작업 시 관리·감독 절차에 대한 설명으로 옳지 아니한 설명을 고르시오.
① 화재 안전 감독자는 예상되는 화기 작업의 위치를 확정하고 예방책을 확인한다.
✔ 작업 현장의 준비상태가 확인되고 화재 감시자는 화기 작업 허가서에 서명 후 허가서를 발급한다.
③ 화재 감시자는 작업 중은 물론, 휴식 시간 및 식사 시간에도 감시활동을 계속 진행해야 한다.
④ 작업완료 시 화재감시자는 해당 구역에 30분 이상 더 상주하면서 착화 여부 감시 및 직상, 직하층에 대한 점검을 병행한다.

답 ②

해 화기 작업 허가서를 발급하는 것은 화재 안전 감독자(감독관)이므로, 화재 감시자가 허가서를 발급한다고 서술한 ②의 설명이 옳지 않다.

💬 [참고]
화재 감시자는 작업 중에는 물론이고, 휴식 시간 및 식사 시간에도 감시를 계속해야 하고, 작업이 완료되어도 이후 30분 이상 더 머무르면서 발화 및 착화 여부에 대한 감시와 직상, 직하층에 대한 점검도 병행해야 한다.

2회차

3회차

4회차

5회차

6회차

마무리 문제

Yes or No 퀴즈

헷갈리는 개념 모아 제공택밥

25

종합방재실의 역할과 기능으로 보기 어려운 것을 고르시오.

✓① 방재상 관리운영 분리 및 입체적 감시

② 설비의 제어 및 작동상황 집중 감시

③ 재난 및 피해의 최소화

④ 정확한 정보 제공

답 ①

해 종합방재실의 역할과 기능으로 옳은 것은 방재상 관리운영의 일원화, 즉 통합이다. 발생부터 수습까지 하나로 이어지는 활동으로 수행함으로써 효율을 높일 수 있다. 따라서 ① 방재상 관리운영을 분리한다는 설명이 잘못되었다.

26

응급처치의 기본사항에 대한 설명으로 바르지 아니한 것을 고르시오.

① 환자의 구강 내에 이물질이 있는 경우 눈에 보이더라도 손으로 제거하려 해서는 안 되고 하임리히법을 실시하거나 기침을 유도한다.

② 심한 상처로 출혈이 발생한 부위에는 청결하게 소독된 거즈로 응급처치하고 붕대로 드레싱하는 것이 바람직하다.

✓③ 혈액량의 5분의 1 출혈 시 생명을 잃게 되므로 출혈 환자의 경우 신속하게 지혈처리를 해야 한다.

④ 환자가 구토를 하는 경우 머리를 옆으로 돌려 질식을 예방한다.

답 ③

해 출혈이 발생한 환자의 경우 혈액량의 15~20% 출혈 시 생명이 위험해지고, 30% 출혈 시 생명을 잃게 되므로 청결에 유의하여 신속한 지혈처리가 이루어져야 하는 것은 맞다. 하지만 이때 ③번의 '5분의 1'이라는 수치는 20%와 같기 때문에 20% 출혈 시 생명을 잃게 된다는 설명이 바르지 않으므로 옳지 않은 설명은 ③.

27

출혈 시 일반적인 증상으로 보기 어려운 것을 고르시오.

① 호흡과 맥박이 빠르고 불규칙하다.

✓② 혈압이 상승하고 체온이 저하된다.

③ 갈증을 호소하고 구토가 발생한다.

④ 피부가 창백하고 축축해진다.

답 ②

해 출혈이 발생하면 혈압과 체온이 저하되므로 혈압이 상승한다고 서술한 부분이 잘못되었다.

28

심폐소생술에 대한 설명으로 옳은 것을 고르시오.

① 심폐소생술은 B→A→C의 순서로 시행한다.

② 호흡이 6분 이상 중단되면 뇌 기능이 손상되므로 반드시 인공호흡을 시행한다.

❸ 환자의 가슴뼈 아래쪽 절반 위치를 5cm 깊이로 강하게 압박한다.

④ 인공호흡 시 코를 막고 가슴이 올라올 정도로 5초에 걸쳐 인공호흡한다.

답 ③

해 ① 심폐소생술 순서는 C→A→B의 순서로 시행하므로 옳지 않다.

② 인공호흡의 경우 자신이 없으면 시행하지 않아도 되므로 반드시 인공호흡을 해야 한다는 설명은 적절하지 않다.

④ 인공호흡 시 가슴이 올라올 정도로 1초에 걸쳐 인공호흡하므로 5초라는 설명이 옳지 않다. 따라서 옳은 설명은 ③.

29

옥내소화전설비의 구성부 중 다음의 설명에 해당하는 것을 고르시오.

디스크 닫힘   디스크 개방

• 배관 내 유체의 흐름을 한쪽 방향으로만 흐르도록 하는 기능을 수행하는 밸브로, 주 급수배관이 아닌 물 올림 장치의 펌프 연결 배관, 유수검지장치의 주변 배관과 같이 유량이 적은 배관상에 사용된다.

❶ 스윙체크밸브

② 스모렌스키 체크밸브

③ OS&Y밸브

④ 풋밸브

답 ①

해 배관 내 유체의 흐름을 한쪽 방향으로만 흐르도록 하는 기능을 수행하는 밸브는 '체크밸브'로 주로 스모렌스키 체크밸브와 스윙체크밸브를 많이 사용하고 있는데, 그림과 같은 형태로 유량이 적은 배관상에 사용되는 것은 스윙체크밸브에 해당한다.

스모렌스키체크밸브는 스프링이 내장되어 있으며 수격이 발생할 수 있는 펌프 토출측과 연결송수구 연결 배관 등에 주로 설치되는 것이 특징이므로 문제에서 제시된 특징과는 구분된다.

그 외, OS&Y밸브는 외부에서도 밸브 개방 상태를 쉽게 알 수 있는 개폐표시형 개폐밸브에 해당하며, 풋밸브(Foot Valve)는 수원이 펌프보다 아래쪽에 설치된 경우 흡입측 배관 말단에 설치하여 여과기능 등을 수행하는 역할을 하는 밸브이다.

따라서 문제의 설명에 부합하는 것은 ① 스윙체크밸브.

30

소화기의 사용순서에 대한 설명으로 옳지 않은 것을 고르시오.

① 화점으로부터 2~3m 거리를 띄우고 소화기를 근접한다.

② 소화기를 바닥에 놓고 손잡이를 잡고 안전핀을 제거한다.

③ 한 손은 노즐, 다른 손은 손잡이를 잡고 화점에 조준한다.

④ 방사 시 손잡이를 누르자마자 놓지 않도록 주의하여 방사한다.

답 ②

해 소화기를 화점까지 이동한 후 안전핀을 제거할 때는 몸체를 잡고 안전핀을 제거해야 한다. 손잡이를 잡으면 안전핀이 제거되지 않으므로 ②번이 잘못된 설명이다.

31

다음은 펌프성능시험 중 최대운전에 대한 설명이다. 그림을 참고하여 최대운전 시 조작하는 밸브 (A)로 알맞은 것을 그림의 (가)~(다)에서 고르고, 이때 빈칸(B)에 들어갈 값으로 알맞은 것을 고르시오.

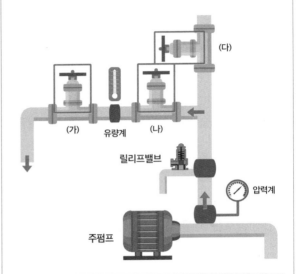

• 최대운전

1. 유량조절밸브(A)를 중간 정도만 개방 후 주펌프 수동 기동

2. 유량계를 보며 유량조절밸브(A)를 조작하여 정격토출량의 __(B)__ %일 때의 압력을 측정한다.

3. 이때 정격토출압력의 65% 이상 되는지를 확인한다.

4. 주펌프 정지

① (A) : (가), (B) : 140

② (A) : (나), (B) : 150

③ (A) : (가), (B) : 150

④ (A) : (다), (B) : 140

답 ③

해 최대운전은 유량조절밸브 - 그림에서 (가) 밸브를 조절하여 정격토출량이 150%일 때 압력을 측정하여 정격토출압력의 65% 이상이면 정상으로 판정하는 시험이다. 따라서 조작해야 하는 밸브(유량조절밸브) A는 (가), 빈칸 (B)에 들어갈 값은 150으로 정답은 ③.

💬 참고로 (나)는 개폐밸브, (다)는 개폐표시형 개폐밸브(펌프토출측 개폐밸브)이다.

32

옥내소화전의 방수압력 측정에 대한 설명으로 옳은 것을 고르시오.

✔① 피토게이지는 봉상주수 상태에서 직각으로 측정한다.

② 피토게이지를 노즐 직근에 밀착하여 측정한다.

③ 옥내소화전이 3개 설치된 경우 3개를 동시에 개방시킨 상태로 측정한다.

④ 측정 시 관창은 반드시 방사형 관창을 사용한다.

답 ①

해 ② 피토게이지는 노즐의 1/2만큼 거리를 띄우고 근접하여야 하므로 직근에 밀착한다는 서술이 잘못되었다.

③ 옥내소화전이 2개 이상 설치된 경우에는 '2개'를 동시에 개방시켜놓고 측정하므로 잘못된 설명이다.

④ 측정 시 관창은 직사형 관창을 사용해야 하므로 잘못된 설명이다.

따라서 옳은 것은 ①.

33

비화재보 발생 시 대처 요령에 대한 순서로 빈칸에 들어갈 말을 차례대로 고르시오.

1) 수신기에서 화재표시등, 지구표시등을 확인
2) 해당 구역으로 이동해 상황을 확인
3) 비화재보 상황일 시 [A]
4) 비화재보 원인 제거
5) 수신기에서 복구 버튼 누름
6) 음향 복구 및 [B] 소등 확인

	[A]	[B]
①	음향장치 작동	화재표시등
✔②	음향장치 정지	스위치주의등
③	음향장치 작동	예비전원감시등
④	음향장치 정지	지구표시등

답 ②

해 비화재보 상황으로 확인되면 혼선을 방지하기 위해 우선 음향장치를 정지한다. 이후 비화재보의 원인을 제거하고 수신기 복구, 음향장치 복구 등을 통해 스위치주의등이 소등된 것을 확인해야 한다. 음향장치를 정지시킨 경우 비상시 원활한 작동을 위해 스위치주의등이 점등되어 수신기의 모든 버튼을 정상 상태로 되돌리도록 일종의 경고를 주는 것인데, 비화재보 상황을 해결한 후에는 수신기의 모든 버튼이 눌린 상태(비활성화한 상태)가 되지 않도록 스위치주의등이 소등되어야 한다. 따라서 옳은 것은 ②.

각 설치 장소별 피난구조설비의 적응성에 대한 설명으로 옳은 것을 고르시오.

① 노유자시설의 5층에서 완강기는 적응성이 있다.

✔️ 근린생활시설, 의료시설 중 입원실이 있는 의원 및 조산원 등의 3층에서 피난트랩은 적응성이 있다.

③ 다중이용업소로 영업장의 위치가 4층 이하인 다중이용업소의 2층에서 미끄럼대는 적응성이 없다.

④ 4층 이상의 층에 설치된 노유자 시설 중 장애인 관련 시설로 주된 사용자 중 스스로 피난이 불가한 자가 있는 경우 완강기가 적응성이 있다.

📋 답 ②

📝 **옳지 않은 이유** :

① 노유자시설에서는 완강기가 적응성이 없으므로 옳지 않은 설명이다, ③ 다중이용업소의 2층(이상 4층 이하)에서 미끄럼대는 적응성이 있으므로 옳지 않은 설명이다, ④ (4~10층) 노유자 시설 중 장애인 관련 시설로, 주된 사용자 중 스스로 피난이 불가한 사람이 있는 경우에는 '구조대'가 적응성이 있으므로 완강기라고 서술한 ④의 설명은 옳지 않다. 따라서 옳은 설명은 ②.

📂 **CHECK! 피난구조설비 설치장소 및 기구별 적응성**

각 시설 및 설치장소별로 적응성이 있는 피난기구를 나타낸 도표

1) 시설(설치장소)

　가. 노유자시설 = 노유

　나. (근린생활시설, 의료시설 중) 입원실이 있는 의원 등 = 의료

　다. 4층 이하의 다중이용업소 = 다중이

　라. 그 밖의 것 = 그 외

2) 가장 기본이 되는 피난기구 5종 세트 : 구조대, 미끄럼대, 피난교, 다수인(피난장비), 승강식(피난기)

3) 1층, 2층, 3층, 4~10층 총 4단계의 높이

구조대/미끄럼대/피난교/다수인/승강식				
구분	노유	의료	다중이 (2~4층)	그 외
4층 ~ 10층	구교다승	피난트랩 구교다승	구미다승 사다리 +완강	구교다승 사다리 +완강 **+간이완강** +공기안전 매트
3층	구미교다승 (전부)	피난트랩 구미교다승 (전부)		구미교다승 (전부) 사다리 +완강 **+간이완강** +공기안전 매트 피난트랩
2층 1층		X	X	X

1) 노유자 시설 4~10층에서 '**구조대**' : 구조대의 적응성은 장애인 관련 시설로서 주된 사용자 중 스스로 피난이 불가한 자가 있는 경우 추가로 설치하는 경우에 한함

2) 기타(그 밖의 것) 3~10층에서 **간이완강기** : 숙박시설의 3층 이상에 있는 객실에 한함

3) 기타(그 밖의 것) 3~10층에서 **공기안전매트** : 공동주택에 추가로 설치하는 경우에 한함

35

공연장, 집회장, 장례시설, 의료시설 등의 장소에서 능력단위 1 이상의 소화기 설치 시 기준 면적으로 옳은 것을 고르시오.

① 해당 용도의 바닥면적 30m²

② 해당 용도의 바닥면적 50m²

③ 해당 용도의 바닥면적 100m²

④ 해당 용도의 바닥면적 200m²

답 ②

해 공연장, 집회장, 장례시설, 의료시설 등의 장소에는 해당 용도의 바닥면적 50m²마다 능력단위 1 이상의 소화기를 설치해야 하므로 기준 면적으로 옳은 것은 ②.

📁 [참고] 소화기 설치 기준면적

위락시설	바닥면적 30m² 마다 능력단위 1 이상
공연장, 집회장, 의료시설, 장례시설, 문화재	바닥면적 50m² 마다 능력단위 1 이상
근린, 판매, 숙박, 업무, 노유자시설	바닥면적 100m² 마다 능력단위 1 이상
그 밖의 것	바닥면적 200m² 마다 능력단위 1 이상

36

감시제어반의 스위치 위치가 다음의 그림과 같을 때 동력제어반이 감시제어반과 동일한 상태가 되려면 동력제어반에서 점등되어야 하는 스위치(버튼)를 모두 고르시오.

감시제어반

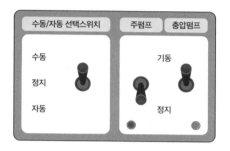

동력제어반

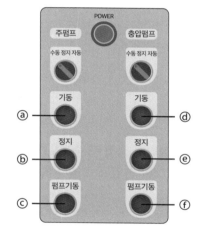

① ⓐ, ⓓ

② ⓐ, ⓒ

③ ⓑ, ⓓ, ⓕ

④ ⓐ, ⓒ, ⓓ, ⓕ

답 ③

해 감시제어반(위쪽 그림)의 상태는 주펌프 : 수동 - 정지 상태, 충압펌프 : 수동 - 기동 상태이다. 따라서 동력제어반(아래쪽 그림)이 감시제어반과 동일한 상태가 되려면 주펌프에서는 '정지'에 점등되어야 하므로 ⓑ가 점등되고, 충압펌프는 기동 상태이므로 기동버튼(ⓓ)과 펌프기동 표시등(ⓕ)이 점등되어야 한다.

따라서 동력제어반의 점등 상태는 ⓑ, ⓓ, ⓕ로 ③.

37

옥외소화전이 39개 설치될 때 소화전함의 설치방법과 개수로 옳은 것을 고르시오.

① 옥외소화전마다 5m 이내에 1개씩 소화전함을 총 39개를 설치한다.

② 11개의 소화전함을 분산 설치한다.

③ 옥외소화전 5개마다 1개씩 소화전함을 총 8개를 설치한다.

☑④ 옥외소화전 3개마다 1개씩 소화전함을 총 13개를 설치한다.

답 ④

해 옥외소화전이 31개 이상 설치될 때는 소화전 3개마다 소화전함을 1개 이상 설치하므로 총 13개의 소화전함을 설치하는 것이 옳다. 따라서 옳은 설명은 ④.

38

가스계 소화설비의 점검 중 솔레노이드밸브 격발시험 방법에 대한 설명으로 옳지 않은 것을 고르시오.

① 연동전환 후 수동조작함의 기동스위치를 눌렀을 때 격발되는지 확인한다.

☑② 밸브 자체에 부착된 수동조작버튼을 눌러 4초후 격발되는지 확인한다.

③ 방호구역 내 감지기 A, B를 동작시켜 격발되는지 확인한다.

④ 제어반에서 솔레노이드밸브 선택스위치를 수동 기동 상태로 전환해 격발되는지 확인한다.

답 ②

해 솔레노이드밸브 밸브 자체에 부착된 수동조작버튼을 눌렀을 때는 지연 시간 없이 즉시 격발되어야 하므로 옳지 않은 설명이다.

39

1층 사무실A에서 감지기가 작동했을 때 수신기에서 점등 및 작동되는 것을 모두 고르시오. (이때 화재실 외 조건은 무시한다.)

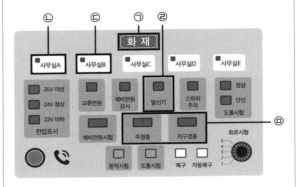

①✔ ㉠, ㉡, ㉢

② ㉡, ㉣, ㉢

③ ㉠, ㉡, ㉣, ㉢

④ ㉠, ㉡, ㉢, ㉣, ㉢

답 ①

해 사무실A의 감지기 작동으로 수신기의 화재표시등 ㉠이 점등되고, 사무실A에 해당하는 지구표시등 ㉡이 점등된다. 또한 경종에 해당하는 주경종과 지구경종 ㉢도 울릴 것이므로 ㉠, ㉡, ㉢가 점등 및 작동한다.

화재실 외 조건은 무시하기 때문에 사무실A에서 '감지기'의 작동으로 수신기에 화재신호가 수신되었다면 ㉣ 발신기등은 점등되지 않는다. 또, 사무실A에서만 화재신호가 수신되었을 것이므로 사무실B에 해당하는 지구표시등 ㉢도 점등되지 않는다.

40

다음의 장치에 대한 설명으로 옳은 것을 모두 고르시오.

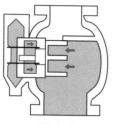 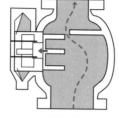

동작 전   동작 후

⊙ 준비작동식 스프링클러설비의 유수검지장치
인 프리액션밸브이다.

ⓒ 배관 내 압력이 상승하면 과압을 방출하는 역
할을 한다.

ⓒ 배관 내 유체흐름을 제어하고 역류 방지 기능
을 수행한다.

ⓐ 후드밸브의 고장으로 펌프가 공회전하는 것을
방지하기 위해 보충수를 공급한다.

① ⊙ ✓

② ⊙, ⓒ

③ ⊙, ⓒ

④ ⓒ, ⓐ

답 ①

해 그림은 준비작동식 스프링클러설비의 유수검지장
치인 '프리액션밸브'로 유수(물의 흐름)를 검지해
화재신호 및 경보 등을 발령하는 기능을 한다. 그
외에 보기에서 설명하는 ⓒ은 릴리프밸브, ⓒ은 체
크밸브, ⓐ은 물올림장치에 대한 내용이므로 프리
액션밸브와는 무관하다. 따라서 옳은 것은 ⊙만 해
당하므로 ①.

41

수신기의 점검에 대한 설명으로 옳지 않은 것을
고르시오.

① 동작시험 후 복구가 완료되면 스위치주의등이
소등된 것을 확인한다.

② 도통시험 시 정상 전압은 4~8V이다.

③ 예비전원 정상 여부는 예비전원시험 스위치와
자동복구 스위치를 눌러 확인한다. ✓

④ 오동작방지기가 있는 수신기의 경우 점검 전
축적 스위치를 비축적 위치에 둔다.

답 ③

해 예비전원시험은 예비전원시험 스위치를 누르고
있는 상태로 확인해야 하므로 옳지 않은 상태이다.
이렇게 예비전원시험 스위치를 누르고 있는 상태
에서 전압계 측정값이 19~29V가 나오거나, 램프
에 녹색불이 점등되면 예비전원 정상 상태로 확인
할 수 있다.

42

다음 그림과 같이 침대가 없는 숙박시설의 수용인원을 산정하시오.

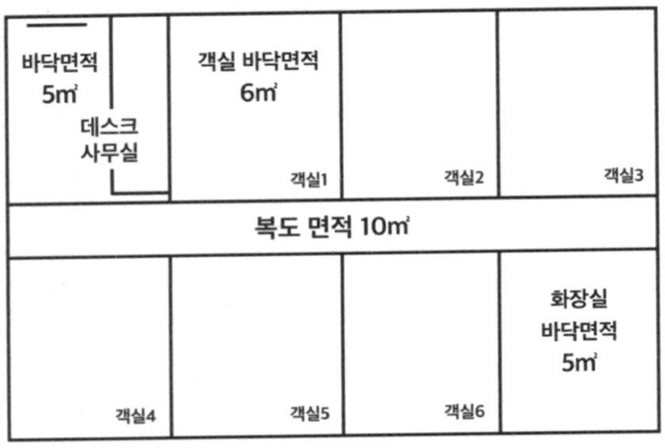

바닥면적 5㎡ 데스크 사무실	객실 바닥면적 6㎡ 객실1	객실2	객실3
복도 면적 10㎡			
객실4	객실5	객실6	화장실 바닥면적 5㎡

- 종사자 수 : 2명
- 객실 바닥면적 : 6m²
- 사무실 바닥면적 : 5m²
- 화장실 바닥면적 : 5m²
- 복도 바닥면적 : 10m²

① 15명
② 16명
③ 17명
④ 18명

답 ②

해 침대가 없는 숙박시설의 수용인원 산정 시 복도, 계단, 화장실은 산정 면적에서 제외하고 그 외는 산정하므로 객실과 사무실의 바닥면적을 계산에 포함한다.

침대가 없는 숙박시설의 수용인원 산정 공식은 [종사자 수＋(숙박시설의 바닥면적÷3m²)]이므로, ① 종사자 수 : 2명, ② 객실 바닥면적 : 6m²x6개＝36m²＋사무실 바닥면적 5m²로 총 41m²를 기준으로 [2＋(41÷3m²)]로 계산한다.

이때 괄호 안의 숫자를 먼저 계산해야 하므로, 41 나누기 3은 13.666…이고 여기에 종사자 수 2를 더하면 총 15.666…의 값이 나온다. 이때 나눠서 떨어지지 않는 1 미만의 소수점은 반올림 처리하므로 0.666에 해당하는 값을 올려 계산하므로 수용인원은 16명이다.

43

소요수량이 80m³일 때 설치하여야 하는 채수구의 개수를 고르시오.

① 1개
② 2개
③ 3개
④ 4개

답 ②

해 소요수량이 40m³ 이상 100m³ 미만일 때 채수구 설치 개수는 2개이므로 소요수량이 80m³라면 채수구를 2개 설치한다.

💬 '소방안전관리자 1급 찐정리' 교재 253p 소화용수설비 내용 참고

44

다음 그림과 같은 건물의 최소 경계구역 개수를 구하시오.(단, 한 변의 길이는 모두 50m 이하로 간주한다.)

170m²
320m²
600m²
620m²

① 6개 ② 5개

③ 4개 ④ 3개

답 ③

해 하나의 경계구역은 한 변의 길이를 50m 이하, 면적 600m² 이하로 설정하며 예외적으로 2개 층 면적의 합이 500m² 이하이면 하나의 경계구역으로 설정할 수 있다. 가장 아래 1층의 경우 하나의 층이 600m²를 초과하므로 1층은 2개의 경계구역으로 나눈다. 2층의 경우 하나의 층이 600m² 이하이므로 1개의 경계구역으로 설정할 수 있다. 3층과 4층의 면적을 합하면 총 490m²로 500m² 이하이므로 3, 4층을 1개의 경계구역으로 설정할 수 있다. 따라서 1층 2개, 2층 1개, 3+4층 1개로 최소 4개의 경계구역으로 설정할 수 있다.

45

B터널에 대한 설명을 참고하여 〈보기〉에서 B터널의 점검 시 필요한 장비를 모두 고르시오.

- 특정소방대상물의 명칭:B터널
- 소방시설 현황:옥내소화전설비, 소화기, 물분무등소화설비, 연기감지기, 자동화재탐지설비, 비상조명등, 제연설비
- 사용승인일:2019. 01. 19
- 작동점검:2024. 07. 24
- 종합점검:2024. 01. 29

─ 보기 ─

㉮ 방수압력측정계
㉯ 저울
㉰ 전류전압측정계
㉱ 음량계
㉲ 차압계
㉳ 조도계

① ㉮, ㉯, ㉰, ㉱

② ㉮, ㉯, ㉱, ㉲

③ ㉮, ㉰, ㉱, ㉳

④ ㉮, ㉯, ㉰, ㉱, ㉲, ㉳

답 ④

해 ㉮ 방수압력측정계, ㉰ 전류전압측정계 - 공통시설의 점검장비, ㉯ 저울 - 소화기구(소화기)의 점검장비, ㉱ 음량계 - 자동화재탐지설비의 점검장비, ㉲ 차압계 - 제연설비의 점검장비, ㉳ 조도계 - 비상조명등의 점검장비인데 해당 시설이 모두 설치되어 있으므로 B터널에서 필요한 점검장비는 ㉮~㉳까지 모두 해당한다. 따라서 정답은 ④.

46

비상조명등 및 휴대용 비상조명등에 대한 설명으로 옳지 않은 것을 고르시오.

①✔ 비상조명등은 지하를 제외하고 6층 이상의 층인 곳에서는 60분 이상 작동해야 한다.
② 비상조명등은 조도계로 점검 시 1lx 이상의 밝기가 측정되어야 한다.
③ 휴대용 비상조명등의 설치 높이는 바닥으로부터 0.8m 이상 1.5m 이하가 되도록 한다.
④ 휴대용 비상조명등은 자동으로 점등 가능한 구조여야 한다.

답 ①

해 비상조명등이 60분 이상 작동해야 하는 조건은 지하를 제외하고 11층 이상의 층이므로 6층 이상이라고 서술한 부분이 잘못되었다.
그 외에도 지하층 또는 무창층인 도소매시장, 터미널, 지하역사 및 지하상가 등이 60분 이상 작동해야 하는 장소에 해당한다.

47

소화용수설비에 대한 설명으로 옳지 않은 것을 고르시오.

① 소화수조 또는 저수조가 지표면으로부터 깊이 4.5m 이상 지하에 있는 경우에는 가압송수장치를 설치한다.
② 상수도소화용수설비의 소화전은 특정소방대상물의 수평투영면의 각 부분으로부터 100m 이하가 되도록 설치한다.
③ 상수도소화용수설비의 소화전은 소방자동차 등의 진입이 쉬운 도로변 또는 공지에 설치한다.
④ 채수구는 소방차가 2m 이내의 지점까지 접근할 수 있는 위치에 설치한다.

답 ②

해 상수도소화용수설비 소화전의 수평거리는 특정소방대상물의 수평투영면의 각 부분으로부터 140m 이하가 되도록 설치해야 하므로, 100m 이하라고 서술한 ②번의 설명이 옳지 않다.

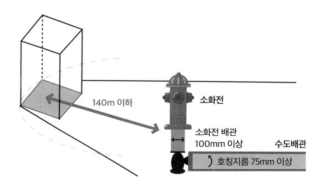

[48~49] 다음 제시된 소방계획서 일반현황 및 점검표 일부 내용을 참고하여 각 물음에 답하시오.

구분	건축물 일반현황	
규모/ 구조	☑**건축면적** : 1,500m²	☑**연면적** : 16,000m²
	☑**층수** : 지상 10층	☑**높이** : 42m
	☑**구조** : 철근콘크리트조	☑**지붕** : 슬라브
	☑**용도** : 업무시설, 근린 생활시설	
	☑**사용승인** : 2022. 06. 20	

번호	점검항목	점검결과
1-A. 소화기구(소화기, 자동확산소화기, 간이소화용구)		
1-A-007	지시압력계(녹색범위)의 적정 여부	(가)
3-H. 스프링클러설비 헤드		
3-H-002	헤드 설치 위치·장소·상태(고정) 적정 여부	○
15-D-. 감지기		
15-D-001	부착 높이 및 장소별 감지기 종류 적정 여부	(나)
16-B-. 자동화재탐지설비 배선 등		
16-B-002	조작스위치 높이는 적정하며 정상 위치에 있는지 여부	○

48

해당 소방안전관리대상물에 대한 설명으로 바르지 아니한 것을 모두 고르시오.

ⓐ 대지면적이 2,000m²일 때 용적률은 800%, 건폐율은 75%이다.

ⓑ 소방공무원 근무 경력이 3년 이상인 사람을 소방안전관리자로 선임할 수 있다.

ⓒ 2024년 6월에 작동점검을 실시하고 2024년 12월에 종합점검을 실시한다.

ⓓ 소방안전관리보조자는 최소 1명 이상을 선임한다.

① ⓒ
② ⓑ, ⓒ
③ ⓐ, ⓑ, ⓒ
④ ⓑ, ⓒ, ⓓ

답 ②

해 **옳지 않은 이유 :**
ⓑ 해당 대상물은 연면적이 만 오천 이상인 특정소방대상물이므로 1급 소방안전관리대상물에 해당하는데, 이 경우 소방공무원 근무 경력이 '7년' 이상인 사람으로 특급 또는 1급소방안전관리자 자격증을 갖춘 사람을 소방안전관리자로 선임할 수 있다. 따라서 소방공무원 근무 경력 3년 이상인 사람을 소방안전관리자로 선임할 수 있다고 서술한 ⓑ의 설명은 옳지 않다. (참고로 소방공무원 경력 3년은 2급 대상물의 소방안전관리자로 선임될 수 있으며, 이때도 자격증을 발급받아서 갖추어야 한다.)

ⓒ 해당 대상물은 스프링클러설비가 설치되어 있으며 작동점검과 종합점검까지 실시해야 하는 대상물에 해당한다. 이때 사용승인일이 포함된 달에 종합점검을 먼저 실시하므로 해당 대상물은 매년 6월에 종합점검을 실시한 뒤 6개월 후가 되는 달인 매년 12월에 작동점검을 실시한다. 따라서 반대로 서술한 ⓒ의 설명도 옳지 않다.

그래서 옳지 않은 것만을 모두 고른 것은 ② ⓑ, ⓒ.

📁 CHECK! 옳은 이유도 체크!

• 용적률&건폐율

(1) 용적률(%)은 : (연면적÷대지면적)x100이므로
(16,000÷2,000)X100 = 800%.

(2) 건폐율(%)은 : (건축면적÷대지면적)x100이므로
(1,500÷2,000)X100 = 75%.

• 소방안전관리보조자 선임

연면적 만 오천 제곱미터 이상의 특정소방대상물이므로 [연면적÷만 오천 제곱미터]로 계산하여 소수점 이하는 절하하고 정수만 취하는 것으로 계산한다.

따라서 16,000÷15,000 = 1.06으로 최소 1명 이상을 선임하는 것이 옳다.

49

해당 대상물의 점검표에 대한 설명으로 옳지 아니한 설명을 고르시오.

① 소화기 점검 결과 압력이 0.89MPa이라면 (가)에는 ○표시를 한다.

② 스프링클러설비 헤드의 설치 위치 및 장소, 고정 여부와 같은 상태 측면에서는 아무런 이상이 없다.

③ 일반 사무실에 차동식 열감지기가 설치되어 있다면 (나)에는 ○표시를 한다.

④ 수신기의 조작스위치는 바닥으로부터 1.5m 이상의 높이에 위치해 있을 것이다.

답 ④

해 **옳지 않은 이유 :**

수신기의 조작 스위치 높이는 바닥으로부터 <u>0.8m 이상 1.5m 이하</u>의 높이에 위치해야 하는데 수신기의 조작스위치 높이 적정여부에 대한 점검항목인 '16-B-002'의 점검결과가 정상(○)인 상태이므로 위와 같은 범위 내에 있을 것으로 추측할 수 있다. 따라서 바닥으로부터 1.5m 이상에 위치해 있을 것이라고 서술한 ④의 설명이 옳지 않다.

📁 CHECK!

① 소화기의 적정 압력범위는 0.7~0.98MPa이므로 0.89MPa은 정상범위 내에 있다.

② '3-H-002' 항목 점검 결과는 정상(○)이므로 옳은 해석이다.

③ 사무실, 거실 등에서 차동식 열감지기는 적응성이 있으므로 해당 장소에 적응성이 있는 감지기가 제대로 설치되었다면 '15-D-001' 항목에 대한 점검결과 (나)는 정상(○) 표시를 할 것이다.

50

재해약자의 장애유형별 피난보조에 대한 설명으로 가장 바람직한 것을 고르시오.

① 지체장애인의 경우 차분하고 느린 어조로 상황을 설명한다.

② 전동휠체어 사용자의 경우 2인이 보조하여 휠체어를 잡고 이동한다.

③ 시각장애인의 피난보조 시 여기, 저기와 같은 친숙한 표현을 사용하여 신속히 대피한다.

④ 청각장애인의 피난보조 시 조명 및 메모를 적극 활용하여 소통하는 것이 효과적이다.

답 ④

해 ① 차분하고 느린 어조로 상황을 설명하도록 권장하는 피난보조 방식은 지적장애인의 피난보조 시 권장하는 사항이므로 지체장애인이라고 서술한 부분이 바람직하지 않다.

② 전동휠체어 사용자의 경우 일반 휠체어보다 무거운 전동휠체어의 무게와 공간을 고려하여 전원을 끄고 해당 재해약자를 업거나 안아서 이동하는 것이 바람직하므로 옳지 않은 설명이다.

③ 시각장애인의 피난보조 시 애매한 표현이 아닌, '좌측 1m' 또는 '오른쪽 2m' 등과 같이 명확한 표현을 사용하도록 권장하므로 여기, 저기와 같은 애매한 표현을 사용하는 것은 바람직하다고 보기 어렵다.

따라서 가장 바람직한 피난보조 방식은 ④.

2회차

3회차

4회차

5회차

6회차

마무리 문제

Yes or No 퀴즈

헷갈리는 계산은 제 공략법

소방안전관리자 1급
모의고사

| 2회차 |

2회차 모의고사

01 다음 중 화재 등의 통지에 따라 화재로 오인할 만한 우려가 있는 불을 피우거나 연막소독을 하려는 자가 관할 소방본부장 또는 소방서장에게 신고하지 아니하여 소방자동차가 출동하게 한 경우 20만 원 이하의 과태료가 부과되는 지역 또는 장소에 해당하지 아니하는 것을 모두 고르시오.

> ㉠ 석유화학제품을 생산하는 공장이 있는 지역
> ㉡ 노후·불량건축물이 밀집한 지역
> ㉢ 공장·창고가 있는 지역
> ㉣ 목조건물이 밀집한 지역
> ㉤ 「산업입지 및 개발에 관한 법률」에 따른 산업단지

① ㉡, ㉤
② ㉠, ㉢, ㉣
③ ㉡, ㉢, ㉤
④ ㉠, ㉡, ㉣, ㉤

02 다음 중 소방안전관리보조자를 선임하는 대상물에 해당하지 않는 것을 고르시오.

① 연면적 20,000m²의 공동주택(기숙사)
② 350세대의 아파트
③ 아파트를 제외하고 연면적 15,000m²의 특정소방대상물
④ 관계인이 24시간 상주하는 바닥면적 1,000m²의 숙박시설

03 한국소방안전원의 업무에 해당하지 아니하는 것을 고르시오.

① 소방기술과 안전관리에 관한 간행물 발간
② 소방안전에 관한 국제협력
③ 화재 예방 고취를 위한 대국민 홍보
④ 위험물 취급에 대한 허가 및 승인

04 다음 중 소방활동구역에 출입이 가능한 자에 해당하는 조건을 모두 고르시오.

> ⓐ 수사업무 종사자
> ⓑ 보도업무 종사자
> ⓒ 소방활동구역 외부에 인접한 소방대상물의 관계인
> ⓓ 교통·통신업무 종사자
> ⓔ 시·도지사의 출입 허가를 받은 자

① ⓐ, ⓑ
② ⓐ, ⓒ, ⓓ
③ ⓐ, ⓑ, ⓓ
④ ⓐ, ⓑ, ⓓ, ⓔ

2회차

3회차

4회차

5회차

6회차

마무리문제

Yes or No 퀴즈

헷갈리는 계산문제 공략법

05 작동점검 완료일 및 그에 대한 자체점검 실시 결과 보고 날짜가 다음과 같을 때 보고 의무가 있는 자에게 부과되는 과태료에 해당하는 것을 고르시오.

- 작동점검 완료일:2024년 4월 4일
- 결과보고 제출일:2024년 4월 30일

2024년 4월						
일	월	화	수	목	금	토
1	2	3	4 점검 완료일	5	6	7
8	9	10	11	12	13	14
15	16	17	18	19	20	21
22	23	24	25	26	27	28
29	30 제출					

① 50만 원
② 100만 원
③ 200만 원
④ 300만 원

06 다음 중 200만 원 이하의 과태료에 해당하는 행위에 포함되지 아니하는 것을 고르시오.

① 정당한 사유 없이 소방대의 생활안전활동을 방해하는 행위
② 소방차의 출동에 지장을 주는 행위
③ 소방안전관리자의 선임 신고를 하지 아니한 행위
④ 소방활동구역에 출입하는 행위

[07~08] 주어진 〈보기〉를 참고하여 각 물음에 답하시오.

───── 보기 ─────

- 대상물 명칭:L영화상영관
- 연면적:5,200m²
- 소방시설 현황:옥내소화전설비, 스프링클러설비, 비상조명등, 자동화재탐지설비, 제연설비, 소화기구
- 완공일:2018년 2월 27일
- 사용승인일:2018년 3월 12일

07 L영화상영관의 자체점검에 대한 설명으로 옳은 것을 고르시오.

① 작동점검 제외 대상에 해당한다.
② 특급점검자 및 관계인을 주된 인력으로 2024년 8월에 작동점검을 실시한다.
③ 소방안전관리자로 선임된 소방기술사를 주된 인력으로 2024년 2월에 종합점검을 실시한다.
④ 관리업에 등록된 기술인력 중 소방시설관리사를 주된 인력으로 2024년 3월에 종합점검을 실시한다.

08 L영화상영관의 점검 시 필요한 점검 장비에 해당하는 것을 모두 고르시오.

> ㉠ 조도계
> ㉡ 누전계
> ㉢ 음량계
> ㉣ 방수압력측정계
> ㉤ 차압계

① ㉠, ㉡, ㉣
② ㉠, ㉢, ㉣
③ ㉠, ㉢, ㉣, ㉤
④ ㉠, ㉡, ㉢, ㉣, ㉤

09 다음의 조건에 해당하는 김□□의 실무교육 실시일로 가장 적절한 날짜를 고르시오.

> • 강습교육 면제 대상으로 교육 수료 이력 없음
> • 소방안전관리자 시험 합격일:2022년 3월 16일
> • 소방안전관리자 선임 날짜:2023년 6월 15일

① 2022년 6월 8일
② 2023년 3월 10일
③ 2023년 11월 17일
④ 2025년 6월 11일

10 초고층 및 지하연계 복합건축물 재난관리에 관한 특별법에 따른 초고층 건축물 등에서의 교육 및 훈련에 관한 사항으로 옳지 아니한 것을 고르시오.

① 관리주체는 교육 및 훈련 실시 결과를 작성하여 3년간 보관한다.
② 관리주체는 교육 및 훈련을 한 날부터 10일 내에 시·군·구 본부장에게 실시 결과를 제출한다.
③ 관리주체는 다음 연도의 교육·훈련 계획을 수립하여 매년 12월 15일까지 시·군·구 본부장에게 제출한다.
④ 소방청장이나 시·도 본부장은 초고층 건축물등의 관리주체가 교육·훈련을 실시하는 데에 필요한 지원을 할 수 있다.

11 건축에서 정하는 용어의 정의로 옳지 아니한 것을 고르시오.

① 기존 건축물이 있는 대지 내에서 건축물의 건축 면적, 연면적, 층수, 높이를 증가시키는 것은 증축에 해당한다.
② 건축물이 천재지변이나 재해에 의해 멸실된 경우 일정 요건에 따라 다시 축조하는 것은 재축에 해당한다.
③ 건축물의 기둥, 보, 내력벽, 주계단 등의 구조를 수선·변경, 증설하는 것은 개축에 해당한다.
④ 건축물의 노후화를 억제하기 위해 대수선하거나 건축물의 일부를 증축 또는 개축하는 것은 리모델링에 해당한다.

12 다음 중 대수선의 범위에 포함되지 않는 것을 고르시오.

① 보를 증설 또는 해체하거나 3개 이상 수선 또는 변경하는 행위

② 내력벽을 증설 또는 해체하거나 3개 이상 수선 또는 변경하는 행위

③ 건축물의 외벽에 사용하는 마감재료를 증설 또는 해체하는 행위

④ 주계단, 피난계단 또는 특별피난계단을 증설 또는 해체하는 행위

13 다음 그림과 제시된 조건을 참고하여 해당 건축물의 총 높이를 산정하시오.

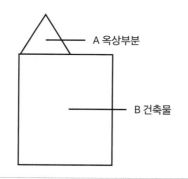

• A 수평투영면적:250m²
• A 높이:17m
• B 연면적:3,200m²
• B 건축면적:1,600m²
• B 높이:40m

① 40m

② 45m

③ 52m

④ 57m

14 다음 중 가연물질의 구비조건으로 옳지 않은 것을 고르시오.

① 활성화에너지 값이 작아야 한다.

② 산소와 결합 시 발열량이 커야 한다.

③ 조연성 가스와 친화력이 강해야 한다.

④ 열의 축적이 용이하도록 열전도도가 커야 한다.

15 가연물이 될 수 없는 조건에 대한 설명으로 옳은 것을 고르시오.

① 헬륨, 네온, 아르곤은 산소와 결합하면 흡열반응을 일으킨다.

② 이산화탄소와 물은 완전산화물에 해당한다.

③ 질소 및 질소산화물은 산소와 결합하지 못한다.

④ 일산화탄소는 산소와 화학반응을 일으킬 수 없는 물질이다.

16 물리적 소화방식에 해당하지 않는 것을 고르시오.

① 연쇄반응 차단

② 연소에너지의 한계

③ 농도의 한계

④ 화염의 불안정화

17
다음 중 아크(Arc) 용접에 대한 설명에 해당하는 것을 모두 고르시오.

> ㉠ 백심은 휘백색을 띤다.
> ㉡ 일반적으로 3,500~5,000˚C 정도이며, 가장 높은 부분의 최고온도는 약 6,000˚C에 이른다.
> ㉢ 가연성 가스와 산소의 반응으로 생성되는 가스 연소열을 이용하는 용접 방식이다.
> ㉣ 청백색의 강한 빛과 열을 낸다.

① ㉠, ㉡
② ㉡, ㉢
③ ㉡, ㉣
④ ㉡, ㉢, ㉣

18
다음의 설명에 해당하는 실내화재의 현상을 고르시오.

> • 소화활동에 돌입하기 위해 화재실의 문을 개방할 때 신선한 공기가 화재실로 유입되면서 실내에 축적된 가연성 가스가 단시간에 폭발적으로 연소함으로써 폭풍을 동반한 화염이 실외로 분출되는 현상을 의미한다.
> • 연기폭발(Smoke explosion)이라고도 하며 농연의 분출, 파이어볼(Fire ball) 형성, 건물 벽체의 도괴 현상 등을 동반한다.
> • 화재실의 출입문을 개방하기 전, 천장부를 개방하여 환기시킴으로써 폭발력을 억제할 수 있다.

① 롤오버(Roll over)
② 플래시오버(Flash over)
③ 백드래프트(Back draft)
④ 플레임오버(Flame over)

19
건축물의 종류에 따른 화재 양상에 대한 설명으로 옳은 것을 고르시오.

① 목조건축물의 최성기 온도는 약 1,100~1,350℃에 달한다.
② 목조건축물의 화재지속시간은 약 2~3시간이 소요된다.
③ 내화구조건축물은 화재 시 공기의 유통조건에 영향을 크게 받는다.
④ 내화구조건축물의 발연량은 목조건축물에 비해 적은 편이다.

20
위험물의 종류별 특성에 대한 설명으로 빈칸에 들어갈 위험물의 종류를 차례대로 고르시오.

(A)	(B)
저온 착화하기 쉬운 가연성 물질로 연소 시 유독가스를 발생한다.	가연성으로 산소를 함유하여 자기연소하는 물질로, 가열 및 충격, 마찰 등에 의해 착화, 폭발을 일으킬 수 있고 연소 속도가 빨라 소화가 곤란하다.

	(A)	(B)
①	산화성 고체	가연성 고체
②	산화성 고체	인화성 액체
③	가연성 고체	자기반응성 물질
④	인화성 액체	자기반응성 물질

21 제4류위험물의 공통적인 성질로 옳은 것을 고르시오.

① 물보다 무거워 물과 섞이지 않는다.

② 증기는 공기와 혼합되어 연소 및 폭발을 일으킬 수 있다.

③ 착화온도가 높은 것은 위험하다.

④ 대부분 증기는 공기보다 가볍다.

22 다음 중 전기화재의 원인으로 보기 어려운 것은?

① 절연에 의한 정전기 불꽃 발생

② 규격미달의 전선 사용으로 인한 과전류 발생

③ 전선의 합선 및 단락

④ 누전

23 가스누설경보기의 설치 위치로 옳은 설명을 고르시오.

① 증기비중이 1보다 작은 가스의 경우 연소기로부터 수평거리 4m 이내에 위치하도록 설치한다.

② 증기비중이 1보다 작은 가스의 경우 탐지기의 상단은 천장면의 하방 30cm 이내에 설치한다.

③ 증기비중이 1보다 큰 가스의 경우 연소기 또는 관통부로부터 수평거리 4m 이내에 위치하도록 설치한다.

④ 증기비중이 1보다 큰 가스의 경우 탐지기의 하단은 바닥면의 상방 30cm 이내에 설치한다.

24 다음 그림과 같은 형태의 자위소방대 조직 구성 시 그에 대한 설명으로 옳지 아니한 것을 고르시오.

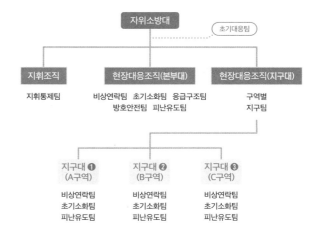

① TYPE-Ⅰ에 해당하는 조직구성이다.

② 특급 또는 공동주택을 제외하고 연면적 30,000㎡ 미만의 1급대상물에 적용된다.

③ 둘 이상의 현장대응조직으로 운영이 가능하며 본부대와 지구대로 구분할 수 있다.

④ 본부대는 비상연락팀, 초기소화팀, 피난유도팀, 방호안전팀, 응급구조팀을 기본으로 편성한다.

25 종합방재실의 설치기준 및 운영 등에 대한 설명으로 옳지 아니한 것을 고르시오.

① 초고층 건축물에 특별피난계단이 설치되어 있고, 특별피난계단 출입구로부터 5m 이내에 종합방재실을 설치하는 경우에는 2층 또는 지하 1층에 설치할 수 있다.

② 화재 및 침수 등으로 인한 피해 우려가 적은 곳에 설치해야 한다.

③ 면적은 20m² 이상으로 하고 다른 부분과 방화구획으로 설치해야 하며 다른 제어실 등의 감시를 위해 두께 7mm 이상의 망입유리로 된 4m² 미만의 붙박이창을 설치할 수 있다.

④ 초고층 건축물등의 관리주체는 종합방재실에 재난 및 안전관리에 필요한 인력을 2명 이상 상주하도록 해야 한다.

26 출혈의 증상으로 보기 어려운 것을 고르시오.

① 체온 및 혈압이 저하된다.

② 동공이 확대되고 구토가 발생할 수 있다.

③ 피부가 축축해지고 갈증을 호소한다.

④ 맥박이 느리고 약하고 불규칙해진다.

27 자동심장충격기(AED)의 올바른 사용방법에 해당하지 아니하는 설명을 고르시오.

① AED는 반응 및 정상적인 호흡이 없는 심정지 환자에게만 사용해야 한다.

② 가장 먼저 전원 버튼을 누른다.

③ 패드1은 오른쪽 흉골 아래쪽에, 패드2는 왼쪽 젖꼭지 아래의 중간겨드랑선에 부착한다.

④ "분석 중…"이라는 음성 지시가 나오면 하고 있던 심폐소생술을 멈추고 환자에게서 손을 떼야 한다.

28 화상에 대한 설명으로 옳지 아니한 것을 고르시오.

① 전층화상은 근육층까지 손상되며 통증이 없다.

② 물집이 터진 부분층화상에 고압의 물을 사용하여 열감을 식히는 행위는 하면 안 된다.

③ 화상환자의 옷가지가 피부에 달라붙은 경우 젖은 수건 등을 이용해 닦아낸다.

④ 표피화상은 약간의 부종과 홍반이 나타나며 흉터 없이 치료 가능하다.

29 다음 그림은 T상사(업무시설)의 도면이다. T상사에 능력단위 2단위의 소화기를 설치한다고 했을 때 필요한 최소 개수를 구하시오.(단, 주요구조부가 내화구조이고 실내면은 불연재로 되어있다.)

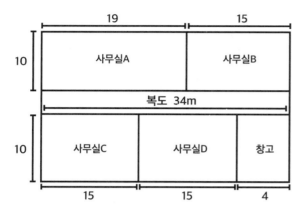

① 5개

② 6개

③ 7개

④ 8개

30 어떤 건물의 2층에서 발신기의 누름버튼을 눌렀을 때 1층의 수신기에서 점등되는 표시등이 아닌 것을 고르시오.

① 화재표시등

② 교류전원표시등

③ 발신기표시등

④ 1층 지구표시등

31 펌프성능시험 중 체절운전 시, 다음의 그림에서 밸브(㉮)의 개폐상태 및 펌프성능시험 실측 결과표에 명시된 토출압 (㉯)의 적정 여부 판정 결과로 옳은 것을 고르시오. (단, 펌프 명판상 토출량은 500L/min, 양정은 70m이다.)

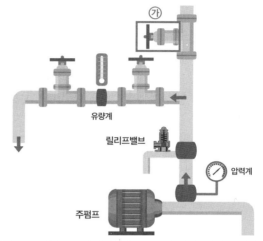

펌프성능시험 결과표(실측치)			
구분	체절운전	정격운전	최대운전
토출량 (L/min)	0	500LPM	750LPM
㉯ 토출압 (MPa)	0.95Mpa	0.7Mpa	0.5Mpa

	㉮	㉯
①	개방	적합
②	폐쇄	적합
③	개방	부적합
④	폐쇄	부적합

32 감지기에 대한 설명으로 옳지 아니한 것을 고르시오.

① 정온식 스포트형 감지기는 주위온도가 일정상승률 이상이 될 때 작동한다.

② 차동식 스포트형 감지기는 온도 상승으로 공기가 팽창하면 다이아프램이 압박되어 작동한다.

③ 광전식 스포트형 연기감지기는 계단이나 복도 등에 설치한다.

④ 차동식 스포트형 감지기는 거실이나 사무실 등에 설치한다.

33 다음 그림을 참고하여 옥내소화전의 주펌프를 수동으로 기동하기 위해서 조작할 수 있는 방법으로 옳은 것을 고르시오.

감시제어반

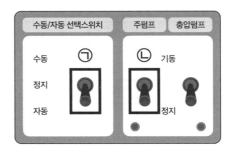

동력제어반

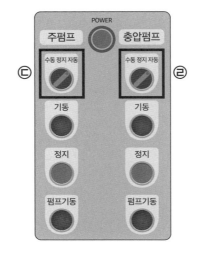

① ㉠만 수동 위치로 옮긴다.

② ㉠을 자동 위치에 두고 ㉡을 기동 위치로 옮긴다.

③ ㉢을 수동 위치로 옮기고 기동버튼을 누른다.

④ ㉣을 수동 위치로 옮기고 기동버튼을 누른다.

1회차
2회차
3회차
4회차
5회차
6회차
마무리 문제
Yes or No 퀴즈
헷갈리는 계산문제 공략법

34 층수가 7층이고 옥내소화전이 가장 많이 설치된 층의 개수가 3개인 건물의 최소 저수량 (A)와 폐쇄형 스프링클러헤드가 설치되고 지상층의 층수가 12층인 건물의 최소 저수량 (B)를 더한 (A)＋(B)의 값을 고르시오. (단, 설치 장소는 아파트를 제외한 특정소방대상물로 간주한다.)

① 55.8

② 53.2

③ 37.2

④ 21.2

35 가스계소화설비 점검 중 솔레노이드밸브 격발 시험 방법으로 옳지 않은 것을 고르시오.

① 수동조작함에서 기동스위치를 눌러 작동 확인

② 솔레노이드밸브 자체 수동조작버튼을 눌러 즉시 격발 확인

③ 제어반에서 솔레노이드밸브 선택스위치 수동 기동 전환으로 작동 확인

④ 방호구역 내 감지기 A 또는 B 동작으로 격발 확인

36 소화기에 대한 설명으로 옳은 설명을 모두 고르시오.

ⓐ 가압식 분말소화기 본체 용기 내에는 규정량의 소화약제와 질소가스가 충전되어 있으며 지시압력계 정상 범위는 0.7~0.98MPa이다.

ⓑ 탄산수소나트륨을 주성분으로 하는 BC급 소화기의 약제는 담홍색을 띤다.

ⓒ 소화기의 내용연수 경과 후 10년 미만인 경우 성능검사에 합격한 소화기는 내용연수 등이 경과한 날의 다음 달부터 3년간 사용이 가능하다.

ⓓ 할론1301 소화기는 지시압력계가 부착되어 있지 않지만 할론소화약제 중 소화능력이 가장 뛰어나고 독성이 적고 냄새가 없는 것이 장점이다.

ⓔ 이산화탄소 소화기는 질식 및 냉각소화 작용을 한다.

① ⓐ, ⓑ, ⓒ

② ⓐ, ⓒ, ⓓ

③ ⓑ, ⓓ, ⓔ

④ ⓒ, ⓓ, ⓔ

37
지상층의 층수가 12층이고 지하층의 층수가 4층인 소방안전관리대상물의 지하 1층에서 화재 시 적용되는 경보방식에 해당하는 것을 고르시오.(단, 해당 대상물은 공동주택이 아니다.)

① 모든 층에 일제히 경종이 울린다.

② 지하 1층과 지상 1층부터 지상 4층에 우선적으로 경종이 울린다.

③ 지하 1층부터 지하 4층에 우선적으로 경종이 울린다.

④ 지상 1층과 지하 1층부터 지하 4층에 우선적으로 경종이 울린다.

38
층수가 3층인 영화관의 피난구조설비에 대한 설명으로 옳지 아니한 것을 고르시오.

① 2층과 3층에는 완강기가 적응성이 있다.

② 피난사다리는 2층에서는 적응성이 있지만 1층에서는 적응성이 없다.

③ 1층에서 다수인피난장비가 적응성이 있다.

④ 2층과 3층에서 미끄럼대가 적응성이 있다.

39
유도등의 점검에 대한 설명으로 옳지 않은 것을 고르시오.

① 3선식 유도등 절환스위치가 수동 상태일 때 감지기의 작동으로 점등된다.

② 유도등의 예비전원은 점검스위치를 당겨 점등상태가 확인되면 정상이다.

③ 3선식 유도등은 수신기에서 수동으로 점등스위치를 ON하여 점검한다.

④ 2선식 유도등은 평상시 점등 상태인지 확인한다.

40
R형 수신기의 기록데이터를 참고하여 옳은 설명을 고르시오.

일시	수신기	회선설명	동작구분	메세지
2024/02/01 19:00:12	1	주펌프	MCC	자동기동
2024/02/01 19:00:07	1	2층 감지기B	화재	화재발생
2024/02/01 19:00:05	1	1층 수신기	수신기	음향장치 작동
2024/02/01 19:00:05	1	2층 감지기A	화재	화재발생

① 화재는 1층에서 발생하였다.

② 감지기A만 동작하였다.

③ 음향장치는 정상 작동했다.

④ 점검상황으로 소화설비는 작동하지 않았다.

1회차

2회차

3회차

4회차

5회차

6회차

마무리문제

Yes or No 퀴즈

헷갈리는 계산 문제 공략법

41 연결송수관설비에 대한 설명으로 옳지 않은 것을 고르시오.

① 구성요소는 송수구, 배관, 살수헤드이다.
② 넓은 면적의 고층 또는 지하 건축물에 설치한다.
③ 지면으로부터 높이 31m 이상 또는 지상 11층 이상인 건물에 습식을 설치한다.
④ 지면으로부터 높이 31m 미만 또는 지상 11층 미만인 건물에 건식을 설치한다.

42 부속실제연설비에 대한 설명으로 옳지 않은 것을 고르시오.

① 급기가압방식을 통해 차압을 형성한다.
② 화재가 발생하면 급기댐퍼가 완전히 열린 후 송풍기가 작동한다.
③ 부속실의 설정 압력범위를 초과하면 플랩댐퍼가 작동하여 압력을 배출하고 설정 압력범위를 유지한다.
④ 점검을 위해 계단실·부속실의 방연풍속 측정 시 출입문을 폐쇄한 후 풍속계로 방연풍속을 측정한다.

43 다음 중 스프링클러설비에 대한 설명으로 옳은 것을 고르시오.

① 일제살수식 스프링클러설비의 2차측 배관 내부는 가압수로 충수되어 있다.
② 감열체가 없는 구조는 폐쇄형 스프링클러에 해당한다.
③ 교차배관은 가지배관과 수평하거나 위쪽에 위치하도록 설치해야 한다.
④ 교차배관에서 분기되는 지점을 기준으로 한쪽 가지배관에 설치되는 헤드의 개수는 8개 이하여야 한다.

44 의료시설에 설치하는 유도등의 종류로 옳은 것을 고르시오.

① 소형피난구유도등, 통로유도등
② 중형피난구유도등, 통로유도등
③ 대형피난구유도등, 통로유도등
④ 대형피난구유도등, 통로유도등, 객석유도등

45 습식스프링클러설비의 압력스위치 작동 시 작동하는 장치 및 점등되는 표시등과 무관한 것을 고르시오.

① 방출표시등
② 화재표시등
③ 밸브개방표시등
④ 사이렌 경보

M영화관의 객석통로 직선길이가 47m일 때 최소한의 객석유도등 설치 개수로 옳은 값을 구하시오.

① 10개
② 11개
③ 12개
④ 13개

48 특정소방대상물에 설치해야 하는 소방시설 적용기준에 따라 제연설비를 설치해야 하는 지하가 (터널 제외)의 설치대상 연면적 기준을 고르시오.

① 200m² 이상
② 400m² 이상
③ 900m² 이상
④ 1,000m² 이상

49 소방계획의 수립 절차 중 2단계에 해당하는 내용으로 빈칸에 들어갈 말을 순서대로 고르시오.

1단계 (사전기획)	2단계 (위험환경 분석)	3단계 (설계/개발)	4단계 (시행/ 유지관리)
작성준비 ↓ 요구사항 검토 ↓ 작성계획 수립	(가) ↓ (나) ↓ (다)	목표/ 전략수립 ↓ 실행계획 설계 및 개발	수립/시행 ↓ 운영/ 유지관리

① (가) 위험환경 식별
   (나) 위험환경분석/평가
   (다) 위험경감대책 수립
② (가) 위험환경 식별
   (나) 위험경감대책 수립
   (다) 위험환경분석/평가
③ (가) 위험환경분석/평가
   (나) 위험환경 식별
   (다) 위험경감대책 수립
④ (가) 위험환경분석/평가
   (나) 위험경감대책 수립
   (다) 위험환경 식별

47 다음 작동기능점검표의 점검결과를 참고하여 옳지 않은 설명을 고르시오.

구분	점검번호	점검항목	점검결과
소화기	1-A-006	소화기의 변형·손상 또는 부식 등 외관의 이상 여부	X
	1-A-007	지시압력계 (녹색범위)의 적정 여부	(가)
	1-A-008	수동식 분말소화기 내용연수(10년) 적정 여부	X

① 1-A-006 점검항목의 결과가 X이므로 외관 상의 불량이 있을 것이다.
② 1-A-006 항목의 점검에서 본체용기가 변형, 손상된 것이 발견되었다면 교체해야 한다.
③ 1-A-007 항목 점검 시 압력범위가 0.6MPa이 나왔다면 (가)는 ○표시한다.
④ 해당 소화기의 사용 기한은 3년 연장이 불가능하다.

50 화재대응에 대한 설명으로 옳지 아니한 것을 고르시오.

① 화재신고 시 소방기관의 확인이 있기 전까지 전화를 끊지 않는다.

② 비상방송 담당 대원은 확성기 등을 사용해 화재사실을 전파한다.

③ 소방안전관리자는 비상연락체계를 통해 관계기관 등에 화재사실을 통보해야 한다.

④ 초기소화가 어렵다고 판단되는 경우 출입문을 개방한 상태로 즉시 피난한다.

2회차 정답 및 해설

01	③	02	④	03	④	04	①	05	①
06	①	07	④	08	③	09	③	10	①
11	③	12	②	13	④	14	④	15	②
16	①	17	③	18	③	19	①	20	③
21	②	22	①	23	③	24	②	25	④
26	④	27	③	28	③	29	②	30	④
31	②	32	①	33	③	34	②	35	④
36	④	37	④	38	③	39	①	40	③
41	①	42	④	43	④	44	③	45	①
46	②	47	③	48	④	49	①	50	④

01

다음 중 화재 등의 통지에 따라 화재로 오인할 만한 우려가 있는 불을 피우거나 연막소독을 하려는 자가 관할 소방본부장 또는 소방서장에게 신고하지 아니하여 소방자동차가 출동하게 한 경우 20만 원 이하의 과태료가 부과되는 지역 또는 장소에 해당하지 아니하는 것을 모두 고르시오.

㉠ 석유화학제품을 생산하는 공장이 있는 지역
㉡ 노후·불량건축물이 밀집한 지역
㉢ 공장·창고가 있는 지역
㉣ 목조건물이 밀집한 지역
㉤「산업입지 및 개발에 관한 법률」에 따른 산업단지

① ㉡, ㉤
② ㉠, ㉢, ㉣
③ ㉡, ㉢, ㉤
④ ㉠, ㉡, ㉣, ㉤

답 ③

해 옳지 않은 이유 :
㉡, ㉤은 20만 원 이하의 과태료가 부과될 수 있는 장소가 아닌, '화재예방강화지구'에 해당하는 장소이므로 해당사항이 없으며, ㉢의 경우에는 공장·창고가 '밀집한' 지역일 때 20만 원 이하의 과태료가 부과되는 장소에 해당하므로 옳지 않다.
이번 문제에서는 이렇게 해당사항이 없는 장소들을 묻고 있으므로 정답은 ③ ㉡, ㉢, ㉤.

1회차

2회차

3회차

4회차

5회차

6회차

마무리문제

Yes or No 퀴즈

헷갈리는 계산문제 공략법

📁 **CHECK! 20만 원 통지 장소 vs 화재예방강화지구**

미리 통지 장소 (20만 원 과태료)	화재예방강화지구

• 시장지역
• ★[밀집한 지역]:
  공장·창고 / 목조건물 /
  위험물 저장·처리시설
• 석유화학제품 생산 공장
  이 있는 지역
• 그 밖에 시·도조례로
  정하는 지역
	• 시장지역
	• ★[밀집한 지역]:
	  공장·창고 / 목조건물 /
	  위험물 저장·처리시설 /
	  노후·불량건축물
	• 석유화학제품 생산 공장
	  이 있는 지역
	• 산업단지, 물류단지
	• 소방시설·소방용수 시설
	  ·소방 출동로 없는 지역
	• 그 밖에 소방관서장이
	  지정할 필요를 인정한
	  지역

02

다음 중 소방안전관리보조자를 선임하는 대상물
에 해당하지 않는 것을 고르시오.

① 연면적 20,000m²의 공동주택(기숙사)

② 350세대의 아파트

③ 아파트를 제외하고 연면적 15,000m²의 특정소
방대상물

④ 관계인이 24시간 상주하는 바닥면적 1,000m²
의 숙박시설

답 ④

해 관계인이 24시간 상주하는 바닥면적 1,500m² 미
만의 숙박시설은 소방안전관리보조자를 선임하는
대상에서 제외된다.

참고로 공동주택(기숙사), 의료시설, 노유자시설,
수련시설, 300세대 이상의 아파트, (아파트를 제외
하고) 연면적 15,000m² 이상의 특정소방대상물과
[관계인이 24시간 상주하는 바닥면적 1,500m² 미
만의 숙박시설]이라는 조건에 해당하지 않는 숙박
시설은 소방안전관리보조자를 선임한다.

03

한국소방안전원의 업무에 해당하지 아니하는 것
을 고르시오.

① 소방기술과 안전관리에 관한 간행물 발간

② 소방안전에 관한 국제협력

③ 화재 예방 고취를 위한 대국민 홍보

④ 위험물 취급에 대한 허가 및 승인

답 ④

해 한국소방안전원의 업무에 위험물 취급에 대한 허
가 및 승인은 포함되지 않는다. 참고로 안전원의
업무는 교육 및 연구·조사, 간행물 발간 및 대국민
홍보, 회원에 대한 기술 지원, 행정기관의 위탁업
무 및 국제협력 등이 있는데 위험물에 대한 사항이
나 건축(시설의 설립) 등의 내용은 포함하지 않는
다는 점을 구분해서 알아두면 좋다.

04

다음 중 소방활동구역에 출입이 가능한 자에 해당하는 조건을 모두 고르시오.

ⓐ 수사업무 종사자
ⓑ 보도업무 종사자
ⓒ 소방활동구역 외부에 인접한 소방대상물의 관계인
ⓓ 교통·통신업무 종사자
ⓔ 시·도지사의 출입 허가를 받은 자

① ⓐ, ⓑ ✓
② ⓐ, ⓒ, ⓓ
③ ⓐ, ⓑ, ⓓ
④ ⓐ, ⓑ, ⓓ, ⓔ

답 ①

해 옳지 않은 이유 :
ⓒ 소방활동구역 '내(안에 있는)' 소방대상물의 관계인이 소방활동구역에 출입할 수 있다. 따라서 소방활동구역 외부에 인접한 소방대상물의 관계인은 출입가능자에 해당하지 않는다.
ⓓ 교통·통신업무 종사자로서 '소방활동에 필요한 자'가 소방활동구역에 출입할 수 있는데, 이러한 조건 없이 교통·통신업무 종사자(또는 전기/가스/수도 종사자) 조건만으로는 출입이 가능한 사람의 조건에 해당하지 않는다.
ⓔ 소방활동구역에 출입이 가능한 조건은 '소방대장'의 출입허가를 받은 사람이어야 하므로 시·도지사는 해당사항이 없다.

따라서 이를 제외한 ⓐ와 ⓑ만 출입이 가능하다.

📁 CHECK! 소방활동구역 출입가능자
• 소방활동구역 내 소방대상물의 관계인
• 의사, 간호사, 구조·구급업무 종사자
• 수사업무 종사자
• 전기/가스/수도/교통·통신 종사자 → 소방활동에 필요한 자
• 보도업무 종사자 및 취재인력
• 소방대장의 출입 허가를 받은 자

05

작동점검 완료일 및 그에 대한 자체점검 실시결과 보고 날짜가 다음과 같을 때 보고 의무가 있는 자에게 부과되는 과태료에 해당하는 것을 고르시오.

• 작동점검 완료일 : 2024년 4월 4일
• 결과보고 제출일 : 2024년 4월 30일

2024년 4월						
일	월	화	수	목	금	토
1	2	3	4 점검 완료일	5	6	7
8	9	10	11	12	13	14
15	16	17	18	19	20	21
22	23	24	25	26	27	28
29	30 제출					

① 50만 원 ✓
② 100만 원
③ 200만 원
④ 300만 원

답 ①

해 (1) 관계인은 점검이 끝난 날부터 15일 내에 소방본부장 또는 소방서장에게 [소방시설 등 자체점검 실시결과 보고서]를 서면 또는 전산망을 통해 보고해야 한다. (+이행계획서 및 배치확인서 첨부)
(2) 그럼, 4월 4일 점검일을 기준으로 제출 기한일은 4월 25일이었으나, 결과 보고 제출을 4월 30일에 했으므로 지연 보고에 해당하며 지연된 기간은 10일 미만이다. (참고로, 제출 기간 기산 시 점검 당일, 주말 및 공휴일은 산입하지 않는다.)

1회차

2회차

3회차

4회차

5회차

6회차

마무리 문제

Yes or No 퀴즈

헷갈리는 계산문
제 공략법

2024년 4월						
일	월	화	수	목	금	토
1	2	3	4 점검 완료일	5	6	7
8	9	10	11	12	13	14
15	16	17	18	19	20	21
22	23	24	25 제출 기한	26	27	28
29	30 제출					

(3) '점검 결과를 보고하지 않거나 거짓으로 보고한 자'는 300만 원 이하의 과태료 항목에 해당하는데 그중에서도 지연된 기간에 따라 다음과 같이 과태료가 차등 부과된다.

- **지연보고 기간이 10일 미만** : 50만원
- **지연보고 기간이 10일 이상 1개월 미만** : 100만원
- **지연보고 기간이 1개월 이상 또는 미보고** : 200만원
- **점검결과를 축소·삭제하는 등 거짓보고** : 300만원

따라서 지연보고 기간이 10일 미만이므로 50만원 과태료에 해당한다.

06

다음 중 200만 원 이하의 과태료에 해당하는 행위에 포함되지 아니하는 것을 고르시오.

① 정당한 사유 없이 소방대의 생활안전활동을 방해하는 행위
② 소방차의 출동에 지장을 주는 행위
③ 소방안전관리자의 선임 신고를 하지 아니한 행위
④ 소방활동구역에 출입하는 행위

답 ①

해 ① 정당한 사유 없이 소방대의 생활안전활동을 방해하는 행위는 100만 원 이하의 [벌금]형에 해당하므로 문제의 조건에 해당하지 않는다.

[07~08] 주어진 〈보기〉를 참고하여 각 물음에 답하시오.

보기

- 대상물 명칭:L영화상영관
- 연면적:5,200m²
- 소방시설 현황:옥내소화전설비, 스프링클러설비, 비상조명등, 자동화재탐지설비, 제연설비, 소화기구
- 완공일:2018년 2월 27일
- 사용승인일:2018년 3월 12일

L영화상영관의 자체점검에 대한 설명으로 옳은 것을 고르시오.

① 작동점검 제외 대상에 해당한다.

② 특급점검자 및 관계인을 주된 인력으로 2024년 8월에 작동점검을 실시한다.

③ 소방안전관리자로 선임된 소방기술사를 주된 인력으로 2024년 2월에 종합점검을 실시한다.

④ 관리업에 등록된 기술인력 중 소방시설관리사를 주된 인력으로 2024년 3월에 종합점검을 실시한다.

답 ④

해 L영화상영관은 연면적이 2,000m² 이상인 다중이용업소이며 스프링클러설비도 설치되어 있으므로 작동점검 및 종합점검 실시 대상이다.

이때 소방안전관리자를 선임하지 않는 대상이거나, 위험물제조소등, 또는 특급 소방안전관리대상물은 작동점검 제외 대상이 되는데 L영화상영관은 세 가지 조건에 모두 해당사항이 없으므로 작동점검 제외 대상이라고 서술한 ①은 옳지 않은 설명이다.

또한 종합점검까지 실시하는 대상물의 경우, [사용승인일]이 포함된 달에 (그 달의 말일까지) 종합점검을 먼저 실시하며 이러한 종합점검의 주된 인력은 (1) 관리업에 등록된 기술인력 중 소방시설관리사 (2) 소방안전관리자로 선임된 소방시설관리사 및 소방기술사이므로 이러한 주된 인력을 통해 L영화상영관은 매년 3월에 종합점검을 실시할 것이고, 종합점검 이후 6개월 뒤에 작동점검을 실시하므로 매년 9월에 작동점검을 실시할 것임을 알 수 있다.

따라서 이에 대한 옳은 설명은 ④번.

💬 참고로, ②번처럼 특급점검자 및 관계인이 주된 인력이 되어 작동점검을 실시할 수 있는 경우는 3급소방안전관리대상물에만 해당하는 조건이므로, L영화상영관에는 해당사항이 없는 설명이다.

L영화상영관의 점검 시 필요한 점검 장비에 해당하는 것을 모두 고르시오.

㉠ 조도계
㉡ 누전계
㉢ 음량계
㉣ 방수압력측정계
㉤ 차압계

① ㉠, ㉡, ㉣

② ㉠, ㉢, ㉣

③ ㉠, ㉢, ㉣, ㉤

④ ㉠, ㉡, ㉢, ㉣, ㉤

답 ③

해 L영화상영관의 소방시설 현황에 따라 필요한 점검 장비는 다음과 같다.

㉠ 조도계 - 비상조명등, ㉢ 음량계 - 자동화재탐지설비(음향장치), ㉣ 방수압력측정계 - 공통장비(옥내소화전설비 등), ㉤ 차압계 - 제연설비

㉡ '누전계'는 누전경보기 점검 시 필요한 장비이나, L영화상영관의 소방시설 현황에서 누전경보기는 포함되어 있지 않으므로 누전계를 제외한 나머지 장비들만 해당사항이 있는 것으로 골라낼 수 있다. 따라서 정답은 ③.

1회차

2회차

3회차

4회차

5회차

6회차

마무리 문제

Yes or No 퀴즈

헷갈리는 개념 & 제 공략법

09

다음의 조건에 해당하는 김□□의 실무교육 실시
일로 가장 적절한 날짜를 고르시오.

- 강습교육 면제 대상으로 교육 수료 이력 없음
- 소방안전관리자 시험 합격일:2022년 3월 16일
- 소방안전관리자 선임 날짜:2023년 6월 15일

① 2022년 6월 8일
② 2023년 3월 10일
③ 2023년 11월 17일
④ 2025년 6월 11일

답 ③

해 김□□은 강습교육 수료 이력이 없으므로, 선임 후
6개월 내에 최초의 실무교육을 이수해야 하는 대
상이 된다. (강습교육을 수료한지 1년 이내에 선임
되었다면 이러한 6개월 내 최초 실무교육이 면제
되지만, 김□□은 이 경우에 해당하지 않으므로 원
칙대로 선임 후 6개월 내에 실무교육을 실시해야
한다.)

따라서 소방안전관리자로 선임된 시점부터 실무
교육을 실시해야 하는 의무가 발생하고, [선임된
날짜]를 기준으로 '6개월 내'에 최초의 실무교육을
실시해야 하므로 가장 적절한 날짜는 ③.

✍ Tip

시험 합격일은 무관하므로 함정에 빠지지 않도록 주의^^!

10

초고층 및 지하연계 복합건축물 재난관리에 관한
특별법에 따른 초고층 건축물 등에서의 교육 및
훈련에 관한 사항으로 옳지 아니한 것을 고르시
오.

① 관리주체는 교육 및 훈련 실시 결과를 작성하
여 3년간 보관한다.
② 관리주체는 교육 및 훈련을 한 날부터 10일 내
에 시·군·구 본부장에게 실시 결과를 제출한다.
③ 관리주체는 다음 연도의 교육·훈련 계획을 수
립하여 매년 12월 15일까지 시·군·구 본부장에
게 제출한다.
④ 소방청장이나 시·도 본부장은 초고층 건축물
등의 관리주체가 교육·훈련을 실시하는 데에
필요한 지원을 할 수 있다.

답 ①

해 초고층 건축물 등에서의 교육 및 훈련 시, 관리주
체는 교육 및 훈련을 한 날부터 10일 내에 시·군·구
본부장에게 실시 결과를 제출하고 이를 '1년간' 보
관한다.

따라서 3년간 보관한다고 서술한 ①의 설명이 옳
지 않다.

초고층 건축물 교육·훈련	
관리주체	• 매년 12월 15일까지 다음 계획 수립 → 시·군·구 본부장에 제출 • 실시 결과 제출(10일 내) & 1년 보관
시·군·구 본부장	• 관리주체에게 받은 결과를 소방서장에게 통보(10일 내)
시·도 본부장 / 소방청장	• 초고층 건축물 등의 교육·훈련에 필요한 지원

11

건축에서 정하는 용어의 정의로 옳지 아니한 것을 고르시오.

① 기존 건축물이 있는 대지 내에서 건축물의 건축면적, 연면적, 층수, 높이를 증가시키는 것은 증축에 해당한다.

② 건축물이 천재지변이나 재해에 의해 멸실된 경우 일정 요건에 따라 다시 축조하는 것은 재축에 해당한다.

③ 건축물의 기둥, 보, 내력벽, 주계단 등의 구조를 수선·변경, 증설하는 것은 개축에 해당한다.

④ 건축물의 노후화를 억제하기 위해 대수선하거나 건축물의 일부를 증축 또는 개축하는 것은 리모델링에 해당한다.

답 ③

해 건축물의 기둥, 보, 내력벽, 주계단 등의 구조를 수선·변경, 증설하는 것은 개축이 아닌, 대수선에 해당하는 설명이므로 옳지 않은 정의이다.

참고로 개축은 기존 건축물의 전부 또는 일부(내력벽, 기둥, 보, 지붕틀 중에서 3개 이상이 포함된 경우)를 철거하고 동일한 대지 안에 이전의 것과 동일한 규모의 범위 안에서 다시 축조하는 것을 의미한다.

12

다음 중 대수선의 범위에 포함되지 않는 것을 고르시오.

① 보를 증설 또는 해체하거나 3개 이상 수선 또는 변경하는 행위

② 내력벽을 증설 또는 해체하거나 3개 이상 수선 또는 변경하는 행위

③ 건축물의 외벽에 사용하는 마감재료를 증설 또는 해체하는 행위

④ 주계단, 피난계단 또는 특별피난계단을 증설 또는 해체하는 행위

답 ②

해 내력벽의 대수선 범위는 개수가 아닌 면적에 대한 기준이 적용된다. 내력벽을 증설 또는 해체하거나 그 벽면적을 30m² 이상 수선 또는 변경하는 행위가 대수선에 해당하므로 3개 이상이라는 개수 기준을 적용한 설명이 옳지 않다.

1회차

2회차

3회차

4회차

5회차

6회차

마무리 문제

Yes or No 퀴즈

헷갈리는 계산문제 공략법

13

다음 그림과 제시된 조건을 참고하여 해당 건축물의 총 높이를 산정하시오.

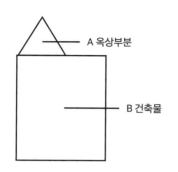

- A 수평투영면적:250m²
- A 높이:17m
- B 연면적:3,200m²
- B 건축면적:1,600m²
- B 높이:40m

① 40m

② 45m

③ 52m

④ 57m

답 ④

해 높이의 산정에서 옥상부분의 수평투영면적이 건축물의 '건축면적'의 8분의 1을 넘으면 옥상부분의 높이를 모두 건축물의 높이에 산입하여 더한다. (반대로, 8분의 1 이하일 경우에는 옥상부분 중에서 12m가 넘는 부분만 총 높이에 산입하나, 해당 문제에서는 8분의 1을 초과하므로 이 조건에는 성립하지 않고 옥상부분의 높이를 모두 산입하면 된다.) 따라서 건축물의 높이인 40m에 옥상부분의 높이 17m를 모두 산입하여 총 높이는 57m이다.

14

다음 중 가연물질의 구비조건으로 옳지 않은 것을 고르시오.

① 활성화에너지 값이 작아야 한다.

② 산소와 결합 시 발열량이 커야 한다.

③ 조연성가스와 친화력이 강해야 한다.

④ 열의 축적이 용이하도록 열전도도가 커야 한다.

답 ④

해 가연물질이 되기 위해서는 열의 축적이 용이하도록 열전도도가 작아야 하므로 옳지 않은 설명이다. 열전도란 고온부에서 저온부로 열이 이동하는 성질인데 그러한 열전도도가 크면 클수록 열의 이동이 많이 일어나기 때문에 열을 축적하는 것이 어렵다. 따라서 열의 축적이 용이하기 위해서는 열전도도가 작아야 하고, 열전도도가 작을수록 가연물질이 되기에 유리하다.

💬 참고로, ③의 조연성가스는 다른 물질(가스)의 연소를 돕거나 촉진시키는 가스로 산소도 이러한 조연성가스에 포함된다. 따라서 조연성가스와 친화력이 강해야 한다는 설명은 옳은 설명이다.

15

가연물이 될 수 없는 조건에 대한 설명으로 옳은 것을 고르시오.

① 헬륨, 네온, 아르곤은 산소와 결합하면 흡열반응을 일으킨다.

② 이산화탄소와 물은 완전산화물에 해당한다.

③ 질소 및 질소산화물은 산소와 결합하지 못한다.

④ 일산화탄소는 산소와 화학반응을 일으킬 수 없는 물질이다.

답 ②

해 ① 헬륨, 네온, 아르곤은 산소와 결합하지 못하는 불활성 기체이므로 잘못된 설명이다.

③ 질소 및 질소산화물은 산소와 화합하면 흡열반응을 일으키는 물질이므로 옳지 않은 설명이다. (①번과 ③번의 설명을 뒤바꿔야 옳은 조건이 성립한다.)

④ 일산화탄소(CO)는 산소와 반응할 수 있고, 때문에 가연물이 될 수 '있는' 물질이다. 따라서 옳지 않은 설명이다.

산소와 화학반응을 일으키지 않아 가연물이 될 수 없는 [완전산화물]에 해당하는 것은 물과 이산화탄소가 맞다. 따라서 이산화탄소와 물이 가연물이 될 수 없는 물질인 것도 맞고, 완전산화물이기 때문이라는 설명도 옳기 때문에 옳은 설명은 ②.

16

물리적 소화방식에 해당하지 않는 것을 고르시오.

① 연쇄반응 차단

② 연소에너지의 한계

③ 농도의 한계

④ 화염의 불안정화

답 ①

해 라디칼에 작용하여 연쇄반응을 차단하는 방식은 물리적 소화방식이 아닌, 화학적 소화방식에 해당한다.

💬 라디칼 또는 연쇄반응, 하론류(할론, 할로겐화합물)라는 말이 나오면 소방안전관리자 과정에서 말하는 유일한 '화학적' 소화방식에 해당하므로 이 부분을 반드시 암기하는 것이 유리하다.

1회차

2회차

3회차

4회차

5회차

6회차

마무리 문제

Yes or No 퀴즈

핵심정리는 개선문 제 공략법

17

다음 중 아크(Arc) 용접에 대한 설명에 해당하는 것을 모두 고르시오.

> ㉠ 백심은 휘백색을 띤다.
>
> ㉡ 일반적으로 3,500~5,000˚C 정도이며, 가장 높은 부분의 최고온도는 약 6,000˚C에 이른다.
>
> ㉢ 가연성 가스와 산소의 반응으로 생성되는 가스 연소열을 이용하는 용접 방식이다.
>
> ㉣ 청백색의 강한 빛과 열을 낸다.

① ㉠, ㉡

② ㉡, ㉢

③ ㉡, ㉣

④ ㉡, ㉢, ㉣

답 ③

해 아크(Arc) 용접은 전기용접 방식으로, 전기회로와 연결된 2개의 금속을 접촉, 전력을 가하여 (증기를 통해 통전상태 유지) 발생된 아크의 고열로 용접하는 방식을 말한다.

따라서 ㉢의 가연성 가스와 산소의 반응으로 생성되는 가스 연소열을 이용하는 용접 방식은 '가스'용접에 해당하므로 ㉢은 옳지 않은 설명이며, 또한 팁 끝 쪽 백심의 색이 휘백색을 띠는 것도 가스용접에 대한 설명이므로 ㉠의 설명도 옳지 않다. (참고로 '가스'용접 시 화염은 백심 : 휘백색 - 속불꽃 : 푸른색 - 겉불꽃 : 투명한 청색을 띤다.)

반면, 아크(Arc)는 청백색의 강한 빛과 열을 내는 것이 특징이며, 일반적으로 3,500~5,000˚C, 가장 높은 부분의 최고온도는 약 6,000˚C에 달하므로 ㉡과 ㉣의 설명은 옳다.

따라서 아크(Arc) 용접에 대한 설명으로 옳은 것만을 모두 고른 것은 ③ ㉡, ㉣.

18

다음의 설명에 해당하는 실내화재의 현상을 고르시오.

> • 소화활동에 돌입하기 위해 화재실의 문을 개방할 때 신선한 공기가 화재실로 유입되면서 실내에 축적된 가연성 가스가 단시간에 폭발적으로 연소함으로써 폭풍을 동반한 화염이 실외로 분출되는 현상을 의미한다.
>
> • 연기폭발(Smoke explosion)이라고도 하며 농연의 분출, 파이어볼(Fire ball) 형성, 건물 벽체의 도괴 현상 등을 동반한다.
>
> • 화재실의 출입문을 개방하기 전, 천장부를 개방하여 환기시킴으로써 폭발력을 억제할 수 있다.

① 롤오버(Roll over)

② 플래시오버(Flash over)

③ 백드래프트(Back draft)

④ 플레임오버(Flame over)

답 ③

해 문제의 설명은 ③ 백드래프트(Back draft) 현상에 대한 설명이다.

* 백드래프트의 핵심 키워드는 '실외', '농연 분출', '파이어볼', '천장 개방 - 폭발력 억제' 등이 있으므로 암기 시 참고하면 유리하다.

💬 참고로 소방안전관리자 과정에서는 ④ 플레임오버(Flame over)를 ① 롤오버(Roll over)를 의미하는 다른 말로 분류하므로, 결국은 롤오버(Roll over)와 플레임오버(Flame over)를 같은 현상으로 보고 있다.

19

건축물의 종류에 따른 화재 양상에 대한 설명으로 옳은 것을 고르시오.

① 목조건축물의 최성기 온도는 약 1,100~1,350℃에 달한다.

② 목조건축물의 화재지속시간은 약 2~3시간이 소요된다.

③ 내화구조건축물은 화재 시 공기의 유통조건에 영향을 크게 받는다.

④ 내화구조건축물의 발연량은 목조건축물에 비해 적은 편이다.

답 ①

해 ② 목조건축물의 화재지속시간은 약 30분 정도로 출화부터 최성기까지가 약 10분, 최성기부터 감쇠기까지가 약 20분 정도밖에 소요되지 않는다. 화재지속시간이 2~3시간 정도 소요되는 것은 내화구조건물에 대한 설명이므로 잘못된 설명이다.

③ 내화구조건축물은 내화구조로 화재 및 연소에 의해 붕괴하지 않고 그 형태를 거의 유지하고 있기 때문에 외부에서 유입되는 공기(공기의 유통) 등의 조건이 거의 일정한 상태를 유지한다. 따라서 공기의 유통조건에 영향을 크게 받는다는 설명은 잘못되었다. (공기 유통에 영향을 받는 것은 목조건축물인 편으로, 목조건축물은 최성기 이후 형태를 잃고 무너지면서 공기의 유통이 좋아져 쉽게 식으면서 온도가 급격히 저하된다.)

④ 내화구조건축물의 발연량은 목조건물에 비해 많은 것이 특징이므로 옳지 않은 설명이다. (방염(난연) 처리된 물질은 연소 자체는 억제하지만 다량의 연기 입자를 발생한다는 특징이 있다.)

따라서 ②~④에 설명은 옳지 않고, 옳은 설명은 ①.

20

위험물의 종류별 특성에 대한 설명으로 빈칸에 들어갈 위험물의 종류를 차례대로 고르시오.

(A)	(B)
저온 착화하기 쉬운 가연성 물질로 연소 시 유독가스를 발생한다.	가연성으로 산소를 함유하여 자기연소하는 물질로, 가열 및 충격, 마찰 등에 의해 착화, 폭발을 일으킬 수 있고 연소 속도가 빨라 소화가 곤란하다.

	(A)	(B)
①	산화성 고체	가연성 고체
②	산화성 고체	인화성 액체
③	가연성 고체	자기반응성 물질
④	인화성 액체	자기반응성 물질

답 ③

해 (A)는 제2류위험물인 가연성 고체에 대한 설명이고, (B)는 제5류위험물인 자기반응성 물질에 대한 설명이다.

※ 위험물의 종류별 특성

제1류	제6류	제5류	제2류	제3류	제4류
산화성 고체	산화성 액체	자기 반응성 물질	가연성 고체	자연 발화성 금수성 물질	인화성 액체
강산화제 (산소부자) →가열, 충격, 마찰로 분해되어 산소 방출	강산(자체는 불연이나 산소 발생): 일부는 물과 접촉 시 발열	산소함유 →자기연소: 가열, 충격, 마찰로 착화 및 폭발! 연소 속도 빨라 소화 곤란	저온착화, 유독가스	자연발화, 물과 반응	• 물보다 가볍고 공기보다 무겁 • 주수(물) 소화 못하는 게 대부분
과산화 나트륨	과산화 수소	니트로 글리 세린, 질산 에틸	마그 네슘	나트륨, 황린	휘발유, 등유, 경유, 아세톤

산화제 ← 제1류, 제6류, 제5류 → 자기반응성 물질

가연물질의 산소공급원

전부위험물

1회차

2회차

3회차

4회차

5회차

6회차

마무리 문제

Yes or No 퀴즈

햇갈리는 개선 문제 공략법

21

제4류위험물의 공통적인 성질로 옳은 것을 고르시오.

① 물보다 무거워 물과 섞이지 않는다.
② 증기는 공기와 혼합되어 연소 및 폭발을 일으킬 수 있다. ✓
③ 착화온도가 높은 것은 위험하다.
④ 대부분 증기는 공기보다 가볍다.

답 ②

해 ① 제4류위험물인 인화성 액체는 물에 녹지 않고 잘 섞이지 않는 것은 맞지만 물보다 '가볍'기 때문에 옳지 않은 설명이다.
③ 착화온도가 '낮은 것'은 불이 쉽게 붙을 수 있으므로 위험하다. 따라서 옳지 않은 설명이다.
④ 대부분 증기는 공기보다 무거워 바닥 쪽에 체류하므로 옳지 않은 설명이다.
따라서 옳은 것은 ②.

22

다음 중 전기화재의 원인으로 보기 어려운 것은?

① 절연에 의한 정전기 불꽃 발생 ✓
② 규격미달의 전선 사용으로 인한 과전류 발생
③ 전선의 합선 및 단락
④ 누전

답 ①

해 전기화재는 절연(전류가 통하지 않게 함)이 아닌, 절연이 '불량'일 때 발생한다. 즉 전기화재의 원인은 절연 '불량'이므로 절연에 의해서는 정전기 불꽃이 발생할 수도 없고, 전기화재의 원인도 될 수 없다. 따라서 옳지 않은 것은 ①.

23

가스누설경보기의 설치 위치로 옳은 설명을 고르시오.

① 증기비중이 1보다 작은 가스의 경우 연소기로부터 수평거리 4m 이내에 위치하도록 설치한다.
② 증기비중이 1보다 작은 가스의 경우 탐지기의 상단은 천장면의 하방 30cm 이내에 설치한다.
③ 증기비중이 1보다 큰 가스의 경우 연소기 또는 관통부로부터 수평거리 4m 이내에 위치하도록 설치한다. ✓
④ 증기비중이 1보다 큰 가스의 경우 탐지기의 하단은 바닥면의 상방 30cm 이내에 설치한다.

답 ③

해 증기비중이란, 공기를 1로 기준 잡았을 때의 비중으로 그것보다 크면 무거워서 바닥 쪽에 체류하고, 공기 1보다 작으면 가벼워서 천장 쪽으로 뜨는 가스를 생각할 수 있다. 즉 증기비중이 1보다 큰 가스는 비중이 1.5~2 정도인 LPG로 생각하고, 증기비중이 1보다 작은 가스는 비중이 0.6인 LNG로 생각할 수 있다.
따라서 증기비중이 1보다 작아 가벼운 가스(LNG)의 경우 위로, 멀리 퍼지므로 연소기로부터 수평거리 '8m' 이내에 위치하도록, 탐지기의 '하단'은 천장 면의 하방 30cm 이내에 설치하기 때문에 ①, ②번은 옳지 않다.
반대로 증기비중이 1보다 커 무거운 가스(LPG)는 아래로, 느리게 이동해 비교적 짧은 영역에 머무르기 때문에 연소기 또는 관통부로부터 수평거리 4m 이내에 위치하도록, 탐지기의 '상단'은 바닥 면의 상방 30cm 이내에 설치한다.
따라서 ③은 옳은 설명이나, ④는 틀린 설명이다. 종합적으로 옳은 설명은 ③.

구분	LPG	LNG(Natural)
수평거리	4m	8m
탐지기	상단이 바닥부터 상방 30cm 이내	하단이 천장부터 하방 30cm 이내

24

다음 그림과 같은 형태의 자위소방대 조직 구성 시 그에 대한 설명으로 옳지 아니한 것을 고르시오.

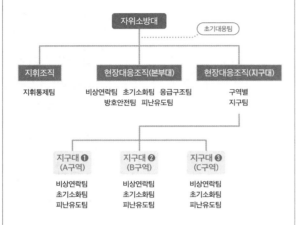

① TYPE-Ⅰ에 해당하는 조직구성이다.
② 특급 또는 공동주택을 제외하고 연면적 30,000m² 미만의 1급대상물에 적용된다.
③ 둘 이상의 현장대응조직으로 운영이 가능하며 본부대와 지구대로 구분할 수 있다.
④ 본부대는 비상연락팀, 초기소화팀, 피난유도팀, 방호안전팀, 응급구조팀을 기본으로 편성한다.

답 ②

해 그림의 자위소방대 조직구성은 TYPE-Ⅰ으로 여기에는 특급대상물 또는 연면적 30,000m² '이상'을 포함한 1급대상물이 적용 대상이 된다. 따라서 3만 제곱미터 미만의 1급대상물이라고 서술한 ②의 설명이 옳지 않다.

25

종합방재실의 설치기준 및 운영 등에 대한 설명으로 옳지 아니한 것을 고르시오.

① 초고층 건축물에 특별피난계단이 설치되어 있고, 특별피난계단 출입구로부터 5m 이내에 종합방재실을 설치하는 경우에는 2층 또는 지하 1층에 설치할 수 있다.
② 화재 및 침수 등으로 인한 피해 우려가 적은 곳에 설치해야 한다.
③ 면적은 20m² 이상으로 하고 다른 부분과 방화구획으로 설치해야 하며 다른 제어실 등의 감시를 위해 두께 7mm 이상의 망입유리로 된 4m² 미만의 붙박이창을 설치할 수 있다.
④ 초고층 건축물등의 관리주체는 종합방재실에 재난 및 안전관리에 필요한 인력을 2명 이상 상주하도록 해야 한다.

답 ④

해 초고층 건축물등의 관리주체는 종합방재실에 재난 및 안전관리에 필요한 인력을 3명 이상 상주하도록 해야 하므로 옳지 않은 설명은 ④.

26

출혈의 증상으로 보기 어려운 것을 고르시오.

① 체온 및 혈압이 저하된다.
② 동공이 확대되고 구토가 발생할 수 있다.
③ 피부가 축축해지고 갈증을 호소한다.
④ 맥박이 느리고 약하고 불규칙해진다.

답 ④

해 일반적인 출혈의 증상은 호흡과 맥박이 '빨라진다.' 따라서 맥박이 느려진다고 서술한 ④의 설명이 잘못되었다.
참고로 맥박은 빨라지므로 느려진다는 설명은 틀렸지만, 맥박이 약하고 불규칙하게 뛴다는 설명은 옳다.

27

자동심장충격기(AED)의 올바른 사용방법에 해당하지 아니하는 설명을 고르시오.

① AED는 반응 및 정상적인 호흡이 없는 심정지 환자에게만 사용해야 한다.
② 가장 먼저 전원 버튼을 누른다.
③ 패드1은 오른쪽 흉골 아래쪽에, 패드2는 왼쪽 젖꼭지 아래의 중간겨드랑선에 부착한다.
④ "분석 중…"이라는 음성 지시가 나오면 하고 있던 심폐소생술을 멈추고 환자에게서 손을 떼야 한다.

답 ③

해 자동심장충격기(AED) 사용 시 패드를 부착하는 올바른 위치는 다음과 같다.
(1) **패드1** : 오른쪽 빗장뼈 아래
(2) **패드2** : 왼쪽 젖꼭지 아래의 중간겨드랑선

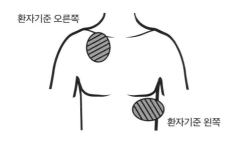

환자기준 오른쪽

환자기준 왼쪽

따라서 패드 부착 위치에 대한 설명이 옳지 않은 ③번이 올바른 사용방법에 해당하지 않는다.

📂 CHECK!

AED는 정상적인 호흡 및 반응이 없는 심정지 환자에게만 사용해야 하며, AED가 준비되면 가장 먼저 심폐소생술에 방해가 되지 않는 위치에 둔 뒤 전원 버튼부터 눌러서 켜야 한다. 이후 패드를 위치에 맞게 부착하고 "분석 중…"이라는 음성 지시가 나오면 환자에게서 손을 떼야 한다.

28

화상에 대한 설명으로 옳지 아니한 것을 고르시오.

① 전층화상은 근육층까지 손상되며 통증이 없다.
② 물집이 터진 부분층화상에 고압의 물을 사용하여 열감을 식히는 행위는 하면 안 된다.
③ 화상환자의 옷가지가 피부에 달라붙은 경우 젖은 수건 등을 이용해 닦아낸다.
④ 표피화상은 약간의 부종과 홍반이 나타나며 흉터 없이 치료 가능하다.

답 ③

해 화상환자의 옷가지가 피부에 달라붙은 경우 닦아내거나 잘라내지 말고 접촉을 피하는 것이 바람직하므로 ③의 설명은 옳지 않은 설명이다.

1회차

2회차

3회차

4회차

5회차

6회차

마무리 문제

Yes or No 퀴즈

헷갈리는 개선문 제공택법

29

다음 그림은 T상사(업무시설)의 도면이다. T상사에 능력단위 2단위의 소화기를 설치한다고 했을 때 필요한 최소 개수를 구하시오.(단, 주요구조부가 내화구조이고 실내면은 불연재로 되어있다.)

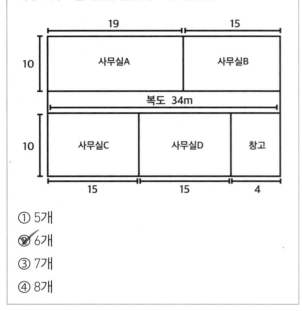

① 5개
② 6개
③ 7개
④ 8개

답 ②

해 **사무실A의 면적** : 190m²,
사무실B, C, D의 각 면적 : 150m²,
창고 면적 : 40m²이다.

T상사는 업무시설로, 바닥면적 100m²마다 능력단위 1 이상의 소화기 1개 이상을 설치해야 하는데 해당 시설이 내화구조+불연재로 되어 있으므로 기준이 더 완화되어 설치기준의 바닥면적이 200m²까지 늘어난다. 그런데 이때 설치하려는 소화기의 능력단위가 1단위의 두 배인 '2단위'이므로 결과적으로, T상사에서는 2단위 소화기 하나로 바닥면적 400m²까지의 설치기준을 적용할 수 있다.

따라서 사무실 A부터 D까지는 바닥면적이 400m²를 넘는 곳이 없으므로 각 사무실마다 소화기를 각각 한 개씩 설치하면 되는데, 이때 창고의 면적이 33m² 이상이므로 창고에도 추가로 소화기 1개를 설치한다. (*2 이상의 거실로 구획된 경우, 33m² 이상으로 구획된 거실에도 배치하기 때문!)

또한, 복도의 길이가 34m인데 능력단위 2단위의 소형소화기의 경우 특정소방대상물의 각 부분으로부터 보행거리 20m 이내가 되도록 설치해야 하므로 복도 가운데에 따로 1개를 설치하면 최소한의 설치기준을 충족한다. 따라서 각 사무실마다 1개씩 4개+창고 1개+복도 1개로 총 6개의 소화기가 필요하다.

30

어떤 건물의 2층에서 발신기의 누름버튼을 눌렀을 때 1층의 수신기에서 점등되는 표시등이 아닌 것을 고르시오.

① 화재표시등
② 교류전원표시등
③ 발신기표시등
④ 1층 지구표시등

답 ④

해 발신기를 눌러 작동했을 때 수신기에서는 화재 신호를 수신받아 화재표시등이 점등되고, 발신기가 눌렀으므로 발신기표시등에 점등된다.

> 교류전원표시등은 수신기에 공급되고 있는 전압의 상태가 표시되는 것으로 특수한 상황(점검 또는 실제 화재로 인한 정전 등)에서 단선이 된 것이 아니라면 일반적으로는 상용전원인 '교류전원' 표시등에 상시 점등되어 있는 것이 정상이다.

따라서 ①부터 ③은 점등되는 것이 맞지만, 문제에서는 '2층'의 발신기를 눌렀으므로 지구표시등에는 2층을 나타내는 지구(구역) 표시등에 점등되어야 하는데 1층 지구표시등은 점등되지 않기 때문에 문제상의 작동으로 점등되지 않는 표시등은 ④.

31

펌프성능시험 중 체절운전 시, 다음의 그림에서 밸브(㉮)의 개폐상태 및 펌프성능시험 실측 결과표에 명시된 토출압 (㉯)의 적정여부 판정 결과로 옳은 것을 고르시오. (단, 펌프 명판상 토출량은 500L/min, 양정은 70m이다.)

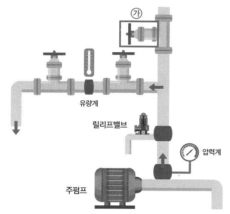

펌프성능시험 결과표(실측치)			
구분	체절운전	정격운전	최대운전
토출량 (L/min)	0	500LPM	750LPM
㉯ 토출압 (MPa)	0.95Mpa	0.7Mpa	0.5Mpa

	㉮	㉯
①	개방	적합
✔②	폐쇄	적합
③	개방	부적합
④	폐쇄	부적합

답 ②

해 (1) 체절운전은 토출량이 0인 상태로 시험을 진행하므로, 토출측 밸브(㉮)는 잠근 상태이다. 따라서 ㉮는 폐쇄.

(2) 펌프 명판상 토출량(500L/min) 및 양정(70m)을 기준으로, 정격(100%)운전 시 토출량이 500L/min 정격유량 상태일 때, 토출압력은 0.7MPa(정격압력) 이상 측정되어야 한다.

(3) 토출량이 0인 체절운전 시, 체절압력은 정격압력의 140% 이하여야 하므로 (0.7x1.4 = 0.98) 0.98MPa 이하로 측정되면 적합하다.

(4) 최대운전으로 토출량이 정격 토출량의 150%(500x1.5 = 750)인 750L/min이 되었을 때, 압력은 정격 토출압의 65% 이상이어야 하므로 (0.7x0.65 = 0.455) 0.455MPa 이상이면 적합하다.

(5) 따라서 결과표의 토출압(㉯)은 적합하므로 정답은 ②.

펌프성능시험 결과표(실측치)			
구분	체절운전	정격운전	최대운전
토출량 (L/min)	0	500LPM	×1.5%
토출압 (MPa)	×1.4 이하	0.7Mpa	×0.65 이상

명판

32

감지기에 대한 설명으로 옳지 아니한 것을 고르시오.

✔① 정온식 스포트형 감지기는 주위온도가 일정상승률 이상이 될 때 작동한다.

② 차동식 스포트형 감지기는 온도 상승으로 공기가 팽창하면 다이아프램이 압박되어 작동한다.

③ 광전식 스포트형 연기감지기는 계단이나 복도 등에 설치한다.

④ 차동식 스포트형 감지기는 거실이나 사무실 등에 설치한다.

답 ①

해 정온식 스포트형 감지기는 일정상승률이 아닌, 주위 온도가 정해진 '일정 온도' 이상이 될 때 작동하므로 잘못된 설명이다. 주위 온도가 일정상승률 이상이 될 때 작동하는 것은 차동식 스포트형 감지기에 대한 설명이다.

33

다음 그림을 참고하여 옥내소화전의 주펌프를 수동으로 기동하기 위해서 조작할 수 있는 방법으로 옳은 것을 고르시오.

감시제어반

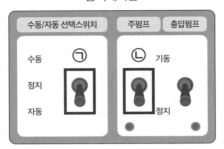

동력제어반

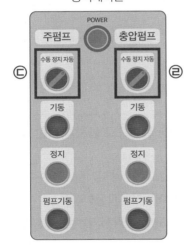

① ㉠만 수동 위치로 옮긴다.
② ㉠을 자동 위치에 두고 ㉡을 기동 위치로 옮긴다.
③ ㉢을 수동 위치로 옮기고 기동버튼을 누른다. ✓
④ ㉣을 수동 위치로 옮기고 기동버튼을 누른다.

답 ③

해 문제에서는 '주펌프'를 수동 - 기동하는 방법을 묻고 있으므로 크게 두 가지 조작을 생각할 수 있다. 첫째는 감시제어반의 선택스위치를 수동에 두고 주펌프 스위치를 기동에 두는 것. 둘째는 동력제어반에서 주펌프 절환스위치를 수동에 두고 기동버튼을 누르는 것. 제시된 지문 중에서 감시제어반의 수동 기동 방법을 옳게 설명한 보기는 없고, ③이 동력제어반의 수동기동 방법을 옳게 설명하고 있으므로 옳은 것은 ③.

💬 참고로 ④는 '충압펌프'의 수동기동 방식으로는 옳지만, 문제에서 묻고 있는 '주펌프'의 수동기동에는 맞지 않으므로 옳은 답이 아니다.

34

층수가 7층이고 옥내소화전이 가장 많이 설치된 층의 개수가 3개인 건물의 최소 저수량 (A)와 폐쇄형 스프링클러헤드가 설치되고 지상층의 층수가 12층인 건물의 최소 저수량 (B)를 더한 (A)+(B)의 값을 고르시오. (단, 설치 장소는 아파트를 제외한 특정소방대상물로 간주한다.)

① 55.8
② 53.2 ✓
③ 37.2
④ 21.2

답 ②

해 (1) (A) 저수량은 제시된 건물이 29층 이하이므로, 설치 개수 N(2개) x 2.6m³ = 5.2m³로 계산할 수 있다. (☑참고 : 옥내소화전 수원의 저수량 계산 시, 29층 이하의 건물이라면 가장 많은 층의 설치 개수가 2개 이상일 때 N의 최대 개수는 2개로 계산하며, 130L/min x 20분을 기준으로 곱하기 2.6m³을 한 값으로 계산한다.)
(2) (B) 저수량은 지하층을 제외한 층수가 11층 이상인 특정소방대상물의 헤드 기준 개수 30개 x 1.6m³ = 48m³로 계산할 수 있다. (☑참고 : 29층 이하에서 폐쇄형 스프링클러헤드를 사용하는 경우, 80L/min x 20분으로 1.6m³를 곱한 값으로 계산한다.)
(3) 따라서 (A)+(B) = 5.2 + 48 = 53.2m³.

1회차

2회차

3회차

4회차

5회차

6회차

마무리 문제

Yes or No 퀴즈

헷갈리는 계산 문제 제공방법

35

가스계소화설비 점검 중 솔레노이드밸브 격발 시험 방법으로 옳지 않은 것을 고르시오.

① 수동조작함에서 기동스위치를 눌러 작동 확인
② 솔레노이드밸브 자체 수동조작버튼을 눌러 즉시 격발 확인
③ 제어반에서 솔레노이드밸브 선택스위치 수동기동 전환으로 작동 확인
④ 방호구역 내 감지기 A 또는 B 동작으로 격발 확인

답 ④

해 가스계소화설비 점검에서 솔레노이드밸브 격발 시험 방법 중 감지기 동작으로 격발을 확인하는 방법은 방호구역 내 교차회로 방식의 감지기 A와 B가 모두 동작했을 때 솔밸브가 격발되어야 하므로 감지기 A, B 동작으로 격발이 확인된다. 따라서 감지기 A '또는' B 동작으로 격발을 확인한다는 설명은 옳지 않다.

36

소화기에 대한 설명으로 옳은 설명을 모두 고르시오.

ⓐ 가압식 분말소화기 본체 용기 내에는 규정량의 소화약제와 질소가스가 충전되어 있으며 지시압력계 정상 범위는 0.7~0.98MPa이다.
ⓑ 탄산수소나트륨을 주성분으로 하는 BC급 소화기의 약제는 담홍색을 띤다.
ⓒ 소화기의 내용연수 경과 후 10년 미만인 경우 성능검사에 합격한 소화기는 내용연수 등이 경과한 날의 다음 달부터 3년간 사용이 가능하다.
ⓓ 할론1301 소화기는 지시압력계가 부착되어 있지 않지만 할론소화약제 중 소화능력이 가장 뛰어나고 독성이 적고 냄새가 없는 것이 장점이다.
ⓔ 이산화탄소 소화기는 질식 및 냉각소화 작용을 한다.

① ⓐ, ⓑ, ⓒ
② ⓐ, ⓒ, ⓓ
③ ⓑ, ⓓ, ⓔ
④ ⓒ, ⓓ, ⓔ

답 ④

해 **옳지 않은 이유** :
　ⓐ 본체 용기 내에 소화약제와 질소가스가 충전되어 있으며 지시압력계가 부착되어 있어 적정 범위가 0.7~0.98MPa인 것은 [축압식] 분말소화기이므로 옳지 않은 설명이다. 가압식은 본체 용기 내부에 가압용 가스용기가 별도로 설치되는 형태이며 지시압력계가 없고 현재는 생산하지 않는다.
　ⓑ 탄산수소나트륨을 주성분으로 하는 BC급 소화기의 약제는 [백색]이므로 옳지 않은 설명이다. 담홍색을 띠는 것은 제1인산암모늄을 주성분으로 하는 ABC급 소화기의 약제이다.
　따라서 ⓐ와 ⓑ의 설명은 옳지 않고 이를 제외한 나머지가 모두 옳은 설명에 해당하므로 정답은 ④.

📁 CHECK!

• 내용연수 경과 후 10년 미만 : 3년 연장 가능

• 내용연수 경과 후 10년 이상 : 1년 연장 가능

37

지상층의 층수가 12층이고 지하층의 층수가 4층
인 소방안전관리대상물의 지하 1층에서 화재 시
적용되는 경보방식에 해당하는 것을 고르시오.
(단, 해당 대상물은 공동주택이 아니다.)

① 모든 층에 일제히 경종이 울린다.

② 지하 1층과 지상 1층부터 지상 4층에 우선적으
로 경종이 울린다.

③ 지하 1층부터 지하 4층에 우선적으로 경종이
울린다.

④ ✔지상 1층과 지하 1층부터 지하 4층에 우선적으
로 경종이 울린다.

답 ④

해 층수가 11층 이상인 건물(공동주택의 경우 16층
이상)은 발화층 및 직상 4개층 우선경보 방식이 적
용되는데 발화층에 따라 적용되는 경보방식은 다
음과 같다.

(1) **지상 2층 이상에서 화재 시** : 발화층 + 직상 4개
층 우선 경보

(2) **지상 1층에서 화재 시** : 발화층(1층) + 직상 4개
층 + 모든 지하층 우선 경보

(3) **지하층 화재 시** : 발화한 지하층 + 그 직상 층 + 그
외 모든 지하층 우선 경보

문제의 경우는 (3)에 해당하므로, 지하 1층에서 화
재 시 발화 층인 [지하 1층]과 그 직상 층인 [지상 1
층] + 그리고 그 외 나머지 지하층에 우선 경보가
적용되므로 여기에 해당하는 것은 ④.

38

층수가 3층인 영화관의 피난구조설비에 대한 설
명으로 옳지 아니한 것을 고르시오.

① 2층과 3층에는 완강기가 적응성이 있다.

② 피난사다리는 2층에서는 적응성이 있지만 1층
에서는 적응성이 없다.

③ ✔1층에서 다수인피난장비가 적응성이 있다.

④ 2층과 3층에서 미끄럼대가 적응성이 있다.

답 ③

해 층수가 3층인 영화관은 영업장의 위치가 4층 이하
인 다중이용업소에 해당한다. 이러한 장소의 1층
에서는 적응성이 있는 피난기구가 없으므로 1층에
서 다수인피난장비가 적응성이 있다고 서술한 ③
의 설명은 옳지 않다.

💬 [참고] 1급 〈찐정리〉 이론서 – '피난구조설비 설치
장소 및 기구별 적응성' 도표

39

유도등의 점검에 대한 설명으로 옳지 않은 것을
고르시오.

① ✔3선식 유도등 절환스위치가 수동 상태일 때 감
지기의 작동으로 점등된다.

② 유도등의 예비전원은 점검스위치를 당겨 점등
상태가 확인되면 정상이다.

③ 3선식 유도등은 수신기에서 수동으로 점등스
위치를 ON하여 점검한다.

④ 2선식 유도등은 평상시 점등 상태인지 확인한
다.

답 ①

해 3선식 유도등의 점검 시 유도등 절환스위치가 연
동(자동) 상태여야 감지기, 발신기, 중계기, 스프링
클러설비 등의 작동으로 유도등이 동시에 점등되
는 것을 확인할 수 있다. 따라서 '수동' 상태가 아닌,
'연동(자동)' 상태여야 하므로 옳지 않은 설명은 ①.

1회차
2회차
3회차
4회차
5회차
6회차
마무리 문제
Yes or No 퀴즈
헷갈리는 계산문제 제공목록

40

R형 수신기의 기록데이터를 참고하여 옳은 설명을 고르시오.

일시	수신기	회선설명	동작구분	메세지
2024/02/01 19:00:12	1	주펌프	MCC	자동 기동
2024/02/01 19:00:07	1	2층 감지기B	화재	화재 발생
2024/02/01 19:00:05	1	1층 수신기	수신기	음향 장치 작동
2024/02/01 19:00:05	1	2층 감지기A	화재	화재 발생

① 화재는 1층에서 발생하였다.

② 감지기A만 동작하였다.

③ 음향장치는 정상 작동했다. ✓

④ 점검상황으로 소화설비는 작동하지 않았다.

답 ③

해 R형 수신기의 기록데이터 상으로 일시를 확인해 보면 아래에서 위쪽으로 시간이 흐르는 것을 알 수 있다. 가장 먼저 2층의 감지기A가 화재를 감지했고 그에 따라 1층에 있는 수신기에 화재신호가 수신 되어 음향장치가 작동한 것을 확인할 수 있다. 따라서 옳은 설명은 ③.

이후 2층의 감지기B도 화재를 감지하여 소화설비가 작동해 주펌프가 자동 기동된 것으로 미루어 짐작할 수 있다.

① 작동한 감지기A, B가 모두 2층에서 작동한 것이므로 1층에서 화재가 발생했다는 설명은 옳지 않다.

② 감지기는 A, B 모두 동작했으므로 옳지 않은 설명이다.

④ 소화설비가 작동하여 주펌프가 작동했으므로 ④의 설명은 옳지 않다.

그래서 정답은 ③.

41

연결송수관설비에 대한 설명으로 옳지 않은 것을 고르시오.

① 구성요소는 송수구, 배관, 살수헤드이다. ✓

② 넓은 면적의 고층 또는 지하 건축물에 설치한다.

③ 지면으로부터 높이 31m 이상 또는 지상 11층 이상인 건물에 습식을 설치한다.

④ 지면으로부터 높이 31m 미만 또는 지상 11층 미만인 건물에 건식을 설치한다.

답 ①

해 연결송수관설비의 구성요소는 송수구, 방수구, 방수기구함과 배관이다. 보기의 송수구, 배관, 살수헤드를 구성요소로 하는 것은 연결살수설비에 대한 설명이므로 옳지 않다.

🖋 Tip

연결'살수'설비는 스프링클러의 수조 역할을 소방차가 대신하는 것으로 물을 보낼 송수구와 배관이 필요하고 살수하기 위해서 '살수헤드'가 필요하다고 암기하면 쉽다.

연결'송수관'설비는 소방차가 옥내소화전의 수조 역할을 대신하듯이, 물을 보내는 송수구와 배관이 필요하고 옥내소화전 등으로 방수할 수 있도록 방수구와 방수기구함이 필요하다고 생각하면 암기가 수월하다!

42

부속실제연설비에 대한 설명으로 옳지 않은 것을 고르시오.

① 급기가압방식을 통해 차압을 형성한다.

② 화재가 발생하면 급기댐퍼가 완전히 열린 후 송풍기가 작동한다.

③ 부속실의 설정 압력범위를 초과하면 플랩댐퍼가 작동하여 압력을 배출하고 설정 압력범위를 유지한다.

④ 점검을 위해 계단실·부속실의 방연풍속 측정 시 출입문을 폐쇄한 후 풍속계로 방연풍속을 측정한다.

답 ④

해 부속실 제연설비 점검방법은 다음과 같다.

건물 내 감지기(또는 수동기동장치)를 작동시켜 화재 경보가 발생하는지, 댐퍼가 개방되는지 확인한다. 그다음 송풍기의 작동으로 계단실 및 부속실에 바람이 들어오는지 확인하고 전실 내 차압을 측정하여 기준(40Pa 이상, 스프링클러 설치 시 12.5Pa 이상) 이상이 되는지 확인한다.

그리고 계단실 및 부속실의 방연풍속을 측정하는데 이때 출입문을 [개방]한 후 풍속계로 방연풍속을 측정하고 0.5 (또는 장소에 따라 0.7m/s) 이상이 되는지 확인해야 한다. 이후 전실 내 과압이 생겼다면 과압배출장치가 작동하는지 확인 후 수신기 복구로 마무리한다.

따라서 방연풍속 측정 시에는 출입문을 [개방]한 상태로 측정하기 때문에 폐쇄한다고 설명한 ④가 옳지 않다.

43

다음 중 스프링클러설비에 대한 설명으로 옳은 것을 고르시오.

① 일제살수식 스프링클러설비의 2차측 배관 내부는 가압수로 충수되어 있다.

② 감열체가 없는 구조는 폐쇄형 스프링클러에 해당한다.

③ 교차배관은 가지배관과 수평하거나 위쪽에 위치하도록 설치해야 한다.

④ 교차배관에서 분기되는 지점을 기준으로 한쪽 가지배관에 설치되는 헤드의 개수는 8개 이하여야 한다.

답 ④

해 **[옳지 않은 이유]**

① 일제살수식의 2차측은 대기압 상태이므로 가압수로 채워져 있다는 설명은 옳지 않다.

② 감열체가 (가로막고) 있다면 폐쇄형, 감열체가 없이 뚫려 있는 구조이면 개방형에 해당하므로 반대로 서술한 ②의 설명도 옳지 않다.

③ 교차배관은 가지배관에 급수하는 배관으로, 가지배관과 수평하거나 그보다 밑으로 설치하여 (물이 치고 올라가면서) 배관이 이물질 등으로 막히지 않도록 해야 한다. 따라서 위쪽으로 설치한다는 ③의 설명도 옳지 않으므로 옳은 설명은 ④.

📁 **[참고] 스프링클러설비 종류별 2차측 배관 내부**

스프링클러의 종류	배관 내부
습식	• 1차/2차측 : 가압수
건식	• 1차측 : 가압수 • 2차측 : 압축공기 또는 질소가스
준비작동식	• 1차측 : 가압수
일제살수식	• 2차측 : 대기압

44

의료시설에 설치하는 유도등의 종류로 옳은 것을 고르시오.

① 소형피난구유도등, 통로유도등

② 중형피난구유도등, 통로유도등

③ 대형피난구유도등, 통로유도등 ✓

④ 대형피난구유도등, 통로유도등, 객석유도등

답 ③

해 의료시설은 판매시설, 위락시설, 운수시설, 관광숙박업, 장례시설, 방송통신시설, 전시장, 지하상가, 지하철 역사와 같이 대형피난구유도등과 통로유도등을 설치하는 장소에 해당하므로 ③.

45

습식스프링클러설비의 압력스위치 작동 시 작동하는 장치 및 점등되는 표시등과 무관한 것을 고르시오.

① 방출표시등 ✓

② 화재표시등

③ 밸브개방표시등

④ 사이렌 경보

답 ①

해 방출표시등은 가스계 소화설비의 작동 시 표시되는 것으로 스프링클러설비의 동작과는 무관하다. 따라서 습식스프링클러설비의 압력스위치 작동과 무관한 것은 ①.

46

M영화관의 객석통로 직선길이가 47m일 때 최소한의 객석유도등 설치 개수로 옳은 값을 구하시오.

① 10개

② 11개 ✓

③ 12개

④ 13개

답 ②

해 객석유도등의 설치개수는 다음과 같이 계산한다.

$$객석유도등\ 설치개수 = \frac{객석통로\ 직선길이(m)}{4} - 1$$

따라서 객석통로의 직선 길이 47m를 4로 나눈 값에서 1을 뺀 값으로 계산할 수 있는데, $(47 \div 4) - 1 = 10.75$가 된다. 이때 '소수점 이하는 1로 본다.' = 즉, 절상한다는 의미이므로, M영화관의 객석유도등 설치 최소 개수는 11개로 계산할 수 있다.

47

다음 작동기능점검표의 점검결과를 참고하여 옳지 않은 설명을 고르시오.

구분	점검번호	점검항목	점검결과
소화기	1-A-006	소화기의 변형·손상 또는 부식 등 외관의 이상 여부	X
	1-A-007	지시압력계(녹색범위)의 적정 여부	(가)
	1-A-008	수동식 분말소화기 내용연수(10년) 적정 여부	X

① 1-A-006 점검항목의 결과가 X이므로 외관 상의 불량이 있을 것이다.

② 1-A-006 항목의 점검에서 본체용기가 변형, 손상된 것이 발견되었다면 교체해야 한다.

③ 1-A-007 항목 점검 시 압력범위가 0.6MPa이 나왔다면 (가)는 ○표시한다.

④ 해당 소화기의 사용 기한은 3년 연장이 불가능하다.

답 ③

해 소화기의 지시압력계 정상범위는 0.7~0.98MPa이어야 하므로 0.6MPa로 측정되었다면 압력 미달이므로 불량인 X표시를 해야 한다. 따라서 틀린 설명은 ③.

48

특정소방대상물에 설치해야 하는 소방시설 적용기준에 따라 제연설비를 설치해야 하는 지하가(터널 제외)의 설치대상 연면적 기준을 고르시오.

① 200m² 이상

② 400m² 이상

③ 900m² 이상

④ 1,000m² 이상

답 ④

해 제연설비를 설치해야 하는 특정소방대상물 중에서 (터널을 제외한) 지하가의 경우 연면적이 [1,000m² 이상]일 때 제연설비 설치대상이 된다. 따라서 옳은 것은 ④.

49

소방계획의 수립 절차 중 2단계에 해당하는 내용으로 빈칸에 들어갈 말을 순서대로 고르시오.

1단계 (사전기획)	2단계 (위험환경 분석)	3단계 (설계/개발)	4단계 (시행/ 유지관리)
작성준비 ↓ 요구사항 검토 ↓ 작성계획 수립	(가) ↓ (나) ↓ (다)	목표/ 전략수립 ↓ 실행계획 설계 및 개발	수립/시행 ↓ 운영/ 유지관리

① (가) 위험환경 식별
　(나) 위험환경분석/평가
　(다) 위험경감대책 수립

② (가) 위험환경 식별
　(나) 위험경감대책 수립
　(다) 위험환경분석/평가

③ (가) 위험환경분석/평가
　(나) 위험환경 식별
　(다) 위험경감대책 수립

④ (가) 위험환경분석/평가
　(나) 위험경감대책 수립
　(다) 위험환경 식별

답 ①

해 소방계획의 수립 절차 중 2단계(위험환경 분석)에 들어갈 내용은 위험환경을 식별하고, 그러한 위험 환경에 대해 분석 및 평가를 통해 위험을 경감시킬 수 있는 대책을 수립하는 순서로 진행되는 것이 옳으므로 정답은 ①.

50

화재대응에 대한 설명으로 옳지 아니한 것을 고르시오.

① 화재신고 시 소방기관의 확인이 있기 전까지 전화를 끊지 않는다.

② 비상방송 담당 대원은 확성기 등을 사용해 화재사실을 전파한다.

③ 소방안전관리자는 비상연락체계를 통해 관계 기관 등에 화재사실을 통보해야 한다.

④ 초기소화가 어렵다고 판단되는 경우 출입문을 개방한 상태로 즉시 피난한다.

답 ④

해 초기소화가 어렵다고 판단되는 경우에는 열이나 연기 등의 확산을 방지하기 위해 출입문을 '닫고' 즉시 피난해야 하므로 개방 상태로 피난한다는 설명이 옳지 않다.

소방안전관리자 1급

모의고사

| 3회차 |

3회차 모의고사

01 다음 중 소방관계법령에서 정하는 사항으로 옳은 설명을 모두 고르시오.

> ㉮ 소방기본법은 화재를 예방·경계하거나 진압하고 화재, 재난·재해, 그 밖의 위급한 상황에서의 구조·구급 활동 등을 통하여 국민의 생명·신체 및 재산을 보호함으로써 공공의 안전 및 질서 유지와 복리증진에 이바지함을 목적으로 한다.
>
> ㉯ 소방대상물에는 건축물·차량·항해 중인 선박·선박 건조 구조물· 산림 그 밖의 공작물 또는 물건 등이 포함된다.
>
> ㉰ 각종 소방 활동을 행하기 위해 소방공무원, 의무소방원, 의용소방대원으로 구성된 조직체를 소방대라고 한다.
>
> ㉱ 소방관서장은 옮긴 물건 등을 보관하는 경우에는 그날부터 14일 동안 해당 소방관서의 인터넷 홈페이지에 그 사실을 공고해야 하며, 보관기간은 공고 기간의 종료일 다음 날부터 7일까지로 한다.
>
> ㉲ 단독주택 및 공동주택의 소유자는 소화기 및 옥내소화전을 설치하여야 한다.

① ㉮, ㉰, ㉲

② ㉯, ㉱

③ ㉰, ㉱

④ ㉮, ㉰, ㉱

02 지상층 중에서 건축물의 채광·환기·통풍 또는 출입 등을 위해 만든 창·출입구 또는 그 밖에 이와 비슷한 것의 면적의 합계가 해당 층의 바닥면적의 30분의 1 이하가 되는 층에서 개구부가 갖추어야 하는 요건에 해당하는 설명으로 옳은 것을 모두 고르시오.

> ㉠ 내부 또는 외부에서 쉽게 부술 수 있어야 한다.
>
> ㉡ 해당 층의 바닥면으로부터 개구부 밑부분까지의 높이가 1.2m 이상이어야 한다.
>
> ㉢ 안전을 위해 창살이 설치되어 있어야 한다.
>
> ㉣ 개구부의 크기는 지름 40cm 이상의 원이 통과할 수 있어야 한다.
>
> ㉤ 도로 또는 차량의 진입이 가능한 빈터를 향해 있어야 한다.

① ㉠, ㉤

② ㉠, ㉡, ㉤

③ ㉡, ㉢, ㉤

④ ㉡, ㉣, ㉤

1회차

2회차

3회차

4회차

5회차

6회차

마무리 문제

Yes or No 퀴즈

헷갈리는 개념 모아 제 공부법

03 다음 중 벌금이 가장 큰 행위를 고르시오.

① 소방안전관리자를 선임하지 아니한 행위
② 화재 또는 구조 및 구급활동이 필요한 상황을 거짓으로 알린 행위
③ 불이나 화재 번짐의 우려가 있는 소방대상물 및 토지에 내려진 강제처분을 따르지 않는 행위
④ 소방안전관리자 자격증을 타인에게 빌려 주거나 빌리거나 또는 이를 알선한 행위

04 다음 중 200만 원 이하의 과태료에 해당하는 행위를 한 사람을 고르시오.

① 소방활동구역에 출입한 자
② 화재예방조치 조치명령을 방해한 자
③ 소방차 전용구역에 주차한 자
④ 피난명령을 위반한 자

05 다음 제시된 건축물 일반현황을 참고하여 해당 대상물에 대한 설명으로 옳지 아니한 것을 고르시오.

구분	건축물 일반현황
명칭	A상사
용도	업무시설
규모/구조	• 연면적 : 12,000m² • 층수 : 지상 13층 • 높이 : 52m • 구조 : 철근콘크리트조
소방시설	• 자동화재탐지설비, 옥내소화전, 스프링클러설비

① 소방기술사 또는 소방시설관리사 자격을 보유한 사람으로 특급소방안전관리자 자격증을 발급받은 사람을 소방안전관리자로 선임할 수 있다.
② 소방서장은 A상사의 관계인으로 하여금 소방관서와 함께 합동 소방 훈련을 실시하게 할 수 있다.
③ 관계인은 소방 훈련 및 교육을 한 날부터 30일 이내에 소방 훈련 및 교육 실시 결과를 소방본부장 또는 소방서장에게 제출해야 한다.
④ 대통령령으로 정하는 일부 업무에 대해 관리업자로 하여금 대행하도록 할 수 있으며, 이를 감독할 수 있는 사람을 지정하여 소방안전관리자로 선임하는 경우 1급 소방안전관리자 선임 자격이 있는 사람을 선임하여야 한다.

06 초고층 건축물 등에서 종합방재실의 설치 시 구조 및 면적에 대한 기준으로 옳지 아니한 설명을 고르시오.

① 면적은 20m² 이상일 것
② 출입문은 출입 제한 및 통제 장치를 설치하지 않을 것
③ 다른 제어실 등의 감시를 위해 두께 7mm 이상의 망입유리로 된 4m² 미만의 붙박이창 설치 가능
④ 인력의 대기 및 휴식을 위한 부속실은 종합방재실과 방화 구획된 부속실을 설치할 것

08 다음 제시된 그림을 참고하여, 해당 건축물의 각 면적을 산정한 값으로 옳은 것을 고르시오.

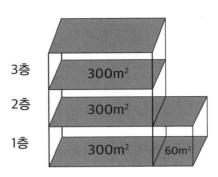

구분	건축면적	2층 바닥면적	연면적
①	360m²	360m²	900m²
②	960m²	300m²	360m²
③	300m²	360m²	960m²
④	360m²	300m²	960m²

07 아파트를 제외하고 연면적이 45,000m²인 특정소방대상물에 선임해야 하는 소방안전관리보조자와 1,230세대의 아파트에 선임해야 하는 소방안전관리보조자의 최소 인원수를 합산하여 산정하시오.

① 3명　　　　② 5명
③ 7명　　　　④ 9명

09 소방시설 설치 및 관리에 관한 법률에 따라 피난시설, 방화구획 또는 방화시설에 폐쇄·훼손·변경 등의 행위를 하여 3차 이상 위반한 자에게 부과되는 과태료를 고르시오.

① 50만 원
② 100만 원
③ 200만 원
④ 300만 원

1회차

2회차

3회차

4회차

5회차

6회차

마무리문제

Yes or No 퀴즈

헷갈리는 개념 및 제공학법

10 소방기본법 제 25조 강제처분 등에 대한 내용으로 옳지 아니한 설명을 고르시오.

① 소방본부장, 소방서장 또는 소방대장은 소방활동을 위해 긴급하게 출동할 때에는 소방자동차의 통행과 소방활동에 방해가 되는 주차 또는 정차된 차량 및 물건 등을 제거하거나 이동시킬 수 있다.

② 소방본부장, 소방서장 또는 소방대장은 소방활동에 방해가 되는 주·정차 차량의 제거나 이동을 위해 관할 지방자치단체 등 관련 기관에 견인차량과 인력 등에 대한 지원을 요청할 수 있다.

③ 소방활동에 방해가 되는 차량의 제거나 이동을 위한 지원 요청을 받은 관련 기관의 장은 정당한 사유가 없다면 해당 지원 요청에 협조해야 한다.

④ 소방청장은 견인차량과 인력 등을 지원한 자에게 일정 비용을 지급할 수 있다.

11 다음 건물의 용적률과 건폐율로 옳은 것을 고르시오.(단, 건축면적은 1층의 바닥면적과 동일하다.)

3층 바닥면적 500m²
2층 바닥면적 500m²
1층 바닥면적 500m²
대지면적 1,000m²

① 용적률 : 150%, 건폐율 : 100%
② 용적률 : 150%, 건폐율 : 50%
③ 용적률 : 50%, 건폐율 : 100%
④ 용적률 : 50%, 건폐율 : 150%

12 다음 중 건축관계법령에서 정하는 사항이 아닌 것을 고르시오.

① 피난
② 방화구획
③ 지하층
④ 방염

13 다음 건물의 방화구획에 대한 설명으로 옳지 아니한 것을 고르시오.(단, 주요구조부가 내화구조이고 모든 층의 내장재가 불연재로 된 건축물로, 자동식소화설비가 설치되어 있으며 그림 외 층은 조건에서 제외한다.)

11층 바닥면적 3,000m²
10층 바닥면적 3,000m²

① 배관 등이 방화구획을 관통하여 틈이 생긴 경우 내화충진재를 사용하여 메운다.
② 방화구획의 60분방화문 또는 60분＋방화문은 닫힌 상태를 유지하거나 온도 감지로 자동폐쇄되는 구조로 한다.
③ 10층의 방화구획 최소 설정 개수는 1개이다.
④ 11층의 방화구획 최소 설정 개수는 5개이다.

14 자연발화의 원인이 되는 열의 분류와 해당 물질의 종류의 짝이 옳지 않은 것을 고르시오.

① 발효열 - 퇴비
② 중합열 - 목탄, 활성탄
③ 분해열 - 셀룰로이드, 니트로 셀룰로오스
④ 산화열 - 석탄, 건성유

15 가연성 증기의 연소범위 중 등유의 연소범위에 해당하는 것을 고르시오.

① 0.7~5vol%

② 1~5vol%

③ 2.5~12.8vol%

④ 6~36vol%

16 연소의 형태에 대한 설명으로 옳지 않은 것을 고르시오.

① 가연성 고체는 열이 가해지면 일반적으로 열분해를 통해 가연성 증기를 발생하며 분해연소한다.

② 액체는 대부분 증발연소하지만 글리세린과 중유는 분해연소한다.

③ 표면연소하는 고체의 경우 화염은 적색을 띤다.

④ 예혼합연소하는 기체의 화염은 청·백색을 띤다.

17 다음의 기사를 통해 해당 사례에서 적용한 소화법으로 가장 적절한 것을 고르시오.

CP일보

2022.08.01

최근 전기자동차의 수요 증가로 인해 전기자동차와 일반 자동차의 화재 훈련에 대비하여 OO소방서와 함께 화재시험을 진행하였다. (중략)
전기자동차의 경우 일선에 보급된 덮개를 사용하여 화재 발생 부위를 덮어 산소 공급을 제어하고 공기 중의 산소농도를 한계산소농도(LOI) 이하로 유지하는 방법을 시도해보았다. … (이하 생략)

---

① 냉각소화

② 질식소화

③ 억제소화

④ 제거소화

18 다음의 사례들 중 물리적 소화에 해당하지 않는 사례를 고르시오.

① 유류화재 시 폼으로 유류 표면을 덮는 것

② 가스화재 시 밸브를 잠그는 것

③ 탄광에 암분을 살포하는 것

④ 할론소화약제를 사용하는 것

19 제1류위험물에 대한 특징으로 옳은 것만을 모두 고르시오.

> ㉮ 강산화제로 다량의 산소를 함유하고 있다.
> ㉯ 자기연소가 가능하다.
> ㉰ 충격, 마찰 등에 의해 분해되어 산소를 방출한다.
> ㉱ 연소에서 산소공급원이 될 수 있다.
> ㉲ 물보다 가볍고 증기는 공기보다 무겁다.

① ㉮, ㉯, ㉰
② ㉮, ㉰, ㉱
③ ㉯, ㉰, ㉱
④ ㉯, ㉱, ㉲

20 연기에 대한 설명으로 옳은 것을 고르시오.

① 지하터널 등에서 공기조화설비와 배기닥트가 연기의 이동속도를 빠르게 하는 요인이 될 수 있다.
② 연기는 공기 중에 부유하고 있는 고체 또는 액체의 미립자로 안개입자보다는 크다.
③ 복도에서 연기는 바닥면을 따라 안정된 형태로 멀리 흐르며 수평유속은 평균 0.5m/s이다.
④ 연기의 수직유속은 농연에서 1~2m/s이고 화점층을 기준으로 상층 이동 후 계단실을 통해 강하한다.

21 다음 제시된 위험물의 지정수량이 옳지 않게 짝지어진 것을 고르시오.

① 휘발유 - 100L
② 질산 - 300Kg
③ 알코올류 - 400L
④ 중유 - 2,000L

22 다음의 표를 참고하여 각 가스 (가)와 (나)에 대한 설명으로 옳지 아니한 것을 모두 고르시오.

구분	(가)	(나)
용도	가정용, 공업용 등	도시가스
주성분	C_3H_8, C_4H_{10}	CH_4
증기비중	(A)	(B)

> ㉮ 누출 시 천장쪽에 체류하는 것은 (나)가스이다.
> ㉯ (A)는 1.5~2, (B)는 0.6으로 (나)의 증기비중이 (가)보다 작다.
> ㉰ 가스누설경보기 설치 시 가스 연소기로부터 (가)는 수평거리 8m, (나)는 수평거리 4m 이내의 위치에 설치한다.
> ㉱ 탐지기의 상단이 천장면의 상방 30cm 이내의 위치하도록 설치하는 것은 (가)가스이다.
> ㉲ 폭발범위가 5~15%인 것은 (나)가스이다.

① ㉮, ㉯
② ㉰, ㉱
③ ㉯, ㉰, ㉱
④ ㉰, ㉱, ㉲

23 다음 중 전기화재의 주요 화재원인이 되는 것을 모두 고르시오.

> ㉮ 정전기로부터의 불꽃
> ㉯ 전선의 단선에 의한 발화
> ㉰ 누전에 의한 발화
> ㉱ 전기기계기구 등의 절연
> ㉲ 과전류에 의한 발화

① ㉯, ㉱
② ㉮, ㉯, ㉱
③ ㉮, ㉰, ㉲
④ ㉮, ㉯, ㉰, ㉱, ㉲

24 다음의 특징에 해당하는 용어를 고르시오.

> 발생한 화염이 꺼지지 않고 지속되는 온도로 점화에너지를 제거해도 5초 이상 연소상태가 유지되는 온도를 의미한다.

① 인화점
② 연소점
③ 착화점
④ 발화점

25 종합방재실의 특징으로 옳지 않은 것을 고르시오.

① 언제든지 정보의 수집이 용이하다.
② 비용 및 인력문제를 해결할 수 있다.
③ 어디서든 정보의 감시가 용이하다.
④ 장소적 통합 개념으로 구성된다.

26 다음 중 옥내소화전설비의 설치기준 등에 대한 설명으로 옳지 아니한 것을 고르시오.

① 각 층마다 설치하되 해당 특정소방대상물의 각 부분으로부터 하나의 옥내소화전 방수구까지 수평거리가 25m 이하가 되도록 할 것
② 방수구는 바닥으로부터의 높이가 1.5m 이상이 되도록 설치할 것
③ 호스 구경은 40mm(호스릴 옥내소화전설비는 25mm) 이상으로 특정소방대상물의 각 부분에 물이 유효하게 뿌려질 수 있는 길이로 설치할 것
④ 방수압력은 0.17MPa 이상 0.7MPa 이하가 되도록 할 것

27 옥내소화전설비 점검 시 측정 주의사항으로 옳지 않은 것을 고르시오.

① 반드시 직사형 관창을 사용해 측정해야 한다.
② 초기 방수 시 물속 이물질 및 공기를 모두 배출한 후 측정해야 한다.
③ 최상층 소화전 개방 시 소화펌프 자동기동 및 기동표시등 점등이 확인되어야 한다.
④ 피토게이지는 무상주수 상태에서 수직으로 측정한다.

28 스프링클러설비의 종류별 설명으로 옳지 않은 것을 고르시오.

① 일제살수식스프링클러설비의 헤드는 개방형이다.

② 건식스프링클러설비의 1차측 배관 내부는 압축 공기로 채워져 있다.

③ 습식스프링클러설비의 유수검지장치는 알람밸브이다.

④ 준비작동식스프링클러설비는 A or B 감지기 작동 시 사이렌과 화재표시등이 점등된다.

29 다음의 도면을 참고하여 해당 특정소방대상물에 정온식스포트형감지기 1종을 설치하는 경우, 최소 몇 개의 감지기를 설치해야 하는지 구하시오. (단, 감지기 부착 높이는 4m 미만이고, 특정소방대상물의 주요구조부는 내화구조이다.)

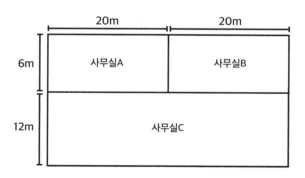

① 12개
② 14개
③ 16개
④ 18개

30 특정소방대상물에 설치해야 할 소방시설 적용기준에 따라 다음의 빈칸 (A)와 (B)에 들어갈 값을 순서대로 고르시오.

소방시설	적용기준	설치대상
경보설비 중 비상경보설비	지하가 중 터널로서 길이	(A) 이상
경보설비 중 자동화재탐지설비	지하가 중 터널로서 길이	(B) 이상

① (A) : 200m, (B) : 500m
② (A) : 300m, (B) : 500m
③ (A) : 500m, (B) : 1,000m
④ (A) : 1,000m, (B) : 2,000m

31 P형 수신기 점검에 대한 설명으로 옳지 않은 것을 고르시오.

① 동작시험 시 동작시험 버튼과 자동복구 버튼을 누르고 수신기 타입에 따라 각 경계구역을 확인한다.

② 예비전원시험은 예비전원시험 스위치를 누르고 있는 상태에서 확인한다.

③ 도통시험 시 전압계 측정 결과 19~29V가 측정되면 정상이다.

④ 수신기 점검이 끝난 후 스위치주의등은 소등되어야 한다.

1회차

2회차

3회차

4회차

5회차

6회차

마무리 문제

Yes or No 퀴즈

헷갈리는 계산문제 제공목법

32 노유자시설의 3층에서 적응성이 있는 피난기구를 모두 고르시오.

ㄱ. 미끄럼대
ㄴ. 피난사다리
ㄷ. 간이완강기
ㄹ. 구조대
ㅁ. 승강식피난기

① ㄱ, ㄹ, ㅁ
② ㄴ, ㄷ, ㅁ
③ ㄴ, ㄷ, ㄹ, ㅁ
④ ㄱ, ㄴ, ㄹ, ㅁ

33 B건물에는 옥내소화전이 1층에 2개, 2층에 2개, 3층에 3개, 4층에 4개 설치되어 있다. B건물의 옥내소화전 수원의 저수량을 고르시오.(단, 상기 층 외에 다른 층은 없다.)

① 2.6m³
② 5.2m³
③ 7.8m³
④ 10.4m³

34 전기실에서 발생한 C급화재로 수신기에서 감지기 A, B에 모두 점등되었을 때 작동하는 설비로 보기 어려운 것을 고르시오.

① 펌프 기동
② 방출표시등 점등
③ 주경종, 지구경종 작동
④ 자동폐쇄장치 작동 및 환기팬 정지

35 습식스프링클러설비의 압력스위치 작동으로 연동되어 작동하는 장치 및 표시등의 점등 상태로 볼 수 없는 것을 고르시오.

① 화재표시등 점등
② 사이렌 작동
③ 밸브개방표시등 점등
④ 헤드 개방

36 다음 중 소화활동설비에 해당하지 않는 것을 고르시오.

① 연결살수설비
② 연소방지설비
③ 상수도소화용수설비
④ 비상콘센트설비

1회차

2회차

3회차

4회차

5회차

6회차

마무리 문제

Yes or No 퀴즈

헷갈리는 계산 문제 공략법

37 다음 제시된 그림을 참고하여 유도등 (A)와 (B)에 대한 설명으로 옳지 아니한 설명을 고르시오.

명칭	(A)	(B)
예시		

① (A)는 거실통로유도등, (B)는 계단통로유도등이다.

② (A)는 바닥으로부터 1.5m 이상의 높이로 출입구에 인접하도록 설치한다.

③ (B)의 설치장소는 일반 계단으로 하부에 설치한다.

④ (B)는 바닥으로부터 1m 이하의 위치에 설치한다.

38 제연설비에 대한 설명으로 옳지 아니한 것을 고르시오.

① 최소 차압은 40Pa 이상이어야 한다.

② 평상시 옥내의 출입문은 개방 상태여야 한다.

③ 출입문의 개방력은 110N 이하여야 한다.

④ 계단실 단독 제연 시 방연풍속은 0.5m/s 이상이어야 한다.

39 상수도소화용수설비에 대한 설명으로 옳지 않은 것을 고르시오.

① 배관경은 호칭지름 75mm 이상의 수도배관에 100mm 이상의 소화전을 접속한다.

② 소방차의 진입이 쉬운 도로변 또는 공지에 설치한다.

③ 특정소방대상물의 수평투영면의 각 부분으로부터 140m 이하가 되도록 설치한다.

④ 배관은 토너먼트 방식이 아니어야 하며 한쪽 가지배관에 설치하는 헤드 개수는 8개 이하여야 한다.

40 다음과 같은 소방대상물에서 소화수조의 최소 저수량을 구하시오.

2층 바닥면적:10,000m²
1층 바닥면적:12,500m²

① 50m³

② 60m³

③ 70m³

④ 80m³

41 소화기구의 설치기준으로 해당 용도의 바닥 면적 100m²마다 능력단위 1 이상의 소화기구를 설치해야 하는 장소에 해당하지 않는 것을 고르시오.

① 판매시설
② 업무시설
③ 위락시설
④ 전시장

42 다음 그림과 같이 침대가 있는 숙박시설의 수용인원을 산정하시오.(단, 종사자 수는 3명이고 침대는 2인용 침대이다.)

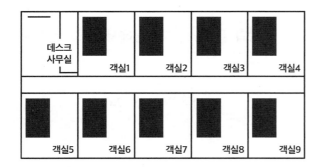

① 18명
② 19명
③ 20명
④ 21명

43 옥내소화전설비가 설치된 P빌딩의 압력스위치 세팅 설정 값이 다음과 같을 때 P빌딩의 자연낙차압을 계산하시오.

> • 주펌프의 Range: 0.98MPa
> • Diff 값: 0.48MPa

① 0.2MPa
② 0.3MPa
③ 0.5MPa
④ 0.6MPa

44 준비작동식 스프링클러설비의 점검 중 A or B 감지기 작동 시 확인사항에 해당하지 않는 것을 고르시오.

① 사이렌 작동
② 화재표시등 점등
③ 지구표시등 점등
④ 전자밸브(솔레노이드) 개방

45 응급처치의 기본사항으로 옳지 않은 것을 고르시오.

① 이물질이 눈에 보여도 손으로 빼내거나 제거하지 않는다.
② 환자가 구토하려 하면 턱을 위로 들어 기도를 개방한다.
③ 이물질 제거 시 기침유도 및 하임리히법을 사용한다.
④ 한번 사용한 거즈는 재사용하지 않는다.

1회차

2회차

3회차

4회차

5회차

6회차

마무리문제

Yes or No 퀴즈

헷갈리는 개념은 제 공략법

46 올바른 심폐소생술 방법이 아닌 것을 고르시오.

① C→A→B의 순서로 진행한다.

② 맥박 및 호흡의 정상여부는 10초 내로 판별한다.

③ 가슴압박 시 팔은 수직을 유지하며 분당 100~120회 속도로 강하게 압박한다.

④ 인공호흡에 자신이 없으면 시행하지 않는다.

47 AED 사용방법으로 가장 타당한 것을 고르시오.

① AED 사용 시 가장 먼저 패드를 부착한다.

② 패드는 쇄골 아래쪽에 각각 하나씩 부착한다.

③ 제세동이 필요하여 에너지를 충전하는 동안에는 가급적 가슴압박을 시행한다.

④ 심장충격 버튼이 깜빡이면 지체없이 즉시 버튼을 누른다.

48 다음 제시된 사항을 따르는 소방교육 및 훈련의 실시원칙은 무엇인지 고르시오.

- 교육에 재미를 부여한다.
- 교육에 있어 다양성을 활용한다.
- 전문성을 공유한다.
- 학습을 위해 적절한 스케줄을 적절히 배정한다.

① 동기부여의 원칙

② 학습자 중심의 원칙

③ 목적의 원칙

④ 관련성의 원칙

[49~50] 다음 제시된 소방계획서 일반현황 등을 참고하여 각 물음에 답하시오..

구분	건축물 일반현황
명칭	제일아파트
규모/구조	☑**연면적** : 32,000m²
	☑**세대수** : 950세대
	☑지상 29층/지하 3층(높이 : 100m)
	☑**용도** : 주거시설(공동주택 아파트)
소방시설현황	
소화설비	☑옥내소화전설비
	(가) ☑스프링클러설비
피난구조설비	(나) ☑피난구유도등
	☑통로유도등

49 제일아파트의 지상 1층에서 화재 발생 시 작동하는 경종 방식에 해당하는 것을 고르시오.

① 지상 1층부터 지상 5층에 우선적으로 경종이 울린다.

② 지상 1층부터 지상 5층, 그리고 모든 지하층에 우선적으로 경종이 울린다.

③ 지상 1층부터 지상 5층, 그리고 지하 1층에 우선적으로 경종이 울린다.

④ 모든 층에 일제히 경종이 울린다.

50 제일아파트에 대한 설명으로 옳지 아니한 해석을 고르시오.

① (가)설비의 방수량은 80L/min 이상, 방수압력은 0.1MPa 이상 1.2MPa 이하여야 한다.

② (나)의 종류는 소형피난구유도등이다.

③ 제일아파트는 2급소방안전관리대상물이다.

④ 소방안전관리보조자는 최소 2명 이상을 선임한다.

MEMO

3회차 정답 및 해설

정답

01	③	02	①	03	③	04	①	05	④
06	②	07	③	08	④	09	④	10	④
11	②	12	④	13	④	14	②	15	①
16	③	17	②	18	④	19	②	20	①
21	①	22	②	23	③	24	②	25	④
26	②	27	④	28	②	29	①	30	③
31	③	32	①	33	②	34	①	35	④
36	③	37	①	38	②	39	④	40	②
41	③	42	④	43	②	44	④	45	②
46	③	47	③	48	①	49	②	50	④

01

다음 중 소방관계법령에서 정하는 사항으로 옳은 설명을 모두 고르시오.

⑦ 소방기본법은 화재를 예방·경계하거나 진압하고 화재, 재난·재해, 그 밖의 위급한 상황에서의 구조·구급 활동 등을 통하여 국민의 생명·신체 및 재산을 보호함으로써 공공의 안전 및 질서 유지와 복리증진에 이바지함을 목적으로 한다.

⑭ 소방대상물에는 건축물·차량·항해 중인 선박·선박 건조 구조물· 산림 그 밖의 공작물 또는 물건 등이 포함된다.

⑮ 각종 소방 활동을 행하기 위해 소방공무원, 의무소방원, 의용소방대원으로 구성된 조직체를 소방대라고 한다.

⑯ 소방관서장은 옮긴 물건 등을 보관하는 경우에는 그날부터 14일 동안 해당 소방관서의 인터넷 홈페이지에 그 사실을 공고해야 하며, 보관기간은 공고 기간의 종료일 다음 날부터 7일까지로 한다.

⑰ 단독주택 및 공동주택의 소유자는 소화기 및 옥내소화전을 설치하여야 한다.

① ㉮, ㉰, ㉲
② ㉯, ㉱
③ ㉰, ㉱
④ ㉮, ㉰, ㉱

답 ③

해 **[옳지 않은 이유]**

㉮ 소방기본법은 예방·경계·진압·구조·구급 활동을 통해 국민의 생명, 신체, 재산을 보호하는 것은 맞지만, 이를 통해 공공의 '안녕' 및 질서 유지와 복리증진에 이바지함을 목적으로 하므로 공

공의 '안전'이라고 서술한 부분이 옳지 않다.

소방기본법	화재예방법 & 소방시설법
• 예방, 경계, 진압, 구조·구급 • 공공의 안녕 (질서유지)	• 공공의 안전

ⓑ 항해 중인 선박은 소방대상물에 포함되지 않으므로 옳지 않은 설명이다. 소방대상물에 포함되는 것은 항구에 매어둔 선박만 해당한다.

ⓒ 단독주택 및 공동주택의 소유자가 주택에 설치해야 하는 소방시설은 소화기 및 단독경보형 감지기이므로 옥내소화전이라고 서술한 부분이 옳지 않다. (소방시설법 제10조). 따라서 이를 제외한 ⓑ와 ⓐ의 설명만이 옳으므로 옳은 것은 ③.

📁 **[참고] 화재 예방조치 등**

소방관서장은 화재 발생 위험이 크거나 소화 활동에 지장을 줄 수 있다고 인정되는 행위나 물건에 대하여 일정 행위의 금지 또는 제한, 가연성이 큰 물건의 제거·이격·적재 금지, 소방차의 통행이나 소화 활동에 지장을 줄 수 있는 물건의 이동 등을 명할 수 있는데, 이에 해당하는 물건의 소유자 등을 알 수 없는 경우에는 소속 공무원으로 하여금 그 물건을 옮기거나 보관하는 등의 조치가 가능하다.

→ 그리고 이렇게 옮긴 물건 등을 보관하는 경우 소방관서장은, 14일 동안 인터넷 등에 공고 + 공고기간 종료 다음 날부터 7일까지 보관.

지상층 중에서 건축물의 채광·환기·통풍 또는 출입 등을 위해 만든 창·출입구 또는 그 밖에 이와 비슷한 것의 면적의 합계가 해당 층의 바닥면적의 30분의 1 이하가 되는 층에서 개구부가 갖추어야 하는 요건에 해당하는 설명으로 옳은 것을 모두 고르시오.

ㄱ 내부 또는 외부에서 쉽게 부술 수 있어야 한다.
ㄴ 해당 층의 바닥면으로부터 개구부 밑부분까지의 높이가 1.2m 이상이어야 한다.
ㄷ 안전을 위해 창살이 설치되어 있어야 한다.
ㄹ 개구부의 크기는 지름 40cm 이상의 원이 통과할 수 있어야 한다.
ㅁ 도로 또는 차량의 진입이 가능한 빈터를 향해 있어야 한다.

① ㄱ, ㅁ ✓
② ㄱ, ㄴ, ㅁ
③ ㄴ, ㄷ, ㅁ
④ ㄴ, ㄹ, ㅁ

답 ①

해 문제에서는 '무창층'에서 개구부가 갖추어야 하는 요건에 대해 묻고 있다.

옳지 않은 이유:
무창층에서는 개구부를 통해 탈출(대피)이 가능해야 하므로 너무 높지 않도록, 해당 층의 바닥면으로부터 개구부 밑부분까지의 높이가 '1.2m 이내'여야 하는데 1.2m 이상이라고 서술하고 있으므로 ㄴ의 설명은 옳지 않다.
또한 같은 이유에서 쉽게 피난하기 위해 창살이나 장애물 등이 설치되지 않아야 하므로 창살을 설치해야 한다고 서술한 ㄷ의 설명도 옳지 않다.
마지막으로 개구부의 크기는 지름 '50cm 이상'의 원이 통과할 수 있어야 하므로 40cm라고 서술한 ㄹ의 설명도 옳지 않기 때문에 이를 제외한 ㄱ과 ㅁ만이 옳은 설명에 해당한다. 따라서 정답은 ①.

1회차

2회차

3회차

4회차

5회차

6회차

마무리 문제

Yes or No 퀴즈

헷갈리는 계산문제 완전정복

03

다음 중 벌금이 가장 큰 행위를 고르시오.

① 소방안전관리자를 선임하지 아니한 행위

② 화재 또는 구조 및 구급활동이 필요한 상황을 거짓으로 알린 행위

✓③ 불이나 화재 번짐의 우려가 있는 소방대상물 및 토지에 내려진 강제처분을 따르지 않는 행위

④ 소방안전관리자 자격증을 타인에게 빌려 주거나 빌리거나 또는 이를 알선한 행위

답 ③

해 ① : 300만 원 이하의 벌금, ② : 500만 원 이하의 과태료, ③ : 3년 이하의 징역 또는 3천만 원 이하의 벌금, ④ 1년 이하의 징역 또는 1천만 원 이하의 벌금에 해당한다. 이때 벌금 행위에 대해 묻는 질문이므로 ②번은 아예 해당사항이 없고, 이 중 가장 큰 벌금형에 해당하는 행위는 ③.

04

다음 중 200만 원 이하의 과태료에 해당하는 행위를 한 사람을 고르시오.

✓① 소방활동구역에 출입한 자

② 화재예방조치 조치명령을 방해한 자

③ 소방차 전용구역에 주차한 자

④ 피난명령을 위반한 자

답 ①

해 ② : 300만 원 이하의 벌금, ③ : 100만 원 이하의 과태료, ④ : 100만 원 이하의 벌금이므로 200만 원 이하의 과태료에 해당하는 행위를 한 사람은 ①.

05

다음 제시된 건축물 일반현황을 참고하여 해당 대상물에 대한 설명으로 옳지 아니한 것을 고르시오.

구분	건축물 일반현황
명칭	A상사
용도	업무시설
규모/구조	• 연면적 : 12,000m² • 층수 : 지상 13층 • 높이 : 52m • 구조 : 철근콘크리트조
소방시설	• 자동화재탐지설비, 옥내소화전, 스프링클러설비

① 소방기술사 또는 소방시설관리사 자격을 보유한 사람으로 특급소방안전관리자 자격증을 발급받은 사람을 소방안전관리자로 선임할 수 있다.

② 소방서장은 A상사의 관계인으로 하여금 소방관서와 함께 합동 소방 훈련을 실시하게 할 수 있다.

③ 관계인은 소방 훈련 및 교육을 한 날부터 30일 이내에 소방 훈련 및 교육 실시 결과를 소방본부장 또는 소방서장에게 제출해야 한다.

✓④ 대통령령으로 정하는 일부 업무에 대해 관리업자로 하여금 대행하도록 할 수 있으며, 이를 감독할 수 있는 사람을 지정하여 소방안전관리자로 선임하는 경우 1급 소방안전관리자 선임 자격이 있는 사람을 선임하여야 한다.

답 ④

해 A상사는 아파트가 아닌 특정소방대상물로서 층수가 11층 이상이므로 1급소방안전관리대상물에 해당한다.

①번은 특급소방안전관리자 선임 가능 요건으로 특급대상물은 물론, 그보다 하위 등급인 1급~3급 대상물의 소방안전관리자로도 선임될 수 있으므로 옳은 설명이다.

②소방서장은 특급 및 1급 소방안전관리대상물의 관계인으로 하여금 소방관서와 합동 소방 훈련

을 실시하도록 할 수 있으므로 옳은 설명이다.
③ 특급 및 1급 대상물의 관계인은 소방 훈련 및 교육을 실시한 날로부터 30일 내에 실시 결과를 소방본·서장에게 제출까지 해야 하므로 옳은 설명이다. (+기록 보관은 2년).

[옳지 않은 이유]

다음의 표와 같이 업무대행이 가능한 대상물에 해당하는 경우, 관리업자의 업무대행 수행을 '감독'하기 위해서 지정된 「업무대행감독 소방안전관리자」는 별도의 선임 요건이 요구되지 않는다.

업무대행이 가능한 소방안전관리대상물
• 2급 및 3급대상물
• (아파트 제외) 11층 이상, 연면적 만오천 미만인 1급대상물

즉, 위 조건에 해당하는 대상물이라면, 해당 대상물과 관리업자 간의 업무대행 계약에 따라 (소방안전관리자 선임 자격이 없는 사람이더라도) '감독'을 위한 「업무대행감독 소방안전관리자」로 지정할 수 있는 것인데, 다만 이렇게 업무대행감독 소방안전관리자로 지정된 경우에는 선임된 날부터 3개월 내에 관련 강습교육을 이수해야 한다. (참고로 위의 업무대행 가능 조건에 해당하지 않는 1급 및 특급대상물의 경우에는 이렇게 업무대행감독을 위한 소방안전관리자 지정이 인정되지 않으며, 해당 대상물 등급에 맞는 선임 자격을 갖춘 소방안전관리자를 선임해야만 한다.)

문제의 A상사는 업무 대행이 가능한 1급 대상물의 조건에 해당하므로 「업무대행감독 소방안전관리자」의 지정이 가능하고, 이러한 업무대행감독 소방안전관리자의 지정 시, 별도의 선임 요건이 요구되지 않기 때문에 1급소방안전관리자 선임 자격을 갖추어야 한다고 서술한 ④의 설명은 옳지 않다.

06

초고층 건축물 등에서 종합방재실의 설치 시 구조 및 면적에 대한 기준으로 옳지 아니한 설명을 고르시오.

① 면적은 20m² 이상일 것
② 출입문은 출입 제한 및 통제 장치를 설치하지 않을 것
③ 다른 제어실 등의 감시를 위해 두께 7mm 이상의 망입유리로 된 4m² 미만의 붙박이창 설치 가능
④ 인력의 대기 및 휴식을 위한 부속실은 종합방재실과 방화 구획된 부속실을 설치할 것

답 ②

해 종합방재실에는 아무나 출입할 수 없도록 출입문은 출입 제한 및 통제 장치를 갖추어야 하므로, 이와 반대로 서술한 ②의 설명이 옳지 않다.

📁 [참고] 종합방재실의 구조 및 면적	
• 다른 부분과는 방화구획	
• 대기 및 휴식 위한 부속실(방화구획)	
• 안전관리 활동·보안·지휘활동에 지장 없도록 설치	
• 붙박이창	두께 7mm 이상 망입유리, 4m² 미만
• 면적	20m² 이상
• 출입문	출입제한, 통제장치 설치

07

아파트를 제외하고 연면적이 **45,000m²**인 특정소방대상물에 선임해야 하는 소방안전관리보조자와 **1,230세대**의 아파트에 선임해야 하는 소방안전관리보조자의 최소 인원수를 합산하여 산정하시오.

① 3명　　　　　② 5명
③ 7명　　　　　④ 9명

답 ③

해 먼저 (아파트 제외) 연면적이 15,000m² 이상인 특정소방대상물의 소방안전관리보조자 선임 계산은 연면적 나누기 15,000m²로 계산한다. 따라서 45,000÷15,000＝3으로 최소 3명의 소방안전관리보조자를 선임해야 한다.

그다음 아파트의 경우에는 300세대 이상일 때 초과되는 300세대마다 1명씩 추가로 선임되므로 세대 수 나누기 300으로 계산한다.

따라서 1230÷300＝4.1이므로 (소수점 아래 값은 버리고) 4명의 소방안전관리보조자를 선임해야 한다. 그래서 두 값을 합산하면 최소 7명의 소방안전관리보조자를 선임해야 한다는 계산을 할 수 있다.

08

다음 제시된 그림을 참고하여, 해당 건축물의 각 면적을 산정한 값으로 옳은 것을 고르시오.

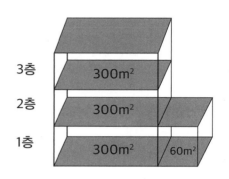

구분	건축면적	2층 바닥면적	연면적
①	360m²	360m²	900m²
②	960m²	300m²	360m²
③	300m²	360m²	960m²
④	360m²	300m²	960m²

답 ④

해 (1) **건축면적** : 건축물 외벽(기둥)의 중심선으로 둘러싸인 부분의 수평 투영 면적이므로, 해당 건축물에서는 외벽(기둥)을 기준으로 차지하고 있는 면적이 가장 큰 1층의 바닥면적이 건축면적이 된다. 따라서 360m².

(2) **바닥면적** : 건축물의 각 층 또는 일부로서 벽, 기둥, 기타 이와 유사한 구획의 중심선으로 둘러싸인 부분의 수평 투영 면적이므로, 2층의 바닥면적은 벽(기둥)의 중심선으로 둘러싸인 300m²가 된다.

(3) **연면적** : 각 층의 바닥면적의 합계이므로, 1층(360m²) ＋ 2층(300m²) ＋ 3층(300m²)으로 960m²가 된다.

따라서 정답은 ④.

09

소방시설 설치 및 관리에 관한 법률에 따라 피난
시설, 방화구획 또는 방화시설에 폐쇄·훼손·변경
등의 행위를 하여 3차 이상 위반한 자에게 부과되
는 과태료를 고르시오.

① 50만 원
② 100만 원
③ 200만 원
④ 300만 원

답 ④

해 소방시설법에 따라 피난/방화시설(구획)에 폐쇄·
훼손·변경 등의 행위를 한 사람은 300만원 이하의
과태료가 부과되는데, 이때 1차 위반 시 100만원, 2
차 위반 시 200만원, 3차 이상 위반 시 300만원의
과태료가 부과된다.

따라서 3차 이상 위반한 경우의 과태료는 ④번
300만원.

10

소방기본법 제 25조 강제처분 등에 대한 내용으
로 옳지 아니한 설명을 고르시오.

① 소방본부장, 소방서장 또는 소방대장은 소방활
동을 위해 긴급하게 출동할 때에는 소방자동차
의 통행과 소방활동에 방해가 되는 주차 또는
정차된 차량 및 물건 등을 제거하거나 이동시
킬 수 있다.

② 소방본부장, 소방서장 또는 소방대장은 소방활
동에 방해가 되는 주·정차 차량의 제거나 이동
을 위해 관할 지방자치단체 등 관련 기관에 견
인차량과 인력 등에 대한 지원을 요청할 수 있
다.

③ 소방활동에 방해가 되는 차량의 제거나 이동을
위한 지원 요청을 받은 관련 기관의 장은 정당
한 사유가 없다면 해당 지원 요청에 협조해야
한다.

④ 소방청장은 견인차량과 인력 등을 지원한 자에
게 일정 비용을 지급할 수 있다.

답 ④

해 '시·도지사'는 (강제처분 등에 따라) 소방활동에 방
해가 되는 주·정차 차량의 제거나 이동을 위해 견
인차량과 인력 등을 지원한 자에게 시·도 조례로
정하는 바에 따라 일정 비용을 지급할 수 있다.

따라서 소방청장이 비용을 지급한다고 서술한 ④
의 설명이 옳지 않다.

11

다음 건물의 용적률과 건폐율로 옳은 것을 고르시
오.(단, 건축면적은 1층의 바닥면적과 동일하다.)

① 용적률 : 150%, 건폐율 : 100%

② 용적률 : 150%, 건폐율 : 50%

③ 용적률 : 50%, 건폐율 : 100%

④ 용적률 : 50%, 건폐율 : 150%

답 ②

해 ㉮ **용적률의 산정** : 연면적÷대지면적x100으로 계
산하는데 이때 연면적은 각 층 바닥면적의 총합
이므로 1,500÷1,000x100 = 150%.

㉯ **건폐율의 산정** : 건축면적÷대지면적x100으로
계산하는데 이때 건축면적이 1층의 바닥면적과
동일하다고 했으므로 500÷1,000x100 = 50%.
따라서 ②.

12

다음 중 건축관계법령에서 정하는 사항이 아닌 것
을 고르시오.

① 피난

② 방화구획

③ 지하층

④ 방염

답 ④

해 건축관계법령으로 정하는 건축물의 방화안전 개
념에는 방화구획, 실내마감재, 내화구조, 피난 등이
있고 지하층의 용어 정의도 건축관계법령에서 정
하고 있다. 그러나 방염은 소방관계법령에서 정하
는 사항이므로 해당하지 않는다. 따라서 건축관계
법령에서 정하는 사항이 아닌 것은 ④.

13

다음 건물의 방화구획에 대한 설명으로 옳지 아니한 것을 고르시오.(단, 주요구조부가 내화구조이고 모든 층의 내장재가 불연재로 된 건축물로, 자동식소화설비가 설치되어 있으며 그림 외 층은 조건에서 제외한다.)

11층 바닥면적 3,000m²
10층 바닥면적 3,000m²

① 배관 등이 방화구획을 관통하여 틈이 생긴 경우 내화충진재를 사용하여 메운다.
② 방화구획의 60분방화문 또는 60분+방화문은 닫힌 상태를 유지하거나 온도 감지로 자동폐쇄되는 구조로 한다.
③ 10층의 방화구획 최소 설정 개수는 1개이다.
④ 11층의 방화구획 최소 설정 개수는 5개이다.

답 ④

해 해당 건물은 자동식소화설비가 설치되어 있고, 내장재가 불연재로 되어 있으므로 11층 이상의 층일 경우 바닥면적 1,500m² 이내로 방화구획 할 수 있다.

💬 11층 이상인데 내장재가 불연재일 경우 원래 기준은 500m²이나, 자동식소화설비가 설치된 경우×3배

따라서 11층은 2개의 방화구획으로 설정하므로 11층의 방화구획 최소 설정 개수는 2개이다. 옳지 않은 설명은 ④.

14

자연발화의 원인이 되는 열의 분류와 해당 물질의 종류의 짝이 옳지 않은 것을 고르시오.
① 발효열 - 퇴비
② 중합열 - 목탄, 활성탄
③ 분해열 - 셀룰로이드, 니트로 셀룰로오스
④ 산화열 - 석탄, 건성유

답 ②

해 중합열에 해당하는 물질의 종류는 시안화수소, 산화에틸렌이므로 옳지 않다.
목탄과 활성탄에 해당하는 자연발화의 원인은 흡착열이다.

15

가연성 증기의 연소범위 중 등유의 연소범위에 해당하는 것을 고르시오.
① 0.7~5vol%
② 1~5vol%
③ 2.5~12.8vol%
④ 6~36vol%

답 ①

해 연소범위란 기체가 연소하며 확산되어 공기 중에 섞여 가연성 혼합기를 만들었을 때 연소가 이루어질 수 있는 하한계부터 상한계까지의 범위(적정 농도)를 말하는데, 그중 '등유'의 연소범위는 [0.7~5vol%]에 해당하므로 정답은 ①.

📁 CHECK! 가연성 증기의 연소범위

② 1~5vol% : 중유
③ 2.5~12.8vol% : 아세톤
④ 6~36vol% : 메틸알코올

1회차
2회차
3회차
4회차
5회차
6회차
마무리 문제
Yes or No 퀴즈
헷갈리는 개념 및 제 공략법

16

연소의 형태에 대한 설명으로 옳지 않은 것을 고르시오.

① 가연성 고체는 열이 가해지면 일반적으로 열분해를 통해 가연성 증기를 발생하며 분해연소한다.

② 액체는 대부분 증발연소하지만 글리세린과 중유는 분해연소한다.

③ 표면연소하는 고체의 경우 화염은 적색을 띤다.

④ 예혼합연소하는 기체의 화염은 청·백색을 띤다.

답 ③

해 표면연소란 다른 말로 무염연소라고도 하며 화염이 발생하지 않는 것이 특징이다. 이러한 표면연소(무염연소)는 빨갛게 달구어진 적열상태인 고체의 표면에서 산소와 직접 반응하여 적열하면서 화염을 발생하지 않는다. 따라서 화염의 색깔이 적색을 띤다는 설명은 옳지 않다.

17

다음의 기사를 통해 해당 사례에서 적용한 소화법으로 가장 적절한 것을 고르시오.

> CP일보
>
> 2022.08.01
>
> 최근 전기자동차의 수요 증가로 인해 전기자동차와 일반 자동차의 화재 훈련에 대비하여 OO소방서와 함께 화재시험을 진행하였다. (중략)
> 전기자동차의 경우 일선에 보급된 덮개를 사용하여 화재 발생 부위를 덮어 산소 공급을 제어하고 공기 중의 산소농도를 한계산소농도(LOI) 이하로 유지하는 방법을 시도해보았다. … (이하 생략)

① 냉각소화

② 질식소화

③ 억제소화

④ 제거소화

답 ②

해 해당 기사의 사례에서는 전기자동차의 소화 실험으로 덮개를 덮어 산소 공급을 제어하고 공기 중 산소농도를 한계산소농도 이하로 유지하는 방법을 사용하고 있으므로 이는 질식소화 방법에 해당한다. 질식소화는 산소 농도를 제어하거나 또는 가연물로부터 발생하는 가연성 증기의 농도를 엷게 만들어 연소범위 하한계 이하로 떨어트리는 일종의 희석소화 등이 해당한다.

1회차

2회차

3회차

4회차

5회차

6회차

마무리 문제

Yes or No 퀴즈

헷갈리는 계산문제 공략법

18

다음의 사례들 중 물리적 소화에 해당하지 않는 사례를 고르시오.

① 유류화재 시 폼으로 유류 표면을 덮는 것

② 가스화재 시 밸브를 잠그는 것

③ 탄광에 암분을 살포하는 것

④ 할론소화약제를 사용하는 것 ☑

답 ④

해 ① 질식소화방식으로 물리적 소화에 해당, ② 제거소화방식으로 물리적 소화에 해당, ③ 연소에너지 한계에 의한 소화방식으로 일종의 냉각소화로 볼 수 있으며, 물리적 소화방식에 해당하므로 보기의 사례 중 물리적 소화에 해당하지 않는 것은 ④.

분말소화약제나 하론류(할론, 할로겐화합물)를 사용해 라디칼의 생성을 억제하는 방식으로 이는 화학적 소화방식에 해당한다.

19

제1류위험물에 대한 특징으로 옳은 것만을 모두 고르시오.

㉮ 강산화제로 다량의 산소를 함유하고 있다.

㉯ 자기연소가 가능하다.

㉰ 충격, 마찰 등에 의해 분해되어 산소를 방출한다.

㉱ 연소에서 산소공급원이 될 수 있다.

㉲ 물보다 가볍고 증기는 공기보다 무겁다.

① ㉮, ㉯, ㉰

② ㉮, ㉰, ㉱ ☑

③ ㉯, ㉰, ㉱

④ ㉯, ㉱, ㉲

답 ②

해 제1류위험물은 산화성 고체로, 강산화제이며 다량의 산소를 함유하고 있어 가열, 충격, 마찰 등에 의해 분해되어 산소를 방출하기 때문에 연소 시 산소공급원이 될 수 있다. 따라서 제1류위험물에 대한 설명으로 옳은 것은 ㉮, ㉰, ㉱이다.

㉯는 제5류위험물(자기반응성 물질)에 대한 설명이고, ㉲는 제4류위험물(인화성 액체)에 대한 설명이므로 해당하지 않는다.

20

> 연기에 대한 설명으로 옳은 것을 고르시오.
> ① 지하터널 등에서 공기조화설비와 배기닥트가 연기의 이동속도를 빠르게 하는 요인이 될 수 있다.
> ② 연기는 공기 중에 부유하고 있는 고체 또는 액체의 미립자로 안개입자보다는 크다.
> ③ 복도에서 연기는 바닥면을 따라 안정된 형태로 멀리 흐르며 수평유속은 평균 0.5m/s이다.
> ④ 연기의 수직유속은 농연에서 1~2m/s이고 화점층을 기준으로 상층 이동 후 계단실을 통해 강하한다.

답 ①

해 ② 연기는 공기 중에 부유하는 고체 또는 액체의 미립자로 안개입자보다 작기 때문에 옳지 않은 설명이다.

③ 복도에서 연기는 '천장면'에 근접해 안정된 형태로 멀리 흐를 수 있다. 복도의 아래쪽으로는 주위의 공기가 화점실로 유입되는 양상을 보이므로 옳지 않다.

💬 수평유속의 경우 플래시오버 이전에는 평균 0.5m/s, 플래시오버 이후에는 평균 0.75m/s인 것도 참고!

④ 연기의 수직유속(수직 방향으로 이동 시 속도)는 초기에는 2~3m/s이고, 농연(짙은 연기)은 3~5m/s로 유속이 증가한다. 따라서 1~2m/s라고 서술한 부분이 잘못되었다.

💬 연기의 수직이동 시 화점층을 수평 이동하며 오염시키고 상층 이동 후 계단실 등을 통해 타고 내려와 강하하는 양상을 보이는 것도 참고!

따라서 옳은 설명은 ①.
지하가 등에서 연기는 1m/s 정도의 속도로 이동하지만 제트팬 등이 설치된 터널은 3~5m/s로 이동속도가 빠르다. 이처럼 지하터널 등에서 공기조화설비와 배기닥트가 연기의 이동속도를 빠르게 하는 요인이 될 수 있으므로 옳은 설명이다.

21

> 다음 제시된 위험물의 지정수량이 옳지 않게 짝지어진 것을 고르시오.
> ① 휘발유 - 100L
> ② 질산 - 300Kg
> ③ 알코올류 - 400L
> ④ 중유 - 2,000L

답 ①

해 휘발유의 지정수량은 200L이므로 100L라고 서술한 ①번이 옳지 않다.

📁 지정수량 예시

유황	휘발유	질산	알코올류	등·경유	중유
100Kg	200L	300Kg	400L	1,000L	2,000L

— **암기 Tip!** 황.발.질.코 1,2,3,4 / 등경천 / 중2천

1회차

2회차

3회차

4회차

5회차

6회차

마무리문제

Yes or No 퀴즈

헷갈리는 계산문제 제공탁탁

22

다음의 표를 참고하여 각 가스 (가)와 (나)에 대한 설명으로 옳지 아니한 것을 모두 고르시오.

구분	(가)	(나)
용도	가정용, 공업용 등	도시가스
주성분	C_3H_8, C_4H_{10}	CH_4
증기비중	(A)	(B)

㉮ 누출 시 천장쪽에 체류하는 것은 (나)가스이다.

㉯ (A)는 1.5~2, (B)는 0.6으로 (나)의 증기비중이 (가)보다 작다.

㉰ 가스누설경보기 설치 시 가스 연소기로부터 (가)는 수평거리 8m, (나)는 수평거리 4m 이내의 위치에 설치한다.

㉱ 탐지기의 상단이 천장면의 상방 30cm 이내의 위치하도록 설치하는 것은 (가)가스이다.

㉲ 폭발범위가 5~15%인 것은 (나)가스이다.

① ㉮, ㉯

②✓ ㉰, ㉱

③ ㉯, ㉰, ㉱

④ ㉰, ㉱, ㉲

답 ②

해 (가)는 LPG, (나)는 LNG에 해당한다. LPG는 증기비중이 1.5~2로 무거운 가스이므로 누출 시 낮은 곳에 체류하고, LNG의 증기비중은 0.6으로 가벼운 가스이므로 누출 시 천장쪽에 체류한다. 또한 (나) LNG의 주성분인 메탄(CH_4)의 폭발범위는 5~15%에 해당하므로 ㉮, ㉯, ㉲는 옳은 설명에 해당한다. 반면, 가스누설경보기 설치 시 LPG는 가스 연소기(또는 관통부)로부터 수평거리 4m 이내, LNG는 수평거리 8m 이내의 위치에 설치하므로 반대로 서술한 ㉰의 설명은 옳지 않고, LPG는 탐지기의 상단이 '바닥면'의 상방 30cm 이내의 위치하도록 설치하므로 천장면으로 서술한 ㉱의 설명도 옳지 않다.

따라서 옳지 않은 것만을 고른 것은 ㉰, ㉱로 ②.

23

다음 중 전기화재의 주요 화재원인이 되는 것을 모두 고르시오.

㉮ 정전기로부터의 불꽃

㉯ 전선의 단선에 의한 발화

㉰ 누전에 의한 발화

㉱ 전기기계기구 등의 절연

㉲ 과전류에 의한 발화

① ㉯, ㉱

② ㉮, ㉯, ㉱

③✓ ㉮, ㉰, ㉲

④ ㉮, ㉯, ㉰, ㉱, ㉲

답 ③

해 전기화재의 주요 화재원인은 정전기로부터의 불꽃, 오래된 전선 등의 합선 및 '단락', 또는 누전이나 과전류에 의한 발화, 전기기계기구 등의 절연 '불량'이다. 이때 ㉯의 전선에 '단선'이 생기면 선이 끊겨 전류가 통하지 않으므로 전기화재의 원인이 될 수 없고, ㉱ '절연'도 전류가 통하지 않는 상태를 의미하므로, 절연이 아닌 절연 '불량'일 때 전기화재의 원인이 될 수 있다. 따라서 단선이나 절연이라고 설명한 ㉯와 ㉱를 제외한 나머지가 전기화재의 주요 화재원인이 될 수 있다.

24

다음의 특징에 해당하는 용어를 고르시오.

> 발생한 화염이 꺼지지 않고 지속되는 온도로 점
> 화에너지를 제거해도 5초 이상 연소상태가 유지
> 되는 온도를 의미한다.

① 인화점
② 연소점
③ 착화점
④ 발화점

답 ②

해 점화에너지를 제거해도 5초 이상 연소상태가 유지
되는 온도를 연소점이라고 하며 보통 인화점보다
5~10℃ 정도 높다.

25

종합방재실의 특징으로 옳지 않은 것을 고르시오.
① 언제든지 정보의 수집이 용이하다.
② 비용 및 인력문제를 해결할 수 있다.
③ 어디서든 정보의 감시가 용이하다.
④ 장소적 통합 개념으로 구성된다.

답 ④

해 종합방재실은 기존의 장소적 통합개념을 벗어나
'시스템적' 통합 방식으로 구성되어 언제, 어디서든
정보의 수집 및 감시가 용이하고 비용, 장소, 인력
문제를 해결할 수 있다는 장점이 있다. 따라서 옳
지 않은 것은 ④.

26

다음 중 옥내소화전설비의 설치기준 등에 대한 설
명으로 옳지 아니한 것을 고르시오.

① 각 층마다 설치하되 해당 특정소방대상물의 각
부분으로부터 하나의 옥내소화전 방수구까지
수평거리가 25m 이하가 되도록 할 것
② 방수구는 바닥으로부터의 높이가 1.5m 이상이
되도록 설치할 것
③ 호스 구경은 40mm(호스릴 옥내소화전설비는
25mm) 이상으로 특정소방대상물의 각 부분에
물이 유효하게 뿌려질 수 있는 길이로 설치할
것
④ 방수압력은 0.17MPa 이상 0.7MPa 이하가 되
도록 할 것

답 ②

해 옥내소화전의 방수구는 바닥으로부터 높이 1.5m
이하가 되도록 규정하고 있으므로 ②의 설명이 옳
지 않다.

🗀 옥내소화전설비 주요 기준

방수구 높이	바닥으로부터 1.5m 이하
수평거리 등	• 층마다 설치 • 각 부분으로부터 하나의 옥내소화전 방수구까지 수평거리 25m 이하
호스 구경	• 40mm(호스릴은 25mm) 이상 • 물이 유효하게 뿌려질 수 있는 길이
방수압력	• 피토게이지 측정 값 : 0.17MPa 이상 0.7MPa 이하

27

옥내소화전설비 점검 시 측정 주의사항으로 옳지 않은 것을 고르시오.

① 반드시 직사형 관창을 사용해 측정해야 한다.

② 초기 방수 시 물속 이물질 및 공기를 모두 배출한 후 측정해야 한다.

③ 최상층 소화전 개방 시 소화펌프 자동기동 및 기동표시등 점등이 확인되어야 한다.

④ 피토게이지는 무상주수 상태에서 수직으로 측정한다.

답 ④

해 옥내소화전설비 점검 중 방수압력 측정은 피토게이지를 사용하여 측정하며 반드시 직사형 관창을 사용해 '봉상주수' 상태에서 직각으로 측정해야 한다.

이때 노즐의 선단에 피토게이지를 노즐구경의 절반만큼 거리를 두고 근접시켜 측정하고 방수압력은 0.17MPa 이상 측정되어야 한다. 만약 옥내소화전이 어느 층에 있어서도 2개 이상 설치된 경우에는 2개를 동시에 개방시켜 놓고 측정하며 최상층의 소화전 개방 시 소화펌프가 자동으로 기동되고 기동표시등이 점등되는지 확인한다.

따라서 옳지 않은 설명은 ④ 무상주수가 아닌 봉상주수 상태여야 한다.

28

스프링클러설비의 종류별 설명으로 옳지 않은 것을 고르시오.

① 일제살수식스프링클러설비의 헤드는 개방형이다.

② 건식스프링클러설비의 1차측 배관 내부는 압축공기로 채워져 있다.

③ 습식스프링클러설비의 유수검지장치는 알람밸브이다.

④ 준비작동식스프링클러설비는 A or B 감지기 작동 시 사이렌과 화재표시등이 점등된다.

답 ②

해 건식스프링클러설비의 1차측 배관내부는 가압수, 2차측 배관 내부는 압축공기 및 질소로 채워져 있다. 따라서 1차측 배관 내부가 압축공기로 채워져 있다는 설명이 잘못되었다.

29

다음의 도면을 참고하여 해당 특정소방대상물에 정온식스포트형감지기 1종을 설치하는 경우, 최소 몇 개의 감지기를 설치해야 하는지 구하시오. (단, 감지기 부착 높이는 4m 미만이고, 특정소방대상물의 주요구조부는 내화구조이다.)

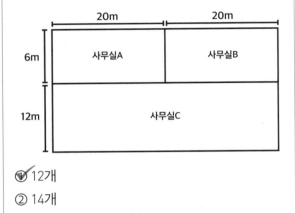

① 12개
② 14개
③ 16개
④ 18개

답 ①

해 감지기는 각 실마다 설치한다. 사무실A의 면적은 6x20＝120m²이고 사무실B의 면적도 동일하다. 사무실C의 면적은 12x40＝480m²이다. 감지기 부착 높이가 4m 미만인 경우, 정온식감지기 1종의 설치기준면적은 60m²이므로 사무실 A와 B는 각각 2개씩 설치하고, 사무실C는 8개를 설치한다. 따라서 사무실A에 2개, 사무실B에 2개, 사무실C에 8개로 최소 12개 이상 설치해야 한다.

📁 CHECK! 감지기 설치 유효면적(요약)

높이	구조	차동식 1종	차동식 2종	보상식 1종	보상식 2종	정온식 특종	정온식 1종	정온식 2종
4m 미만	내화구조	90	70	90	70	70	**60**	20
	기타구조	50	40	50	40	40	30	15
4m 이상 8m 미만	내화구조	45	35	45	35	35	30	–
	기타구조	30	25	30	25	25	15	–

30

특정소방대상물에 설치해야 할 소방시설 적용기준에 따라 다음의 빈칸 (A)와 (B)에 들어갈 값을 순서대로 고르시오.

소방시설	적용기준	설치대상
경보설비 중 비상경보설비	지하가 중 터널로서 길이	(A) 이상
경보설비 중 자동화재탐지설비	지하가 중 터널로서 길이	(B) 이상

① (A) : 200m, (B) : 500m
② (A) : 300m, (B) : 500m
③ (A) : 500m, (B) : 1,000m
④ (A) : 1,000m, (B) : 2,000m

답 ③

해 지하가 중 '터널'에 적용되는 소방시설 적용기준 및 설치대상은 다음과 같다.

소방시설		적용기준	설치대상
소화 설비	옥내소화전설비	지하가 중 터널로서 '터널'	1,000m 이상
		행안부령으로 정하는 터널	전부
경보 설비	비상경보설비	지하가 중 터널로서 길이	500m 이상
	자탐설비	지하가 중 터널로서 길이	1,000m 이상
피난 구조 설비	비상 조명등	지하가 중 터널로서 길이	500m 이상
소화 활동 설비	연결송수관	지하가 중 터널로서 길이	1,000m 이상
	비상콘센트 무선통신 보조설비		500m 이상

따라서 (A)에 들어갈 값은 '500m' 이상, (B)에 들어갈 값은 '1,000m' 이상으로 답은 ③.

✍ Tip

'비상'은 터널 길이 500m! 그 외에는 1,000m! 행안부령으로 정한 터널일 땐 전부~!

31

P형 수신기 점검에 대한 설명으로 옳지 않은 것을 고르시오.

① 동작시험 시 동작시험 버튼과 자동복구 버튼을 누르고 수신기 타입에 따라 각 경계구역을 확인한다.

② 예비전원시험은 예비전원시험 스위치를 누르고 있는 상태에서 확인한다.

③ 도통시험 시 전압계 측정 결과 19~29V가 측정되면 정상이다.

④ 수신기 점검이 끝난 후 스위치주의등은 소등되어야 한다.

답 ③

해 도통시험의 전압계 측정 정상 범위는 4~8V이므로 옳지 않은 설명이다. 전압계 측정 정상 범위가 19~29V인 시험은 도통시험이 아닌, '예비전원시험'에 대한 설명이어야 옳다.

32

노유자시설의 3층에서 적응성이 있는 피난기구를 모두 고르시오.

ㄱ. 미끄럼대
ㄴ. 피난사다리
ㄷ. 간이완강기
ㄹ. 구조대
ㅁ. 승강식피난기

① ㄱ, ㄹ, ㅁ
② ㄴ, ㄷ, ㅁ
③ ㄴ, ㄷ, ㄹ, ㅁ
④ ㄱ, ㄴ, ㄹ, ㅁ

답 ①

해 노유자시설의 (1층부터) 3층에서 적응성이 있는 피난기구는 구조대, 미끄럼대, 피난교, 다수인 피난장비, 승강식 피난기이다. 따라서 정답은 ① ㄱ, ㄹ, ㅁ.

💬 설치장소별 피난기구 표는 1회차 – 34번 문제 해설 참고.

33

> B건물에는 옥내소화전이 1층에 2개, 2층에 2개, 3층에 3개, 4층에 4개 설치되어 있다. B건물의 옥내소화전 수원의 저수량을 고르시오.(단, 상기 층 외에 다른 층은 없다.)
>
> ① 2.6m³
> ✓② 5.2m³
> ③ 7.8m³
> ④ 10.4m³

답 ②

해 옥내소화전 수원의 저수량 계산은 Nx2.6m³로 계산한다. 이때 2.6m³는 옥내소화전의 방수량 130L/min에 20분을 곱한 값이며, 설치개수 N의 최대 개수는 29층 이하에서는 최대 2개이므로 2x2.6m³=5.2m³이다.

> 💬 [29층 이하의 일반적인 건물]은 소방차가 출동하여 소방 활동을 시작하기까지 옥내소화전으로 버텨야 하는 시간을 20분으로 약속한 것이고, 옥내소화전이 3개, 4개가 설치되었더라도 3개 이상 가동해야 할 정도로 큰 규모의 화재라면 초기소화보다는 피난하는 것이 더 효율적이라고 판단하여 수원의 저수량 계산 시 옥내소화전 설치 개수가 2개 이상이라면 최대 개수 N을 2개까지로 잡는 것이다.

34

> 전기실에서 발생한 C급화재로 수신기에서 감지기 A, B에 모두 점등되었을 때 작동하는 설비로 보기 어려운 것을 고르시오.
>
> ✓① 펌프 기동
> ② 방출표시등 점등
> ③ 주경종, 지구경종 작동
> ④ 자동폐쇄장치 작동 및 환기팬 정지

답 ①

해 전기실에서 발생한 C급화재(전기화재)로 인해 감지기 A와 B가 모두 점등되었다면 화재가 발생하여 소화설비까지 작동할 것으로 미루어 짐작할 수 있다. 이때, C급화재일 경우 물을 약제로 사용하는 수계소화는 감전 또는 기기의 파손 등 더 큰 피해로 이어질 수 있으므로 가스계 소화설비를 통한 가스계 소화약제가 방출되는 것이 옳다.
가스계 소화설비가 작동하면 해당 방호구역 내 방출표시등이 점등되고, 주경종 및 지구경종 발생, 자동폐쇄장치로 방호구역을 폐쇄하고 환기팬이 정지한다. 그러나 펌프 기동은 가스계 소화설비와는 무관하므로 C급화재로 인해 작동하는 설비로 보기 어렵다.

35

습식스프링클러설비의 압력스위치 작동으로 연동되어 작동하는 장치 및 표시등의 점등 상태로 볼 수 없는 것을 고르시오.

① 화재표시등 점등
② 사이렌 작동
③ 밸브개방표시등 점등
④ 헤드 개방

답 ④

해 습식스프링클러설비의 경우 화재가 발생하면 헤드가 개방되며 방수되고, 그에 따라 2차측 배관 내 압력이 저하되면 유수검지장치인 알람밸브 작동, 클래퍼 개방으로 압력스위치가 작동한다. 그리고 이러한 압력스위치의 작동으로 사이렌이 작동하고 화재표시등 점등, 밸브개방표시등에 점등된다. 따라서 습식스프링클러설비에서 헤드 개방은 압력스위치의 작동으로 연동되어 작동하는 장치가 아니라 화재 감지로 먼저 개방되는 방식이다.

36

다음 중 소화활동설비에 해당하지 않는 것을 고르시오.

① 연결살수설비
② 연소방지설비
③ 상수도소화용수설비
④ 비상콘센트설비

답 ③

해 상수도소화용수설비는 소화용수설비로 구분되므로 소화활동설비에 해당하지 않는다. 소방안전관리자 1급 과정에서 [소화활동설비]로 분류하는 설비는 연결송수관설비, 연결살수설비, 제연설비, 비상콘센트설비, 무선통신보조설비, 연소방지설비 등이다.

37

다음 제시된 그림을 참고하여 유도등 (A)와 (B)에 대한 설명으로 옳지 아니한 설명을 고르시오.

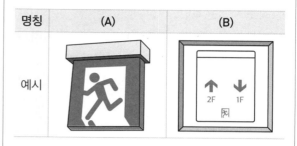

명칭	(A)	(B)
예시		

① (A)는 거실통로유도등, (B)는 계단통로유도등이다.
② (A)는 바닥으로부터 1.5m 이상의 높이로 출입구에 인접하도록 설치한다.
③ (B)의 설치장소는 일반 계단으로 하부에 설치한다.
④ (B)는 바닥으로부터 1m 이하의 위치에 설치한다.

답 ①

해 (A)는 '피난구'유도등, (B)는 계단통로유도등에 해당한다. 따라서 (A)를 거실통로유도등이라고 서술한 ①의 설명이 옳지 않다.

📂 CHECK! 간단 요약

구분	피난구유도등	계단통로유도등
설치 장소	• **출입구(상부)**: 피난 경로로 사용되는 출입구를 표시	• 일반 계단(하부) • 각 층의 경사로 참 또는 계단참
위치 (높이)	바닥으로부터 1.5m 이상 (↑)	바닥으로부터 1m 이하 (↓)

1회차
2회차
3회차
4회차
5회차
6회차
마무리문제
Yes or No 퀴즈
햇갈리는 개념은 제 공략법

38

제연설비에 대한 설명으로 옳지 아니한 것을 고르시오.

① 최소 차압은 40Pa 이상이어야 한다.
② 평상시 옥내의 출입문은 개방 상태여야 한다.
③ 출입문의 개방력은 110N 이하여야 한다.
④ 계단실 단독 제연 시 방연풍속은 0.5m/s 이상이어야 한다.

답 ②

해 제연구역은 평상시 자동폐쇄장치에 따라 닫힌 상태를 유지해야 하고, 예외적으로 출입문을 개방 상태로 관리하는 경우에는 옥내에 설치된 감지기의 작동과 연동되어 즉시 닫히는 방식이어야 한다. 따라서 평상시 출입문을 개방 상태로 관리해야 한다는 설명이 잘못되었다.

39

상수도소화용수설비에 대한 설명으로 옳지 않은 것을 고르시오.

① 배관경은 호칭지름 75mm 이상의 수도배관에 100mm 이상의 소화전을 접속한다.
② 소방차의 진입이 쉬운 도로변 또는 공지에 설치한다.
③ 특정소방대상물의 수평투영면의 각 부분으로부터 140m 이하가 되도록 설치한다.
④ 배관은 토너먼트 방식이 아니어야 하며 한쪽 가지배관에 설치하는 헤드 개수는 8개 이하이어야 한다.

답 ④

해 상수도소화용수설비는 스프링클러설비나 연결살수설비 같은 헤드(배관) 방식이 아니므로 ④의 기준은 해당하지 않는 내용이다.

40

다음과 같은 소방대상물에서 소화수조의 최소 저수량을 구하시오.

| 2층 바닥면적 : 10,000m² |
| 1층 바닥면적 : 12,500m² |

① 50m³
② 60m³
③ 70m³
④ 80m³

답 ②

해 소화수조의 저수량 계산은 다음과 같다.

㉮ 소방대상물의 1층 및 2층 바닥면적의 합계가 15,000m² 이상인 건축물

> (연면적÷7,500m²) x 20m³ 이상

㉯ 위에 해당하지 않는 그 밖의 건축물

> (연면적÷12,500m²) x 20m³ 이상

그림의 건물은 ㉮에 해당하고, 연면적은 각 층의 바닥면적의 총합이므로 (22,500÷7,500)x20 = 60m³으로 계산할 수 있다. 따라서 소화수조의 최소 저수량은 60m³.

41

소화기구의 설치기준으로 해당 용도의 바닥면적 100m²마다 능력단위 1 이상의 소화기구를 설치해야 하는 장소에 해당하지 않는 것을 고르시오.

① 판매시설
② 업무시설
③ 위락시설 ✓
④ 전시장

답 ③

해 위락시설은 해당 용도의 바닥면적 '30m²마다' 능력단위 1 이상의 소화기구를 설치해야 하는 장소에 해당하므로 문제에서 묻고 있는 바닥면적 100m² 기준 장소에 포함되지 않는다.

42

다음 그림과 같이 침대가 있는 숙박시설의 수용인원을 산정하시오.(단, 종사자 수는 3명이고 침대는 2인용 침대이다.)

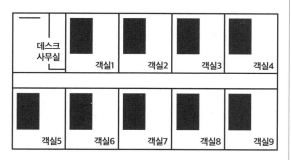

① 18명
② 19명
③ 20명
④ 21명 ✓

답 ④

해 침대가 있는 숙박시설의 경우 수용인원의 산정은 [종사자 수＋침대 수]로 계산하는데 이때 침대가 2인용이라면 x2로 계산한다. 따라서 종사자 수 3명에 침대 수(9개x2인용) 18개를 합산해 수용인원은 21명으로 계산할 수 있다.

43

옥내소화전설비가 설치된 P빌딩의 압력스위치 세팅 설정 값이 다음과 같을 때 P빌딩의 자연낙차압을 계산하시오.

- 주펌프의 Range: 0.98MPa
- Diff 값: 0.48MPa

① 0.2MPa
② 0.3MPa ✓
③ 0.5MPa
④ 0.6MPa

답 ②

해 (1) 주펌프의 '기동점'은 [자연낙차압＋K]로, 'K'는 옥내소화전설비일 때 0.2MPa로 한다.
(P빌딩은 옥내소화전설비가 설치되어 있으므로 K는 0.2MPa.)

(2) 이때 구하고 싶은 값인 자연낙차압을 'X'로 표현한다면 Diff 값은 [정지점(Range)－기동점]이므로, 0.48＝0.98－(X＋0.2)로 표현할 수 있다.

(3) 그렇다면 괄호 안의 수는 0.5가 되는데, 이 0.5는 '자연낙차압'에 K값인 0.2를 더한 것이므로 순수한 자연낙차압(X) 값은 0.3으로 계산할 수 있다.

따라서 정답은 ②.

1회차
2회차
3회차
4회차
5회차
6회차
마무리 문제
Yes or No 퀴즈
헷갈리는 계산 문제 제공받법

44

준비작동식 스프링클러설비의 점검 중 A or B 감지기 작동 시 확인사항에 해당하지 않는 것을 고르시오.

① 사이렌 작동
② 화재표시등 점등
③ 지구표시등 점등
④ 전자밸브(솔레노이드) 개방 ✓

🗹 ④

🔲 감지기 A or B(A 또는 B) 작동은 둘 중 하나가 먼저(또는 하나만) 작동했을 때의 상황으로 이때 확인하는 사항은 화재표시등과 지구표시등(A 또는 B 해당구역) 점등 여부와 사이렌 및 경종 작동을 확인한다. 이 외에 전자밸브(솔레노이드밸브)의 개방과 펌프 자동기동, 밸브개방표시등이 점등되는 것은 감지기 2개가 모두 작동한 A and B 작동 상황에서 확인하는 사항이므로 ④는 확인 사항에 해당하지 않는다.

45

응급처치의 기본사항으로 옳지 않은 것을 고르시오.

① 이물질이 눈에 보여도 손으로 빼내거나 제거하지 않는다.
② 환자가 구토하려 하면 턱을 위로 들어 기도를 개방한다. ✓
③ 이물질 제거 시 기침유도 및 하임리히법을 사용한다.
④ 한번 사용한 거즈는 재사용하지 않는다.

🗹 ②

🔲 환자가 구토하려 하면 머리를 옆으로 돌리는 것이 기도를 확보하는 옳은 방법이므로 턱을 위로 들어 올린다는 설명이 잘못되었다.

46

올바른 심폐소생술 방법이 아닌 것을 고르시오.

① C→A→B의 순서로 진행한다.
② 맥박 및 호흡의 정상여부는 10초 내로 판별한다.
③ 가슴압박 시 팔은 수직을 유지하며 분당 100~120회 속도로 강하게 압박한다. ✓
④ 인공호흡에 자신이 없으면 시행하지 않는다.

🗹 ③

🔲 가슴압박 시행 시 팔은 일직선으로 곧게 뻗어야 한다. 수직을 유지하는 것은 환자와 구조자의 위치가 수직이 되어야 하는 것이므로 옳지 않은 설명은 ③.

> 💬 참고로 성인의 심폐소생술 중 가슴압박은 환자의 가슴뼈 아래쪽 절반 위치를 분당 100~120회 속도로 강하게 압박하고, 5cm 깊이로 압박하면 완전히 이완된 후 다시 압박이 진행될 수 있도록 해야 한다.

47

AED 사용방법으로 가장 타당한 것을 고르시오.

① AED 사용 시 가장 먼저 패드를 부착한다.

② 패드는 쇄골 아래쪽에 각각 하나씩 부착한다.

③ 제세동이 필요하여 에너지를 충전하는 동안에는 가급적 가슴압박을 시행한다.

④ 심장충격 버튼이 깜빡이면 지체없이 즉시 버튼을 누른다.

답 ③

해 ① AED 사용 시 가장 먼저 하는 과정은 AED의 전원을 켜는 것이므로 옳지 않다.

② 패드는 쇄골(빗장뼈) 아래, 그리고 가슴 아래와 겨드랑이 중간위치에 하나씩 부착해야 하므로 옳지 않은 설명이다.

④ 제세동이 필요한 환자일 경우 버튼이 깜빡거리는데, 이때 환자 외 타인이 접촉하고 있으면 전기충격이 함께 가해질 수 있으므로 환자로부터 모두 떨어진 것을 확인하고 버튼을 눌러야 하므로 옳은 방법으로 보기 어렵다.

따라서 옳은 설명은 ③ 심장리듬 분석 결과 제세동이 필요하여 AED가 에너지를 충전하는 동안에는 가급적 심폐소생술의 흐름이 끊기지 않도록 가슴압박은 시행하고 있는 것이 좋다. (심장리듬을 분석할 때와 버튼을 눌러 심장충격을 가하는 순간에는 손을 떼야 한다.)

48

다음 제시된 사항을 따르는 소방교육 및 훈련의 실시원칙은 무엇인지 고르시오.

• 교육에 재미를 부여한다.
• 교육에 있어 다양성을 활용한다.
• 전문성을 공유한다.
• 학습을 위해 적절한 스케줄을 적절히 배정한다.

① 동기부여의 원칙
② 학습자 중심의 원칙
③ 목적의 원칙
④ 관련성의 원칙

답 ①

해 문제에서 제시된 사항은 소방교육 및 훈련의 실시원칙 중 [동기부여의 원칙]에 해당한다. 따라서 정답은 ①.

그 외에도 다음의 사항들이 동기부여의 원칙에 해당한다.

• 교육의 중요성 전달
• 핵심사항에 포커스
• 초기성공에 대한 격려
• 학습에 대한 보상 제공
• 시기적절(Just-in-time)한 교육
• 사회적 상호작용(Social interaction) 제공

[49~50] 다음 제시된 소방계획서 일반현황 등을 참고하여 각 물음에 답하시오..

구분	건축물 일반현황
명칭	제일아파트
규모/구조	☑**연면적** : 32,000m²
	☑**세대수** : 950세대
	☑**지상 29층/지하 3층**(높이 : 100m)
	☑**용도** : 주거시설(공동주택 아파트)
소방시설현황	
소화설비	☑옥내소화전설비
	(가) ☑스프링클러설비
피난구조설비	(나) ☑피난구유도등
	☑통로유도등

49

제일아파트의 지상 1층에서 화재 발생 시 작동하는 경종 방식에 해당하는 것을 고르시오.
① 지상 1층부터 지상 5층에 우선적으로 경종이 울린다.
②✔ 지상 1층부터 지상 5층, 그리고 모든 지하층에 우선적으로 경종이 울린다.
③ 지상 1층부터 지상 5층, 그리고 지하 1층에 우선적으로 경종이 울린다.
④ 모든 층에 일제히 경종이 울린다.

답 ②

해 제일아파트는 층수가 29층인 건물로, 11층 이상의 건물 또는 '공동주택'의 경우 16층 이상의 건물에서는 다음과 같이 발화층＋직상 4개층 우선경보 방식이 적용된다.

(1) **지상 2층 이상에서 화재 시** : 발화층＋직상 4개층 우선 경보
(2) **지상 1층에서 화재 시** : 발화층(1층)＋직상 4개층＋ 모든 지하층 우선 경보
(3) **지하층 화재 시** : 발화한 지하층＋그 직상 층＋그 외 모든 지하층 우선 경보

문제의 경우는 (2)에 해당하므로, 화재가 발생한 지상 1층과 그 위로 4개 층인 지상 5층까지, 그리고 모든 지하층에 우선 경보가 발령되므로 이에 해당하는 것은 ②.

1회차

2회차

3회차

4회차

5회차

6회차

마무리 문제

Yes or No 퀴즈

헷갈리는 계산 문제 총 정리법

50

> 제일아파트에 대한 설명으로 옳지 아니한 해석을 고르시오.
>
> ① (가)설비의 방수량은 80L/min 이상, 방수압력은 0.1MPa 이상 1.2MPa 이하여야 한다.
>
> ② (나)의 종류는 소형피난구유도등이다.
>
> ③ 제일아파트는 2급소방안전관리대상물이다.
>
> ④ 소방안전관리보조자는 최소 2명 이상을 선임한다.

답 ④

해 (가)는 스프링클러설비로 방수량은 80L/min 이상, 방수압력은 0.1MPa 이상 1.2MPa 이하이므로 ①번은 옳은 설명이다.

(나) 설치 장소가 아파트일 때 설치하는 유도등의 종류는 '소형' 피난구유도등 및 통로유도등이므로 ②번도 옳은 설명이다.

(다) 제시된 제일아파트는 2급소방안전관리대상물에 해당하므로 옳은 설명인데, 그 이유는 1급에 해당하는 '아파트'의 기준은 (지하층 제외) 30층 이상이거나 높이가 120m 이상인 아파트일 때 1급에 해당하나, 제일아파트는 이에 해당하지 않고, 다만 스프링클러설비 및 옥내소화전설비가 설치된 공동주택이므로 2급 대상물에 해당한다. 따라서 ③번도 옳은 설명이다.

④ 제일아파트는 300세대 이상의 '아파트'로 소방안전관리보조자를 선임해야 하는 대상물이며, 이때 세대 수를 기준으로 $950 \div 300 = 3.16$으로 소수점 이하를 버리고 정수만을 취하여 최소 3명 이상을 선임해야 하는 것으로 계산할 수 있다. 따라서 옳지 않은 설명은 ④번.

소방안전관리자 1급
모의고사

| 4회차 |

4회차 모의고사

01 소방기본법 제25조 제1항 강제처분 등에 따른 처분을 방해한 자 또는 정당한 사유 없이 그 처분에 따르지 아니한 자에게 부과되는 벌금으로 옳은 것을 고르시오.

① 5년 이하의 징역 또는 5천만원 이하의 벌금
② 3년 이하의 징역 또는 3천만원 이하의 벌금
③ 1년 이하의 징역 또는 1천만원 이하의 벌금
④ 300만원 이하의 벌금

02 소방안전관리보조자 선임대상물의 조건에 대한 설명으로 옳지 아니한 것을 고르시오.

① 300세대 이상인 아파트는 1명을 선임하되, 초과되는 300세대마다 1명 이상을 추가로 선임한다.
② 공동주택 중 기숙사, 의료시설, 노유자시설은 1명을 선임한다.
③ 아파트 및 연립주택을 제외하고, 연면적이 1만5천제곱미터 이상인 특정 소방 대상은 1명을 선임하되, 초과되는 연면적 1만5천제곱미터마다 1명 이상을 추가로 선임한다.
④ 숙박시설로 사용되는 바닥면적의 합계가 2천500제곱미터 미만이고 관계인이 24시간 상시 근무하고 있는 숙박시설은 선임 대상에서 제외된다.

03 위험물 안전관리자의 선임 및 대리자의 지정에 대한 설명으로 옳지 아니한 것을 고르시오.

① 제조소등의 관계인은 위험물안전관리자가 해임 또는 퇴직한 때에는 30일 이내에 새로운 안전관리자를 다시 선임해야 한다.
② 제조소등의 관계인은 위험물안전관리자의 선임 시 14일 이내에 소방청장에게 신고하여야 한다.
③ 안전관리자가 여행·질병, 그 밖의 사유로 일시적으로 직무를 수행할 수 없는 경우 제조소등의 관계인은 대리자를 지정하여 직무를 대행하도록 할 수 있다.
④ 대리자가 직무를 대행하는 경우 대행 기간은 30일 이하로 한다.

04 업무상 과실로 제조소등 또는 허가를 받지 않고 지정수량 이상의 위험물을 저장 또는 취급하는 장소에서 위험물을 방출·유출 또는 확산시켜 사람의 생명·신체 또는 재산에 위험을 발생시킨 자에게 부과되는 벌금을 고르시오.

① 1년 이상 10년 이하의 징역
② 7년 이하의 금고 또는 7천만원 이하의 벌금
③ 3년 이하의 징역 또는 3천만원 이하의 벌금
④ 1천500만원 이하의 벌금

1회차

2회차

3회차

4회차

5회차

6회차

마무리 문제

Yes or No 퀴즈

헷갈리는 계산문제 총정리

05 소방신호의 종류별 타종 방법이 옳은 하나를 고르시오.

구분	신호종류	타종법
①	해제신호	짧은 간격을 두고 1타씩 반복
②	경계신호	난타
③	훈련신호	연3타 반복
④	발화신호	1타와 연2타 반복

06 다음 제시된 건축물의 일반현황을 참고하여 해당 대상물에 대한 설명으로 옳은 것을 고르시오.

구분	건축물 일반현황
명칭	멋진우리빌딩
용도	판매시설, 근린생활시설
사용승인일	• 2014년 2월 14일
규모/구조	• **연면적** : 10,600m² • **층수** : 지상 11층 • **높이** : 48m
소방시설	• 옥내소화전, 스프링클러설비, 자동화재탐지설비, 제연설비

① 방염성능 기준 이상의 실내장식물 등을 설치해야 하는 특정소방대상물이다.

② 연면적이 15,000m² 미만이므로 2급소방안전관리대상물이다.

③ 작동점검 제외 대상에 해당한다.

④ 2024년 8월에 종합점검을 실시한다.

07 소방안전관리자 항하사씨는 A회사에 선임후, 다음과 같이 B회사로 이직하였다. 이때 항하사씨의 다음 실무교육에 대한 설명으로 옳은 것을 고르시오.

• A회사 선임 : 2022. 08. 19
• A회사에서 실무교육 이수 : 2023. 01. 13
• B회사로 이직(선임) : 2023. 12. 17

① 2024년 7월 16일까지 실무교육을 이수한다.

② 2024년 12월 16일까지 실무교육을 이수한다.

③ 2025년 1월 12일까지 실무교육을 이수한다.

④ 2025년 12월 16일까지 실무교육을 이수한다.

08 건축법에서 정하는 방화구획과 관련된 것들에 대한 설명이 옳지 아니한 것을 고르시오.

① 주요구조부가 내화구조 또는 불연재료로 된 건축물로서 연면적이 1,000m²를 넘는 것은 방화구획 설치대상이다.

② 자동방화셔터는 피난이 가능한 60분 방화문 또는 60분＋방화문으로부터 3m 이내에 별도로 설치한다.

③ 30분 방화문은 연기 및 불꽃을 차단할 수 있는 시간이 30분 이상 60분 미만인 방화문을 뜻한다.

④ 자동방화셔터는 불꽃이나 연기를 감지한 경우 완전 폐쇄, 열을 감지한 경우 일부 폐쇄되는 구조로 한다.

09 종합방재실의 설치 장소와 구조 및 면적에 대한 설명으로 옳지 아니한 것은?

① 화재 및 침수로 인한 피해 우려가 적고, 소방대가 쉽게 도달할 수 있는 곳에 설치해야 한다.

② 종합방재실의 면적은 20m² 미만으로 하고, 출입문에는 통제 장치를 갖추어야 한다.

③ 재난정보 수집 및 제공, 방재 활동의 거점 역할을 할 수 있는 곳에 설치한다.

④ 공동주택의 경우 관리사무소 내에 설치할 수 있다.

10 다음 중 종합점검 대상에 대한 설명으로 옳지 아니한 것을 고르시오.

① 공공기관 중 연면적(터널·지하구의 경우 그 길이와 평균 폭을 곱하여 계산된 값)이 1,500m² 이상인 것으로서 옥내소화전설비 또는 자동화재탐지설비가 설치된 것은 종합점검 대상이다.

② 물분무등소화설비가 설치된 연면적 5,000m² 이상인 특정소방대상물은 종합점검 대상이다.

③ 제연설비가 설치된 터널은 종합점검 대상이다.

④ 학교의 경우 해당 건축물의 사용승인일이 1월에서 6월 사이에 있는 경우 6월 30일까지 종합점검을 실시할 수 있다.

11 다음 중 초고층 건축물 등의 재난 및 안전관리 업무 총괄자인 총괄재난관리자에 대한 설명으로 옳지 아니한 것을 고르시오.

① 초고층 건축물 등을 건축한 경우 관리주체는 건축물의 사용승인 또는 사용검사 등을 받은 날로부터 30일 내에 총괄재난관리자를 지정해야 한다.

② 총괄재난관리자로 지정된 날부터 6개월 내에 소방청장이 실시하거나 소방청장이 지정하는 기관이 실시하는 교육을 받아야 하며, 그 후 2년마다 1회 이상 보수교육을 받아야 한다.

③ 초고층 건축물 등의 관리주체는 총괄재난관리자를 지정한 날부터 14일 이내에 소방청장에게 지정 등록 신청을 제출하여야 한다.

④ 특급소방안전관리자 선임 자격이 있는 사람은 총괄재난관리자 자격을 갖는다.

1회차

2회차

3회차

4회차

5회차

6회차

마무리 문제

Yes or No 퀴즈

헷갈리는 계산문제 공략법

12 다음 제시된 평면도 및 설명을 참고하여, 계단의 종류 중에서 그림에 표시된 부분의 계단에 대한 설명으로 옳지 아니한 것을 고르시오.

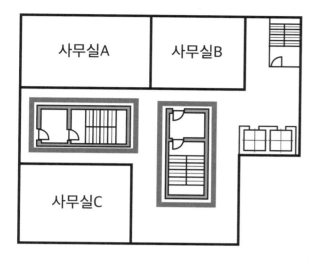

• 해당 평면도는 13층을 나타낸 것이다.
• 표시된 부분의 계단은 해당 층으로부터 피난층 또는 지상으로 통하는 직통계단이다.
• 건축물의 내부 다른 부분과 방화구획 및 계단실과 옥내 사이에 노대 또는 부속실을 설치한 직통계단으로 피난계단보다 높은 피난 안전성을 확보할 수 있다.

① 계단실에는 예비전원에 의한 조명설비를 설치한다.

② 동선은 옥내 → 복도 → 부속실 또는 노대 → 계단실 → 피난층의 구조로 형성되어 있다.

③ 건축물의 내부와 계단실은 노대를 통해 연결하거나 외부를 향해 열 수 있는 면적 2m² 이상인 창문 또는 배연설비가 있는 면적 3m² 이상인 부속실을 통해 연결되어야 한다.

④ 계단실·노대·부속실에 설치하는 건축물의 바깥쪽에 접하는 창문 등은 계단실·노대·부속실 외의 당해 건축물의 다른 부분에 설치하는 창문 등으로부터 2m 이상 거리를 두고 설치해야 한다.

[13~14] 다음 제시된 특정소방대상물의 조건을 참고하여 각 질문에 답하시오.

• 명칭 : K터널
• 길이 : 1.8Km
• 사용승인일 : 2021. 05. 17
• 소방시설 현황 : 소화기구, 옥내소화전설비, 물분무등소화설비, 제연설비, 무선통신보조설비

13 K터널의 종합점검에 대한 설명으로 옳은 것을 고르시오.

① 2024년 5월에 종합점검을 실시한다.

② 2024년 8월에 종합점검을 실시한다.

③ 2024년 11월에 종합점검을 실시한다.

④ 종합점검은 실시하지 않고 작동점검만 실시하는 대상물로 2024년 5월에 작동점검을 실시한다.

14 K터널에 선임할 수 있는 소방안전관리자의 자격으로 옳지 아니한 것을 고르시오.

① 소방설비기사 또는 소방설비산업기사 자격이 있는 사람으로서 1급소방안전관리자 자격증을 발급받은 사람

② 소방공무원 근무 경력이 20년 이상인 사람으로 특급소방안전관리자 자격증을 발급받은 사람

③ 소방공무원 근무 경력이 7년 이상인 사람으로 1급소방안전관리자 자격증을 발급받은 사람

④ 3급소방안전관리자 시험에 합격하여 3급소방안전관리자 자격증을 발급받은 사람

15 고체의 연소 형태별 예시로 적절하지 아니한 것을 고르시오.

① 자기연소 - 제5류위험물, 폭발성 물질

② 증발연소 - 양초, 황, 열가소성수지

③ 분해연소 - 글리세린, 중유

④ 표면연소 - 숯, 코크스, 목재의 말기연소

16 다음 중 임시소방시설의 종류에 포함되는 것을 모두 고르시오.

> ㉠ 누전경보기
> ㉡ 간이소화장치
> ㉢ 비상콘센트설비
> ㉣ 간이피난유도선
> ㉤ 방화포
> ㉥ 비상경보장치
> ㉦ 자동화재속보설비

① ㉠, ㉡, ㉣, ㉦

② ㉡, ㉢, ㉣, ㉤

③ ㉠, ㉢, ㉣, ㉥

④ ㉡, ㉣, ㉤, ㉥

17 위험물안전관리법에서 정하는 용어의 정의 및 위험물의 저장·취급 시 기준에 대한 설명으로 옳지 아니한 것을 고르시오.

① 지정수량은 제조소등의 설치허가 등에 있어서 저장 및 취급할 수 있는 최대 수량의 기준이 된다.

② 지정수량 미만인 위험물의 저장 또는 취급에 관한 기준은 시·도 조례로 정한다.

③ 위험물이란 인화성 또는 발화성 등의 성질을 갖는 것으로써 대통령령으로 정하는 물품을 말한다.

④ 지정수량이란 위험물의 종류별로 위험성을 고려하여 대통령령이 정하는 수량을 말한다.

18 방화구획 설치기준에 대한 설명으로 옳지 아니한 것을 고르시오.

① 층별 구획 시 매층마다 구획한다. 다만, 지하 1층에서 지상으로 직접 연결하는 경사로 부위는 제외한다.

② 스프링클러설비가 설치된 6층은 면적별 구획 시 바닥면적 3,000m² 이내마다 구획한다.

③ 자동식 소화설비를 설치하지 아니하고 실내 마감이 불연재가 아닌 11층은 면적별 구획 시 바닥면적 600m² 이내마다 구획한다.

④ 실내 마감이 불연재이고 스프링클러설비가 설치된 15층은 면적별 구획 시 바닥면적 1,500m² 이내마다 구획한다.

1회차

2회차

3회차

4회차

5회차

6회차

마무리문제

Yes or No 퀴즈

헷갈리는 계산문제 제공방법

19 연면적이 85,000m²인 특정소방대상물에서 선임해야 하는 소방안전관리보조자의 최소 선임 인원을 고르시오. (단, 해당 대상물은 아파트가 아니다.)

① 4명

② 5명

③ 6명

④ 7명

20 제시된 그림과 조건을 참고하여 해당 건축물의 높이를 산정하시오.

- 건축물의 건축면적 : 1,300m²
- 옥상부분 A의 수평투영면적 : 80m²
- 옥상부분 B의 수평투영면적 : 70m²

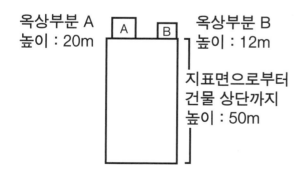

① 52m

② 58m

③ 62m

④ 70m

21 자체점검 결과 보고를 마친 관계인은 자체점검과 관련된 사항을 점검기록표에 기록하여 게시하여야 하는데, 이를 위반하여 점검기록표를 기록하지 아니하거나 특정소방대상물의 출입자가 쉽게 볼 수 있는 장소에 게시하지 아니한 관계인에게 부과되는 벌칙으로, 2차 위반 시 부과되는 과태료를 고르시오.

① 100만원

② 150만원

③ 200만원

④ 300만원

22 다음 중 화기 취급 작업 시 안전수칙 및 화재감시자의 관리감독 절차에 대한 설명이 옳지 아니한 것을 고르시오.

① 작업현장(반경 5m 이내)의 가연물을 이동 및 제거하거나 차단막 등을 설치하여 보호한다.

② 화기 작업 허가서는 작업구역 내에 게시하여 현장 내 작업자와 관리자가 화기작업에 대한 사항을 인지할 수 있도록 한다.

③ 화재감시자는 작업완료 시 해당 작업구역 내에 30분 이상 더 상주하면서 발화 및 착화 여부를 감시한다.

④ 작업 종료 통보 이후 추가적으로 3시간 이후까지 순찰 점검 등 현장 점검이 필요하다.

23 다음 중 부과되는 벌금이 가장 큰 행위를 한 사람을 고르시오.

① 소방시설 등에 대한 종합점검을 실시하지 아니한 사람
② 피난 명령을 위반한 사람
③ 정당한 사유 없이 소방용수시설을 사용하거나 소방용수시설의 효용을 해치거나 그 정당한 사용을 방해한 사람
④ 소방안전관리자를 겸한 자

24 다음 중 AED 사용 시 패드 부착 위치로 옳은 그림을 고르시오.

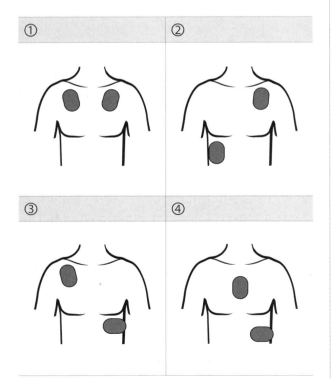

25 다음의 그림을 참고하여 지혈대 사용 방법을 순서대로 나열하시오.

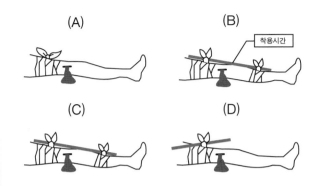

(A)   (B)

착용시간

(C)   (D)

① (A) - (B) - (C) - (D)
② (A) - (D) - (C) - (B)
③ (A) - (B) - (D) - (C)
④ (A) - (D) - (B) - (C)

26 가스계 소화설비의 점검을 위한 기동용기 솔레노이드밸브 격발시험 방법으로 옳지 아니한 설명을 고르시오.

구분	시험 방법	동작
①	수동조작함 작동	연동전환 후 수동조작함의 기동스위치 누름
②	교차회로 감지기 동작	연동전환 후, 방호구역 내 교차회로(A,B) 감지기 동작
③	제어반 수동조작 스위치 동작	솔레노이드밸브 선택스위치를 수동 및 기동 위치로 전환하여 동작
④	수동조작버튼 작동	연동전환 후 솔레노이드밸브에 부착되어 있는 수동조작 버튼을 안전클립 제거 후 누르면 지연시간 이후 격발

27 다음의 소방계획 수립절차 중 빈칸(ㄱ)~(ㄷ)에 들어가는 활동에 포함되지 아니하는 것을 고르시오.

1단계 (사전기획)	2단계 (위험환경 분석)	3단계 (설계/개발)	4단계 (시행 및 유지관리)
작성 준비 ↓ 요구 검토 ↓ 작성 계획 수립	(ㄱ) ↓ (ㄴ) ↓ (ㄷ)	목표/전략 수립 ↓ 실행계획 설계 및 개발	수립/시행 ↓ 운영/ 유지관리

① 위험환경 감시
② 위험환경 식별
③ 위험환경 분석/평가
④ 위험경감대책 수립

28 다음의 압력스위치 그림을 참고하여 펌프의 정지점과 기동점 세팅 값을 고르시오.

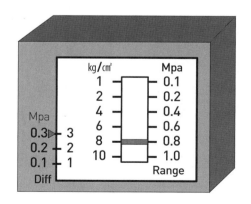

① 정지점 : 0.9MPa, 기동점 : 0.3MPa
② 정지점 : 0.9MPa, 기동점 : 0.6MPa
③ 정지점 : 0.8MPa, 기동점 : 0.3MPa
④ 정지점 : 0.8Mpa, 기동점 : 0.5MPa

29 화재 감지기를 다음과 같이 설치했을 때의 문제점과 올바른 설치 방식에 대한 옳은 설명을 고르시오.

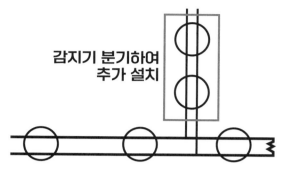

감지기 분기하여
추가 설치

① 감지기 설치 면적이 유효하게 작용하기 어려우므로, 배선은 송배선식으로 한다.
② 감지기의 종류에 따라 화재감지 방식이 다를 수 있으므로 배선은 병렬방식으로 한다.
③ 수신기에서 감지기 사이 선로의 단선 여부를 확인하기 어려우므로, 원활한 도통시험을 위해 배선은 송배선식으로 한다.
④ 정전 시 예비전원에 의한 정상작동 여부를 확인하기 위한 예비전원시험이 원활하지 않을 수 있으므로 배선은 교차회로방식으로 한다.

30 옥내소화전의 방수압력 측정 시 노즐의 선단에 피토게이지를 노즐 구경의 D/2만큼 근접시켜 측정한다. 이때 D/2 값으로 옳은 것을 고르시오.

① 19mm
② 13mm
③ 9.5mm
④ 6.5mm

31 소방대상물의 옥내소화전 방수압력 측정 시 측정되어야 하는 피토게이지의 압력 범위로 옳은 것을 고르시오.

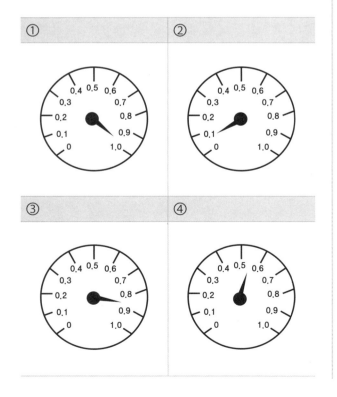

32 소방 교육 및 훈련의 실시원칙 중 다음의 지침을 따르는 원칙을 고르시오.

- 어떠한 기술을 어느 정도까지 익혀야 하는가를 명확하게 제시한다.
- 습득하여야 할 기술이 활동 전체에서 어느 위치에 있는가를 인식하도록 한다.

① 학습자 중심의 원칙
② 목적의 원칙
③ 실습의 원칙
④ 동기부여의 원칙

33 습식스프링클러설비의 점검을 위해 그림에 표시된 밸브를 개방하였을 때 확인해야 하는 사항으로 옳지 아니한 것을 고르시오.

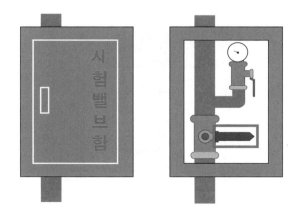

① 감시제어반의 화재표시등이 점등된다.
② 릴리프밸브가 개방된다.
③ 해당 방호구역의 경보(사이렌)가 작동한다.
④ 소화펌프가 자동 기동된다.

1회차

2회차

3회차

4회차

5회차

6회차

마무리 문제

Yes or No 퀴즈

헷갈리는 계산문제 공략법

34 면적이 400m²이고 주요구조부가 내화구조로 된 특정소방대상물에 차동식스포트형감지기 2종을 설치할 때 최소한의 설치 개수를 구하시오.(단, 감지기 부착높이는 5m이다.)

① 10개

② 11개

③ 12개

④ 15개

35 다음 중 장애유형별 피난보조 예시로 옳은 것을 모두 고르시오.

> (ㄱ) 청각장애인의 피난 보조 시 시각적인 전달을 위해 표정이나 제스처를 사용하고 조명이나 메모를 적극 활용한다.
>
> (ㄴ) 지적장애인의 경우 상황을 정확히 인지할 수 있도록 명확한 어투를 사용하여 신속하게 전달한다.
>
> (ㄷ) 지체장애인은 불가피한 경우를 제외하고 2인 이상이 1조가 되어 피난을 보조한다.
>
> (ㄹ) 노인은 지병이 있는 경우가 많으므로 구조대가 알기 쉽도록 지병을 표시하는 것이 좋다.
>
> (ㅁ) 시각장애인은 평상시와 같이 지팡이를 이용하여 피난토록 하고, 애매한 표현보다는 명확한 표현을 사용하여 보조한다.

① ㄷ, ㄹ, ㅁ

② ㄱ, ㄷ, ㄹ, ㅁ

③ ㄴ, ㄷ, ㄹ, ㅁ

④ ㄱ, ㄴ, ㄷ, ㄹ, ㅁ

36 부속실 제연설비의 점검방법으로 옳지 아니한 설명을 고르시오.

① 옥내의 감지기 작동 시 화재경보 발생 및 댐퍼가 개방되는지 확인한다.

② 송풍기가 작동하여 계단실 및 부속실에 바람이 들어오는지 확인한다.

③ 문을 닫은 부속실 내에서 차압 측정 시 40Pa 이하(스프링클러설비가 설치된 경우 12.5Pa 이하)가 되어야 한다.

④ 출입문을 개방한 후 부속실의 방연풍속을 측정했을 때 제연구역에 따라 0.5m/s 또는 0.7m/s 이상이 되어야 한다.

37 다음 제시된 수신기의 점검결과 표를 참고하여 각 경계구역별 점검 결과에 대한 설명이 옳지 아니한 것을 고르시오.(단, 수신기는 전압계가 있는 경우에 해당한다.)

점검 결과	경계구역			
	지하1층	1층	2층	3층
도통시험 전압계 지시 값	6V	4V	8V	0V
지구경종 음량계 측정 결과	95dB	85dB	100dB	90dB

① 지하1층은 도통시험 및 음향장치 점검 결과가 모두 정상이다.

② 1층의 음향장치 점검결과는 정상이나, 도통시험 결과 전압미달이므로 불량이다.

③ 2층의 음향장치 점검결과는 정상이다.

④ 3층은 도통시험 결과 단선이 의심되므로 보수 및 조치가 필요하다.

38 다음 그림과 같이 침대가 없는 숙박시설의 수용인원을 산정하시오.

객실1	객실2	객실3	객실4	객실5
		복도 면적 50cm²		
객실6	객실7	객실8	객실9	객실10

- 객실 바닥면적은 각 150m²로 모두 동일하다.
- 종사자 수는 10명이다.
- 복도의 면적은 50m²이다.

① 500명
② 505명
③ 510명
④ 520명

39 계통도가 다음과 같은 스프링클러설비의 작동순서로 옳지 아니한 내용을 고르시오.

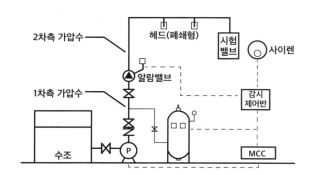

① 화재가 발생하면 헤드가 개방, 압축공기 또는 축압된 질소가스 등이 방출된다.
② 2차측 배관 압력이 저하되면 1차측 압력에 의해 유수검지장치의 클래퍼가 개방된다.
③ 압력스위치가 작동하면 사이렌 경보 작동, 화재표시등 및 밸브개방표시등이 점등된다.
④ 배관 내 압력이 저하되어 펌프가 기동된다.

40 소방시설의 점검 중 감시제어반에서 확인되는 표시등의 점등 상태 및 스위치의 위치가 다음과 같았을 때 발생되는 상황으로 가장 타당한 설명을 고르시오. (단, 문제에서 제시된 상황 외의 조건은 고려하지 않는다.)

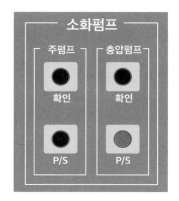

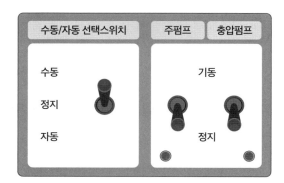

① 화재 발생 시 주펌프는 자동으로 기동된다.
② 현재 충압펌프만 수동으로 기동된 상태이다.
③ 펌프운전 선택스위치를 '자동' 위치에 두면 충압펌프 확인등에 점등되어야 한다.
④ 압력스위치의 동작으로 충압펌프가 자동 기동되었다.

1회차

2회차

3회차

4회차

5회차

6회차

마무리 문제

Yes or No 퀴즈

헷갈리는 계산 문제 총 정리법

41 다음은 P형 수신기의 동작시험 방법을 나타낸 표이다. 표를 참고하여 제시된 내용 이후의 복구 방법 및 순서를 ⓐ~ⓒ에서 찾아 순서대로 나열하시오. (단, 회로선택 스위치는 로터리방식이다.)

> (1) 오동작 방지기능이 내장된 축적형 수신기의 경우, 축적·비축적 선택 스위치를 비축적 위치에 두고 시험을 진행한다.
> (2) 동작시험 및 자동복구 시험스위치를 누른다.
> (3) 회로선택 스위치를 차례로 회전시키며 시험을 진행한다.
> (4) 표시등의 점등 여부와 음향 장치의 작동 여부 등 동작을 확인하고, 고장이 있을 시 즉시 수리한다.

> ⓐ 각 경계구역의 표시등 및 화재표시등이 소등된 것을 확인한다.
> ⓑ 회로선택 스위치를 초기 위치로 복구한다.
> ⓒ 동작시험 및 자동복구 시험스위치를 복구한다.

① ⓐ - ⓑ - ⓒ
② ⓑ - ⓐ - ⓒ
③ ⓑ - ⓒ - ⓐ
④ ⓒ - ⓐ - ⓑ

42 다음 중 비화재보의 원인별 대책이 적절하지 아니한 경우를 고르시오.

① 주방에 비적응성 감지기를 설치하여 발생한 비화재보 : 정온식 감지기로 교체한다.
② 장마철 공기 중 습도가 증가함으로 인한 감지기의 오동작으로 발생한 비화재보 : 감지기를 이격 설치한다.
③ 먼지나 분진 등 청소 불량에 의한 감지기 오동작으로 발생한 비화재보 : 내부 먼지를 제거하고 복구스위치를 누른다.
④ 담배연기로 인한 연기감지기의 오동작 및 비화재보 : 흡연구역에 환풍기 등을 설치한다.

43 자위소방대의 인력편성에 대한 설명으로 옳지 아니한 것을 고르시오.

① 초기대응체계 편성 시 1명 이상은 수신반 또는 종합방재실에 근무하며 화재상황에 대한 모니터링 또는 지휘통제가 가능해야 한다.
② 휴일 및 야간에 무인경비시스템을 통해 감시하는 경우에는 무인경비회사와 비상연락체계를 구축하여 운영할 수 있도록 한다.
③ 소방안전관리대상물의 소방안전관리자를 자위소방대장으로 지정하고, 소방안전관리보조자를 부대장으로 지정한다.
④ 각 팀별 최소편성 인원은 2명 이상으로 한다.

44 옥내소화전설비를 구성하고 있는 각 설비에 대한 설명으로 옳은 것을 고르시오.

① 순환배관은 펌프의 토출측 체크밸브 이전에서 분기시켜 20mm 이상의 배관으로 설치한다.
② 체크밸브는 수원의 위치가 펌프보다 낮은 경우, 펌프 흡입측 배관 및 펌프에 물이 없어 펌프가 공회전하는 것을 방지하기 위해 보충수를 공급하는 역할을 한다.
③ 릴리프밸브는 체절압력 이상에서 개방하여 과압을 방출하고 펌프 내 수온이 상승하는 것을 방지한다.
④ OS&Y밸브는 수원이 펌프보다 아래에 설치된 경우 흡입측 배관의 말단에 설치하여 여과기능과 체크기능을 수행한다.

45 준비작동식 스프링클러설비의 점검을 위해 준비작동식 유수검지장치를 작동시키는 방법에 해당하지 아니하는 것을 고르시오.

① 수동조작함(SVP)의 수동조작스위치를 작동시킨다.
② 밸브에 부착된 수동기동밸브를 개방한다.
③ 해당 방호구역의 감지기 2개 회로를 작동시킨다.
④ 제어반에서 도통시험 스위치 및 회로선택 스위치를 조작하여 작동시킨다.

46 다음 제시된 소방시설의 점검 내용을 참고하여, 점검표의 점검 결과(㉠~㉢)가 옳지 아니한 것을 모두 고르시오.

점검항목	측정 결과
분말 소화기	• **제조 연월** : 2012. 03. 02 • 지시압력계 상태 0　9　15
비상방송설비	조작부 위치 : 1.3m
수신기 예비전원시험	전압계 측정 결과 24V

구분	점검항목	점검결과
㉠	분말소화기 지시압력계 적정 여부	O
㉡	분말소화기 내용연수 적정 여부	X
㉢	비상방송설비 조작부 조작스위치 높이 적정 여부	O
㉣	예비전원시험 적합 여부	X

① ㉠, ㉢
② ㉠, ㉣
③ ㉡, ㉢
④ ㉡, ㉣

47 비상콘센트설비의 설치 기준에 대한 설명이 옳지 아니한 것을 고르시오.

① 각 층에서부터 하나의 비상콘센트까지의 수평거리 50m 이하마다 설치한다.
② 바닥으로부터 높이 0.8m 이상 1.5m 이하의 위치에 설치한다.
③ 아파트 또는 바닥면적 1,000m² 미만인 층은 계단의 출입구로부터 10m 이내에 설치한다.
④ 바닥면적 1,000m² 이상인 층(아파트 제외)은 각 계단의 출입구 또는 계단부속실의 출입구로부터 5m 이내에 설치한다.

48 감시제어반의 스위치 위치가 다음과 같을 때 동력제어반에서 점등이 확인되어야 하는 것을 (가)~(사)에서 모두 고르시오.

① (나), (바)
② (가), (나), (마)
③ (가), (다), (라), (사)
④ (가), (나), (마), (바)

49 다음의 그림을 참고하여 해당 설비에 대한 설명으로 옳지 아니한 것을 고르시오.

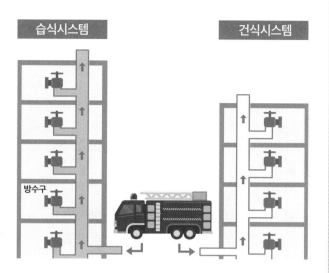

① 연소방지설비로 송수구, 방수구, 방수기구함, 배관으로 구성되어 있다.

② 건식은 연결송수관 배관 내부가 비어 있는 상태로 관리하며, 지면으로부터 높이가 31m 미만인 특정소방대상물 또는 지상 11층 미만인 특정소방대상물에만 설치한다.

③ 지면으로부터 높이가 31m 이상인 특정소방대상물에서는 습식 시스템을 설치한다.

④ 넓은 면적의 고층 또는 지하 건축물에 설치하며 화재 시 소방차로부터 가압수를 송수하고 소방관이 건축물 내에 설치된 방수구에 방수기구함에 비치된 호스를 연결하여 화재를 진압하는 데 사용하는 설비이다.

50 다음의 그림을 참고하여 해당 밸브에 대한 설명으로 옳은 것을 고르시오.

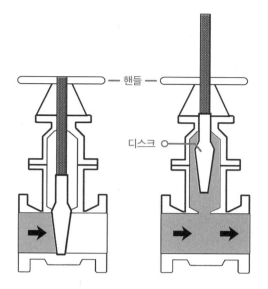

① 버터플라이밸브에 해당한다.

② 그림의 왼쪽은 밸브 개방상태, 그림의 오른쪽은 밸브 폐쇄상태이다.

③ 옥내소화전의 급수배관에 개폐밸브를 설치할 때 그림과 같은 밸브를 설치한다.

④ 마찰손실이 커서 펌프 흡입측에는 설치하지 않는다.

1회차
2회차
3회차
4회차
5회차
6회차
마무리 문제
Yes or No 퀴즈
헷갈리는 계산문제 공략법

4회차 정답 및 해설

정답									
01	②	02	④	03	②	04	②	05	③
06	①	07	③	08	④	09	②	10	①
11	③	12	③	13	①	14	④	15	③
16	④	17	①	18	③	19	②	20	②
21	③	22	①	23	③	24	③	25	②
26	④	27	①	28	④	29	③	30	④
31	④	32	②	33	②	34	③	35	②
36	③	37	②	38	③	39	①	40	③
41	③	42	②	43	③	44	①	45	④
46	②	47	③	48	④	49	①	50	③

01

소방기본법 제25조 제1항 강제처분 등에 따른 처분을 방해한 자 또는 정당한 사유 없이 그 처분에 따르지 아니한 자에게 부과되는 벌금으로 옳은 것을 고르시오.

① 5년 이하의 징역 또는 5천만원 이하의 벌금

② 3년 이하의 징역 또는 3천만원 이하의 벌금

③ 1년 이하의 징역 또는 1천만원 이하의 벌금

④ 300만원 이하의 벌금

답 ②

해 '강제처분 등'에 따른 처분을 방해하거나 또는 정당한 사유 없이 그 처분에 따르지 않은 경우 [3년 이하의 징역 또는 3천만원 이하의 벌금]이 부과될 수 있다.

강제처분 방해(따르지 않음)는 3년 3천!

02

소방안전관리보조자 선임대상물의 조건에 대한 설명으로 옳지 아니한 것을 고르시오.

① 300세대 이상인 아파트는 1명을 선임하되, 초과되는 300세대마다 1명 이상을 추가로 선임한다.

② 공동주택 중 기숙사, 의료시설, 노유자시설은 1명을 선임한다.

③ 아파트 및 연립주택을 제외하고, 연면적이 1만 5천제곱미터 이상인 특정 소방 대상은 1명을 선임하되, 초과되는 연면적 1만5천제곱미터마다 1명 이상을 추가로 선임한다.

④ 숙박시설로 사용되는 바닥면적의 합계가 2천 500제곱미터 미만이고 관계인이 24시간 상시 근무하고 있는 숙박시설은 선임 대상에서 제외된다.

답 ④

해 소방안전관리보조자를 선임해야 하는 대상은 다음과 같다.

1. 300세대 이상 아파트	• 기본 1명 • 초과되는 300세대마다 1명 이상 추가
2. (아파트X) 연면적 만오천 이상 특정소방대상물	• 기본 1명 • 초과되는 만오천m²마다 1명 이상 추가
3. 기숙사, 의료·노유자·수련·숙박시설	• 1명

☑ 숙박시설로 사용되는 바닥면적 합계가 **1,500m² 미만**이고 관계인 24시간 상주 시 제외

따라서 ①~③번까지의 설명은 옳지만, ④번에서 선임대상물 제외(면제) 조건은 2,500m² 미만이 아니라 1,500m² 미만이므로 옳지 않은 설명은 ④.

03

위험물 안전관리자의 선임 및 대리자의 지정에 대한 설명으로 옳지 아니한 것을 고르시오.

① 제조소등의 관계인은 위험물안전관리자가 해임 또는 퇴직한 때에는 30일 이내에 새로운 안전관리자를 다시 선임해야 한다.

② 제조소등의 관계인은 위험물안전관리자의 선임 시 14일 이내에 소방청장에게 신고하여야 한다.

③ 안전관리자가 여행·질병, 그 밖의 사유로 일시적으로 직무를 수행할 수 없는 경우 제조소등의 관계인은 대리자를 지정하여 직무를 대행하도록 할 수 있다.

④ 대리자가 직무를 대행하는 경우 대행 기간은 30일 이하로 한다.

답 ②

해 관계인은 위험물안전관리자의 선임 시 14일 이내에 '소방본부장 또는 소방서장'에게 선임신고를 해야 하므로, 소방청장이라고 서술한 ②의 설명이 옳지 않다.

✎ Tip

소방안전관리자의 선임과 위험물안전관리자의 선임 기준일과 신고 대상은 동일하다!

• 선임 : 30일 내

• 신고 : 14일 내(소방본·서장)

🗁 [참고] 위험물안전관리자의 대리자

• 안전관리자의 여행·질병(그 밖의 사유) 또는 기존 안전관리자의 해임·퇴직과 동시에 다른 안전관리자를 선임하지 못하는 경우 대리자 대행 가능!

• 대리자의 대행 기간 : 30일 이하!

• 대리자의 요건 : 위험물 취급 자격취득자, 안전교육을 받은 자, 위험물안전관리 업무에서 안전관리자를 지휘·감독하는 직위에 있는 자

04

업무상 과실로 제조소등 또는 허가를 받지 않고 지정수량 이상의 위험물을 저장 또는 취급하는 장소에서 위험물을 방출·유출 또는 확산시켜 사람의 생명·신체 또는 재산에 위험을 발생시킨 자에게 부과되는 벌금을 고르시오.

① 1년 이상 10년 이하의 징역

②⃝ 7년 이하의 금고 또는 7천만원 이하의 벌금

③ 3년 이하의 징역 또는 3천만원 이하의 벌금

④ 1천500만원 이하의 벌금

답 ②

해

📁 **CHECK POINT!**

위험물의 **유출·방출·확산**으로 사람의 생명·신체·재산상 위험을 발생시킨 자는 1년~10년 이하의 징역이지만, 이때 '업무상 과실'인 경우에는 7년 이하의 금고 또는 7천만원 이하의 벌금에 해당한다. 문제에서는 업무상 과실로 발생한 경우를 묻고 있으므로 답은 ②.

05

소방신호의 종류별 타종 방법이 옳은 하나를 고르시오.

구분	신호종류	타종법
①	해제신호	짧은 간격을 두고 1타씩 반복
②	경계신호	난타
③⃝	훈련신호	연3타 반복
④	발화신호	1타와 연2타 반복

답 ③

해 소방신호의 종류별 타종법은 다음과 같다.

(1) **경계신호** : 1타+연2타 반복

(2) **발화신호** : 난타 → (**가장 다급함!**)

(3) **해제신호** : 상~ ~당한 간격을 두고 1타씩 반복

(4) **훈련신호** : 연3타 반복

따라서 옳게 서술한 것은 ③.

💬 **암기TIP**은 유튜브 [챕스랜드] 소방안전관리자 1급 2024 - 4편 참고.

06

다음 제시된 건축물의 일반현황을 참고하여 해당 대상물에 대한 설명으로 옳은 것을 고르시오.

구분	건축물 일반현황
명칭	멋진우리빌딩
용도	판매시설, 근린생활시설
사용승인일	• 2014년 2월 14일
규모/구조	• **연면적** : 10,600m² • **층수** : 지상 11층 • **높이** : 48m
소방시설	• 옥내소화전, 스프링클러설비, 자동화재탐지설비, 제연설비

☑ ① 방염성능 기준 이상의 실내장식물 등을 설치해야 하는 특정소방대상물이다.

② 연면적이 15,000m² 미만이므로 2급소방안전관리대상물이다.

③ 작동점검 제외 대상에 해당한다.

④ 2024년 8월에 종합점검을 실시한다.

답 ①

해 **[옳지 않은 이유]**

② 지상층의 층수가 11층 이상인 특정소방대상물에 해당하므로 해당 대상물은 1급 소방안전관리대상물이다.

③ 작동점검 제외 대상은 (1) 소방안전관리자를 선임하지 않는 대상 (2) 특급대상물 (3) 위험물제조소등이므로, 문제의 대상물은 이 중 어느 조건에도 해당하지 않는다.

④ 멋진우리빌딩은 스프링클러설비가 설치되어 있으므로 종합점검과 작동점검을 모두 시행하는 대상물인데, 사용승인일이 2월이었으므로 매년 2월에 종합을 / 6개월 뒤인 매년 8월에 작동점검을 실시한다. 따라서 2024년 2월에는 종합 / 2024년 8월에는 작동점검을 실시.

(아파트를 제외하고) 11층 이상의 특정소방대상물은 방염성능 기준 이상의 실내장식물 등을 설치해야 하는 대상이므로 옳은 설명은 ①.

07

소방안전관리자 항하사씨는 A회사에 선임 후, 다음과 같이 B회사로 이직하였다. 이때 항하사씨의 다음 실무교육에 대한 설명으로 옳은 것을 고르시오.

- A회사 선임 : 2022. 08. 19
- A회사에서 실무교육 이수 : 2023. 01. 13
- B회사로 이직(선임) : 2023. 12. 17

① 2024년 7월 16일까지 실무교육을 이수한다.

② 2024년 12월 16일까지 실무교육을 이수한다.

☑ ③ 2025년 1월 12일까지 실무교육을 이수한다.

④ 2025년 12월 16일까지 실무교육을 이수한다.

답 ③

해 「소방안전관리 강습교육 또는 실무교육을 받은 후 1년 이내에 소방안전관리자로 선임된 사람은 해당 강습 교육을 수료하거나 실무교육을 이수한 날에 실무교육을 이수한 것으로 본다.」

즉, 항하사씨는 (A사에서) 23년 1월 13일에 실무교육을 이수하고 그로부터 1년 이내에 (B사에 이직하여) 선임되었으므로, 23년 1월 13일에 받았던 실무교육이 유효한 것으로 보고, 다음번 실무교육은 그로부터 2년 후가 되기 하루 전인 25년 1월 12일까지 실시하도록 한다.

08

건축법에서 정하는 방화구획과 관련된 것들에 대한 설명이 옳지 아니한 것을 고르시오.

① 주요구조부가 내화구조 또는 불연재료로 된 건축물로서 연면적이 1,000m²를 넘는 것은 방화구획 설치대상이다.

② 자동방화셔터는 피난이 가능한 60분 방화문 또는 60분＋방화문으로부터 3m 이내에 별도로 설치한다.

③ 30분 방화문은 연기 및 불꽃을 차단할 수 있는 시간이 30분 이상 60분 미만인 방화문을 뜻한다.

④ 자동방화셔터는 불꽃이나 연기를 감지한 경우 완전 폐쇄, 열을 감지한 경우 일부 폐쇄되는 구조로 한다.

답 ④

해 자동방화셔터는 (오동작 가능성이 있는) 연기·불꽃 감지 시 '일부' 폐쇄되는 구조여야 하고, 그에 비해 화재 가능성이 높은 열 감지 시 '완전' 폐쇄되는 구조여야 하므로 반대로 서술한 ④의 설명이 옳지 않다.

📁 [참고] 방화문의 구분	
60분＋방화문	연기·불꽃 차단 60분 이상 ＋ 차열(열 차단) 30분 이상
60분 방화문	연기·불꽃 차단 60분 이상
30분 방화문	연기·불꽃 차단 30분 이상(60분 미만)

09

종합방재실의 설치 장소와 구조 및 면적에 대한 설명으로 옳지 아니한 것은?

① 화재 및 침수로 인한 피해 우려가 적고, 소방대가 쉽게 도달할 수 있는 곳에 설치해야 한다.

② 종합방재실의 면적은 20m² 미만으로 하고, 출입문에는 통제 장치를 갖추어야 한다.

③ 재난정보 수집 및 제공, 방재 활동의 거점 역할을 할 수 있는 곳에 설치한다.

④ 공동주택의 경우 관리사무소 내에 설치할 수 있다.

답 ②

해 종합방재실의 출입문에 통제 장치를 갖추어야 하는 것은 맞지만, 종합방재실의 설치 시 면적은 20m² '이상'이어야 하므로 미만으로 서술한 ②의 설명이 옳지 않다.

참고로 종합방재실은 원칙적으로 1층 또는 피난층에 설치해야 하지만, 공동주택의 경우에는 관리사무소 내에 설치할 수 있다.

또 비상용 승강장 및 특별피난계단으로의 이동이 쉬운 곳, 거점 역할을 할 수 있는 곳, 소방대가 쉽게 도달할 수 있는 곳, 피해 우려가 적은 곳에 설치해야 한다.

10

다음 중 종합점검 대상에 대한 설명으로 옳지 아니한 것을 고르시오.

①✓ 공공기관 중 연면적(터널·지하구의 경우 그 길이와 평균 폭을 곱하여 계산된 값)이 1,500m² 이상인 것으로서 옥내소화전설비 또는 자동화재탐지설비가 설치된 것은 종합점검 대상이다.

② 물분무등소화설비가 설치된 연면적 5,000m² 이상인 특정소방대상물은 종합점검 대상이다.

③ 제연설비가 설치된 터널은 종합점검 대상이다.

④ 학교의 경우 해당 건축물의 사용승인일이 1월에서 6월 사이에 있는 경우 6월 30일까지 종합점검을 실시할 수 있다.

답 ①

해 공공기관은 연면적 1,000m² 이상인 것으로서 옥내소화전·자탐설비가 설치된 것이면 종합점검 대상이다. ①번에서는 1,500m²로 서술하고 있으므로 옳지 않은 설명이다.

✎ **Tip 종합점검 대상 핵심 키워드**
- 소방시설등 '신설' → 최초점검
- 스프링 설치
- 물분무 5천
- 다중이 2천
- 제연 터널
- 공공기관 천 + 옥내·자탐

11

다음 중 초고층 건축물 등의 재난 및 안전관리 업무 총괄자인 총괄재난관리자에 대한 설명으로 옳지 아니한 것을 고르시오.

① 초고층 건축물 등을 건축한 경우 관리주체는 건축물의 사용승인 또는 사용검사 등을 받은 날로부터 30일 내에 총괄재난관리자를 지정해야 한다.

② 총괄재난관리자로 지정된 날부터 6개월 내에 소방청장이 실시하거나 소방청장이 지정하는 기관이 실시하는 교육을 받아야 하며, 그 후 2년마다 1회 이상 보수교육을 받아야 한다.

③✓ 초고층 건축물 등의 관리주체는 총괄재난관리자를 지정한 날부터 14일 이내에 소방청장에게 지정 등록 신청을 제출하여야 한다.

④ 특급소방안전관리자 선임 자격이 있는 사람은 총괄재난관리자 자격을 갖는다.

답 ③

해 초고층 건축물 등의 관리주체는, 기준일로부터 30일 내에 총괄재난관리자를 지정하고, 지정한 날부터 14일 내에 **시·군·구** 재난안전대책본부의 **본부장**에게 지정 등록을 신청해야 한다. ③번에서는 지정 등록 신청을 소방청장에게 한다고 서술하고 있으므로 옳지 않은 설명은 ③.

📁 **[참고1] 총괄재난관리자 지정 기준일(30일 내 지정)**

(1) 초고층 건축물 건축 : 사용승인·사용검사 등을 받은 날

(2) 용도변경(수용인원 증가)으로 초고층 건축물이 됨 : 건축물대장에 용도변경 기록된 날

(3) 양수·경매·매각으로 인수 : 양수·인수한 날

(4) 전임자가 해임·퇴직 : 해임·퇴직한 날

📁 **[참고2] 총괄재난관리자에 대한 교육**
- 교육 대상 : 총괄재난관리자
- 교육 시기 : 총괄재난관리자로 지정된 날부터 6개월 내 → 이후 2년마다 1회 이상 보수교육
- 교육 실시자 : 소방청장(소방청장이 지정하는 기관)

1회차

2회차

3회차

4회차

5회차

6회차

마무리문제

Yes or No 퀴즈

헷갈리는 계산문제 공략법

12

다음 제시된 평면도 및 설명을 참고하여, 계단의 종류 중에서 그림에 표시된 부분의 계단에 대한 설명으로 옳지 아니한 것을 고르시오.

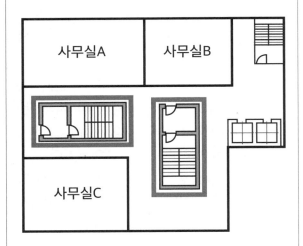

- 해당 평면도는 13층을 나타낸 것이다.
- 표시된 부분의 계단은 해당 층으로부터 피난층 또는 지상으로 통하는 직통계단이다.
- 건축물의 내부 다른 부분과 방화구획 및 계단실과 옥내 사이에 노대 또는 부속실을 설치한 직통계단으로 피난계단보다 높은 피난 안전성을 확보할 수 있다.

① 계단실에는 예비전원에 의한 조명설비를 설치한다.
② 동선은 옥내 → 복도 → 부속실 또는 노대 → 계단실 → 피난층의 구조로 형성되어 있다.
③ 건축물의 내부와 계단실은 노대를 통해 연결하거나 외부를 향해 열 수 있는 면적 2㎡ 이상인 창문 또는 배연설비가 있는 면적 3㎡ 이상인 부속실을 통해 연결되어야 한다.
④ 계단실·노대·부속실에 설치하는 건축물의 바깥쪽에 접하는 창문 등은 계단실·노대·부속실 외의 당해 건축물의 다른 부분에 설치하는 창문 등으로부터 2m 이상 거리를 두고 설치해야 한다.

답 ③

해 건축물의 11층 이상인 층(또는 지하 3층 이하인 층)으로부터 피난층 또는 지상으로 통하는 직통계단은 [특별피난계단]으로 설치해야 하고, 또한 노대 또는 부속실을 거치는 구조 역시도 [특별피난계단]에 해당하는 설명이므로 문제에서 제시된 계단은 '**특별피난계단**'에 해당한다.

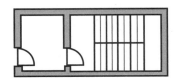

부속실 → 계단실

이러한 특별피난계단의 부속실은 외부를 향해 열 수 있는 면적 1㎡ 이상의 창문이나 또는 배연설비가 있는 것으로 면적 3㎡ 이상이어야 하므로, 외부로 열 수 있는 창문의 면적을 2㎡ 이상으로 서술한 ③번의 설명이 옳지 않다.

📁 [참고] 특별피난계단의 구조

동선	옥내 → 복도 → 부속실(노대) → 계단실 → 피난층
연결	내부와 계단실의 연결 (1) 노대를 통해 연결 **(2) 부속실을 통해 연결** : 부속실은 외부를 향해 열 수 있는 창문(1㎡ 이상) 또는 배연설비가 있는 면적 3㎡ 이상의 부속실
재료/마감	내화구조 / 불연재
조명	예비전원에 의한 조명설비
외창	건물 바깥쪽에 접하는 창문은 해당 건물의 다른 부분에 설치하는 창문 등으로부터 2m 이상 거리 두고 설치

1회차

2회차

3회차

4회차

5회차

6회차

마무리 문제

Yes or No 퀴즈

햇갈리는 계산문제 제공방법

[13~14] 다음 제시된 특정소방대상물의 조건을 참고하여 각 질문에 답하시오.

- 명칭 : K터널
- 길이 : 1.8Km
- 사용승인일 : 2021. 05. 17
- 소방시설 현황 : 소화기구, 옥내소화전설비, 물분무등소화설비, 제연설비, 무선통신보조설비

13

K터널의 종합점검에 대한 설명으로 옳은 것을 고르시오.

① 2024년 5월에 종합점검을 실시한다. ✓
② 2024년 8월에 종합점검을 실시한다.
③ 2024년 11월에 종합점검을 실시한다.
④ 종합점검은 실시하지 않고 작동점검만 실시하는 대상물로 2024년 5월에 작동점검을 실시한다.

답 ①

해 제연설비가 설치된 터널은 종합점검 실시 대상이므로, 매년 사용승인일이 속하는 달에 종합점검을 실시한다.

따라서 K터널의 종합점검에 대한 설명으로 옳은 것은, 사용승인일이 속하는 달(5월)인 2024년 5월에 종합점검을 실시한다고 설명한 ①의 설명이 옳다.

14

K터널에 선임할 수 있는 소방안전관리자의 자격으로 옳지 아니한 것을 고르시오.

① 소방설비기사 또는 소방설비산업기사 자격이 있는 사람으로서 1급소방안전관리자 자격증을 발급받은 사람
② 소방공무원 근무 경력이 20년 이상인 사람으로 특급소방안전관리자 자격증을 발급받은 사람
③ 소방공무원 근무 경력이 7년 이상인 사람으로 1급소방안전관리자 자격증을 발급받은 사람
④ 3급소방안전관리자 시험에 합격하여 3급소방안전관리자 자격증을 발급받은 사람 ✓

답 ④

해 [2급 소방안전관리 대상물]의 범위에는 '옥내소화전설비를 설치해야 하는 특정소방대상물'이라는 조건이 포함되는데, 여기서 말하는 '옥내소화전을 설치해야 하는 특정소방대상물' 중에는 길이가 1천m 이상인 터널이 포함된다.

따라서 길이가 1,800m(1.8Km)인 K터널은 최소 2급소방안전관리대상물 이상이므로 ① ~ ③까지 특급 또는 1급 소방안전관리자 자격을 갖춘 사람을 소방안전관리자로 선임할 수 있지만, 하위 등급인 3급소방안전관리자는 소방안전관리자로 선임할 수 없으므로 K터널의 선임 자격에 해당하지 않은 것은 ④.

15

고체의 연소 형태별 예시로 적절하지 아니한 것을 고르시오.

① 자기연소 - 제5류위험물, 폭발성 물질

② 증발연소 - 양초, 황, 열가소성수지

③ 분해연소 - 글리세린, 중유

④ 표면연소 - 숯, 코크스, 목재의 말기연소

답 ③

해 글리세린이나 중유는 '액체'의 분해연소 예시로, 고체의 연소 형태로 볼 수 없다. 따라서 옳지 않은 설명은 ③.

고체의 분해연소는 목재, 종이, 석탄 등의 연소 형태가 고체의 분해연소에 해당한다.

📁 [참고] 연소의 형태별 예시

고체	분해	목재, 종이, 석탄
	증발	고체파라핀(양초), 황, 열가소성수지
	표면	= 작열연소, 무염연소 : 숯, 코크스, 금속(마그네슘), 목재의 말기연소
	자기	제5류위험물(자기반응성 물질), 폭발성물질
액체	증발	대부분의 액체
	분해	글리세린, 중유
기체	확산	분출된 기체의 확산 및 혼합으로 연소범위 내에서 연소
	예혼합	가연성 기체와 공기를 (미리) 혼합하여 노즐을 통해 공급

16

다음 중 임시소방시설의 종류에 포함되는 것을 모두 고르시오.

㉠ 누전경보기

㉡ 간이소화장치

㉢ 비상콘센트설비

㉣ 간이피난유도선

㉤ 방화포

㉥ 비상경보장치

㉦ 자동화재속보설비

① ㉠, ㉡, ㉣, ㉦

② ㉡, ㉢, ㉣, ㉤

③ ㉠, ㉢, ㉣, ㉥

④ ㉡, ㉣, ㉤, ㉥

답 ④

해 임시소방시설의 종류는 다음과 같다.

① 소화기 ② 간이소화장치 ③ 비상경보장치 ④ 가스누설경보기 ⑤ 간이피난유도선 ⑥ 비상조명등 ⑦ 방화포.

따라서 여기에 포함되지 않는 ㉠ 누전경보기, ㉢ 비상콘센트설비, ㉦ 자동화재속보설비를 제외한 ㉡, ㉣, ㉤, ㉥만이 임시소방시설에 포함되므로 정답은 ④.

1회차

2회차

3회차

4회차

5회차

6회차

마무리문제

Yes or No 퀴즈

헷갈리는 개념
제대로 구분법

17

> 위험물안전관리법에서 정하는 용어의 정의 및 위험물의 저장·취급 시 기준에 대한 설명으로 옳지 아니한 것을 고르시오.
>
> ☑ 지정수량은 제조소등의 설치허가 등에 있어서 저장 및 취급할 수 있는 최대 수량의 기준이 된다.
>
> ② 지정수량 미만인 위험물의 저장 또는 취급에 관한 기준은 시·도 조례로 정한다.
>
> ③ 위험물이란 인화성 또는 발화성 등의 성질을 갖는 것으로써 대통령령으로 정하는 물품을 말한다.
>
> ④ 지정수량이란 위험물의 종류별로 위험성을 고려하여 대통령령이 정하는 수량을 말한다.

답 ①

해 지정수량은 제조소등의 설치 허가 등에 있어서 '최저의 기준'이 되는 수량을 의미하므로, 저장 및 취급할 수 있는 최대 수량이라고 서술한 ①의 설명이 옳지 않다.

🖋 Tip! 위험물과 지정수량 핵심키워드

위험물	• 인화성 또는 발화성 • 대통령령
지정수량	• 종류별 위험성을 고려하여 대통령령으로 정하는 수량 • 제조소등의 설치·허가 시 최저 기준이 되는 수량

• 지정수량 이상 : 제조소등에서 저장·취급

• 지정수량 미만 : 시·도조례 따름

18

> 방화구획 설치기준에 대한 설명으로 옳지 아니한 것을 고르시오.
>
> ① 층별 구획 시 매층마다 구획한다. 다만, 지하 1층에서 지상으로 직접 연결하는 경사로 부위는 제외한다.
>
> ② 스프링클러설비가 설치된 6층은 면적별 구획 시 바닥면적 3,000m² 이내마다 구획한다.
>
> ☑ 자동식 소화설비를 설치하지 아니하고 실내 마감이 불연재가 아닌 11층은 면적별 구획 시 바닥면적 600m² 이내마다 구획한다.
>
> ④ 실내 마감이 불연재이고 스프링클러설비가 설치된 15층은 면적별 구획 시 바닥면적 1,500m² 이내마다 구획한다.

답 ③

해 방화구획 설치기준은 다음과 같다.

구획	기준	스프링클러(자동식 소화) 설치 시 X 3배
층별	• 매 층마다 • 지하1층에서 지상으로 직접 연결하는 경사로 제외	
면적별	• **10층 이하 :** 바닥면적 1,000m² 이내 • **11층 이상 :** 바닥면적 200m² 이내 (실내마감 **불연재 :** 바닥면적 500m² 이내)	• **10층 이하 :** 바닥면적 3,000m² 이내 • **11층 이상 :** 바닥면적 600m² 이내 (실내마감 **불연재 :** 바닥면적 1,500m² 이내)

③번의 11층은 '**11층 이상**'에 해당하므로, ③번 지문과 같이 실내마감이 불연재가 아닌 경우에는 **바닥면적 200m² 이내** 기준이 적용된다. (11층 이상, 실내마감이 불연재인 경우는 500m² 이내)그리고 이때 자동식 소화설비(스프링클러설비)도 설치하지 않는다고 했으므로 적용되는 기준은 그대로 바닥면적 200m² 이내마다 구획이 적용된다. 따라서 600m²라고 서술한 ③번의 설명이 옳지 않다. (참고로 600m² 이내 기준이 적용되는 것은 11층 이상(불연재X) + 스프링클러(자동식 소화) 설치했을 때 600m² 기준이 적용된다.)

19

연면적이 85,000m²인 특정소방대상물에서 선임해야 하는 소방안전관리보조자의 최소 선임 인원을 고르시오. (단, 해당 대상물은 아파트가 아니다.)

① 4명
② 5명 ✓
③ 6명
④ 7명

답 ②

해 (아파트 제외) 연면적이 15,000m² 이상인 특정소방대상물은 소방안전관리보조자를 선임해야 하는데, 이때 소방안전관리보조자의 최소 선임 명수는 [대상물의 연면적 ÷ 15,000]으로 계산한다.

따라서 85,000 ÷ 15,000 = 5.6으로 (소수점 이하는 버린 정수로 함) 최소 5명 이상을 선임하는 것으로 계산할 수 있다. 따라서 정답은 ②.

✏ Tip
보조자 선임 계산 시, **소수점 이하는 버림!**

20

제시된 그림과 조건을 참고하여 해당 건축물의 높이를 산정하시오.

• 건축물의 건축면적 : 1,300m²
• 옥상부분 A의 수평투영면적 : 80m²
• 옥상부분 B의 수평투영면적 : 70m²

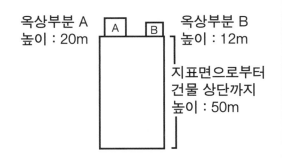

옥상부분 A
높이 : 20m

A B

옥상부분 B
높이 : 12m

지표면으로부터 건물 상단까지 높이 : 50m

① 52m
② 58m ✓
③ 62m
④ 70m

해 ②

해 (1) 옥상부분 수평투영면적의 합계가 건축물의 건축면적의 8분의 1을 넘으면(초과) 옥상부분의 높이 전부를 산입하지만,

(2) 옥상부분 수평투영면적의 합계가 건축물의 건축면적의 8분의 1 이하인 경우에는 옥상부분의 높이가 12m를 넘는 부분만 건축물의 높이에 산입한다.

문제의 경우, 옥상부분 A와 B의 수평투영면적의 합계는 150m²로, 건축물의 건축면적인 1,300m²의 8분의 1(162.5) '이하'에 해당한다.

따라서 옥상부분 중에서 높이가 12m를 넘는 부분만 산입하므로, 지표면으로부터 건물 상단까지의 높이인 50m에 + (옥상부분 중 12m를 넘는) 8m를 산입하여 건축물의 높이는 총 58m로 산정할 수 있다. 따라서 정답은 ②.

1회차

2회차

3회차

4회차

5회차

6회차

마무리 문제

Yes or No 퀴즈

햇갈리는 개년은 제 공략법

21

자체점검 결과 보고를 마친 관계인은 자체점검과 관련된 사항을 점검기록표에 기록하여 게시하여야 하는데, 이를 위반하여 점검기록표를 기록하지 아니하거나 특정소방대상물의 출입자가 쉽게 볼 수 있는 장소에 게시하지 아니한 관계인에게 부과되는 벌칙으로, 2차 위반 시 부과되는 과태료를 고르시오.

① 100만원

② 150만원

③ 200만원

④ 300만원

답 ③

해 점검기록표를 기록하지 아니하거나 특정소방대상물의 출입자가 쉽게 볼 수 있는 장소에 게시하지 아니한 관계인은 300만원 이하의 과태료 조항이 부과되는데, 이때 1차 위반 시 100만원, 2차 위반 시 200만원, 3차 위반 시 300만원의 과태료가 차등 부과된다.

문제에서는 2차 위반 시 과태료를 묻고 있으므로 정답은 ② 200만원.

✎ **Tip 과태료가 차등부과되는 비슷한 조항**

• 점검기록표를 기록하지 아니하거나 특정소방대상물의 출입자가 쉽게 볼 수 있는 장소에 게시하지 아니한 관계인

• 피난시설, 방화구획 또는 방화시설을 폐쇄·훼손·변경 등의 행위를 한 자

• 건설현장 소방안전관리대상물의 소방안전관리자의 업무를 하지 아니한 경우

• 소방안전관리업무를 하지 아니한 특정소방대상물의 관계인 또는 소방안전관리대상물의 소방안전관리자

• 피난유도 안내정보를 제공하지 아니한 자

• 소방훈련 및 교육을 하지 아니한 자

공통	1차	2차	3차
	100만원	200만원	300만원

22

다음 중 화기 취급 작업 시 안전수칙 및 화재감시자의 관리감독 절차에 대한 설명이 옳지 아니한 것을 고르시오.

① 작업현장(반경 5m 이내)의 가연물을 이동 및 제거하거나 차단막 등을 설치하여 보호한다.

② 화기 작업 허가서는 작업구역 내에 게시하여 현장 내 작업자와 관리자가 화기작업에 대한 사항을 인지할 수 있도록 한다.

③ 화재감시자는 작업완료 시 해당 작업구역 내에 30분 이상 더 상주하면서 발화 및 착화 여부를 감시한다.

④ 작업 종료 통보 이후 추가적으로 3시간 이후까지 순찰 점검 등 현장 점검이 필요하다.

답 ①

해 화기취급작업 시 '11m 법칙'을 적용하여, 작업 현장 반경 11m 이내의 가연물을 이동·제거하거나 차단막 등을 설치하여 보호해야 한다. (참고로 용접·용단 작업 장소에 화재감시자를 배치할 때도배치할 때에도 11m 법칙이 적용된다)따라서 반경 5m 이내라고 서술한 ①번의 설명이 옳지 않다.

📁 [참고] 화재감시자의 배치

(1) 작업반경 **11m 이내**에 건물구조 자체나 내부에 가연성 물질이 있는 장소

(2) 작업반경 11m 이내의 바닥 하부에 가연성물질이 11m 이상 떨어져 있지만 불꽃에 의해 쉽게 발화될 우려가 있는 장소

(3) 가연성물질이 금속으로 된 벽·칸막이 등에 인접해 있어 열전도나 열복사에 의해 발화될 우려가 있는 장소

23

다음 중 부과되는 벌금이 가장 큰 행위를 한 사람을 고르시오.

① 소방시설 등에 대한 종합점검을 실시하지 아니한 사람

② 피난 명령을 위반한 사람

③ 정당한 사유 없이 소방용수시설을 사용하거나 소방용수시설의 효용을 해치거나 그 정당한 사용을 방해한 사람

④ 소방안전관리자를 겸한 자

탭 ③

해 ① - (소방시설등에 대한 점검 미실시) 1년 이하의 징역 또는 1천만원 이하의 벌금, ② - 100만원 이하의 벌금, ③ - 5년 이하의 징역 또는 5천만원 이하의 벌금, ④ - 300만원 이하의 과태료.

따라서 과태료에 해당하는 ④번은 제외하고, 벌금형 중에서 부과되는 벌금이 가장 큰 행위를 한 사람은 ③번.

24

다음 중 AED 사용 시 패드 부착 위치로 옳은 그림을 고르시오.

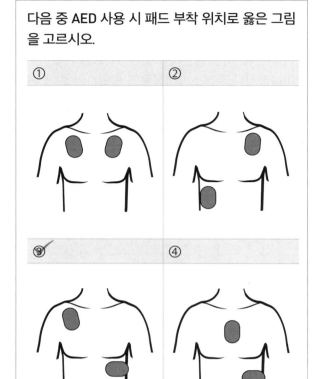

탭 ③

해 AED(자동심장충격기) 사용 시 패드의 부착 위치는 다음과 같다.

- **패드1** : 오른쪽 빗장뼈 아래
- **패드2** : 왼쪽 젖꼭지 아래의 중간겨드랑선

따라서 이를 그림으로 나타낸 것은 ③번.

25

다음의 그림을 참고하여 지혈대 사용 방법을 순서대로 나열하시오.

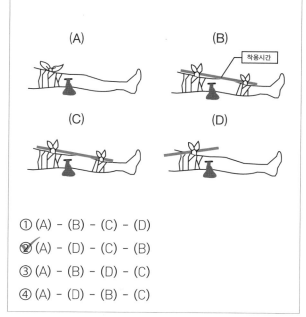

(A)　　　　　　　(B)
(C)　　　　　　　(D)

① (A) - (B) - (C) - (D)
② (A) - (D) - (C) - (B)
③ (A) - (B) - (D) - (C)
④ (A) - (D) - (B) - (C)

답 ②

해 지혈대는 절단과 같이 심한 출혈에 사용하는 최후의 수단으로, 관절 부위를 피해 5cm 이상의 넓은 띠를 사용하여 장착한다. 사용법의 순서는 다음과 같다.
(1) 출혈 부위에서 5~7cm 상단을 묶음
(2) 출혈이 멈추는 지점에서 조임을 멈춤
(3) 지혈대가 풀리지 않도록 정리(고정)
(4) 지혈대 착용 시간 기록(괴사의 위험이 있어서 장시간 착용 금지)

따라서 이에 대한 그림을 순서대로 나타낸 것은 ②.

26

가스계 소화설비의 점검을 위한 기동용기 솔레노이드밸브 격발시험 방법으로 옳지 아니한 설명을 고르시오.

구분	시험 방법	동작
①	수동조작함 작동	연동전환 후 수동조작함의 기동스위치 누름
②	교차회로 감지기 동작	연동전환 후, 방호구역 내 교차회로(A,B) 감지기 동작
③	제어반 수동조작 스위치 동작	솔레노이드밸브 선택스위치를 수동 및 기동 위치로 전환하여 동작
④	수동조작버튼 작동	연동전환 후 솔레노이드밸브에 부착되어 있는 수동조작 버튼을 안전클립 제거 후 누르면 지연시간 이후 격발

답 ④

해 수동조작버튼을 눌러서 격발시키는 방법은 즉시 격발되어야 하므로 지연시간 이후에 격발된다는 설명이 옳지 않다.

27

다음의 소방계획 수립절차 중 빈칸(ㄱ)~(ㄷ)에 들어가는 활동에 포함되지 아니하는 것을 고르시오.

1단계 (사전기획)	2단계 (위험환경 분석)	3단계 (설계/개발)	4단계 (시행 및 유지관리)
작성 준비 ↓ 요구 검토 ↓ 작성 계획 수립	(ㄱ) ↓ (ㄴ) ↓ (ㄷ)	목표/전략 수립 ↓ 실행계획 설계 및 개발	수립/시행 ↓ 운영/ 유지관리

① 위험환경 감시 ✓

② 위험환경 식별

③ 위험환경 분석/평가

④ 위험경감대책 수립

답 ①

해 **소방 계획의 수립 절차 중 2단계** : [위험환경 분석] 단계에서는, 대상물 내 위험 요인 등 위험환경을 식별한 후, 그에 대한 분석/평가를 통해 위험 요소를 경감시킬 수 있는 대책을 수립하는 과정을 거친다.

따라서 순서대로 (ㄱ)에는 위험환경 식별, (ㄴ)에는 위험환경 분석/평가, (ㄷ)에는 위험경감대책 수립이 포함되는데, 이에 위험환경 감시는 포함되지 않으므로, 2단계에서 해당 사항이 없는 것은 ①.

28

다음의 압력스위치 그림을 참고하여 펌프의 정지점과 기동점 세팅 값을 고르시오.

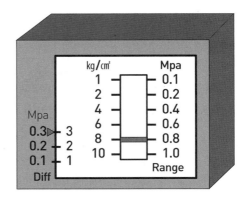

① 정지점 : 0.9MPa, 기동점 : 0.3MPa

② 정지점 : 0.9MPa, 기동점 : 0.6MPa

③ 정지점 : 0.8MPa, 기동점 : 0.3MPa

④ 정지점 : 0.8Mpa, 기동점 : 0.5MPa ✓

답 ④

해 그림 상 오른쪽(Range)은 정지점을 나타내므로 정지점은 0.8MPa, 왼쪽은 Diff로 0.3MPa을 가리키고 있다.

이때 Diff는 (정지점 - 기동점)을 한 값이므로, 0.3(Diff)은 (0.8 - 기동점)을 통해 나온 값임을 알수 있다.

그럼 기동점이 0.5일 때, 정지점(0.8) - 기동점(0.5) = Diff(0.3) 계산이 성립되므로, 기동점은 0.5Mpa.

따라서 정지점(Range)은 0.8MPa, 기동점은 0.5MPa로 정답은 ④.

29

화재 감지기를 다음과 같이 설치했을 때의 문제점과 올바른 설치 방식에 대한 옳은 설명을 고르시오.

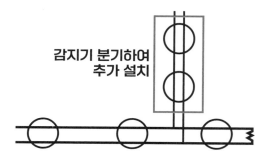

감지기 분기하여
추가 설치

① 감지기 설치 면적이 유효하게 작용하기 어려우므로, 배선은 송배선식으로 한다.

② 감지기의 종류에 따라 화재감지 방식이 다를 수 있으므로 배선은 병렬방식으로 한다.

✓③ 수신기에서 감지기 사이 선로의 단선 여부를 확인하기 어려우므로, 원활한 도통시험을 위해 배선은 송배선식으로 한다.

④ 정전 시 예비전원에 의한 정상작동 여부를 확인하기 위한 예비전원시험이 원활하지 않을 수 있으므로 배선은 교차회로방식으로 한다.

답 ③

해 감지기의 배선은 '송배선식(송배전식)'으로 해야한다.

이는, 감지기 사이 회로의 단선 유무 및 기기 접속 상황 등을 확인하기 위한 '도통시험'을 원활히 하기 위해서인데, 송배선식이 아닌, 도중에 분기하는 병렬방식으로 설치하게 되면 수신기에서 그 단선 여부를 확인하기 어렵기 때문에 원활한 도통시험을 위해서는 감지기 설치 시 하나의 회로에 감지기를 모두 연결하는 송배선식으로 해야 한다.

따라서 그림과 같이 설치했을 때의 문제점과 올바른 설치 방식에 대해 옳게 설명한 것은 ③번.

30

옥내소화전의 방수압력 측정 시 노즐의 선단에 피토게이지를 노즐 구경의 D/2만큼 근접시켜 측정한다. 이때 D/2 값으로 옳은 것을 고르시오.

① 19mm

② 13mm

③ 9.5mm

✓④ 6.5mm

답 ④

해 관경 또는 노즐의 구경은 옥내소화전은 13mm, 옥외소화전은 19mm이다.

방수압력 측정 시 피토게이지(방수압력측정계)의 거리를 D의 절반만큼(D/2) 근접시켜 측정하는데, 문제에서는 옥내소화전의 경우를 묻고 있으므로 옥내소화전의 노즐 구경(D)인 13mm의 절반(D/2) 값은 6.5mm가 된다.

1회차
2회차
3회차
4회차
5회차
6회차
마무리 문제
Yes or No 퀴즈
헷갈리는 계산문제 총정리법

31

소방대상물의 옥내소화전 방수압력 측정 시 측정되어야 하는 피토게이지의 압력 범위로 옳은 것을 고르시오.

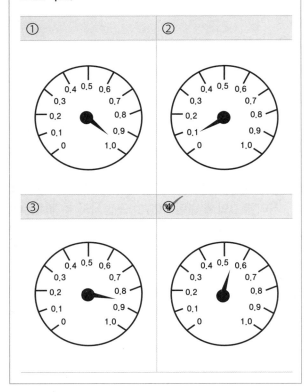

답 ④

해 옥내소화전의 방수압력 측정 시 피토게이지(방수압력측정계)의 적정 방수압력 범위는 0.17MPa 이상 0.7MPa 이하여야 하므로 이 범위 내에 있는 값을 나타낸 그림은 ④.

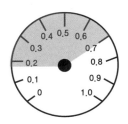

[옳지 않은 이유]
①번 : 0.9~1.0MPa로 초과
②번 : 0.1MPa 미만(미달)
③번 : 0.8~0.9MPa로 초과하므로 옳지 않다.

32

소방 교육 및 훈련의 실시원칙 중 다음의 지침을 따르는 원칙을 고르시오.

- 어떠한 기술을 어느 정도까지 익혀야 하는가를 명확하게 제시한다.
- 습득하여야 할 기술이 활동 전체에서 어느 위치에 있는가를 인식하도록 한다.

① 학습자 중심의 원칙
② 목적의 원칙
③ 실습의 원칙
④ 동기부여의 원칙

답 ②

해 어떤 기술을 어느 정도까지 익혀야 하는지, 그리고 습득하려는 기술이 전체에서 어느 위치에 있는지를 인식하도록 하는 것은 '목적의 원칙'에 해당한다.
소방 교육 및 훈련의 실시원칙 중 '목적'의 원칙에서 핵심 키워드는 '기술'!

📂 [비교] 실습의 원칙은?

실습을 통해 지식을 습득하고, 목적을 생각하고 적절한 방법으로 정확하게 하도록 하는 것이 실습의 원칙에 해당한다. (오히려 '목적'이라는 키워드가 등장하는 것은 '실습'의 원칙)
→ '실습'은 목적, '목적'은 기술!

33

습식스프링클러설비의 점검을 위해 그림에 표시된 밸브를 개방하였을 때 확인해야 하는 사항으로 옳지 아니한 것을 고르시오.

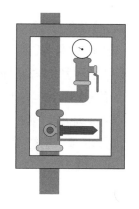

① 감시제어반의 화재표시등이 점등된다.
② 릴리프밸브가 개방된다.
③ 해당 방호구역의 경보(사이렌)가 작동한다.
④ 소화펌프가 자동 기동된다.

답 ②

해 습식스프링클러설비의 점검을 위하여 시험밸브(표시된 부분)를 개방하면, 가압수가 배출되어 압력이 저하되면서 마치 실제 화재에서 스프링클러설비가 작동한 것과 같이 압력스위치의 동작으로 수신기(감시제어반)에서는 화재표시등이 점등되고, 밸브개방표시등에도 점등, 해당 방호 구역 내에 사이렌(경보)이 작동한다. 또한 감압에 의해 펌프가 자동기동 되는 것을 확인할 수 있다.

[옳지 않은 이유]
릴리프밸브는 (토출량이 없는 상태에서) 펌프의 체절운전 시, 체절압력 미만에서 개방되어 과압을 방출하는 역할을 한다. 그런데 제시된 문제는 습식스프링클러설비의 일반적인 점검 상황으로, 체절운전 상황 또는 과압이 발생하는 상황이 아니므로 릴리프밸브의 개방 및 작동과는 무관하다. 따라서 습식스프링클러설비의 점검을 위한 시험밸브 개방 시 확인하는 사항에 릴리프밸브의 개방은 해당 사항이 없다.

1회차
2회차
3회차
4회차
5회차
6회차
마무리 문제
Yes or No 퀴즈
헷갈리는 계산문제 제공팁

📁 [참고] 습식스프링클러설비 점검 확인사항
• 화재표시등, 밸브개방표시등 점등
• 경보(사이렌) 작동
• 펌프 자동기동

34

면적이 400m²이고 주요구조부가 내화구조로 된 특정소방대상물에 차동식스포트형감지기 2종을 설치할 때 최소한의 설치 개수를 구하시오.(단, 감지기 부착높이는 5m이다.)

① 10개
② 11개
③ 12개
④ 15개

답 ③

해 감지기의 종류 및 부착높이에 따른 설치 유효면적은 다음과 같다. (표는 주요구조부가 내화구조인 경우만 명시함.)

구분	차동		보상		정온		
	1	2	1	2	특	1	2
4m 미만	90	70	90	70	70	60	20
4m 이상 8m 미만	45	35	45	35	35	30	–

문제에서는 부착높이가 5m일 때 차동식 2종을 기준으로 하고 있으므로, 400 ÷ 35 = 11.4로 계산할 수 있고 이때 11개만으로는 채워지지 않는 소수점 값이 남으므로 절상하여, 감지기의 최소 설치 개수는 12개로 계산한다.

35

다음 중 장애유형별 피난보조 예시로 옳은 것을 모두 고르시오.

(ㄱ) 청각장애인의 피난 보조 시 시각적인 전달을 위해 표정이나 제스처를 사용하고 조명이나 메모를 적극 활용한다.

(ㄴ) 지적장애인의 경우 상황을 정확히 인지할 수 있도록 명확한 어투를 사용하여 신속하게 전달한다.

(ㄷ) 지체장애인은 불가피한 경우를 제외하고 2인 이상이 1조가 되어 피난을 보조한다.

(ㄹ) 노인은 지병이 있는 경우가 많으므로 구조대가 알기 쉽도록 지병을 표시하는 것이 좋다.

(ㅁ) 시각장애인은 평상시와 같이 지팡이를 이용하여 피난토록 하고, 애매한 표현보다는 명확한 표현을 사용하여 보조한다.

① ㄷ, ㄹ, ㅁ
② ㄱ, ㄷ, ㄹ, ㅁ
③ ㄴ, ㄷ, ㄹ, ㅁ
④ ㄱ, ㄴ, ㄷ, ㄹ, ㅁ

답 ②

해 **[옳지 않은 이유]**

지적장애인의 경우 공황상태에 빠질 수 있기 때문에 차분하고 느린 어조로, 인격을 고려한 차분한 말투를 사용하여 도움을 주러 왔음을 밝히는 것이 바람직하다.

따라서 지적장애인의 피난보조 시 명확한 어투로 신속하게 전달한다는 (ㄴ)의 설명은 옳지 않다.

(ㄴ)을 제외한 (ㄱ),(ㄷ),(ㄹ),(ㅁ)는 모두 각 장애유형별 피난보조 예시로 옳은 설명에 해당한다.

36

부속실 제연설비의 점검방법으로 옳지 아니한 설명을 고르시오.

① 옥내의 감지기 작동 시 화재경보 발생 및 댐퍼가 개방되는지 확인한다.

② 송풍기가 작동하여 계단실 및 부속실에 바람이 들어오는지 확인한다.

③ 문을 닫은 부속실 내에서 차압 측정 시 40Pa 이하(스프링클러설비가 설치된 경우 12.5Pa 이하)가 되어야 한다.

④ 출입문을 개방한 후 부속실의 방연풍속을 측정했을 때 제연구역에 따라 0.5m/s 또는 0.7m/s 이상이 되어야 한다.

답 ③

해 부속실 제연설비의 점검 시, 계단실·부속실 등 차압 장소의 문을 닫고 그 내부에서 차압을 측정하는데, 이때 적정 차압은 40Pa(파스칼) '이상'[스프링클러설비 설치 시 12.5Pa '이상'] 측정되어야 한다. (적어도 이 정도 '이상'의 차압이 형성되어야 부속실로 연기가 유입되는 것을 막고 밀어낼 수 있기 때문!)

따라서 차압 측정 시 40Pa(스프링클러 설치 시 12.5Pa) '이하'로 서술한 ③번의 설명이 옳지 않다.

✎ **Tip** 제연설비 핵심 키워드

(최소)차압	40Pa 이상(스프링 설치 : 12.5Pa 이상)
방연풍속	0.5m/s 또는 0.7m/s 이상
출입문 개방력	110N 이하 (이보다 높으면 대피를 위해 문을 열 때 너무 많은 힘이 필요하기 때문)

37

다음 제시된 수신기의 점검결과 표를 참고하여 각 경계구역별 점검 결과에 대한 설명이 옳지 아니한 것을 고르시오.(단, 수신기는 전압계가 있는 경우에 해당한다.)

점검 결과	경계구역			
	지하1층	1층	2층	3층
도통시험 전압계 지시 값	6V	4V	8V	0V
지구경종 음량계 측정 결과	95dB	85dB	100dB	90dB

① 지하1층은 도통시험 및 음향장치 점검 결과가 모두 정상이다.

② 1층의 음향장치 점검결과는 정상이나, 도통시험 결과 전압미달이므로 불량이다.

③ 2층의 음향장치 점검결과는 정상이다.

④ 3층은 도통시험 결과 단선이 의심되므로 보수 및 조치가 필요하다.

답 ②

해 (1) (전압계가 있는 경우) 수신기의 도통시험 시, 전압계의 지시 값이 4~8V 내에 있으면 정상으로 판단한다. (전압계가 없는 경우는 녹색불에 점등되면 정상 판정)

(2) 음향장치(주경종 및 지구경종)의 점검 시, 1m 떨어진 곳에서 음량계 측정 결과 90dB 이상이면 정상이다.

따라서 지하 1층부터 2층까지는 도통시험 결과 전압계 지시 값이 4~8V 내에 있으므로 정상이나, 3층의 경우 0V이므로 단선된 것으로 보아 보수 및 조치가 필요하다.

또한 1층의 경우 지구경종(음향장치) 측정 결과가 90dB 미만인 85dB이므로 1층의 음향장치 점검결과는 불량에 해당한다.

그래서 이에 대한 설명이 옳지 않은 것은 ②번.

38

다음 그림과 같이 침대가 없는 숙박시설의 수용인원을 산정하시오.

객실1	객실2	객실3	객실4	객실5
복도 면적 50cm²				
객실6	객실7	객실8	객실9	객실10

- 객실 바닥면적은 각 150m²로 모두 동일하다.
- 종사자 수는 10명이다.
- 복도의 면적은 50m²이다.

① 500명
② 505명
③ 510명
④ 520명

답 ③

해 (1) 침대가 없는 숙박시설의 경우 수용인원은 다음과 같이 계산한다. (단, 이때 복도·계단·화장실의 바닥면적은 포함하지 않으며, 나누어 떨어지지 않는 1 미만의 소수는 반올림 처리한다.)

종사자 수 + (숙박시설 바닥면적 합계 ÷ 3m²)

(2) 그럼 복도 면적은 합산에서 제외하고, 객실 하나당 면적이 150m²로 모두 동일하므로 10개의 객실 바닥면적을 모두 합산한 바닥면적의 합계는 1,500m²를 기준으로 한다.

(3) 종사자 수 + (1,500m² ÷ 3m²) = 10+500 = 510명.

39

계통도가 다음과 같은 스프링클러설비의 작동순서로 옳지 아니한 내용을 고르시오.

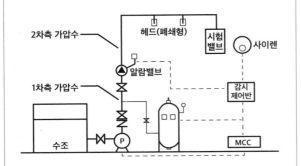

① 화재가 발생하면 헤드가 개방, 압축공기 또는 축압된 질소가스 등이 방출된다.
② 2차측 배관 압력이 저하되면 1차측 압력에 의해 유수검지장치의 클래퍼가 개방된다.
③ 압력스위치가 작동하면 사이렌 경보 작동, 화재표시등 및 밸브개방표시등이 점등된다.
④ 배관 내 압력이 저하되어 펌프가 기동된다.

답 ①

해 계통도에서 1차측과 2차측 배관 내부가 모두 <u>가압수</u>로 채워져 있는 상태로 보아, 해당 스프링클러설비는 '습식'인 것을 알 수 있다. (유수검지장치도 습식의 <u>알람밸브</u>)
습식의 경우, 2차측 배관 내부도 가압수로 채워져 있기 때문에 화재가 발생하면 열에 의해 헤드가 개방되어 방수가 이루어진다.
보기 ①번의 설명처럼 헤드 개방으로 압축공기 또는 질소가스가 방출되는 것은 2차측 배관 내부가 압축공기 또는 축압된 질소가스로 채워져 있는 '건식'의 작동 순서에 해당하므로 습식스프링클러설비에 대한 작동 순서로 옳지 않은 설명은 ①번.
(그 외 습식의 작동 순서는 ②번부터 ④번까지의 설명과 동일하다.)

40

소방시설의 점검 중 감시제어반에서 확인되는 표시등의 점등 상태 및 스위치의 위치가 다음과 같았을 때 발생되는 상황으로 가장 타당한 설명을 고르시오. (단, 문제에서 제시된 상황 외의 조건은 고려하지 않는다.)

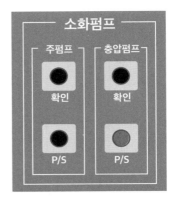

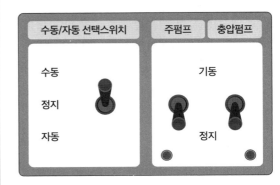

① 화재 발생 시 주펌프는 자동으로 기동된다.
② 현재 충압펌프만 수동으로 기동된 상태이다.
③ 펌프운전 선택스위치를 '자동' 위치에 두면 충압펌프 확인등에 점등되어야 한다.
④ 압력스위치의 동작으로 충압펌프가 자동 기동되었다.

답 ③

해 충압펌프 P/S(Pressure Switch압력스위치)에 점등된 것은, 배관 내 압력이 저하되어 압력스위치가 동작했음을 나타낸다. 원칙적으로는 이렇게 압력스위치가 동작하면 그에 따라 충압펌프가 자동으로 기동 되어 충압펌프의 (기동) 확인 표시등에도 점등되어야 하지만, 확인등에는 점등되지 않은 것으로 보아, 압력스위치의 동작에도 충압펌프가 기동하지 않았음을 알 수 있다.

1회차

2회차

3회차

4회차

5회차

6회차

마무리 문제

Yes or No 퀴즈

헷갈리는 계산 문제 공략법

아래쪽 그림에서 그 원인을 찾을 수 있는데, 펌프 자동/수동 운전선택스위치가 '수동' 위치에 있으면서 주펌프와 충압펌프가 '정지' 위치에 놓여 있기 때문에 현재 펌프는 '수동'으로 '정지'해 놓은 것과 같고 이로 인해 압력스위치가 동작했음에도 펌프가 자동으로 기동 되지 않았음을 알 수 있다.

따라서 펌프운전 선택스위치를 '자동(연동)' 위치에 두면 압력스위치의 동작에 따라 충압펌프는 자동으로 기동될 것이므로 옳은 설명은 ③.

[옳지 않은 이유]

① 펌프운전 선택스위치가 '수동' - '정지'인 상태이므로, 화재가 발생하더라도 주펌프 및 충압펌프는 자동으로 기동 되지 않을 것이다.

② 아래쪽 그림에서 충압펌프는 '수동' - '정지' 상태임을 알 수 있다.

④ 압력스위치는 동작했지만, 펌프가 '수동' - '정지' 상태이므로 충압펌프는 자동으로 기동될 수 없는 상태이다.

41

다음은 P형 수신기의 동작시험 방법을 나타낸 표이다. 표를 참고하여 제시된 내용 이후의 복구 방법 및 순서를 ⓐ~ⓒ에서 찾아 순서대로 나열하시오. (단, 회로선택 스위치는 로터리방식이다.)

(1) 오동작 방지기능이 내장된 축적형 수신기의 경우, 축적·비축적 선택 스위치를 비축적 위치에 두고 시험을 진행한다.

(2) 동작시험 및 자동복구 시험스위치를 누른다.

(3) 회로선택 스위치를 차례로 회전시키며 시험을 진행한다.

(4) 표시등의 점등 여부와 음향 장치의 작동 여부 등 동작을 확인하고, 고장이 있을 시 즉시 수리한다.

ⓐ 각 경계구역의 표시등 및 화재표시등이 소등된 것을 확인한다.

ⓑ 회로선택 스위치를 초기 위치로 복구한다.

ⓒ 동작시험 및 자동복구 시험스위치를 복구한다.

① ⓐ - ⓑ - ⓒ
② ⓑ - ⓐ - ⓒ
③ ⓑ - ⓒ - ⓐ ✓
④ ⓒ - ⓐ - ⓑ

답 ③

해

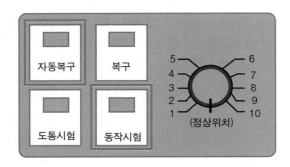

로터리방식의 P형 수신기 동작시험 순서는 다음과 같다.

(1) 동작시험 및 자동복구 시험스위치를 누르고
(2) 회로선택 스위치를 1회로씩 돌리며 시험 진행
(3) 표시등 점등 및 음향장치 작동 여부 등을 확인하여 이상이 있을 시 즉시 수리
(4) 시험 후 복구 방법 : 회로선택 스위치를 다시 정상(초기 위치) 위치로 복구하고
(5) 동작시험 및 자동복구 시험스위치를 복구한다.
(6) 각 경계 구역의 표시등 및 화재표시등이 소등되어 꺼진 것을 확인한다.

따라서 ⓐ~ⓒ까지의 복구순서를 순서대로 나타낸 것은 ③.

📁 **CHECK POINT!**

동작시험의 시험 순서와 복구 방법까지 세트로 묶어서 알아두기~!

① 시험 : 동작시험 + 자동복구 누르고, 회로 돌리며 시험

② 시험 끝나면 : 회로 원위치 → 동작시험 + 자동복구 스위치 복구. 모두 소등된 것 확인.

42

다음 중 비화재보의 원인별 대책이 적절하지 아니한 경우를 고르시오.

① 주방에 비적응성 감지기를 설치하여 발생한 비화재보 : 정온식 감지기로 교체한다.

✓② 장마철 공기 중 습도가 증가함으로 인한 감지기의 오동작으로 발생한 비화재보 : 감지기를 이격설치한다.

③ 먼지나 분진 등 청소 불량에 의한 감지기 오동작으로 발생한 비화재보 : 내부 먼지를 제거하고 복구스위치를 누른다.

④ 담배연기로 인한 연기감지기의 오동작 및 비화재보 : 흡연구역에 환풍기 등을 설치한다.

답 ②

해 장마철 습도 증가로 인한 감지기의 오동작 시, 복구 스위치를 누르거나 작동된 감지기를 복구시키는 것으로 대처할 수 있다. 감지기를 다른 위치로 거리를 벌려 이격 설치하는 것은, 천장형 온풍기에 근접하게 설치되어 잦은 오동작을 일으키는 경우 취할 수 있는 대책이다.

따라서 비화재보 원인별 대책이 적절하지 않은 것은 ②.

📁 **[참고] 주방에서 감지기의 적응성**

주방이나 보일러실과 같이 온도 변화가 잦은 장소에서는 일정 온도 이상이 되었을 때 작동하는 정온식 열감지기가 적응성이 있다.

자위소방대의 인력편성에 대한 설명으로 옳지 아니한 것을 고르시오.

① 초기대응체계 편성 시 1명 이상은 수신반 또는 종합방재실에 근무하며 화재상황에 대한 모니터링 또는 지휘통제가 가능해야 한다.

② 휴일 및 야간에 무인경비시스템을 통해 감시하는 경우에는 무인경비회사와 비상연락체계를 구축하여 운영할 수 있도록 한다.

③ 소방안전관리대상물의 소방안전관리자를 자위소방대장으로 지정하고, 소방안전관리보조자를 부대장으로 지정한다.

④ 각 팀별 최소편성 인원은 2명 이상으로 한다.

답 ③

해 자위소방대장 및 부대장의 지정 시, 소방안전관리대상물의 소유주, 법인의 대표 또는 관리기관의 책임자를 대장으로, 그리고 소방안전관리자를 부대장으로 지정해야 하므로 ③번의 설명이 옳지 않다.

📁 **CHECK POINT!**

자위소방대 인력편성
• 각 팀별 최소편성 인원은 2명 이상(각 팀별 책임자 지정)
• **자위소방대장** : 소유주(법인 대표 또는 관리기관 책임자), 부대장 : 소방안전관리자
• 휴일·야간에는 무인경비회사와 비상연락체계 구축
• 초기대응체계 편성 시 1명 이상은 모니터링·지휘통제(수신반 또는 종합방재실 근무)

옥내소화전설비를 구성하고 있는 각 설비에 대한 설명으로 옳은 것을 고르시오.

✓① 순환배관은 펌프의 토출측 체크밸브 이전에서 분기시켜 20mm 이상의 배관으로 설치한다.

② 체크밸브는 수원의 위치가 펌프보다 낮은 경우, 펌프 흡입측 배관 및 펌프에 물이 없어 펌프가 공회전하는 것을 방지하기 위해 보충수를 공급하는 역할을 한다.

③ 릴리프밸브는 체절압력 이상에서 개방하여 과압을 방출하고 펌프 내 수온이 상승하는 것을 방지한다.

④ OS&Y밸브는 수원이 펌프보다 아래에 설치된 경우 흡입측 배관의 말단에 설치하여 여과기능과 체크기능을 수행한다.

답 ①

해 펌프의 체절운전 시 수온 상승으로 인해 펌프에 무리가 가해지는 것을 방지하기 위해 과압을 방출할 수 있도록 순환배관(과 릴리프밸브)을 설치한다. 이러한 순환배관은 펌프의 토출측 체크밸브 이전에서 분기시키고, 20mm 이상의 배관으로 설치하므로 옳은 설명은 ①.

[옳지 않은 이유]

② 수원의 위치가 펌프보다 낮을 때 공회전 방지를 위해 보충수를 공급하는 역할을 하는 것은 물올림장치(물올림탱크)이다.

③ 순환배관 상의 릴리프밸브는 수온상승으로 인한 펌프 손상을 방지하기 위해 체절압력 '미만'에서 개방되어 과압을 방출하는 역할을 한다.

④ (수원이 펌프보다 아래에 설치된 경우) 흡입측 배관의 말단에서 여과기능(이물질 제거)과 체크기능(물이 수조로 다시 빠져나가는 역류를 방지) 역할을 하는 것은 풋밸브(Foot Valve)이다. OS&Y밸브는 개폐표시형 개폐밸브로, 외부에서도 밸브의 개방 상태를 쉽게 알 수 있도록 하는 역할을 하는 밸브이다.

준비작동식 스프링클러설비의 점검을 위해 준비작동식 유수검지장치를 작동시키는 방법에 해당하지 아니하는 것을 고르시오.

① 수동조작함(SVP)의 수동조작스위치를 작동시킨다.

② 밸브에 부착된 수동기동밸브를 개방한다.

③ 해당 방호구역의 감지기 2개 회로를 작동시킨다.

④ 제어반에서 도통시험 스위치 및 회로선택 스위치를 조작하여 작동시킨다.

답 ④

해 준비작동식 유수검지장치를 작동시키기 위해, 감시제어반(수신기)의 '동작시험' 스위치 및 회로선택 스위치를 조작하여 작동시킬 수 있다.

도통시험 스위치는 유수검지장치의 작동과는 무관하므로 옳지 않은 설명은 ④.(도통시험은 회로 단선 유무 및 기기의 접속 상황을 확인하기 위한 시험)

📁 [참고] 준비작동식 유수검지장치 작동 방법

(1) 방호구역 내 감지기 2개 회로를 작동시킴

(2) SVP(수동조작함)의 수동조작스위치를 작동

(3) 밸브 자체에 부착된 수동기동밸브를 개방

(4) 제어반에서 준비작동식 유수검지장치 수동기동스위치를 눌러 작동

(5) 제어반에서 '동작시험' 스위치 + 회로선택 스위치로 작동

다음 제시된 소방시설의 점검 내용을 참고하여, 점검표의 점검 결과(㉠~㉣)가 옳지 아니한 것을 모두 고르시오.

점검항목	측정 결과
분말 소화기	• 제조 연월 : 2012. 03. 02 • 지시압력계 상태
비상방송설비	조작부 위치 : 1.3m
수신기 예비전원시험	전압계 측정 결과 24V

구분	점검항목	점검결과
㉠	분말소화기 지시압력계 적정 여부	O
㉡	분말소화기 내용연수 적정 여부	X
㉢	비상방송설비 조작부 조작스위치 높이 적정 여부	O
㉣	예비전원시험 적합 여부	X

① ㉠, ㉢

② ㉠, ㉣

③ ㉡, ㉢

④ ㉡, ㉣

답 ②

해 [옳지 않은 이유]

㉠ (축압식)분말소화기의 지시압력계 정상범위는 0.7MPa ~ 0.98MPa인데 제시된 그림에서는 지시압력계가 압력미달의 범위에 있으므로 점검 결과는 X(불량)로 표기되어야 한다.

㉣ 예비전원시험 결과 녹색불이 점등되거나, 또는 전압계 측정 결과가 19~29V 내에 있으면 정상으로 판정한다. 제시된 측정결과가 24V였으므로 점검결과는 O(정상)로 표기해야 한다.

따라서 점검결과가 옳지 않게 표기된 것은 ㉠과 ㉣로 ②.

📁 **[비교] 옳은 이유**

분말소화기의 내용연수는 10년인데, 제시된 분말소화기의 제조 연월이 2012년이었으므로 내용연수 10년이 초과되어 점검결과는 X 표기하는 것이 옳다. (만약 내용연수가 지났어도 성능확인검사에 합격했다면 연장 사용이 가능하겠지만, 제시된 문제에서 성능검사에 합격했다는 조건도 명시되지 않았고, 또한 압력에도 문제가 있으므로 교체하는 것이 바람직하다.)

비상방송설비의 조작부는 0.8m 이상 1.5m 이하여야 하므로 조작부의 높이 적정 여부는 정상(O)인 것이 맞다.

47

비상콘센트설비의 설치 기준에 대한 설명이 옳지 아니한 것을 고르시오.

① 각 층에서부터 하나의 비상콘센트까지의 수평거리 50m 이하마다 설치한다.

② 바닥으로부터 높이 0.8m 이상 1.5m 이하의 위치에 설치한다.

③ 아파트 또는 바닥면적 1,000m² 미만인 층은 계단의 출입구로부터 10m 이내에 설치한다.

④ 바닥면적 1,000m² 이상인 층(아파트 제외)은 각 계단의 출입구 또는 계단부속실의 출입구로부터 5m 이내에 설치한다.

답 ③

해 아파트 또는 바닥면적 1,000m² 미만인 층에서 비상콘센트설비는 계단의 출입구로부터 5m 이내에 설치하므로 10m 이내라고 서술한 ③번의 설명이 옳지 않다.

48

감시제어반의 스위치 위치가 다음과 같을 때 동력제어반에서 점등이 확인되어야 하는 것을 (가)~(사)에서 모두 고르시오.

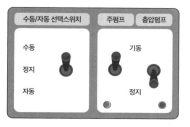

감시제어반

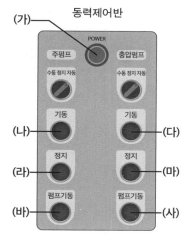

동력제어반

① (나), (바)
② (가), (나), (마)
③ (가), (다), (라), (사)
④ (가), (나), (마), (바)

답 ④

해 그림의 감시제어반 상태는 주펌프만 수동으로 기동한 상태이다. (충압펌프는 수동 - 정지).

동력제어반이 자동(연동) 운전 상태이므로 감시제어반의 신호를 받은 동력제어반에서도 주펌프만 기동된 상태여야 한다.

그럼 이때 (가) '전원'은 평상시 동력제어반은 항상 운전상태여야 하므로 점등되어 있어야 하고, [주펌프] 라인에서는 주펌프가 기동되었으니 (나) '기동' 버튼이 점등, 이에 따라 (바) '펌프기동' 표시등에도 점등되어야 한다.

그리고 충압펌프는 현재 정지한 상태이므로 [충압펌프] 라인에서는 (마) '정지' 버튼에만 점등되어야 한다.

따라서 동력제어반에서 점등되는 것은 (가) 전원,
(나) 주펌프 기동, (마) 충압펌프 정지, (바) 주펌프
펌프기동 표시등으로 ④.

문제풀이에 따른 동력제어반의 점등 상태를 그림
으로 나타내면 다음과 같다.

49

다음의 그림을 참고하여 해당 설비에 대한 설명으
로 옳지 아니한 것을 고르시오.

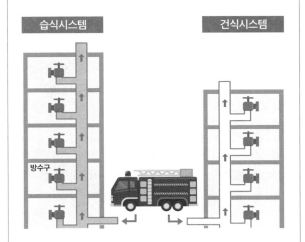

① 연소방지설비로 송수구, 방수구, 방수기구함,
배관으로 구성되어 있다.

② 건식은 연결송수관 배관 내부가 비어 있는 상
태로 관리하며, 지면으로부터 높이가 31m 미
만인 특정소방대상물 또는 지상 11층 미만인
특정소방대상물에만 설치한다.

③ 지면으로부터 높이가 31m 이상인 특정소방대
상물에서는 습식 시스템을 설치한다.

④ 넓은 면적의 고층 또는 지하 건축물에 설치하
며 화재 시 소방차로부터 가압수를 송수하고
소방관이 건축물 내에 설치된 방수구에 방수기
구함에 비치된 호스를 연결하여 화재를 진압하
는 데 사용하는 설비이다.

답 ①

해 해당 그림은 소화활동설비에 포함되는 '연결송수
관설비'로, 넓은 면적의 고층 또는 지하 건축물에
설치하며, 화재 시 소화수 공급을 위해 소방차와
송수구를 연결하여 가압수를 송수, 화재 진압에 사
용하는 설비이다.

이와 비교하여, 연소방지설비는 전력이나 통신용 전선 등이 설치된 지하구에서 화재발생 시 지상의 송수구를 통해 소방펌프차로 물을 송수, 배관을 통해 개방형헤드로 방수되는 설비이다. (그래서 연소방지설비의 구성요소에는 방수헤드가 포함된다.)
따라서 연결송수관설비를 연소방지설비라고 서술한 ①의 설명은 옳지 않다.
(다만 연결송수관설비의 구성 요소는 송수구, 방수구, 방수기구함, 배관으로 이루어져 있는 것은 옳다.)

📁 **CHECK! 연결송수관설비 건식과 습식**

건식	• 지면으로부터 높이 31m 미만(또는 지상 11층 미만)에 설치 • 배관 비어 있는 상태
습식	• 지면으로부터 높이 31m 이상(또는 지상 11층 이상)에 설치 • 내부에 상시 물이 충전된 상태

1회차

2회차

3회차

4회차

5회차

6회차

마무리 문제

Yes or No 퀴즈

헷갈리는 계산문제 공략법

50

다음의 그림을 참고하여 해당 밸브에 대한 설명으로 옳은 것을 고르시오.

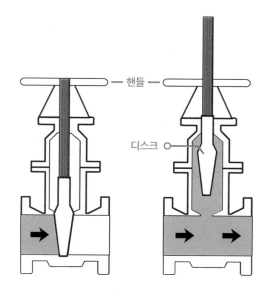

① 버터플라이밸브에 해당한다.
② 그림의 왼쪽은 밸브 개방상태, 그림의 오른쪽은 밸브 폐쇄상태이다.
③ 옥내소화전의 급수배관에 개폐밸브를 설치할 때 그림과 같은 밸브를 설치한다.
④ 마찰손실이 커서 펌프 흡입측에는 설치하지 않는다.

답 ③

해 그림은 개폐표시형 개폐밸브 중 'OS&Y밸브'를 나타낸 것이다. 개폐표시형 개폐밸브는 외부에서도 밸브의 개방 및 폐쇄 상태를 쉽게 알 수 있는 형태로, 옥내소화전의 급수배관에 개폐밸브를 설치할 때에는 이러한 개폐표시형을 설치한다.
개폐표시형 개폐밸브에는 주로 OS&Y밸브나 버터플라이밸브를 설치하는데, 버터플라이밸브는 마찰손실이 커서 펌프 흡입측에는 설치하지 않는다. 따라서 문제에 제시된 그림을 버터플라이밸브라고 서술한 ①번과, 버터플라이밸브의 특징을 서술한 ④번의 설명은 옳지 않다.

그림에서 스템이 하강한 상태(왼쪽)가 밸브 폐쇄상
태이고, 스템이 상승한 상태(오른쪽)가 개방상태에
해당하므로 이를 반대로 서술한 ②의 설명도 옳지
않다.

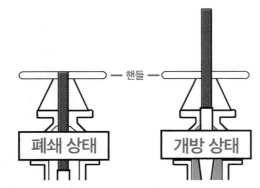

따라서 OS&Y밸브에 대한 설명으로 옳은 것은 ③.

MEMO

소방안전관리자 1급
모의고사

| 5회차 |

5회차 모의고사

01 다음 중 무창층에서 개구부의 요건에 대한 설명으로 옳지 아니한 것을 모두 고르시오.

> ⓐ 크기는 지름 50cm 이하의 원이 통과할 수 있어야 한다.
> ⓑ 도로 또는 차량이 진입할 수 있는 빈터를 향해야 한다.
> ⓒ 내부 또는 외부에서 쉽게 부수거나 열리지 않아야 한다.
> ⓓ 해당 층의 바닥 면으로부터 개구부 밑부분까지의 높이가 1.5m 이내여야 한다.
> ⓔ 창살과 같은 안전장치를 설치해야 한다.

① ⓐ, ⓑ, ⓓ
② ⓒ, ⓔ
③ ⓐ, ⓑ, ⓓ, ⓔ
④ ⓐ, ⓒ, ⓓ, ⓔ

02 소방본부장, 소방서장 또는 소방대장은 사람을 구출하거나 불이 번지는 것을 막기 위하여 필요할 때에는 화재가 발생하거나 불이 번질 우려가 있는 소방대상물 및 토지를 일시적으로 사용하거나 그 사용의 제한 또는 소방 활동에 필요한 처분을 할 수 있는데, 이에 따른 처분을 방해한 자 또는 정당한 사유 없이 그 처분에 따르지 아니한 자에게 부과되는 벌금 또는 과태료에 해당하는 것을 고르시오.

① 5년 이하의 징역 또는 5천만 원 이하의 벌금
② 3년 이하의 징역 또는 3천만 원 이하의 벌금
③ 500만 원 이하의 과태료
④ 300만 원 이하의 과태료

03 다음 중 소방활동구역의 설정 및 출입자 등에 대한 설명으로 옳은 것만을 모두 고르시오.

> ㉠ 소방대장은 소방활동구역을 정하여 소방활동에 필요한 사람으로서 대통령령으로 정하는 사람 외에는 그 구역에 출입하는 것을 제한할 수 있으며, 이를 위반하여 소방활동구역에 출입한 자는 200만 원 이하의 과태료에 처한다.
> ㉡ 소방활동구역과 근접한 외곽 지역에 있는 소방대상물의 소유자·관리자 또는 점유자는 소방활동구역에 출입할 수 있다.
> ㉢ 소방대가 소방활동구역에 있지 아니하거나 소방대장의 요청이 있는 때에는 경찰공무원이 소방활동구역에 대한 출입 제한 조치를 할 수 있다.
> ㉣ 전기·가스·수도·교통·통신 업무에 종사하는 사람은 소방활동구역에 출입할 수 있다.

① ㉠, ㉢
② ㉡, ㉣
③ ㉠, ㉢, ㉣
④ ㉡, ㉢, ㉣

04 다음 제시된 보기를 참고하여, 소방관계법령에서 정하는 각 조항에서 괄호 안에 공통으로 들어가는 인물로 보기 어려운 사람을 고르시오.

---

1. (　　　)은/는 사람을 구출하거나 불이 번지는 것을 막기 위하여 필요할 때에는 화재가 발생하거나 불이 번질 우려가 있는 소방대상물 및 토지를 일시적으로 사용하거나 그 사용의 제한 또는 소방활동에 필요한 처분을 할 수 있다.

2. (　　　)은/는 화재, 재난·재해, 그 밖의 위급한 상황이 발생하여 사람의 생명을 위험하게 할 것으로 인정되는 때에는 일정한 구역을 지정하여 그 구역에 있는 사람에게 그 구역 밖으로 피난할 것을 명할 수 있다.

---

① 소방본부장
② 소방서장
③ 시·도지사
④ 소방대장

05 다음 중 화재안전조사를 실시하는 경우, 화재의 예방 및 안전관리에 관한 법률 시행령에서 명시하는 화재안전조사 항목에 해당하는 사항으로 보기 어려운 것을 고르시오.

① 소화·통보·피난 등의 훈련 및 소방안전관리에 필요한 교육에 관한 사항
② 건설현장 임시소방시설의 설치 및 관리에 관한 사항
③ 화재의 예방조치 등에 관한 사항
④ 소방계획의 수립 및 시행에 관한 사항

06 다음 중 강제처분의 대상으로 보기 어려운 것을 고르시오.

① 불이 번질 우려가 있는 소방대상물 또는 그 소방대상물이 있는 토지
② 소방자동차의 통행 및 소방활동에 방해가 되는 주·정차 차량 및 물건
③ 화재 발생 우려가 현저한 것으로서 항해 중인 선박
④ 화재가 발생한 소방대상물 및 토지

07 다음 제시된 OO백화점의 소방안전관리자 및 소방안전관리보조자의 선임과 관련한 설명으로 옳은 것을 고르시오.

명칭	OO백화점
규모 및 구조	• 용도 : 판매시설 • 층수 : 지상 20층, 지하 5층 • 연면적 : 100,000m² • 높이 : 100m
소방시설 현황(일부)	옥내소화전설비, 옥외소화전설비, 스프링클러설비, 자동화재탐지설비, 비상경보설비, 제연설비 등

① 소방공무원으로 근무한 경력이 10년 이상인 사람을 소방안전관리자로 선임할 수 있고, 소방안전관리보조자는 최소 4명 이상 선임해야 한다.
② 소방설비기사 또는 소방설비산업기사 자격이 있는 사람으로서 1급 소방안전관리자 자격증을 발급받은 사람을 소방안전관리자로 선임할 수 있고, 소방안전관리보조자는 최소 5명 이상 선임해야 한다.
③ 소방공무원으로 20년 이상 근무한 경력이 있는 사람으로서 특급 소방안전관리자 자격증을 발급 받은 사람을 소방안전관리자로 선임할 수 있고, 소방안전관리보조자는 최소 6명 이상 선임해야 한다.
④ 소방설비기사 또는 소방설비산업기사 자격증을 발급받은 사람을 소방안전관리자로 선임할 수 있고, 소방안전관리보조자 선임 대상에는 해당하지 아니한다.

08 다음 제시된 <보기>를 참고하여, 각 연소용어에 대한 설명으로 빈칸에 들어갈 말 (A), (B), (C)로 옳은 것을 순서대로 고르시오.

보기

- 외부의 직접적인 점화원 없이 가열된 열의 축적에 의해 스스로 불이 일어날 수 있는 최저 온도를 (A)라고 한다.
- 외부의 직접적인 점화원에 의해 불이 붙을 수 있는 최저 온도를 (B)라고 한다.
- 점화 에너지를 제거하고도 연소 상태가 5초 이상 유지되어 계속될 수 있는 온도를 (C)라고 한다.

구분	(A)	(B)	(C)
①	인화점	연소점	발화점
②	인화점	발화점	연소점
③	발화점	연소점	인화점
④	발화점	인화점	연소점

09 건축물의 면적 산정 시, 다음의 각 설명에 해당하는 용어 (가), (나)에 들어갈 말로 옳은 것을 순서대로 고르시오.

(가)	건축물의 외벽(외벽이 없는 경우에는 외곽부분의 기둥)의 중심선으로 둘러싸인 부분의 수평투영면적
(나)	건축물의 각 층 또는 그 일부로서 벽·기둥 기타 이와 유사한 구획의 중심선으로 둘러싸인 부분의 수평투영면적

① (가) : 바닥면적   (나) : 연면적
② (가) : 연면적   (나) : 건축면적
③ (가) : 건축면적   (나) : 바닥면적
④ (가) : 바닥면적   (나) : 건축면적

10 화기취급작업의 관리감독 절차에 따라 다음 중 화재안전 감독자(감독관)가 수행하는 업무에 대한 설명으로 옳은 것만을 모두 고르시오.

ㄱ. 예상되는 화기 작업의 위치 확정
ㄴ. 휴식 및 식사 시간에도 현장 감시활동 진행
ㄷ. 화기 작업 구역에 대한 최종 점검 및 확인
ㄹ. 화기 작업 허가서 서명 및 발급
ㅁ. 작업완료 시 작업구역 내에 30분 이상 상주하며 발화 여부 확인

① ㄱ, ㄷ, ㄹ
② ㄷ, ㄹ, ㅁ
③ ㄱ, ㄷ, ㄹ, ㅁ
④ ㄱ, ㄴ, ㄷ, ㄹ, ㅁ

11 다음 제시된 표에서 각 소화방식에 해당하는 사례 및 분류에 대한 설명이 옳지 아니한 것을 고르시오.

구분	작용	분류	사례
①	물리적 작용	제거소화	• 가스화재 시 가스 밸브를 잠금
②	화학적 작용	억제소화	• 하론류 소화약제를 사용하여 연쇄반응으로 발생하는 라디칼의 흡착 및 제거
③	물리적 작용	냉각소화	• 물을 사용하여 연소가 진행 중인 계의 열을 빼앗는 주수소화
④	화학적 작용	질식소화	• 연소가 진행 중인 구획을 밀폐하여 산소 농도 제어

1회차

2회차

3회차

4회차

5회차

6회차

마무리 문제

Yes or No 퀴즈

헷갈리는 계산 문제 제 공략법

12 초고층 건축물 등의 관리주체가 실시하여야 하는 교육 및 훈련 등에 대한 설명으로 옳지 아니한 것을 고르시오.

① 초고층 건축물 등의 관리주체는 관계인, 상시근무자 및 거주자에 대하여 교육 및 훈련을 매년 1회 이상 실시하여야 한다.

② 관리주체는 교육 및 훈련에 필요한 장비, 교재 등을 갖추어야 한다.

③ 관리주체는 교육 및 훈련의 참여 대상·내용·시기 등을 주요 내용으로, 다음 연도의 교육 및 훈련 계획을 수립하여 매년 12월 31일까지 시·군·구 본부장에게 제출하여야 한다.

④ 관리주체는 교육 및 훈련을 하였을 때에는 그 결과를 작성하여 교육 및 훈련을 한 날부터 10일 이내에 시·군·구 본부장에게 제출하고, 1년간 보관하여야 한다.

13 다음 중 임시소방시설의 종류에 해당하는 것을 모두 고르시오.

> ⓐ 소화기
> ⓑ 자동확산소화기
> ⓒ 단독경보형감지기
> ⓓ 방화포
> ⓔ 간이피난유도선
> ⓕ 비상조명등

① ⓐ, ⓒ, ⓓ
② ⓑ, ⓔ, ⓕ
③ ⓐ, ⓓ, ⓔ, ⓕ
④ ⓑ, ⓒ, ⓓ, ⓔ, ⓕ

14 다음 중 소방안전관리보조자를 선임해야 하는 대상물을 고르시오.

① 아파트를 제외한 특정소방대상물로서 연면적이 5,000㎡인 판매시설

② 의료시설로서 연면적이 8,000㎡인 종합병원

③ 세대수가 150세대인 아파트

④ 연면적이 900㎡이고 관계인이 24시간 상시 근무하는 숙박시설

15 다음 중 시 · 도지사가 화재 발생 우려가 크거나 화재가 발생할 경우 피해가 클 것으로 예상되는 지역에 대하여 화재의 예방 및 안전관리를 강화하기 위해 지정 · 관리하는 화재 예방 강화지구에 해당하지 아니하는 것을 모두 고르시오.

> ㉠ 공장·창고가 밀집한 지역
> ㉡ 석유화학제품을 생산하는 공장이 있는 지역
> ㉢ 목조건물이 포함된 지역
> ㉣ 위험물의 저장 및 처리 시설이 위치한 지역
> ㉤ 소방시설·소방용수시설 또는 소방출동로가 없는 지역

① ㉢, ㉣
② ㉠, ㉡, ㉣
③ ㉡, ㉢, ㉣
④ ㉠, ㉡, ㉢, ㉤

16 다음 중 위험물의 종류별로 위험성을 고려하여 대통령령이 정하는 수량으로서, 제조소등의 설치허가 등에서 기준이 되는 수량으로, 제시된 각 위험물별 지정수량의 예시로 적절하지 아니한 것을 고르시오.

① 황 : 100Kg
② 질산 : 300Kg
③ 휘발유 : 200L
④ 등유 : 2,000L

17 다음 제시된 그림을 참고하여 해당 건축물의 각 면적을 산정한 값으로 옳지 아니한 설명을 고르시오.

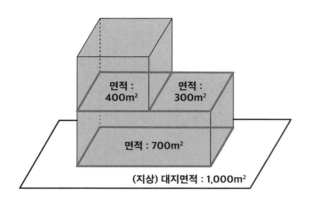

면적 : 400m²

면적 : 300m²

면적 : 700m²

(지상) 대지면적 : 1,000m²

① 건축면적은 700m²이다.

② 연면적은 1,400m²이다.

③ 용적률은 110%이다

④ 건폐율은 70%이다.

18 제시된 내용과 같이 화학적·물리적으로 공통된 성질을 갖는 물질은 위험물의 류별 특성에 따라 다음 중 몇 류 위험물로 분류되는지 고르시오.

• 반응이 순식간에 일어나며 연소 속도가 매우 빨라 소화 작업 시 어려움이 있다.

• 분자 구조 내에 산소를 충분히 함유하고 있어 자기연소를 하는 자기반응성 물질이다.

• 충격, 마찰, 가열 등에 의해 착화되어 화재나 폭발을 일으킬 수 있다.

---

① 제6류 위험물

② 제5류 위험물

③ 제4류 위험물

④ 제2류 위험물

19 다음 중 방염성능 기준 이상의 실내 장식물 등을 설치해야 하는 특정소방대상물에 실내장식 등의 목적으로 설치 또는 부착하는 물품 중 방염 대상 물품이 아닌 것을 고르시오.

① 다중이용업소의 두께가 1mm인 종이 벽지

② 의료시설의 창문에 설치하는 커튼류

③ 근린생활시설 중 공연장의 암막 및 무대막

④ 방송통신시설 중 방송국 및 촬영소의 무대용 합판·목재

20 다음 중 공사 현장에서 용접 및 용단 작업 시 발생되는 비산 불티에 대한 특성으로 옳지 아니한 설명을 모두 고르시오.

ⓐ 적열 시 비산 불티의 온도는 1,600℃ 이상이다.

ⓑ 비산 불티는 풍속, 철판 두께 등과 관계없이 약 11m의 비산거리를 유지한다.

ⓒ 발화원으로 작용할 수 있는 비산 불티의 크기는 직경 약 0.3~3mm이다.

ⓓ 비산 불티는 수 시간 후에도 화재를 발생시킬 위험성이 있으므로 주의·감시가 필요하다.

ⓔ 실내 무풍 시 비산 되는 불티의 비산 거리는 약 5m 정도이다.

---

① ⓑ, ⓔ

② ⓐ, ⓒ, ⓓ

③ ⓑ, ⓒ, ⓔ

④ ⓐ, ⓑ, ⓒ, ⓔ

1회차

2회차

3회차

4회차

5회차

6회차

마무리 문제

Yes or No 퀴즈

핵심만는 계산문제 제공공략

21 다음 중 한국소방안전원의 업무에 해당하지 아니하는 것만을 모두 고르시오.

㉠ 소방기술과 안전관리에 관한 교육 및 연구·조사
㉡ 소방업무에 관하여 행정기관이 위탁하는 업무
㉢ 위험물안전관리시설에 대한 형식 승인 및 허가
㉣ 방염처리물품에 대한 성능검사 실시
㉤ 소방기술과 안전관리에 관한 각종 간행물 발간

① ㉡, ㉢, ㉤

② ㉢, ㉣

③ ㉠, ㉢, ㉣

④ ㉢, ㉣, ㉤

22 다음 제시된 특정소방대상물의 건축물 현황을 참고하여 해당 특정소방대상물에 대한 설명으로 옳지 아니한 설명을 고르시오.

명칭	00 병원
용도	의료시설
규모/구조	• 층수 : 지상 10층 / 지하 2층 • 연면적 : 8,000m² • 높이 : 45m
소방시설 현황(일부)	☑ 자동화재탐지설비 ☑ 옥내소화전설비 ☑ 스프링클러설비 ☑ 피난기구 ☑ (가) 유도등

① 00병원은 2급 소방안전관리대상물이다.

② (가)에 들어갈 유도등은 대형피난구유도등 및 통로유도등이다.

③ 1급소방안전관리자 선임 자격이 있는 사람을 소방안전관리자로 선임할 수 있다.

④ 소방안전관리 보조자를 2명 이상 선임해야 한다.

23 다음 제시된 보기 중에서 건축물의 주요구조부에 해당하는 것만을 모두 고르시오.

㉮ 최하층 바닥
㉯ 기초
㉰ 기둥
㉱ 지붕틀
㉲ 작은보
㉳ 보

① ㉮, ㉰, ㉱, ㉳

② ㉯, ㉱, ㉱, ㉳

③ ㉰, ㉱, ㉳

④ ㉯, ㉰, ㉲

24 다음의 각 조건별로 제시된 지문 중 면적별 구획 방식에 따른 방화구획의 설치 기준에 대한 설명으로 옳지 아니한 것을 고르시오. (이때 해당 특정소방대상물은 주요구조부가 내화구조 또는 불연재료로 된 건축물로서 연면적이 1,000m²를 넘는 것을 말하며, 각 지문에서 제시된 조건 외의 사항은 고려하지 않는다.)

① 스프링클러설비가 설치되고 실내 마감재를 불연재료로 한 경우로 13층 : 바닥면적 1,500m² 이내마다 구획

② 스프링클러설비(기타 이와 유사한 자동식 소화설비)가 설치되지 않은 경우로 11층 : 바닥면적 200m² 이내마다 구획

③ 스프링클러설비가 설치된 경우로 3층 : 바닥면적 1,000m² 이내마다 구획

④ 스프링클러설비가 설치된 경우로 15층 : 바닥면적 600m² 이내마다 구획

25 다음 제시된 그림을 참고하여 자동심장충격기(AED) 사용 시 패드의 부착 위치로 가장 적합한 것을 ㉮ ~ ㉣에서 고르시오.

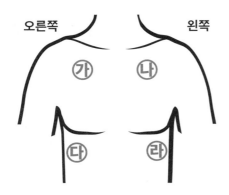

① 패드1 : ㉮, 패드2 : ㉯
② 패드1 : ㉮, 패드2 : ㉣
③ 패드1 : ㉯, 패드2 : ㉰
④ 패드1 : ㉯, 패드2 : ㉣

26 다음에서 제시된 내용을 참고하여 소방교육 및 훈련의 실시원칙 중 어느 것에 해당하는 설명인지 고르시오.

> • 학습자에게 감동이 있는 교육을 실시해야 한다.
> • 쉬운 것에서부터 어려운 것의 순서로 진행한다.
> • 기능적인 이해에 비중을 두어야 한다.
> • 한 번에 한 가지씩 습득 가능한 분량을 고려하여 교육 및 훈련을 진행한다.

① 교육자 중심의 원칙
② 동기부여의 원칙
③ 실습의 원칙
④ 학습자 중심의 원칙

27 다음의 그림을 참고하여 해당 건축물에 적용할 수 있는 최소한의 경계구역의 수를 고르시오. (단, 세로 변의 길이는 모두 10m로 동일하며, 1층은 주된 출입구에서 내부 전체가 보이는 구조가 아니고 2층과 3층의 면적은 같다.)

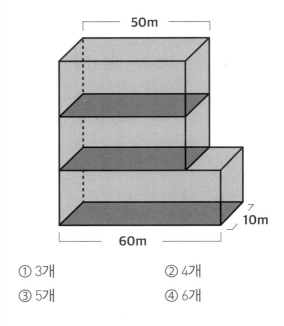

① 3개   ② 4개
③ 5개   ④ 6개

28 그림에서 버튼 방식 P형 수신기의 동작시험 시 조작하는 스위치 및 점등되는 표시등에 해당하지 아니하는 것을 고르시오.

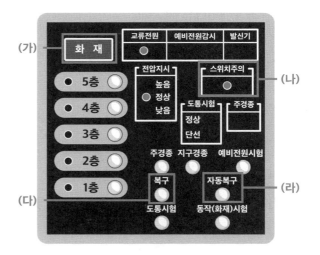

① (가)   ② (나)
③ (다)   ④ (라)

1회차

2회차

3회차

4회차

5회차

6회차

마무리 문제

Yes or No 퀴즈

헷갈리는 계산 문제 공략법

29 다음 그림의 수신기를 참고하여 해당 특정소방대상물의 현재 상태에 대한 설명으로 가장 적절한 것을 고르시오.

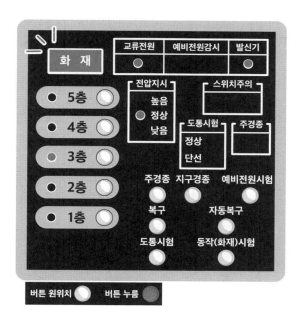

① 3층에 위치한 발신기의 누름버튼이 눌린 상황이다.

② 예비전원시험 결과 배터리의 전압은 정상 범위 내에 있다.

③ 현재 점검을 위해 경종은 일시 정지한 상태이다.

④ 3층의 감지기가 동작한 상황이다.

30 다음 제시된 각 설비의 적정 압력 기준으로 옳지 아니한 것을 고르시오.

구분	설비	적정 압력
①	축압식 분말소화기	0.7 ~ 0.98MPa
②	옥외소화전설비	0.25 ~ 0.7MPa
③	옥내소화전설비	0.17 ~ 0.7MPa
④	스프링클러설비	1.0 ~ 1.2MPa

31 다음은 옥내소화전설비와 연결된 펌프실 내설비 일부를 나타낸 계통도이다. 그림을 참고하여 표시된 (가), (나), (다) 체크밸브의 유수 방향으로 옳은 것을 고르시오.

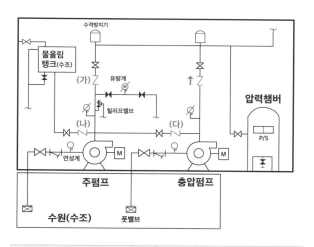

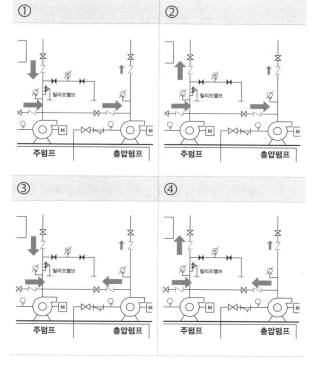

32 펌프성능시험 중 정격부하운전 시, 다음 제시된 그림에 표시된 (가) ~ (다) 각 밸브의 개폐상태로 옳은 것을 고르시오.

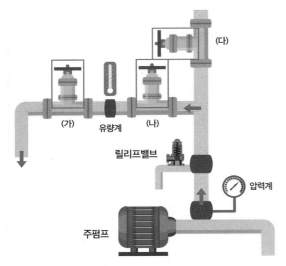

구분	(가)	(나)	(다)
①	개방	개방	개방
②	개방	폐쇄	폐쇄
③	개방	개방	폐쇄
④	폐쇄	개방	폐쇄

33 다음은 펌프성능시험의 결과를 나타낸 표이다. 제시된 표를 참고하여 빈칸 (가) ~ (라)에 들어갈 값에 대한 설명으로 옳지 아니한 것을 고르시오. (단, 펌프 명판 상 명시된 토출량은 500L/min이고, 양정은 100m이다.)

펌프성능시험 결과표			
구분	체절운전	정격운전	최대운전
토출량 (L/min)	(가)	500	(나)
토출압 (MPa)	(다)		(라)

① (가)에 들어갈 값은 0으로 한다.

② (나)는 750L/min의 상태일 것이다.

③ (다)는 1.5MPa 이상이면 정상이다.

④ (라)의 측정 결과가 0.7MPa이었다면 최대운전의 토출압력 결과는 정상이다.

34 다음의 각 특정소방대상물에 설치해야 할 소방시설의 연면적 적용기준으로 옳지 아니한 것을 고르시오.

구분	소방시설	설치대상	적용기준 (연면적)
①	스프링클러 설비	지하가 (터널 제외)	1,000m² 이상
②	제연설비	지하가 (터널 제외)	1,000m² 이상
③	소화기구 (소화기·간이소화용구·자동확산소화기)	건축물의 연면적	33m² 이상
④	옥내소화전설비	건축물의 연면적 (지하가 중 터널 제외)	1,500m² 이상

35 제시된 그림의 동력제어반의 상태를 참고하여 해당 동력제어반의 동작에 대한 설명으로 옳지 아니한 것을 <보기>에서 모두 고르시오.

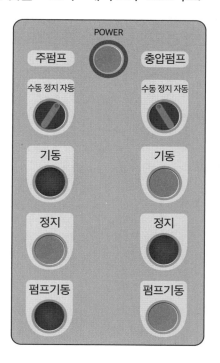

보기

㉮ 현재 주펌프는 기동되지 않았다.

㉯ 충압펌프가 자동으로 기동한 상황이다.

㉰ 현재 상태에서 충압펌프를 정지한다면, 화재 발생시 충압펌프는 자동으로 기동될 수 없다.

㉱ 주펌프를 수동으로 기동한 상태이다.

① ㉮, ㉰

② ㉯, ㉱

③ ㉮, ㉱

④ ㉯, ㉰

36 다음 제시된 자료를 참고하여 해당 소화기의 점검에 대한 설명으로 옳은 것을 모두 고르시오.

번호	점검항목	점검결과
1-A-002	설치높이 적합 여부	O
1-A-003	보행거리 이내 배치 기준 적합 여부	O
1-A-007	지시압력계 범위의 적정 여부	(가)
지시압력계 점검 사진		

ⓐ 소화기는 바닥으로부터 높이 1.5m 이하의 곳에 비치되어 있다.

ⓑ 점검 결과에 따라 소화기 교체 등의 조치가 필요하지 않다.

ⓒ 소화기의 능력단위가 2단위라면 배치기준에 따라 보행거리가 20m 이내로 설치되어 있을 것이다.

ⓓ (가)의 점검결과는 O 표기한다.

① ⓐ, ⓒ

② ⓑ, ⓓ

③ ⓐ, ⓒ, ⓓ

④ ⓐ, ⓑ, ⓒ, ⓓ

1회차

2회차

3회차

4회차

5회차

6회차

마무리 문제

Yes or No 퀴즈

헷갈리는 계산 문제 제공합니다

37 가스계소화설비의 점검 전 안전조치 단계 중 3단계의 빈칸 (가) ~ (다)에 들어갈 과정으로 옳은 것을 순서대로 고르시오.

1단계	1. 기동용기에서 선택밸브에 연결된 조작동관 및 저장용기에 연결된 개방용 동관을 분리한다.
2단계	2. 제어반의 솔레노이드밸브를 연동정지한다.
3단계	(가) _____ (나) _____ (다) _____

구분	(가)	(나)	(다)
①	안전핀 제거	솔레노이드 분리	안전핀 체결
②	안전핀 체결	솔레노이드 분리	안전핀 제거
③	솔레노이드 분리	안전핀 체결	안전핀 제거
④	솔레노이드 분리	안전핀 제거	안전핀 체결

38 전기실의 감지기가 동작하여 이산화탄소 소화설비가 작동한 경우, 다음 제시된 지문 중에서 가스계소화설비의 동작 과정으로 가장 적절한 것을 고르시오.

① 감지기 동작 → 선택밸브 및 저장용기 개방 → 솔레노이드 작동 및 기동용기 개방 → 제어반 → 약제 방사

② 감지기 동작 → 제어반 → 선택밸브 및 저장용기 개방 → 솔레노이드 작동 및 기동용기 개방 → 약제 방사

③ 감지기 동작 → 솔레노이드 작동 및 기동용기 개방 → 제어반 → 선택밸브 및 저장용기 개방 → 약제 방사

④ 감지기 동작 → 제어반 → 솔레노이드 작동 및 기동용기 개방 → 선택밸브 및 저장용기 개방 → 약제 방사

39 부속실 제연설비의 점검을 위해 계단실·부속실의 방연 풍속 측정 시, 출입문을 개방한 후 방연 풍속을 측정하는데 이때의 해당 제연구역이 부속실만 단독으로 제연하는 것으로 부속실이 면하는 옥내가 거실인 경우의 방연풍속 기준으로 옳은 것을 고르시오.

① 0.3㎧ 이상

② 0.5㎧ 이상

③ 0.7㎧ 이상

④ 0.9㎧ 이상

40 물분무등소화설비에 대한 설명으로 옳지 아니한 것을 고르시오.

① 물분무등소화설비는 일반화재, 유류화재, 전기화재에 적응성이 있다.

② 물분무소화설비, 미분무소화설비, 포소화설비는 물을 약제로 사용하는 물분무등소화설비에 해당한다.

③ 물분무등소화설비 중에서 물 이외의 소화약제를 사용하는 것에는 이산화탄소, 할론, 할로겐화합물 및 불황성기체 등을 약제로 사용하는 가스계소화설비가 포함된다.

④ 분말소화설비와 스프링클러설비는 물분무등소화설비에 포함되지 않는다.

1회차

2회차

3회차

4회차

5회차

6회차

마무리 문제

Yes or No 퀴즈

헷갈리는 제산문
제공법

41 다음 그림에서 제시된 스프링클러설비의 계통도를 참고하여, 해당 종류의 스프링클러설비의 유수검지장치로 빈칸에 들어갈 명칭에 해당하는 것을 고르시오.

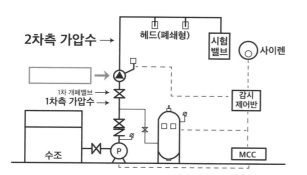

① 드라이밸브　　　② 알람밸브

③ 프리액션밸브　　④ 일제개방밸브

42 다음 제시된 로터리 방식의 P형 수신기 그림을 참고하여 동작시험을 위한 각 스위치의 조작 순서로 가장 옳은 설명을 고르시오.

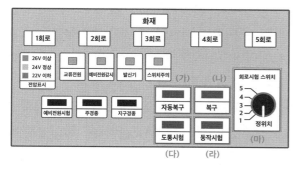

① (다)도통시험 스위치 누름 → (가)자동복구 스위치 누름 → (마)회로선택스위치를 차례로 회전하며 시험

② (다)도통시험 스위치 누름 → (나)복구 스위치 누름 → (마)회로선택스위치를 차례로 회전하며 시험

③ (라)동작시험 스위치 누름 → (가)자동복구 스위치 누름 → (마)회로선택스위치를 차례로 회전하며 시험

④ (라)동작시험 스위치 누름 → (나)복구 스위치 누름 → (마)회로선택스위치를 차례로 회전하며 시험

43 다음 제시된 그림을 참고하여, 해당 스프링클러설비의 장점 및 단점에 대한 설명으로 옳은 것을 고르시오.

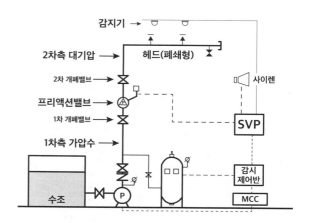

구분	장점	단점
①	• 동결이 우려되는 장소에서도 사용 가능 • 헤드 오동작으로 인한 수손피해 우려 없음 • 조기 대처 가능	• 고가의 시공비 • 복잡한 구조 • 부실 시공의 우려
②	• 신속한 소화 가능 • 구조가 간단하며 유지·관리가 용이함 • 저렴한 공사 비용	• 사용 장소가 제한적임 • 오동작으로 인한 수손피해의 우려가 있음 • 배관 부식
③	• 동결이 우려되는 장소나 옥외에서 사용 가능	• 화재 초기에 화재가 촉진될 우려가 있음 • 살수까지 시간이 다소 지연됨
④	• 층고가 높은 장소에 적합 • 초기화재에 대한 신속한 대처가 용이함	• 화재감지장치를 별도로 설치해야 함 • 대량살수로 인한 수손피해 발생 우려

44 습식스프링클러설비의 점검을 위해 시험장치 개폐밸브(시험밸브)를 개방하였을 때, 다음에 제시된 수신기와 동력제어반에 표시된 (A) ~ (D) 중에서 확인되는 점등 상태로 옳지 아니한 부분을 고르시오.

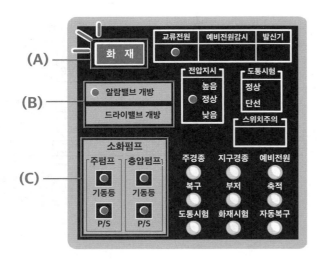

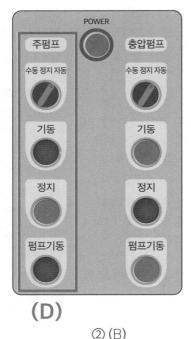

① (A)　　　　　　　② (B)
③ (C)　　　　　　　④ (D)

45 다음 중 설치장소별 피난기구의 적응성에 대한 설명으로 옳은 것을 고르시오.

① 노유자시설의 4층에서 미끄럼대가 적응성이 있다.
② 영업장의 위치가 3층인 다중이용업소에서 승강식피난기는 적응성이 없다.
③ 완강기는 의료시설의 6층에서 적응성이 있다.
④ 교육연구시설의 5층에서 피난용트랩은 적응성이 없다.

46 다음 중 장애인 및 노약자 등 재해 약자의 피난 보조 시 고려해야 하는 장애 유형별 피난 보조 요령에 대한 예시로 옳지 아니한 설명을 고르시오.

① 전동휠체어 사용자의 경우 휠체어의 무게로 인해 많은 인원이 필요할 수 있으므로 전원을 끄고 장애인이나 노약자를 업거나 안아서 피난을 보조하는 것이 효과적이다.
② 지적장애인의 피난 보조 시 소란스러운 상황으로 인해 공황 상태에 빠지지 않도록 크고 높은 목소리로 도움을 주기 위한 행동임을 신속하고 정확하게 전달해야 한다.
③ 청각장애인의 피난을 보조할 때에는 수신호 및 제스처, 조명, 메모 등과 같이 시각적으로 전달할 수 있는 의사소통 방식을 적극적으로 활용하여 피난을 보조하도록 한다.
④ 시각장애인의 피난 보조 시 왼쪽, 오른쪽과 같이 명확한 표현을 사용하여 장애물 등의 위치를 미리 알려주고, 여러 명의 시각장애인이 대피하는 상황에서는 서로 손을 잡고 질서가 유지되도록 하는 것이 바람직하다.

1회차

2회차

3회차

4회차

5회차

6회차

마무리 문제

Yes or No 퀴즈

헷갈리는 계산 문제 제공합법

47 다음 제시된 소방안전관리업무 수행에 관한 기록의 작성 및 유지에 대한 주요 내용에서 빈칸 (A), (B)에 들어갈 말로 옳은 것을 순서대로 고르시오.

① 소방안전관리대상물의 소방안전관리자는 소방안전관리업무 수행에 관한 기록을 별지 제12호서식에 따라 (A) 이상 작성·관리해야 한다.
② 소방안전관리자는 소방안전관리업무 수행 중 보수 또는 정비가 필요한 사항을 발견한 경우에는 이를 지체 없이 관계인에게 알리고, 별지 제12호서식에 기록해야 한다.
③ 소방안전관리자는 제1항에 따른 업무 수행에 관한 기록을 작성한 날부터 (B)간 보관해야 한다.

	(A)	(B)
①	월 1회,	2년
②	월 2회,	1년
③	월 1회,	3년
④	월 2회,	2년

48 B운동시설의 객석통로의 직선부분은 그 길이가 70m이다. 이때 설치해야 하는 객석유도등의 최소한의 설치 개수를 고르시오.

① 15개 ② 16개
③ 17개 ④ 18개

49 소화용수설비로서 소화수조 및 저수조의 소요수량이 40m³ 이상 100m³ 미만일 때의 채수구의 설치 개수를 고르시오.

① 1개 ② 2개
③ 3개 ④ 4개

50 옥내소화전설비가 설치된 특정소방대상물에서 주펌프의 압력스위치의 정지점과 자연낙차압이 다음과 같을 때 주펌프의 압력스위치 세팅 값에 대한 그림으로 옳은 것을 고르시오.

- 주펌프 정지점 : 0.8MPa
- 자연낙차압 : 0.3MPa

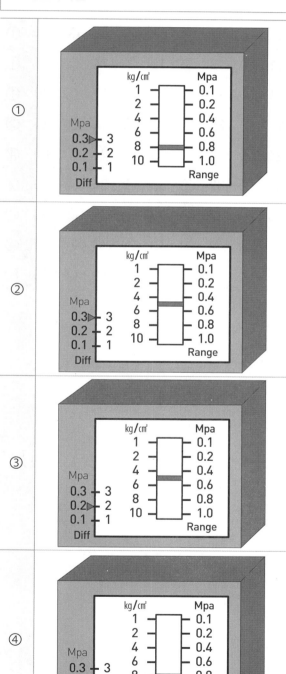

5회차 정답 및 해설

정답

01	④	02	②	03	①	04	③	05	④
06	③	07	③	08	④	09	③	10	①
11	④	12	③	13	③	14	②	15	①
16	④	17	②	18	②	19	①	20	①
21	②	22	④	23	③	24	③	25	②
26	④	27	②	28	③	29	①	30	④
31	②	32	③	33	③	34	④	35	②
36	①	37	②	38	④	39	③	40	④
41	②	42	③	43	①	44	④	45	④
46	②	47	①	48	③	49	②	50	①

01

다음 중 무창층에서 개구부의 요건에 대한 설명으로 옳지 아니한 것을 모두 고르시오.

ⓐ 크기는 지름 50cm 이하의 원이 통과할 수 있어야 한다.

ⓑ 도로 또는 차량이 진입할 수 있는 빈터를 향해야 한다.

ⓒ 내부 또는 외부에서 쉽게 부수거나 열리지 않아야 한다.

ⓓ 해당 층의 바닥 면으로부터 개구부 밑부분까지의 높이가 1.5m 이내여야 한다.

ⓔ 창살과 같은 안전장치를 설치해야 한다.

① ⓐ, ⓑ, ⓓ

② ⓒ, ⓔ

③ ⓐ, ⓑ, ⓓ, ⓔ

④ ⓐ, ⓒ, ⓓ, ⓔ ✓

답 ④

해 **[옳지 않은 이유]**

ⓐ 크기는 지름 50cm '이상'의 원이 통과할 수 있어야 하므로 이하로 서술한 부분이 옳지 않다.

ⓒ 내부 또는 외부에서 쉽게 부수거나 열 수 있어야 하며, ⓔ 쉽게 피난할 수 있도록 창살이나 장애물이 설치되지 않아야 하므로 ⓒ와 ⓔ의 설명도 옳지 않다.

ⓓ 해당 층의 바닥 면으로부터 개구부 밑부분까지의 높이가 '1.2m 이내'여야 하므로 옳지 않은 설명이다.

따라서 ⓑ를 제외한 ⓐ, ⓒ, ⓓ, ⓔ가 옳지 않은 설명에 해당하므로 정답은 ④번.

1회차
2회차
3회차
4회차
5회차
6회차
마무리 문제
Yes or No 퀴즈
헷갈리는 계산은 제 공략법

02

> 소방본부장, 소방서장 또는 소방대장은 사람을 구출하거나 불이 번지는 것을 막기 위하여 필요할 때에는 화재가 발생하거나 불이 번질 우려가 있는 소방대상물 및 토지를 일시적으로 사용하거나 그 사용의 제한 또는 소방 활동에 필요한 처분을 할 수 있는데, 이에 따른 처분을 방해한 자 또는 정당한 사유 없이 그 처분에 따르지 아니한 자에게 부과되는 벌금 또는 과태료에 해당하는 것을 고르시오.
>
> ① 5년 이하의 징역 또는 5천만 원 이하의 벌금
> ②✓ 3년 이하의 징역 또는 3천만 원 이하의 벌금
> ③ 500만 원 이하의 과태료
> ④ 300만 원 이하의 과태료

답 ②

해 문제에서 제시된 조항은 '강제처분 등'의 제1항에 따른 처분을 방해 또는 정당한 사유 없이 그 처분에 따르지 않은 경우로, 이때는 3년 이하의 징역 또는 3천만 원 이하의 벌금형에 해당하므로 정답은 ②번.

(1)항 : 소방 본·서장 또는 소방대장은 **필요할 때** 소방대상물 및 토지를 일시적으로 사용하거나, 사용 제한 또는 필요한 처분	(1)항의 처분 방해 또는 따르지 않은 자 : 3년 / 3천
(2)항 : 긴급하다고 인정할 때, (1)에 따른 소방대상물 또는 토지 **외의** 소방대상물과 토지에 대해 (1)에 따른 처분	(2)항 및 (3)항에 따른 처분 방해 또는 따르지 않은 자 : 300 이하 벌금
(3)항 : 긴급하게 출동할 때, 방해되는 주정차 차량 및 물건 제거·이동	

03

> 다음 중 소방활동구역의 설정 및 출입자 등에 대한 설명으로 옳은 것만을 모두 고르시오.
>
> ㉠ 소방대장은 소방활동구역을 정하여 소방활동에 필요한 사람으로서 대통령령으로 정하는 사람 외에는 그 구역에 출입하는 것을 제한할 수 있으며, 이를 위반하여 소방활동구역에 출입한 자는 200만 원 이하의 과태료에 처한다.
> ㉡ 소방활동구역과 근접한 외곽 지역에 있는 소방대상물의 소유자·관리자 또는 점유자는 소방활동구역에 출입할 수 있다.
> ㉢ 소방대가 소방활동구역에 있지 아니하거나 소방대장의 요청이 있는 때에는 경찰공무원이 소방활동구역에 대한 출입 제한 조치를 할 수 있다.
> ㉣ 전기·가스·수도·교통·통신 업무에 종사하는 사람은 소방활동구역에 출입할 수 있다.
>
> ①✓ ㉠, ㉢　　　　② ㉡, ㉣
> ③ ㉠, ㉢, ㉣　　　④ ㉡, ㉢, ㉣

답 ①

해 소방활동구역에 출입할 수 있는 사람은 다음과 같다.

> ① 소방활동구역 내 소방대상물의 관계인(소·관·점)
> ② 전기·가스·수도·교통·통신 업무에 종사하는 사람으로, 소방활동을 위해 [필요한] 사람
> ③ 의사·간호사 그 밖의 구조·구급업무 종사자(의료진)
> ④ 취재인력 등 보도업무 종사자(기자)
> ⑤ 수사업무 종사자(경찰)
> ⑥ 그 밖에 [소방대장]이 출입을 허가한 사람

따라서 소방활동구역 내 소방대상물이 아닌, ㉡ '근접한 외곽 지역'에 있는 소방대상물의 관계인은 출입자에 해당하지 않으며, 또한 전기·가스·수도 등 관련 업무에 종사하는 사람으로, 소방활동을 위해 [필요한]사람이 출입 가능자에 해당하므로 '소방활동에 필요한'이라는 조건이 붙지 않은 ㉣의 사람들도 출입 가능자로 보기 어렵다. 따라서 ㉡과 ㉣을 제외한 ㉠, ㉢이 옳은 설명에 해당하므로 정답은 ①번.

📁 [참고]

소방대장은 소방활동구역을 정하여 출입을 제한할 수 있으며, 이를 위반하여 소방활동구역에 출입하는 경우 200만 원 이하의 과태료가 부과된다. 또한 소방대가 소방활동구역에 없거나, 또는 소방대장의 요청이 있는 경우에는 경찰공무원이 이러한 조치를 할 수 있다.

04

다음 제시된 보기를 참고하여, 소방관계법령에서 정하는 각 조항에서 괄호 안에 공통으로 들어가는 인물로 보기 어려운 사람을 고르시오.

> 1. (　　)은/는 사람을 구출하거나 불이 번지는 것을 막기 위하여 필요할 때에는 화재가 발생하거나 불이 번질 우려가 있는 소방대상물 및 토지를 일시적으로 사용하거나 그 사용의 제한 또는 소방활동에 필요한 처분을 할 수 있다.
> 2. (　　)은/는 화재, 재난·재해, 그 밖의 위급한 상황이 발생하여 사람의 생명을 위험하게 할 것으로 인정되는 때에는 일정한 구역을 지정하여 그 구역에 있는 사람에게 그 구역 밖으로 피난할 것을 명할 수 있다.

① 소방본부장
② 소방서장
③ 시·도지사 ✓
④ 소방대장

답 ③

해 제시된 보기 1번은 (소방기본법 제25조) **강제처분** 등, 2번은 (제26조) **피난명령**에 해당한다. 그리고 이러한 강제처분이나 피난명령에 대한 명령권자는 '소방본부장, 소방서장 또는 소방대장'으로 소방대를 지휘할 수 있는 사람을 의미하므로 공통으로 들어갈 인물로 보기 어려운 사람은 ③번 시·도지사.

📁 [참고] 소방대장이란?

소방본부장 또는 소방서장 등 화재·재난·재해 등 위급한 상황이 발생한 현장에서 소방대를 지휘하는 사람.

05

다음 중 화재안전조사를 실시하는 경우, 화재의 예방 및 안전관리에 관한 법률 시행령에서 명시하는 화재안전조사 항목에 해당하는 사항으로 보기 어려운 것을 고르시오.

① 소화·통보·피난 등의 훈련 및 소방안전관리에 필요한 교육에 관한 사항
② 건설현장 임시소방시설의 설치 및 관리에 관한 사항
③ 화재의 예방조치 등에 관한 사항
④ 소방계획의 수립 및 시행에 관한 사항 ✓

답 ④

해 화재안전조사는 소방관서장(청·본·서장)이 소방대상물, 관계지역 또는 관계인에 대하여 조사·문서열람·보고요구 등을 하는 조사 활동을 말하는데, 이러한 화재안전조사 항목(요약)은 다음과 같다.

- 화재 예방조치에 관한 사항
- 소방안전관리 업무수행에 관한 사항
- **피난계획**의 수립·시행에 관한 사항
- (소화·통보·피난) 훈련 및 소방안전관리 교육 사항
- 소방차 전용 구역의 설치에 관한 사항
- 소방시설공사업법에 따른 시공, 감리 및 감리원 배치에 관한 사항
- 소방시설의 설치 및 관리 등에 관한 사항
- 건설현장 임시소방시설의 설치 및 관리에 관한 사항
- 피난시설, 방화구획 및 방화시설의 관리에 관한 사항
- 방염에 관한 사항
- 소방시설 등의 자체 점검에 관한 사항
- (약칭) 「다중이용업소법」, 「위험물안전관리법」, 「초고층재난관리법」의 안전관리에 관한 사항
- 그밖에 소방관서장이 화재안전조사가 필요하다고 인정하는 사항

따라서 위와 같이 화재안전조사 항목에 명시된 사항은 '피난계획의 수립 및 시행에 관한 사항'으로, 화재안전조사 항목에서 명시하는 사항으로 보기 어려운 것은 ④번.

06

다음 중 강제처분의 대상으로 보기 어려운 것을 고르시오.

① 불이 번질 우려가 있는 소방대상물 또는 그 소방대상물이 있는 토지

② 소방자동차의 통행 및 소방활동에 방해가 되는 주·정차 차량 및 물건

③✓ 화재 발생 우려가 현저한 것으로서 항해 중인 선박

④ 화재가 발생한 소방대상물 및 토지

답 ③

해 강제처분의 대상에는 화재 발생 또는 불이 번질 우려가 있는 소방대상물 및 토지, 또는 그 외의 소방대상물 또는 토지, 그리고 소방자동차의 통행 및 소방 활동에 방해되는 주·정차 차량 및 물건이 포함되는데, 항해 중인 선박은 소방대상물에 포함되지 않기 때문에 강제처분의 대상으로 보기 어렵다. 따라서 정답은 ③번.

07

다음 제시된 OO백화점의 소방안전관리자 및 소방안전관리보조자의 선임과 관련한 설명으로 옳은 것을 고르시오.

명칭	OO백화점
규모 및 구조	• 용도 : 판매시설 • 층수 : 지상 20층, 지하 5층 • 연면적 : 100,000m² • 높이 : 100m
소방시설 현황(일부)	옥내소화전설비, 옥외소화전설비, 스프링클러설비, 자동화재탐지설비, 비상경보설비, 제연설비 등

① 소방공무원으로 근무한 경력이 10년 이상인 사람을 소방안전관리자로 선임할 수 있고, 소방안전관리보조자는 최소 4명 이상 선임해야 한다.

② 소방설비기사 또는 소방설비산업기사 자격이 있는 사람으로서 1급 소방안전관리자 자격증을 발급받은 사람을 소방안전관리자로 선임할 수 있고, 소방안전관리보조자는 최소 5명 이상 선임해야 한다.

③✓ 소방공무원으로 20년 이상 근무한 경력이 있는 사람으로서 특급 소방안전관리자 자격증을 발급받은 사람을 소방안전관리자로 선임할 수 있고, 소방안전관리보조자는 최소 6명 이상 선임해야 한다.

④ 소방설비기사 또는 소방설비산업기사 자격증을 발급받은 사람을 소방안전관리자로 선임할 수 있고, 소방안전관리보조자 선임 대상에는 해당하지 아니한다.

답 ③

해 제시된 OO백화점은 연면적이 10만 제곱미터 이상인 특정소방대상물로 특급소방안전관리대상물에 해당한다.
그리고 이때 특급소방안전관리자로 선임 가능한 요건은 다음과 같다.

(1) 소방기술사 또는 소방시설관리사 자격 보유자

(2) 소방설비기사 자격을 보유하고 1급 소방대상물의 소방안전관리자로 5년 이상 근무한 경력이 있는 자

(3) 소방설비산업기사 자격을 보유하고 1급 소방대상물의 소방안전관리자로 7년 이상 근무 경력자

(4) 소방공무원 근무 경력이 20년 이상인 자

(5) 특급 소방안전관리자 시험에 합격한 자

위 사항 중 어느 하나에 해당하고 특급소방안전관리자 자격증을 발급받은 사람

그리고 (아파트를 제외하고) 연면적이 15,000m² 이상인 특정소방대상물의 경우, 소방안전관리보조자 선임 대상에 해당하는데 이때 초과되는 15,000m² 마다 1명을 추가로 선임하므로, 100,000m²를 15,000으로 나누어 계산된 값에서 소수점 이하를 버린 정수 값을 보조자 선임 인원수로 계산할 수 있다. 따라서 100,000 ÷ 15,000 = 6.6으로 소수점을 버린 값인 6명이 보조자 최소 선임 인원수가 되므로, 소방안전관리자 및 소방안전관리보조자의 선임에 대한 설명으로 옳은 것은 ③번.

08

다음 제시된 <보기>를 참고하여, 각 연소용어에 대한 설명으로 빈칸에 들어갈 말 (A), (B), (C)로 옳은 것을 순서대로 고르시오.

> **보기**
>
> • 외부의 직접적인 점화원 없이 가열된 열의 축적에 의해 스스로 불이 일어날 수 있는 최저 온도를 (A)라고 한다.
> • 외부의 직접적인 점화원에 의해 불이 붙을 수 있는 최저 온도를 (B)라고 한다.
> • 점화 에너지를 제거하고도 연소 상태가 5초 이상 유지되어 계속될 수 있는 온도를 (C)라고 한다.

구분	(A)	(B)	(C)
①	인화점	연소점	발화점
②	인화점	발화점	연소점
③	발화점	연소점	인화점
④	발화점	인화점	연소점

답 ④

해 (A) : 외부 점화원 없이 열의 축적에 의해 불이(발화가) 일어날 수 있는 최저 온도를 '발화점'이라고 한다.

(B) : (연소범위 내에서) 외부의 점화원에 의해 불이 붙을 수 있는 최저 온도를 '인화점'이라고 한다.

(C) : 발생된 화염이 지속되어, (점화에너지를 제거해도) 그 연소 상태가 5초 이상 유지될 수 있는 온도를 '연소점'이라고 한다.

따라서 (A)는 발화점, (B)는 인화점, (C)는 연소점으로 정답은 ④번.

09

건축물의 면적 산정 시, 다음의 각 설명에 해당하는 용어 (가), (나)에 들어갈 말로 옳은 것을 순서대로 고르시오.

(가)	건축물의 외벽(외벽이 없는 경우에는 외곽 부분의 기둥)의 중심선으로 둘러싸인 부분의 수평투영면적
(나)	건축물의 각 층 또는 그 일부로서 벽·기둥 기타 이와 유사한 구획의 중심선으로 둘러싸인 부분의 수평투영면적

① (가) : 바닥면적　　　(나) : 연면적
② (가) : 연면적　　　　(나) : 건축면적
③ (가) : 건축면적　　　(나) : 바닥면적 ✓
④ (가) : 바닥면적　　　(나) : 건축면적

답 ③

해 (가)는 건축면적, (나)는 바닥면적에 대한 설명으로, 아래의 그림과 같이 표현할 수 있다.

✐ Tip
- '외벽'을 따라 그린 건축면적!
- '각 층'의 바닥면적!

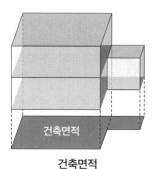

건축면적

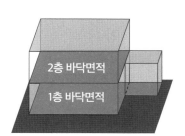

바닥면적

📁 [참고] 그림 '연면적'이란?
각 층 바닥면적의 합계 = 연면적!

10

화기취급작업의 관리감독 절차에 따라 다음 중 화재안전 감독자(감독관)가 수행하는 업무에 대한 설명으로 옳은 것만을 모두 고르시오.

ㄱ. 예상되는 화기 작업의 위치 확정
ㄴ. 휴식 및 식사 시간에도 현장 감시활동 진행
ㄷ. 화기 작업 구역에 대한 최종 점검 및 확인
ㄹ. 화기 작업 허가서 서명 및 발급
ㅁ. 작업완료 시 작업구역 내에 30분 이상 상주하며 발화 여부 확인

① ㄱ, ㄷ, ㄹ ✓
② ㄷ, ㄹ, ㅁ
③ ㄱ, ㄷ, ㄹ, ㅁ
④ ㄱ, ㄴ, ㄷ, ㄹ, ㅁ

답 ①

해 **화기취급작업 시 감독관 vs 감시자의 업무 요약**

화재안전 감독자(감독자)	화재감시자
• 예상되는 화기작업 위치 확정, 작업현장의 안전조치 확인 • 화기작업허가서 발급(서명) 　ㄴ 허가서는 현장 게시 • 전체 작업 완료 후 현장 최종점검 및 확인 • 작업완료 확인 : 허가서에 서명 및 기록으로 보관	• 화재 대응준비를 갖추어 현장에 배치 : 화기작업 중에는 물론이고, 휴식 및 식사시간에도 현장 감시활동 진행 • 작업 완료 시, 작업구역에 30분 이상 더 상주하면서 직상·직하층 점검도 병행하며 발화 여부 확인 • 점검 확인란에 서명 후 감독관에게 작업종료 통보

1회차
2회차
3회차
4회차
5회차
6회차
마무리 문제
Yes or No 퀴즈
헷갈리는 계산문제 공략법

✍ Tip

화기취급작업에서 감독관은 <u>안전관리 최종 감독자</u>! 그리고 화재 감시자는 현장 감시를 위해 소방안전관리(보조)자 또는 안전관리자가 지정한 인력으로, 특별한 자격이 요구되지 않아요. 그래서 비유하자면 감독관은 배의 안전과 감독을 총괄하는 선장! 감시자는 항해사와 같이 주변을 감시하며 선장에게 알리는 역할로 생각해 주시면 좋아요!

따라서 감독관(감독자)이 수행하는 업무에는, 예상되는 화기작업의 위치를 확정하고, 허가서를 발급하는 일, 그리고 최종점검 확인 등이 포함되므로 이에 해당하는 ㄱ, ㄷ, ㄹ인 ①번이 옳은 설명. 그 외 ㄴ과 ㅁ은 화재 '감시자'의 업무에 해당한다.

11

다음 제시된 표에서 각 소화방식에 해당하는 사례 및 분류에 대한 설명이 옳지 아니한 것을 고르시오.

구분	작용	분류	사례
①	물리적 작용	제거소화	• 가스화재 시 가스밸브를 잠금
②	화학적 작용	억제소화	• 하론류 소화약제를 사용하여 연쇄반응으로 발생하는 라디칼의 흡착 및 제거
③	물리적 작용	냉각소화	• 물을 사용하여 연소가 진행 중인 계의 열을 빼앗는 주수소화
④✓	화학적 작용	질식소화	• 연소가 진행 중인 구획을 밀폐하여 산소 농도 제어

답 ④

해 문제에서 제시된 질식소화의 사례는 적절하지만 '질식소화'와 냉각소화, 제거소화는 모두 '물리적 작용'을 이용한 소화방식이므로, 질식소화를 화학적 작용으로 서술한 ④번의 설명이 옳지 않다.

✍ 소화방법의 작용과 분류

물리적	제거	· 화재현장의 대상물 파괴 · 산림화재 진행방향의 나무 제거 · 가스화재 시 가스밸브 잠금
	냉각	· 주로 물 사용, 열에너지 빼앗음 (전기화재, 금속화재에는 X)
	질식	· 유류화재 폼으로 덮기 · 이산화탄소 방출 · 화재 초기 모래나 담요로 덮기 · 구획을 밀폐하여 한계산소농도 이하로 유지
화학적	억제	· 라디칼 흡착·제거(할론,할로겐화합물/분말소화약제)

12

초고층 건축물 등의 관리주체가 실시하여야 하는 교육 및 훈련 등에 대한 설명으로 옳지 아니한 것을 고르시오.

① 초고층 건축물 등의 관리주체는 관계인, 상시근무자 및 거주자에 대하여 교육 및 훈련을 매년 1회 이상 실시하여야 한다.
② 관리주체는 교육 및 훈련에 필요한 장비, 교재 등을 갖추어야 한다.
③ 관리주체는 교육 및 훈련의 참여 대상·내용·시기 등을 주요 내용으로, 다음 연도의 교육 및 훈련 계획을 수립하여 매년 12월 31일까지 시·군·구 본부장에게 제출하여야 한다.
④ 관리주체는 교육 및 훈련을 하였을 때에는 그 결과를 작성하여 교육 및 훈련을 한 날부터 10일 이내에 시·군·구 본부장에게 제출하고, 1년간 보관하여야 한다.

답 ③

해 초고층 건축물등의 교육·훈련 핵심 포인트!

(1) 관리주체는 관계인, 상시근무자, 거주자에 대하여 매년 1회 이상 교육·훈련 실시
(2) 관리주체는 교육·훈련 실시한 날부터 10일 내에 결과 작성하여 시·군·구본부장에 제출 → 1년간 보관
(3) 관리주체는 다음 연도 교육·훈련 계획을 매년 12월 15일까지 시·군·구본부장에 제출

따라서 다음 연도의 교육 및 훈련 계획을 12월 31일까지 제출한다고 서술한 ③번의 설명이 옳지 않다.

✎ Tip 꼭 챙겨 주세요!
초고층 교육·훈련의 결과는 1년간 보관!

13

다음 중 임시소방시설의 종류에 해당하는 것을 모두 고르시오.

ⓐ 소화기
ⓑ 자동확산소화기
ⓒ 단독경보형감지기
ⓓ 방화포
ⓔ 간이피난유도선
ⓕ 비상조명등

① ⓐ, ⓒ, ⓓ
② ⓑ, ⓔ, ⓕ
③ ⓐ, ⓓ, ⓔ, ⓕ
④ ⓑ, ⓒ, ⓓ, ⓔ, ⓕ

답 ③

해 임시소방시설의 종류는 다음과 같다.

- 소화기
- 간이소화장치
- 비상경보장치
- 가스누설경보기
- 간이피난유도선
- 비상조명등
- 방화포

따라서 이에 해당하지 않는 ⓑ와 ⓒ를 제외하고, ⓐ, ⓓ, ⓔ, ⓕ가 임시소방시설에 포함되므로 정답은 ③번.

✎ [Tip 1] '단독경보형감지기'는 어디서 봤더라?
소화기와 함께 단독주택 및 공동주택에 설치해야 하는 장치!

✎ [Tip 2] 챕스's 임시소방시설 암기 Tip!
<동대문을 열어라> 노래 멜로디에 맞추어 따라 불러보세요~!

소화 간이소화 비경보, 가설 간이유도 비조명, 방화포!♪

14

다음 중 소방안전관리보조자를 선임해야 하는 대상물을 고르시오.

① 아파트를 제외한 특정소방대상물로서 연면적이 5,000m²인 판매시설
② 의료시설로서 연면적이 8,000m²인 종합병원
③ 세대수가 150세대인 아파트
④ 연면적이 900m²이고 관계인이 24시간 상시 근무하는 숙박시설

답 ②

해 소방안전관리보조자 선임대상물의 조건은 다음과 같다.

> (1) 300세대 이상인 아파트
> → 1명. (다만, 초과 되는 300세대마다 1명 이상 추가로 선임)
> (2) 연면적 1만 5천 제곱미터 이상인 특정소방대상물(아파트 및 연립주택은 제외)
> → 1명. (다만, 초과 되는 연면적 1만 5천 제곱미터마다 1명 이상 추가로 선임)
> (3) 위 (1), (2)호를 제외한 특정소방대상물 중 다음의 어느 하나에 해당하는 특정소방대상물 : 1명.
> • 공동주택 중 기숙사
> • 의료시설, 노유자시설, 수련시설
> • 숙박시설(단, 숙박시설로 사용되는 바닥 면적의 합계가 1천 500제곱미터 미만이고, 관계인이 24시간 상시 근무하는 숙박시설은 제외)

이에 따라, 보기 ①번은 연면적 1만 5천 제곱미터 이상인 특정소방대상물이나, 또는 (3)호에서 정하는 특정소방대상물에도 해당 사항이 없으므로 보조자 선임 대상이 아니고, ③번은 300세대 '미만'의 아파트이므로 보조자 선임 대상이 아니다. 또한 보기 ④번은 (3)호 중, '제외' 대상에 해당하는 숙박시설이므로 보조자 선임 대상에서 제외된다. (참고로, 각 층 바닥면적의 총합인 '연면적'이 900m²라면 그 건물 내부에서 숙박시설로 사용되는 바닥면적의 합계 또한 '제외' 조건인 1천 500제곱미터보다 미만일 것임을 알 수 있다.)

반면 ②번의 종합병원은 (3)호에서 정하는 의료시설에 해당하여 1명의 보조자를 선임해야 하므로 소방안전관리보조자 선임 대상인 것은 ②번.

15

다음 중 시 · 도지사가 화재 발생 우려가 크거나 화재가 발생할 경우 피해가 클 것으로 예상되는 지역에 대하여 화재의 예방 및 안전관리를 강화하기 위해 지정 · 관리하는 화재 예방 강화지구에 해당하지 아니하는 것을 모두 고르시오.

> ㉠ 공장·창고가 밀집한 지역
> ㉡ 석유화학제품을 생산하는 공장이 있는 지역
> ㉢ 목조건물이 포함된 지역
> ㉣ 위험물의 저장 및 처리 시설이 위치한 지역
> ㉤ 소방시설·소방용수시설 또는 소방출동로가 없는 지역

① ㉢, ㉣
② ㉠, ㉡, ㉣
③ ㉡, ㉢, ㉣
④ ㉠, ㉡, ㉢, ㉤

답 ①

해 화재예방강화지구

지정권자	시·도지사
지정 지역 범위	(1) 시장지역 (2) 공장·창고가 밀집한 지역 (3) 목조건물이 밀집한 지역 (4) 위험물 저장·처리시설이 밀집한 지역 (5) 노후·불량건축물이 밀집한 지역 (6) 석유화학제품 생산 공장이 있는 지역 (7) 산업단지 / 물류단지 (8) 소방(용수)시설 또는 소방출동로가 없는 지역 (9) 그 밖에 (위에 준하는 지역으로) 소방관서장이 화재예방강화지구로 지정할 필요가 있다고 인정하는 지역

따라서 ㉢은 목조건물이 '밀집한' 지역일 때, ㉣은 위험물의 저장 및 처리시설이 '밀집한' 지역일 때 화재예방강화지구의 범위에 포함되므로 '포함된/위치한' 지역으로 서술한 ㉢과 ㉣은 해당하지 않으므로 ①번.

1회차

2회차

3회차

4회차

5회차

6회차

마무리 문제

Yes or No 퀴즈

헷갈리는 계산문
제 공략법

16

다음 중 위험물의 종류별로 위험성을 고려하여 대통령령이 정하는 수량으로서, 제조소등의 설치허가 등에서 기준이 되는 수량으로, 제시된 각 위험물별 지정수량의 예시로 적절하지 아니한 것을 고르시오.

① 황 : 100Kg

② 질산 : 300Kg

③ 휘발유 : 200L

④ 등유 : 2,000L

답 ④

해 위험물의 종류별 지정수량은 다음과 같다.

황	휘발유	질산	알코올류	등·경유	중유
100Kg	200L	300Kg	400L	1,000L	2,000L

✎ [챕스's 암기 Tip!]

황.발.질.코 1,2,3,4 / 등경천 / 중2천

따라서 제시된 보기 중 '등유'의 지정수량은 1,000L 이므로 옳지 않은 것은 ③번.

17

다음 제시된 그림을 참고하여 해당 건축물의 각 면적을 산정한 값으로 옳지 아니한 설명을 고르시오.

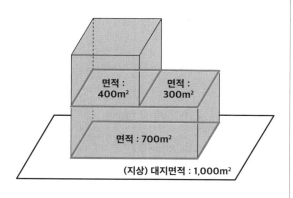

① 건축면적은 700m²이다.

② 연면적은 1,400m²이다.

③ 용적률은 110%이다

④ 건폐율은 70%이다.

답 ②

해 연면적이란 건축물의 각 층 바닥면적을 합한 면적으로, 이때 바닥면적은 건축물의 각 층 또는 일부로서 벽, 기둥 기타 이와 유사한 구획의 중심선으로 둘러싸인 수평투영면적으로 하기 때문에 2층에서는 벽,기둥으로 구획된 공간의 (바닥)면적 400m²와 1층의 바닥면적 700m²를 더한 1,100m²가 연면적이 된다.

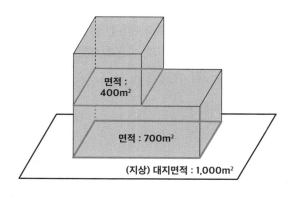

따라서 연면적을 1,400m²라고 서술한 ②번의 설명이 옳지 않다.

📁 CHECK POINT!

- 건축면적 : 건축물의 외벽의 중심선으로 둘러싸인 부분의 수평투영면적 → 제시된 그림의 경우 외벽의 중심선으로 둘러싸인 부분의 면적이 1층 바닥면적과 동일하므로 건축면적은 700m².

- 용적률 (쌓아 올린 비율) :

  $\dfrac{\text{연면적}}{\text{대지면적}} \times 100(\%)$으로 계산하므로,

  $\dfrac{1,100}{1,000} \times 100(\%) = 110\%$.

- 건폐율 (넓게 차지하는 비율) :

  $\dfrac{\text{건축면적}}{\text{대지면적}} \times 100(\%)$으로 계산하므로,

  $\dfrac{700}{1,000} \times 100(\%) = 70\%$.

18

제시된 내용과 같이 화학적·물리적으로 공통된 성질을 갖는 물질은 위험물의 류별 특성에 따라 다음 중 몇 류 위험물로 분류되는지 고르시오.

- 반응이 순식간에 일어나며 연소 속도가 매우 빨라 소화 작업 시 어려움이 있다.
- 분자 구조 내에 산소를 충분히 함유하고 있어 자기연소를 하는 자기반응성 물질이다.
- 충격, 마찰, 가열 등에 의해 착화되어 화재나 폭발을 일으킬 수 있다.

① 제6류 위험물
② 제5류 위험물 ✓
③ 제4류 위험물
④ 제2류 위험물

답 ②

해 제시된 설명은 '자기반응성 물질'인 제5류 위험물의 특징에 해당하므로 정답은 ②번.

✎ Tip

자기반응성 물질인 제5류 위험물의 핵심 키워드로는 '자기연소', '빠른 연소 속도', '폭발'을 기억해 주시면 좋아요 ^ ^

📁 [참고] 위험물 종류별 성질 더 알아보기
이름이 비슷한 1류와 6류도 비교해서 챙겨 주기!

제1류	• 산화성 고체 • 강산화제(산소 다량 함유) → 산소 방출
제6류	• 산화성 액체 • 자체는 불연이나, 산소 발생(조연성) • 일부는 물과 접촉 시 발열
제2류	• 가연성 고체 • 저온 착화 / 유독가스
제3류	• 자연발화성·금수성 물질 • 물과 반응, 자연발화 → 가연성 가스 • 용기 파손이나 누출 주의
제4류	• 인화성 액체 • 대부분 물보다 가볍고, 물에 녹지 않음 • 증기는 공기보다 무겁다. • 인화가 쉽고, 대부분 주수소화 불가.

1회차

2회차

3회차

4회차

5회차

6회차

마무리 문제

Yes or No 퀴즈

헷갈리는 개념도 제 공부법

19

다음 중 방염성능 기준 이상의 실내 장식물 등을 설치해야 하는 특정소방대상물에 실내장식 등의 목적으로 설치 또는 부착하는 물품 중 방염 대상 물품이 아닌 것을 고르시오.

① 다중이용업소의 두께가 1mm인 종이 벽지 ✓

② 의료시설의 창문에 설치하는 커튼류

③ 근린생활시설 중 공연장의 암막 및 무대막

④ 방송통신시설 중 방송국 및 촬영소의 무대용 합판·목재

답 ①

해 방염대상물품 중 '두께가 2mm 미만인 종이벽지'는 제외되므로, ①번의 두께 1mm의 종이벽지는 방염대상물품으로 볼 수 없다. 따라서 답은 ①번.

📁 **[참고1] 방염성능기준 이상의 실내장식물 등을 설치해야 하는 특정소방대상물(일부 요약)**

(1) 근생시설 중 의원, 체력단련장, 공연장

(2) 종교시설, 운동시설(*수영장 제외)

(3) 합숙소, 숙박 가능한 수련시설

(4) 의료시설, 노유자시설, 숙박시설

(5) 방송국, 촬영소 / 다중이용업소

(6) 그 외 11층 이상인 것(*아파트 제외)

📁 **[참고2] 방염대상물품(일부 요약)**

• 커튼류(블라인드), 카펫, 암막·무대막

• 벽지류(*두께 2mm 미만인 종이벽지는 제외)

• 전시용(무대용) 합판·목재, 섬유판

• 섬유류·합성수지류의 소파·의자[*단란주점·유흥주점·노래연습장에 한함]

• 칸막이, 흡음재, 방음재

20

다음 중 공사 현장에서 용접 및 용단 작업 시 발생되는 비산 불티에 대한 특성으로 옳지 아니한 설명을 모두 고르시오.

ⓐ 적열 시 비산 불티의 온도는 1,600℃ 이상이다.

ⓑ 비산 불티는 풍속, 철판 두께 등과 관계없이 약 11m의 비산거리를 유지한다.

ⓒ 발화원으로 작용할 수 있는 비산 불티의 크기는 직경 약 0.3~3mm이다.

ⓓ 비산 불티는 수 시간 후에도 화재를 발생시킬 위험성이 있으므로 주의·감시가 필요하다.

ⓔ 실내 무풍 시 비산 되는 불티의 비산 거리는 약 5m 정도이다.

① ⓑ, ⓔ ✓   ② ⓐ, ⓒ, ⓓ

③ ⓑ, ⓒ, ⓔ   ④ ⓐ, ⓑ, ⓒ, ⓔ

답 ①

해 **[옳지 않은 이유]**

용접 및 용단 작업 등으로 발생되는 비산 불티는 일반적으로 실내 무풍 시 약 11m 정도를 튀어나갈 수 있지만, 풍향·풍속, 작업 높이나 철판의 두께 등의 환경에 따라 비산거리 또한 달라질 수 있다.

따라서 풍속, 철판 두께 등과 관계없이 11m의 비산거리를 유지한다고 서술한 ⓑ와, 실내 무풍 시 불티의 비산 거리를 5m라고 서술한 ⓔ의 설명은 적절하지 않으므로 답은 ①번.

📁 **[참고]**

용접 작업 등으로 수천 개의 비산 불티가 발생될 수 있으며, 이러한 비산 불티는 약 1,600C 이상의 고온체로, 직경 약 0.3~3mm 크기로도 발화원으로 작용할 수 있다. 또한 작업 중에는 물론이고 수 분에서 수 시간 이후까지 화재를 일으킬 위험이 있으므로 주의·감시가 필요하다.

21

다음 중 한국소방안전원의 업무에 해당하지 아니하는 것만을 모두 고르시오.

㉠ 소방기술과 안전관리에 관한 교육 및 연구·조사
㉡ 소방업무에 관하여 행정기관이 위탁하는 업무
㉢ 위험물안전관리시설에 대한 형식 승인 및 허가
㉣ 방염처리물품에 대한 성능검사 실시
㉤ 소방기술과 안전관리에 관한 각종 간행물 발간

① ㉡, ㉢, ㉤
② ㉢, ㉣ ✓
③ ㉠, ㉢, ㉣
④ ㉢, ㉣, ㉤

답 ②

해 한국소방안전원의 업무를 요약하면 다음과 같다.

• 소방기술과 안전관리에 관한 교육 및 연구·조사
& 간행물 발간
  ㄴ, 대국민 홍보 : 화재예방·안전관리 의식 고취
• 소방업무에 관하여 행정기관이 위탁하는 업무
• 소방안전에 관한 국제협력
• 회원에 대한 기술지원 등 그 외 정관으로 정하는 사항

따라서 ㉢ 위험물안전관리시설 관련 업무나, ㉣ 방염에 관한 사항에 대해서는 한국소방안전원의 업무와 무관하므로, 해당사항이 없는 것만을 모두 고른 것은 ②번.

🗀 [참고]
방염처리물품 중 선처리물품의 방염성능검사 실시 기관은 '한국소방산업기술원'이에요 ^ ^

22

다음 제시된 특정소방대상물의 건축물 현황을 참고하여 해당 특정소방대상물에 대한 설명으로 옳지 아니한 설명을 고르시오.

명칭	OO 병원
용도	의료시설
규모/구조	• **층수** : 지상 10층 / 지하 2층 • **연면적** : 8,000m² • **높이** : 45m
소방시설 현황(일부)	☑ 자동화재탐지설비 ☑ 옥내소화전설비 ☑ 스프링클러설비 ☑ 피난기구 ☑ (가) 유도등

① OO병원은 2급 소방안전관리대상물이다.
② (가)에 들어갈 유도등은 대형피난구유도등 및 통로유도등이다.
③ 1급소방안전관리자 선임 자격이 있는 사람을 소방안전관리자로 선임할 수 있다.
④ 소방안전관리 보조자를 2명 이상 선임해야 한다.

답 ④

해 [옳지 않은 이유] 소방안전관리보조자 선임 대상물

(1) 300세대 이상인 아파트
(2) 연면적 1만 5천 제곱미터 이상인 특정소방대상물 (아파트 및 연립주택은 제외)
(3) 위 (1), (2)호를 제외한 특정소방대상물 중 다음의 어느 하나 : 1명.
  • 공동주택 중 기숙사
  • 의료시설, 노유자시설, 수련시설
  • 숙박시설(단, 숙박시설로 사용되는 바닥면적의 합계가 1천 500제곱미터 미만이고, 관계인이 24시간 상시 근무하는 숙박시설은 제외)

1회차

2회차

3회차

4회차

5회차

6회차

마무리 문제

Yes or No 퀴즈

헷갈리는 계산 문제 제공목록

위의 조건에 따라, 제시된 OO 병원은 300세대 이상의 아파트나 연면적이 1만 5천 제곱미터 이상인 특정소방대상물에는 해당하지 않지만 '의료시설'에 해당하여 소방안전관리보조자 1명을 선임해야 한다. 그리고 이때 (1)호 및 (2)호에는 해당하지 않으므로, 초과되는 300세대 또는 초과되는 연면적 1만 5천 제곱미터마다 추가로 선임하는 경우에도 해당하지 않으므로 OO병원의 소방안전관리보조자 최소 선임 인원수는 1명이다. 따라서 2명 이상을 선임해야 한다고 서술한 ④번의 설명이 옳지 않다.

📁 [더 알아보기!]

OO 병원은 1급 대상물의 규모(연면적 1만 5천 제곱미터 이상이거나 지상층의 층수가 11층 이상인 특정소방대상물)에는 미치지 않고 옥내소화전 설비, 스프링클러설비를 설치하는 특정소방대상물로 2급 소방안전관리대상물에 해당한다. 그러므로 2급 대상물보다 상위 등급인 1급 소방안전관리자 선임 자격이 있는 사람을 소방안전관리자로 선임할 수 있으며, <특정소방대상물의 용도별로 설치하는 유도등의 종류>에 따라 의료시설에는 대형 피난구유도등과 통로유도등을 설치하므로 ①, ②, ③번의 설명은 옳다.

23

다음 제시된 보기 중에서 건축물의 주요구조부에 해당하는 것만을 모두 고르시오.

㉮ 최하층 바닥
㉯ 기초
㉰ 기둥
㉱ 지붕틀
㉲ 작은보
㉳ 보

① ㉮, ㉰, ㉱, ㉳
② ㉯, ㉱, ㉱, ㉳
③ ㉰, ㉱, ㉳
④ ㉯, ㉰, ㉲

답 ③

해 건축물의 구조상 주요 부분에 해당하는 '주요구조부'에는 [내력벽·기둥·바닥·보·지붕틀·주계단]이 포함되므로, 이에 해당하는 것만을 모두 고른 것은 ③번.

✎ [Tip!] 내·기·바·보·지붕·주!

📁 CHECK POINT!

주요구조부에 포함되지 **않는** 부분 : 최하층 바닥, 작은보, 기초, 사이기둥, 차양, 옥외계단

24

다음의 각 조건별로 제시된 지문 중 면적별 구획 방식에 따른 방화구획의 설치 기준에 대한 설명으로 옳지 아니한 것을 고르시오. (이때 해당 특정소방대상물은 주요구조부가 내화구조 또는 불연재료로 된 건축물로서 연면적이 1,000m²를 넘는 것을 말하며, 각 지문에서 제시된 조건 외의 사항은 고려하지 않는다.)

① 스프링클러설비가 설치되고 실내 마감재를 불연재료로 한 경우로 13층 : 바닥면적 1,500m² 이내마다 구획

② 스프링클러설비(기타 이와 유사한 자동식 소화설비)가 설치되지 않은 경우로 11층 : 바닥면적 200m² 이내마다 구획

③ 스프링클러설비가 설치된 경우로 3층 : 바닥면적 1,000m² 이내마다 구획 ✓

④ 스프링클러설비가 설치된 경우로 15층 : 바닥면적 600m² 이내마다 구획

답 ③

해 우선, 주요구조부가 내화구조 또는 불연재료로 된 건축물로서 연면적이 1,000m²를 넘는 것은 방화구획 설치대상이므로 아래와 같이 면적별 방화구획 설치기준이 적용된다.

[면적별 방화구획 설치기준(요약)]

층	바닥면적 (기본 구획단위)		스프링클러(자동식) 설치 시 : X3배
10층 ↓	1,000m²		3,000m²
11층 ↑	실내 마감재는 불연재 X	200m²	600m²
	실내 마감재도 불연재 O	500m²	1,500m²

[옳지 않은 이유]

③번에서 제시된 3층은 '10층 이하의 층'으로, 스프링클러설비(또는 자동식소화설비)가 설치되어 있으므로 기본 구획기준인 1,000m²의 3배인 '3,000m²이내마다 구획할 수 있으므로 1,000m이내마다 구획해야 한다고 서술한 ③번의 설명이 옳지 않다.

[더 알아보기!]

① : 11층 이상의 층 + 실내 마감재도 불연재O + 스프링클러 설치 → 1,500m² 이내마다 구획

② : 11층 이상의 층, 실내 마감이 불연재라는 언급이 없으므로 불연재가 아닌 경우로 간주, 스프링클러(자동식) 설치하지 않았으므로 기본 구획기준 적용 → 200m² 이내마다 구획

④ : 11층 이상의 층, 실내마감이 불연재라는 언급이 없으므로 불연재가 아닌 경우로 간주 + 스프링클러 설치했으므로 3배 기준 적용 → 600m² 이내마다 구획

25

다음 제시된 그림을 참고하여 자동심장충격기(AED) 사용 시 패드의 부착 위치로 가장 적합한 것을 ㉮ ~ ㉭에서 고르시오.

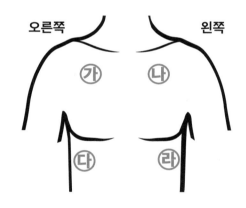

① 패드1 : ㉮, 패드2: ㉯
② 패드1 : ㉮, 패드2: ㉭ ✓
③ 패드1 : ㉯, 패드2: ㉰
④ 패드1 : ㉯, 패드2: ㉭

답 ②

해 자동심장충격기(AED)에는 두 개의 패드가 있는데, 이때 패드의 부착 위치는 다음과 같다.

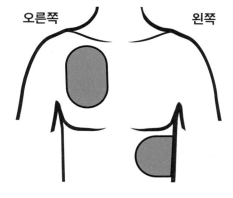

오른쪽 　　　　　 왼쪽

- 패드1 : 오른쪽 빗장뼈 아래
- 패드2 : 왼쪽 젖꼭지 아래의 중간겨드랑선

따라서 제시된 ㉮ ~ ㉲ 중에서 가장 적합한 위치를 고른 것은 ②번.

📂 [더 알아보기!] 자동심장충격기(AED)의 사용 순서

1. 전원 켜기

2. 패드 부착

3. 심장리듬 분석 : 환자에게서 손 떼기

4. 버튼 눌러 심장충격 시행 : 필요한 경우에만 버튼이 깜박이고, 버튼을 누르기 전 환자에게 접촉 X

5. 심폐소생술 다시 시행 : 심장충격 이후에는 즉시 가슴압박과 인공호흡을 30:2의 비율로 다시 반복 시행

1회차

2회차

3회차

4회차

5회차

6회차

마무리 문제

Yes or No 퀴즈

헷갈리는 계산문제 제공법

26

다음에서 제시된 내용을 참고하여 소방교육 및 훈련의 실시원칙 중 어느 것에 해당하는 설명인지 고르시오.

- 학습자에게 감동이 있는 교육을 실시해야 한다.
- 쉬운 것에서부터 어려운 것의 순서로 진행한다.
- 기능적인 이해에 비중을 두어야 한다.
- 한 번에 한 가지씩 습득 가능한 분량을 고려하여 교육 및 훈련을 진행한다.

① 교육자 중심의 원칙

② 동기부여의 원칙

③ 실습의 원칙

④ 학습자 중심의 원칙

답 ④

해 문제에서 제시된 '습득 가능한 분량', '쉬운 것 → 어려운 것으로', '학습자에게 감동'이 있는 훈련 및 교육이 이루어져야 하는 점은 소방교육 및 훈련의 실시원칙 중 [학습자 중심]의 원칙에 해당하는 설명이므로 정답은 ④번.

참고로, 소방교육 및 훈련의 실시원칙 중 교육자 중심의 원칙은 없는 개념이므로 함정에 빠지지 않도록 주의!

27

다음의 그림을 참고하여 해당 건축물에 적용할 수 있는 최소한의 경계구역의 수를 고르시오. (단, 세로 변의 길이는 모두 10m로 동일하며, 1층은 주된 출입구에서 내부 전체가 보이는 구조가 아니고 2층과 3층의 면적은 같다.)

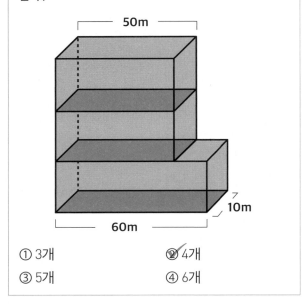

① 3개
② 4개
③ 5개
④ 6개

답 ②

해 **경계구역** : 화재를 감지하고 효율적으로 제어하기 위해 1회선에 설정된 적정 구역(범위).
경계구역의 설정 기준은 다음과 같다.

- 하나의 경계구역에 둘 이상의 건축물 X
- 하나의 경계구역에 둘 이상의 층 X (단, 500m² 이하의 범위 안에서는 예외적으로 2개 층을 하나의 경계구역으로 할 수 있다.)
- 하나의 경계구역의 면적은 600m² 이하로 하고, 한 변의 길이는 50m 이하로 할 것.
  └, 다만, 해당 대상물의 주된 출입구에서 그 내부 전체가 보이는 것에 있어서는 한 변의 길이가 50m인 범위 내에서 면적 1,000m² 이하로 할 수 있다.

이에 따라, 1층은 주된 출입구에서 내부 전체가 보이는 구조가 아니라고 했으므로 하나의 경계구역의 면적은 600m² 이하 기준이 적용되는데, 이때 1층의 면적은 600m²(60m x 10m)로 하나의 경계구역으로 설정할 수 있는 면적 범위는 만족하지만, 한 변의 길이(가로 변의 길이)가 50m를 초과하므

로, 2개의 경계구역으로 설정한다.

2층과 3층은 면적이 같고 세로 변이 10m, 가로 변이 50m로 각 층의 면적은 500m²로 하나의 경계구역에 해당하는 면적과 변의 길이 기준이 모두 만족하므로 각각 하나의 경계구역으로 설정하여, 2층을 1개, 3층을 1개의 경계구역으로 할 수 있다. (만약 2개 층을 합쳐서 500m² 이하였다면 2개 층을 하나의 경계구역으로 묶어서 설정할 수 있었겠지만, 문제에서 제시된 그림에서는 이미 하나의 층의 면적이 500m²이므로 두 개 층을 묶을 수 없고 각각 하나의 경계구역으로 설정한다.)

따라서 1층 : 2개 + 2층 : 1개 + 3층 : 1개로 최소한의 경계구역의 수는 4개.

1회차

2회차

3회차

4회차

5회차

6회차

마무리 문제

Yes or No 퀴즈

헷갈리는 계산문제 제공방법

28

그림에서 버튼 방식 P형 수신기의 동작시험 시 조작하는 스위치 및 점등되는 표시등에 해당하지 아니하는 것을 고르시오.

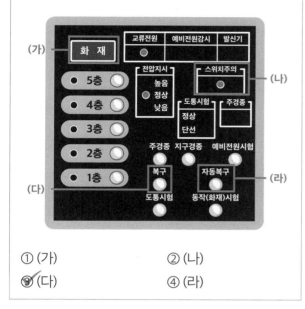

① (가)　　　　　　② (나)

③ (다) ✓　　　　　④ (라)

답 ③

해 버튼방식 P형 수신기의 동작시험 시 '동작(화재)시험' 스위치와 (라)의 '자동복구' 스위치를 누르고, 각 경계구역에 해당하는 회로버튼을 눌러 보며 시험을 진행한다. 이러한 동작시험으로 (가)화재표시등 및 각 경계구역(지구)표시등이 점등되고, (나)스위치주의등이 점멸하며, 음향장치가 작동한다.

하지만 (다)'복구'스위치는 수신기의 동작시험과는 무관하므로, 동작시험 시 조작하는 스위치 및 점등되는 표시등에 해당하지 않는 것은 (다)복구스위치.

🗁 [참고]

동작시험 완료 : 동작(화재)시험 스위치와 자동복구 스위치를 정상 위치로 복구 → 화재표시등, 지구표시등, 스위치주의등 '소등' 확인

29

다음 그림의 수신기를 참고하여 해당 특정소방대상물의 현재 상태에 대한 설명으로 가장 적절한 것을 고르시오.

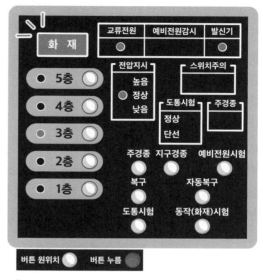

① 3층에 위치한 발신기의 누름버튼이 눌린 상황이다. ✓

② 예비전원시험 결과 배터리의 전압은 정상 범위 내에 있다.

③ 현재 점검을 위해 경종은 일시 정지한 상태이다.

④ 3층의 감지기가 동작한 상황이다.

답 ①

해 제시된 수신기의 상태는 [화재표시등]이 점등되었고, [발신기 작동등(표시등)]과 3층에 점등된 것으로 보아 3층의 발신기 누름버튼을 눌러 수신기에 화재신호가 들어온 것임을 알 수 있다. 따라서 가장 적절한 설명은 ①번.

🗁 CHECK POINT! 옳지 않은 이유

② : 예비전원시험 결과, 배터리의 전압 상태가 정상인지를 알기 위해서는 '예비전원시험'스위치를 누르고 있는 동안 표시되는 전압지시의 상태를 확인하면 되는데, 그림 상에서는 예비전원시험 스위치가 눌려 있지 않은, 평상시의 교류전원 상태이므로 제시된 그림만으로는 예비전원시험의 결과는 알 수 없다. (다만 상용 (교류)전원의 공급 상태는 정상임을 알 수 있다.)

③ : 수신기의 주경종/지구경종 버튼을 누르면 경종을 정지할 수 있는데, 그림에서는 경종 버튼이 눌려 있지 않은 (원위치)상태이므로 현재 경종이 정지 상태가 아님을 알 수 있다.

④ : 수신기의 [발신기 작동(표시등)]에 점등되었으므로 발신기에서 화재 신호를 보냈음을 알 수 있다. 따라서 감지기가 동작했다는 설명은 적절하지 않다.

30

다음 제시된 각 설비의 적정 압력 기준으로 옳지 아니한 것을 고르시오.

구분	설비	적정 압력
①	축압식 분말소화기	0.7 ~ 0.98MPa
②	옥외소화전설비	0.25 ~ 0.7MPa
③	옥내소화전설비	0.17 ~ 0.7MPa
④✓	스프링클러설비	1.0 ~ 1.2MPa

답 ④

해 스프링클러설비의 적정 방수압력은 0.1 ~ 1.2MPa 이므로 1.0으로 서술한 ④번의 설명이 옳지 않다.

📁 CHECK POINT!

• 축압식 소화기 : 0.7 ~ 0.98MPa

• 옥내소화전 : 0.17MPa 이상 0.7MPa 이하

• 옥외소화전 : 0.25MPa 이상 0.7MPa 이하

• 스프링클러 : 0.1MPa 이상 1.2MPa 이하

31

다음은 옥내소화전설비와 연결된 펌프실 내 설비 일부를 나타낸 계통도이다. 그림을 참고하여 표시된 (가), (나), (다) 체크밸브의 유수 방향으로 옳은 것을 고르시오.

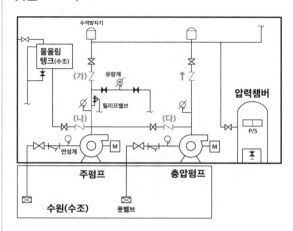

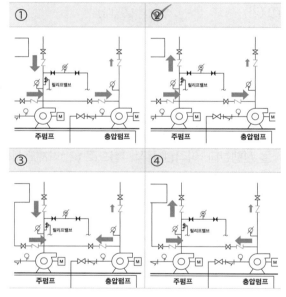

답 ②

해 체크밸브란, 물이 한쪽 방향으로만 흐르도록 역류방지 기능을 하는 밸브를 말하며, 그림의 (나)와 (다)는 물올림수조(탱크)로부터 물이 각 주펌프 및 충압펌프로 보내져야 하기 때문에 제시된 그림과 같은 구조에서는 (나)와 (다) 체크밸브는 '→' 방향이어야 한다. 또한 주·충압펌프의 토출측 배관으로 물이 보내지므로 (가)의 방향은 '↑'. 따라서 답은 ②번.

📁 [참고]

만약 체크밸브가 없다면 물이 역류하여 설비에 무리를 주거나 고장 등으로 이어질 수 있어요.

32

펌프성능시험 중 정격부하운전 시, 다음 제시된 그림에 표시된 (가) ~ (다) 각 밸브의 개폐상태로 옳은 것을 고르시오.

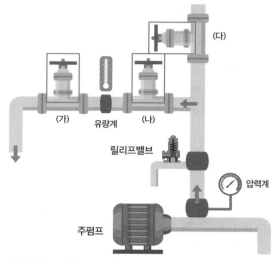

구분	(가)	(나)	(다)
①	개방	개방	개방
②	개방	폐쇄	폐쇄
③	개방	개방	폐쇄
④	폐쇄	개방	폐쇄

답 ③

해 (가)는 유량조절밸브, (나)는 (성능시험배관 상의)개폐밸브, (다)는 펌프 토출측 개폐밸브에 해당한다.

1. 우선, 펌프성능시험을 위해 토출측 밸브인 (다)는 '폐쇄'하여 물이 성능시험배관으로 흐르도록 제어한다. (이는 유량을 효과적으로 제어하고 정확한 성능을 측정하기 위함이다.)
2. 그리고 '정격부하운전'은 유량이 100% 정격 유량일 때의 압력이 정격토출압 이상이 되는지를 확인하기 위한 시험이므로, 성능시험배관 상의 개폐밸브인 (나)를 '개방'하여 물이 흘러 토출될 수 있도록 하고,
3. 유량조절밸브인 (가) 또한 '개방'하여 토출량(유량)을 100% 정격유량으로 맞추어, 압력이 정격압력 이상으로 측정되는지 확인하는 과정으로 시험을 진행한다.

따라서 (가)유량조절밸브 : 개방, (나)성능시험배관 상의 개폐밸브 : 개방, (다) 토출측 개폐밸브 : 폐쇄로 옳은 설명은 ③번.

33

다음은 펌프성능시험의 결과를 나타낸 표이다. 제시된 표를 참고하여 빈칸 (가)~(라)에 들어갈 값에 대한 설명으로 옳지 아니한 것을 고르시오. (단, 펌프 명판 상 명시된 토출량은 500L/min이고, 양정은 100m이다.)

펌프성능시험 결과표			
구분	체절운전	정격운전	최대운전
토출량 (L/min)	(가)	500	(나)
토출압 (MPa)	(다)	1.0	(라)

① (가)에 들어갈 값은 0으로 한다.
② (나)는 750L/min의 상태일 것이다.
③ (다)는 1.5MPa 이상이면 정상이다.
④ (라)의 측정 결과가 0.7MPa이었다면 최대운전의 토출압력 결과는 정상이다.

답 ③

해 우선 문제에서 제시된 펌프 명판 상의 토출량과 양정을 기준으로, 토출량이 정격(100% 유량)인 500L/min일 때의 토출압력이 1MPa(=양정 100m)로 정격압력 이상(정상)임을 알 수 있다.

(1) 체절운전 : 체절운전은 토출량이 0인 상태에서 펌프를 기동하여, 그때의 체절압력이 정격압력의 140% 이하로 측정되면 정상 판정한다. 그렇다면 체절운전의 토출량인 (가)는 0이어야 하고, 그때의 체절압력인 (다)는 정격토출압력이었던 1MPa의 1.4배 이하여야 하므로, 1.4MPa 이하로 측정되어야 정상인데, ③번에서는 1.5MPa 이상이면 정상이라고 서술하고 있으므로 옳지 않은 설명은 ③번.

(2) 최대운전 : 최대운전은 150% 유량 운전으로 유량이 정격의 150%일 때의 토출압력이 정격의 65% 이상이면 정상으로 판정한다. 그러므로 최대운전 시 토출량인 (나)의 유량이 (정격인 500L/min X1.5배를 한) 750L/min일 때, 토출압력 (라)는 정격압력이었던 1MPa의 65% 이상 (1MPa X0.65 이상)이면 정상이므로, (라)의 측정 값이 0.7MPa이라면 최대운전의 토출압력 결과는 정상이다.

따라서 옳지 않은 설명은 ③.

1회차

2회차

3회차

4회차

5회차

6회차

마무리문제

Yes or No 퀴즈

헷갈리는 계산문제 총정리법

다음의 각 특정소방대상물에 설치해야 할 소방시설의 연면적 적용기준으로 옳지 아니한 것을 고르시오.

구분	소방시설	설치대상	적용기준 (연면적)
①	스프링클러설비	지하가 (터널 제외)	1,000m² 이상
②	제연설비	지하가 (터널 제외)	1,000m² 이상
③	소화기구 (소화기 ·간이소화용구 ·자동확산소화기)	건축물의 연면적	33m² 이상
④	옥내소화전설비	건축물의 연면적 (지하가 중 터널 제외)	1,500m² 이상

답 ④

해 옥내소화전 설비의 경우, 건축물의 연면적이 3,000m² 이상인 것(지하가 중 터널 제외)에 대해서는 모든 층에 설치해야 한다. 따라서 옥내소화전 설비의 설치 대상이 되는 기준을 1,500m²로 서술한 ④번의 설명이 옳지 않다.

📁 [참고] 옥내소화전설비의 설치 대상(일부 요약)

1. 연면적(지하가 중 터널 제외)		3,000m² 이상	
2. 지하층·무창층 또는 층수가 4층 이상인 것 중 : 바닥면적이 600m² 이상인 층이 있는 것			
3. (1번에 해당하지 않는) 근생·판매·의료·노유자 ·업무·숙박·장례시설, 공장·창고, 복합건축물로서	연면적	1,500m² 이상	모든 층
	지하층· 무창층 또는 층수가 4층 이상인 것 중 : 바닥면적	300m² 이상인 층이 있는 것	
4. 건물 옥상에 설치된 차고·주차장 면적		200m² 이상인 경우 해당 부분	

제시된 그림의 동력제어반의 상태를 참고하여 해당 동력제어반의 동작에 대한 설명으로 옳지 아니한 것을 <보기>에서 모두 고르시오.

보기

㉮ 현재 주펌프는 기동되지 않았다.
㉯ 충압펌프가 자동으로 기동한 상황이다.
㉰ 현재 상태에서 충압펌프를 정지한다면, 화재 발생시 충압펌프는 자동으로 기동될 수 없다.
㉱ 주펌프를 수동으로 기동한 상태이다.

① ㉮, ㉰
② ㉯, ㉱
③ ㉮, ㉱
④ ㉯, ㉰

답 ②

해 [옳지 않은 이유]
㉯ : 충압펌프의 자동/수동 절환(선택)스위치가 '수동' 위치에 있으므로, 충압펌프가 자동으로 기동한 상태가 아닌, 수동으로 기동시킨 상태임을 알 수 있다.
㉱ : 주펌프는 현재 '자동' – '정지'한 상태이므로 수동으로 기동한 상태라는 설명은 옳지 않다.

따라서 해당 동력제어반에 대한 설명으로 옳지 않은 것은 ②번.

📂 CHECK POINT!

- 평상시 자동/수동 선택스위치는 [자동]에 위치해야 한다.
- 그림에서는 충압펌프만 '수동'으로 두고 기동하여, 충압펌프가 기동 중(펌프기동 표시등 점등)인 상태임을 알 수 있다.
  └ 따라서 그림과 같이 자동/수동 선택스위치를 '수동'에 놓은 경우에는 화재 시 자동으로 신호를 받아 기동될 수 없으므로, 충압펌프를 수동으로 기동하여 시험해 본 상황이라면, 이후 선택스위치를 다시 [자동]위치에 두어야 한다.
- 주펌프의 선택스위치는 '자동' 위치에 있으며 현재 주펌프의 점등 상태로 보아 주펌프는 '정지'한 상태임을 알 수 있다.

1회차

2회차

3회차

4회차

5회차

6회차

마무리 문제

Yes or No 퀴즈

헷갈리는 계산문제 공략법

36

다음 제시된 자료를 참고하여 해당 소화기의 점검에 대한 설명으로 옳은 것을 모두 고르시오.

번호	점검항목	점검결과
1-A-002	설치높이 적합 여부	O
1-A-003	보행거리 이내 배치 기준 적합 여부	O
1-A-007	지시압력계 범위의 적정 여부	(가)
지시압력계 점검 사진		

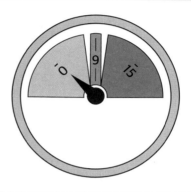

ⓐ 소화기는 바닥으로부터 높이 1.5m 이하의 곳에 비치되어 있다.
ⓑ 점검 결과에 따라 소화기 교체 등의 조치가 필요하지 않다.
ⓒ 소화기의 능력단위가 2단위라면 배치기준에 따라 보행거리가 20m 이내로 설치되어 있을 것이다.
ⓓ (가)의 점검결과는 O 표기한다.

① ⓐ, ⓒ
② ⓑ, ⓓ
③ ⓐ, ⓒ, ⓓ
④ ⓐ, ⓑ, ⓒ, ⓓ

답 ①

해 [옳지 않은 이유]
제시된 지시압력계 사진에서 압력이 부족한 '미달' 상태로 확인되므로, 점검항목 1-A-007의 점검결과 (가)는 불량인 X로 표기해야 하며, 압력 부족으로 인해 정상적으로 소화약제가 방출되지 않을 우려가 있어 소화기를 교체하는 등의 조치가 필요하다. 따라서 ⓑ와 ⓓ의 설명이 옳지 않으므로 이를 제외하고 옳은 설명은 ①번.

🗀 CHECK POINT!

- 소화기는 거주자 등이 쉽게 사용할 수 있는 장소에, 바닥으로부터 높이 1.5m 이하의 위치에 비치해야 하며, 이러한 설치 높이의 적합 여부에 대한 점검 결과가 O(양호)이므로 소화기는 바닥으로부터 높이 1.5m 이하의 곳에 비치되어 있을 것임을 알 수 있다.
- 능력 단위가 2단위라면 이는 소형 소화기로, 특정소방대상물의 각 부분으로부터 1개의 소화기까지의 보행거리가 20m 이내가 되도록 배치한다. 따라서 보행거리 배치 기준 적합 여부가 O(양호)이므로 소화기의 배치 거리 기준(보행거리 20m 이내)이 적합한 것을 알 수 있다.

🗀 [참고] 소형 소화기, 대형 소화기

- 소형 : 능력단위가 1단위 이상이고 대형소화기의 능력단위 미만인 것 → 보행 20m 이내
- 대형 : 능력단위 A10, B20 이상인 것으로 운반대와 바퀴 설치 → 보행 30m 이내

가스계소화설비의 점검 전 안전조치 단계 중 3단계의 빈칸 (가) ~ (다)에 들어갈 과정으로 옳은 것을 순서대로 고르시오.

1단계	1. 기동용기에서 선택밸브에 연결된 조작동관 및 저장용기에 연결된 개방용동관을 분리한다.
2단계	2. 제어반의 솔레노이드밸브를 연동 정지한다.
3단계	(가) _____ (나) _____ (다) _____

구분	(가)	(나)	(다)
①	안전핀 제거	솔레노이드 분리	안전핀 체결
✓②	안전핀 체결	솔레노이드 분리	안전핀 제거
③	솔레노이드 분리	안전핀 체결	안전핀 제거
④	솔레노이드 분리	안전핀 제거	안전핀 체결

답 ②

해 가스계 소화설비의 점검 시, 안전사고 예방을 위해 가스가 실제로 방출(유출)되지는 않도록 미리 점검 전 안전조치를 한 다음, 솔레노이드밸브가 정상적으로 격발 되는지 시험한다. 그래서 이때 1단계 2단계와 같이 조작 동관을 분리하고, 제어반의 솔레노이드밸브를 연동 정지한 이후, 3단계에서 솔레노이드밸브를 함에서 안전하게 꺼내어 본격적인 격발 테스트를 진행할 수 있도록 준비 과정을 거치게 되는데, 이러한 3단계의 과정은 순서대로
1. 안전핀을 체결한 상태에서
2. 기동용기로부터 솔레노이드밸브를 분리해내고
3. 안전핀을 제거하여 격발 시험을 할 수 있는 준비 상태를 갖추는 과정으로 이루어진다.
따라서 이러한 순서로 옳은 것은 ②번

안전핀 체결	솔밸브 분리	안전핀 제거
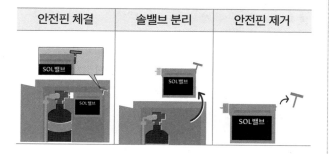		

1회차

2회차

3회차

4회차

5회차

6회차

마무리 문제

Yes or No 퀴즈

헷갈리는 계산문제 공략법

38

전기실의 감지기가 동작하여 이산화탄소 소화설비가 작동한 경우, 다음 제시된 지문 중에서 가스계소화설비의 동작 과정으로 가장 적절한 것을 고르시오.

① 감지기 동작 → 선택밸브 및 저장용기 개방 → 솔레노이드 작동 및 기동용기 개방 → 제어반 → 약제 방사

② 감지기 동작 → 제어반 → 선택밸브 및 저장용기 개방 → 솔레노이드 작동 및 기동용기 개방 → 약제 방사

③ 감지기 동작 → 솔레노이드 작동 및 기동용기 개방 → 제어반 → 선택밸브 및 저장용기 개방 → 약제 방사

④ 감지기 동작 → 제어반 → 솔레노이드 작동 및 기동용기 개방 → 선택밸브 및 저장용기 개방 → 약제 방사

답 ④

해 가스계 소화설비의 동작 순서는 다음과 같다.

1. 감지기 동작(또는 수동조작함 기동)
2. 제어반으로 신호 전달, 일정 지연시간(약 30초) 후 솔레노이드 작동
3. 기동용기가 개방되어, 기동용 가스 이동
4. 선택밸브 및 저장용기 개방
5. 저장용기의 소화약제가 헤드로 방출되어 구역 내에 약제 방사

따라서 이와 같은 순서로 가장 적절한 것은 ④번.

39

부속실 제연설비의 점검을 위해 계단실·부속실의 방연 풍속 측정 시, 출입문을 개방한 후 방연 풍속을 측정하는데 이때의 해당 제연구역이 부속실만 단독으로 제연하는 것으로 부속실이 면하는 옥내가 거실인 경우의 방연풍속 기준으로 옳은 것을 고르시오.

① 0.3㎧ 이상

② 0.5㎧ 이상

③ 0.7㎧ 이상

④ 0.9㎧ 이상

답 ③

해 제연설비의 점검 중 '방연풍속'은 제연구역에 따라 다음의 기준에 적합해야 한다.

제연구역		방연풍속
계단실 및 부속실을 동시에 제연하는 것 또는 계단실만 단독 제연하는 것		0.5㎧ 이상
부속실만 단독 제연하는 것	부속실이 면하는 옥내가 거실인 경우	0.7㎧ 이상
	부속실이 면하는 옥내가 복도로서 : 그 구조가 방화구조인 것	0.5㎧ 이상

따라서 문제에서 제시된 제연구역에 적용되는 방연풍속 기준은 0.7㎧ 이상으로 ③번.

🗂 [더 알아보기!] 부속실 제연설비의 점검 방법

• 차압 – 계단실·부속실 등 차압장소의 문을 '닫고' 부속실 내의 차압을 측정하였을 때 : 최소 차압 40Pa 이상(스프링클러설비가 설치된 경우 12.5Pa 이상)

• 방연풍속 – 출입문을 '개방'한 상태에서 풍속계로 풍속 측정

40

물분무등소화설비에 대한 설명으로 옳지 아니한 것을 고르시오.

① 물분무등소화설비는 일반화재, 유류화재, 전기화재에 적응성이 있다.

② 물분무소화설비, 미분무소화설비, 포소화설비는 물을 약제로 사용하는 물분무등소화설비에 해당한다.

③ 물분무등소화설비 중에서 물 이외의 소화약제를 사용하는 것에는 이산화탄소, 할론, 할로겐화합물 및 불황성기체 등을 약제로 사용하는 가스계 소화설비가 포함된다.

④ 분말소화설비와 스프링클러설비는 물분무등소화설비에 포함되지 않는다.

답 ④

해 Step 1. [소방시설]에는 소화설비, 경보설비, 피난구조설비, 소화용수설비, 소화활동설비가 포함된다.

Step 2. 그 중, <소화설비>에는 소화기구, 자동소화장치, 옥내소화전설비, 옥외소화전설비, 스프링클러설비, 그리고 '물분무등소화설비'가 포함된다.

Step 3. 그리고 이러한 '물분무등소화설비'에는 다음의 설비 등이 포함된다.

- 물분무소화설비
- 미분무소화설비
- 포소화설비
- 강화액소화설비
- 이산화탄소 소화설비
- 할론소화설비
- 분말소화설비
- 할로겐화합물 및 불활성기체 소화설비
- 고체에어로졸 소화설비

따라서 '분말소화설비'는 물분무등소화설비에 포함되므로 옳지 않은 설명은 ④번. (단, 스프링클러설비는 그 자체로 스프링클러설비등에 포함되므로 물분무등소화설비와는 구분된다.)

▷ [참고]

물분무등소화설비 중에서 물을 사용하는 것에는 물분무, 미분무, 포 소화설비가 있고, 물 이외의 소화약제를 사용하는 것으로는 가스계, 분말 소화설비를 들 수 있다.

41

다음 그림에서 제시된 스프링클러설비의 계통도를 참고하여, 해당 종류의 스프링클러설비의 유수검지장치로 빈칸에 들어갈 명칭에 해당하는 것을 고르시오.

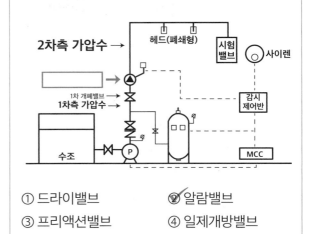

① 드라이밸브
② 알람밸브
③ 프리액션밸브
④ 일제개방밸브

답 ②

해 폐쇄형 헤드를 사용하고, 1차측과 2차측 배관 내부가 모두 '가압수'로 채워져 있는 것으로 보아 '습식' 스프링클러설비의 계통도임을 알 수 있다.

따라서 습식의 유수검지장치는 '알람밸브'로 답은 ②번.

▷ [CHECK 1] 스프링클러설비 종류별 배관 내부의 채움 상태

폐쇄형 헤드	습식	• 1차, 2차 : 가압수
	건식	• 1차 : 가압수 • 2차 : 압축공기 또는 질소가스
	준비작동식	• 1차 : 가압수
개방형 헤드	일제살수식	• 2차 : 대기압 상태

▷ [CHECK 2] 스프링클러설비 종류별 유수검지장치

- 습식 : 알람밸브(자동경보밸브)
- 건식 : 드라이밸브
- 준비작동식 : 프리액션밸브
- 일제살수식 : 일제개방밸브(Deluge)

42

다음 제시된 로터리 방식의 P형 수신기 그림을 참고하여 동작시험을 위한 각 스위치의 조작 순서로 가장 옳은 설명을 고르시오.

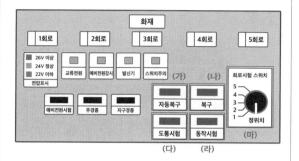

① (다)도통시험 스위치 누름 → (가)자동복구 스위치 누름 → (마)회로선택스위치를 차례로 회전하며 시험

② (다)도통시험 스위치 누름 → (나)복구 스위치 누름 → (마)회로선택스위치를 차례로 회전하며 시험

❸ (라)동작시험 스위치 누름 → (가)자동복구 스위치 누름 → (마)회로선택스위치를 차례로 회전하며 시험

④ (라)동작시험 스위치 누름 → (나)복구 스위치 누름 → (마)회로선택스위치를 차례로 회전하며 시험

답 ③

해 동작시험이란, 수신기에 수동으로 화재 신호를 입력했을 때 화재표시등 점등, 각 지구표시등 점등, 음향장치 작동 등과 같은 정상적인 동작 여부를 확인하는 시험으로, 회로선택 스위치를 각 경계구역별로 회전하는 방식의 로터리 타입 수신기의 동작시험 순서는 다음과 같다.
1. [동작시험]스위치 누름
2. [자동복구]스위치 누름
3. [회로선택스위치]를 차례로 회전시키며 확인
제시된 그림에서는, (라) 동작시험 → (가) 자동복구 → (마) 회로선택스위치의 순서로 조작하므로 옳은 설명은 ③번.

43

다음 제시된 그림을 참고하여, 해당 스프링클러설비의 장점 및 단점에 대한 설명으로 옳은 것을 고르시오.

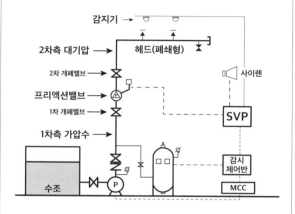

구분	장점	단점
✓①	• 동결이 우려되는 장소에서도 사용 가능 • 헤드 오동작으로 인한 수손피해 우려 없음 • 조기 대처 가능	• 고가의 시공비 • 복잡한 구조 • 부실 시공의 우려
②	• 신속한 소화 가능 • 구조가 간단하며 유지·관리가 용이함 • 저렴한 공사 비용	• 사용 장소가 제한적임 • 오동작으로 인한 수손피해의 우려가 있음 • 배관 부식
③	• 동결이 우려되는 장소나 옥외에서 사용 가능	• 화재 초기에 화재가 촉진될 우려가 있음 • 살수까지 시간이 다소 지연됨
④	• 층고가 높은 장소에 적합 • 초기화재에 대한 신속한 대처가 용이함	• 화재감지장치를 별도로 설치해야 함 • 대량살수로 인한 수손 피해 발생 우려

답 ①

해 제시된 그림의 스프링클러설비는 감지기가 별도로 설치되어 있고, 폐쇄형 헤드를 사용하며, 2차측 배관 내부가 대기압 상태인 '준비작동식' 스프링클러설비임을 알 수 있다.(유수검지장치도 프리액션밸브)

이러한 준비 작동식은 별도의 감지기가 필요하고 구조가 복잡하여 시공비 부담과 2차 측 배관의 부실시공이 우려된다는 단점이 있지만, 대신 2차 측 배관 내부가 대기압 상태이므로 동결이 우려되는 장소에서도 사용이 가능하고, 헤드가 오동작하더라도 수손피해의 우려가 없으며, 헤드 개방 전, 감지기의 동작으로 경종이 발생되어 빠른 경보로 대피 등의 조기 대처가 용이하다는 것 또한 준비 작동식 스프링클러설비의 장점이다. 따라서 제시된 그림의 준비 작동식 스프링클러설비에 대한 장단점으로 옳은 설명은 ①번.

📂 CHECK POINT!

- ② : '습식' → 2차 측 배관에 가압수가 채워져 있어 헤드가 개방되면 살수와 동시에 신속한 소화가 가능하지만, 동시에 동파 우려가 있어 사용 장소가 제한적이며 배관이 부식될 우려가 있고 오동작 시 수손피해가 발생할 수 있다는 단점이 있다.

- ③ : '건식' → 2차 측 배관이 압축공기(또는 질소) 상태로, 동결이 우려되는 장소에서도 사용이 가능하다는 장점이 있지만, 헤드가 개방되면 압축공기가 방출되어 압력이 저하되면 1차 측의 물이 2차 측으로 급수되는 과정을 거치기 때문에 살수까지 다소 시간이 지연될 수 있고, 압축공기에 의해 화재를 촉진할 우려가 있다는 단점이 있다.

- ④ : '일제살수식' → 준비작동식처럼 화재감지장치를 별도로 설치해야 하지만, '대량 살수'로 화재 초기에 신속한 소화 작업이 용이한 반면, 수손피해의 우려가 있는 것은 준비작동식과는 구분되는 '일제살수식' 스프링클러설비의 특징이다.

44

습식스프링클러설비의 점검을 위해 시험장치 개폐밸브(시험밸브)를 개방하였을 때, 다음에 제시된 수신기와 동력제어반에 표시된 (A) ~ (D) 중에서 확인되는 점등 상태로 옳지 아니한 부분을 고르시오.

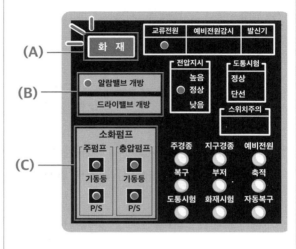

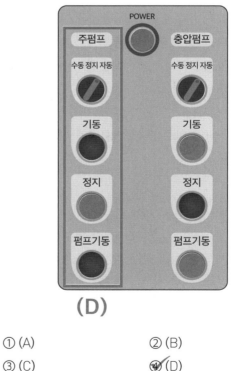

① (A) ② (B)
③ (C) ④ (D) ✓

답 ④

해 습식 스프링클러설비의 점검을 위해 시험밸브를 개방하여 가압수를 배출하면, 압력이 저하됨에 따라 습식 유수검지장치(알람밸브)의 클래퍼가 개방 + 압력스위치가 작동 되고 [화재표시등]과 해당

구역에 해당하는 [밸브개방 표시등]이 점등된다. 또한 경보가 울리고, 설정된 압력에서 충압펌프 및 주펌프가 자동으로 기동 되는지 여부를 확인해야 한다.

이에 따라 그림에서 (A) 화재표시등에 점등, (B) 습식의 '알람밸브' 개방표시등에 점등되어 밸브 개방이 확인된다. (드라이밸브는 건식의 유수검지장치이므로 습식의 작동과는 무관하다.)

또한 펌프가 자동으로 기동 되어, (C)의 주펌프 및 충압펌프의 기동(확인)등과 압력스위치(P/S) 작동이 확인되므로 수신기에 표시된 (A), (B), (C)의 점등 상태는 옳다.

그러나 동력제어반에 표시된 (D)는 주펌프가 '자동'으로 '정지'한 상태이므로, 습식의 점검으로 시험 밸브를 개방하여 압력 저하에 따라 자동으로 펌프가 기동되면, 동력제어반의 주펌프는 그림 상 충압펌프의 점등 상태와 동일해야 하므로, '정지'에 점등된 상태인 (D)의 점등 상태는 적절하지 않다.

따라서 옳지 않은 것은 ④번.

45

다음 중 설치장소별 피난기구의 적응성에 대한 설명으로 옳은 것을 고르시오.

① 노유자시설의 4층에서 미끄럼대가 적응성이 있다.

② 영업장의 위치가 3층인 다중이용업소에서 승강식피난기는 적응성이 없다.

③ 완강기는 의료시설의 6층에서 적응성이 있다.

④ 교육연구시설의 5층에서 피난용트랩은 적응성이 없다.

답 ④

해

[CHECK !] 설치장소별 피난기구의 적응성(요약)

• (전부) = 구조대 / 미끄럼대 / 피난교 / 다수인피난장비 / 승강식피난기

구분	노유	의료	다중이 (4층↓)	그 외
4층 ~ 10층	·구교다승	·구교다승 ·피난트랩		·구교다승 ·사다리 ·완강기 ·간이완강 ·공기매트
3층	·(전부)	·(전부) ·피난트랩	·구미다승 ·사다리 ·완강기	·(전부) ·사다리 ·완강기 ·간이완강 ·공기매트 ·피난트랩
2층 1층	-	-		-

• 노유자 시설 4~10층에서 구조대 : 장애인관련 시설로서 주된 사용자 중 스스로 피난이 불가한 자가 있는 경우 추가로 설치하는 경우에 한함

• 그 외(그 밖의 것) 3~10층의 간이완강기 : 숙박시설의 3층 이상에 있는 객실에 한함

• 그 외(그 밖의 것) 3~10층의 공기안전매트 : 공동주택에 추가로 설치하는 경우에 한함

문제에서 제시된 교육연구시설은 노유자시설, 의료시설, (영업장의 위치가 4층 이하인)다중이용업소가 아닌, '그 밖의 것'에 해당하며 이러한 장소의 5층(4층 이상 10층 이하)에서 피난용트랩은 적응성이 없으므로 옳은 설명은 ④번. (적응성이 있는 것은, 구조대/피난교/다수인피난장비/승강식피난기/피난사다리/완강기).

46

다음 중 장애인 및 노약자 등 재해 약자의 피난 보조 시 고려해야 하는 장애 유형별 피난 보조 요령에 대한 예시로 옳지 아니한 설명을 고르시오.

① 전동휠체어 사용자의 경우 휠체어의 무게로 인해 많은 인원이 필요할 수 있으므로 전원을 끄고 장애인이나 노약자를 업거나 안아서 피난을 보조하는 것이 효과적이다.

② 지적장애인의 피난 보조 시 소란스러운 상황으로 인해 공황 상태에 빠지지 않도록 크고 높은 목소리로 도움을 주기 위한 행동임을 신속하고 정확하게 전달해야 한다.

③ 청각장애인의 피난을 보조할 때에는 수신호 및 제스처, 조명, 메모 등과 같이 시각적으로 전달할 수 있는 의사소통 방식을 적극적으로 활용하여 피난을 보조하도록 한다.

④ 시각장애인의 피난 보조 시 왼쪽, 오른쪽과 같이 명확한 표현을 사용하여 장애물 등의 위치를 미리 알려주고, 여러 명의 시각장애인이 대피하는 상황에서는 서로 손을 잡고 질서가 유지되도록 하는 것이 바람직하다.

답 ②

해 지적 장애인의 피난을 보조할 때는 차분하고 느린 어조와 친절한 말투를 사용하여 피난을 보조하는 것이 바람직하므로, 지적 장애인의 피난 보조 시, 크고 높은 목소리로 신속하고 정확하게 의사를 전달해야 한다는 ②번의 설명은 옳지 않다.

47

다음 제시된 소방안전관리업무 수행에 관한 기록의 작성 및 유지에 대한 주요 내용에서 빈칸 (A), (B)에 들어갈 말로 옳은 것을 순서대로 고르시오.

① 소방안전관리대상물의 소방안전관리자는 소방안전관리업무 수행에 관한 기록을 별지 제12호서식에 따라 (A) 이상 작성·관리해야 한다.

② 소방안전관리자는 소방안전관리업무 수행 중 보수 또는 정비가 필요한 사항을 발견한 경우에는 이를 지체 없이 관계인에게 알리고, 별지 제12호서식에 기록해야 한다.

③ 소방안전관리자는 제1항에 따른 업무 수행에 관한 기록을 작성한 날부터 (B)간 보관해야 한다.

	(A)	(B)
①	월 1회,	2년
②	월 2회,	1년
③	월 1회,	3년
④	월 2회,	2년

답 ①

해 소방안전관리자는 소방안전관리업무 수행에 관한 기록을 월 1회 이상 작성·관리해야 하며, 업무수행에 관한 기록을 작성한 날부터 2년간 보관해야 하므로 빈칸 (A), (B)에 들어갈 말로 옳은 것은 ①번.

📁 **[CHECK !] 소방안전관리자의 업무수행기록에 관한 유지·관리**

• 피난시설,방화구획 및 방화시설의 유지·관리

• 소방시설이나 그 밖의 소방 관련 시설의 관리

• 화기취급의 감독
  └ 위 세 가지 업무에 대한 업무수행에 관한 기록을 작성하고 관리해야 한다.
  └ 월 1회 이상 작성, 2년 보관

48

B운동시설의 객석통로의 직선부분은 그 길이가 70m이다. 이때 설치해야 하는 객석유도등의 최소한의 설치 개수를 고르시오.

① 15개   ② 16개
③ 17개   ④ 18개

답 ③

해 객석유도등의 설치개수는 다음의 식에 따라 산출한다.

$$\frac{\text{객석통로 직선부분의 길이(m)}}{4} - 1$$

따라서 (70 ÷ 4) - 1 = 17.5 - 1 → 16.5로 계산되는데, 이때 소수점 이하의 수는 1로 보아 절상하여 객석유도등의 최소한의 설치 개수는 17개로 계산할 수 있다.

49

소화용수설비로서 소화수조 및 저수조의 소요수량이 40m³ 이상 100m³ 미만일 때의 채수구의 설치 개수를 고르시오.

① 1개   ② 2개
③ 3개   ④ 4개

답 ②

해 소화용수설비에는 상수도 소화용수설비와 소화수조 및 저수조가 포함된다. 그리고 소화수조 및 저수조의 경우, 소방차가 소방호스와 접결하는 흡입구인 '채수구'를 소방차가 2m 이내의 지점까지 접근할 수 있는 위치에 설치해야 하며 소요수량에 따라 채수구의 설치 개수는 다음과 같이 적용된다.

채수구의 설치 개수

소요수량	20m³ 이상 40m³ 미만	40m³ 이상 100m³ 미만	100m³ 이상
채수구 수	1개	2개	3개

따라서 문제에서 제시된 소요수량이 40m³ 이상 100m³ 미만일 때 채수구의 설치 개수는 2개로 답은 ②번.

50

옥내소화전설비가 설치된 특정소방대상물에서 주펌프의 압력스위치의 정지점과 자연낙차압이 다음과 같을 때 주펌프의 압력스위치 세팅 값에 대한 그림으로 옳은 것을 고르시오.

- 주펌프 정지점 : 0.8MPa
- 자연낙차압 : 0.3MPa

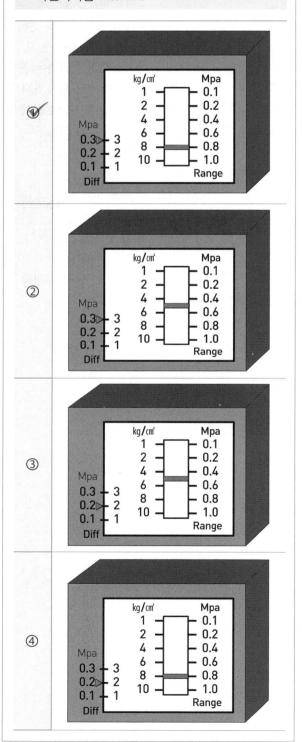

답 ①

해 1. 주펌프의 'Range'는 정지점을 나타내므로, Range는 0.8MPa.

2. 주펌프의 기동점은 [자연낙차압 + K]로, 이때 K는 옥내소화전의 경우 0.2MPa로 한다.(참고로 스프링클러설비인 경우, K값은 0.15MPa). 따라서 문제에서 제시된 자연낙차압 0.3과 옥내소화전인 경우 K값인 0.2를 더한 0.5MPa이 주펌프의 기동점이 된다.

3. 압력스위치에는 정지점(Range)과 Diff를 입력(설정)하는데, Diff 값은 '정지점 - 기동점'이므로 0.8 - 0.5 = 0.3으로 Diff는 0.3MPa임을 알 수 있다.

이에 따라 정지점(Range)은 0.8MPa, Diff는 0.3MPa의 위치에 표시된 그림은 ①번.

MEMO

소방안전관리자 1급
모의고사

| 6회차 |

6회차 모의고사

01 위험물안전관리법 시행규칙 제55조에 따른 위험물 안전관리자 책무에 해당하지 아니하는 업무를 고르시오.

① 위험물 취급에 관한 일지의 작성·기록
② 화재 등의 재난 발생 시 응급조치 및 소방관서 등에 대한 연락 업무
③ 해당 위험물 제조소등에 대한 위험물 안전교육의 계획 수립 및 훈련에 대한 지도 업무
④ 위험물의 취급 작업에 참여하여 해당 작업이 기술기준과 예방규정에 적합하도록 작업자에 대하여 지시 및 감독하는 업무

02 다음 중 300만 원 이하의 벌금이 부과될 수 있는 행위를 한 사람에 해당하지 아니하는 자를 고르시오.

① 관계인에게 중대위반사항을 알리지 아니한 관리업자 등
② 소방안전관리업무를 하지 아니한 소방안전관리 대상물의 소방안전관리자
③ 소방안전관리자를 선임하지 아니한 자
④ 소방안전관리자에게 불이익한 처우를 한 관계인

03 다음 제시된 연소의 특성을 설명하는 각 연소용어에 대한 정의로 옳지 아니한 것을 고르시오.

① 인화점 : 외부에서 에너지가 공급될 때 가연성 물질이 불이 붙을 수 있는 최저 온도로, 액체의 경우에는 표면에서 발생한 증기가 공기와 섞여 연소하한계에 도달했을 때의 온도
② 발화점 : 외부의 점화원이 없더라도 물질 자체의 열의 축적으로 스스로 불이 붙을 수 있는 최저 온도
③ 연소점 : 점화 에너지를 제거하고도 발생된 화염이 꺼지지 않고 연소 상태가 유지되는 온도로, 일반적으로 인화점보다 5~10 ˚C 정도 높은 온도
④ 착화점 : 대기압이나 산소 농도가 낮은 환경에서 불이 붙을 수 있는 최저 온도로, 일반적으로 인화점과 연소점 사이의 온도

04 다음에 제시된 건축물의 면적 산정에 대해 옳지 아니한 설명을 한 사람을 고르시오.

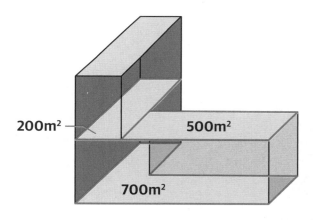

① 석두 : 건축면적은 700m²야
② 갑수 : 2층의 바닥면적은 200m²지
③ 판호 : 연면적은 1,400m²군
④ 두식 : 만약 대지면적이 1,000m²라면 용적률은 90%겠네

05 다음 제시된 소방안전관리대상물의 일반현황을 참고하여 럭키빌딩이 2025년에 실시하는 자체 점검 시행 시기에 대한 설명으로 옳은 것을 고르시오.

명칭	럭키빌딩
규모	• 연면적 : 12,000m² • 층수 : 11층 • 높이 : 40m
용도	• 업무시설, 근린생활시설
완공일	• 2022년 7월 15일
사용승인	• 2022년 9월 1일

① 작동점검 : 3월, 종합점검 : 9월 실시
② 작동점검 : 9월, 종합점검 : 3월 실시
③ 작동점검 : 1월, 종합점검 : 7월 실시
④ 작동점검 : 해당 없음, 종합점검 : 9월 실시

06 다음 제시된 RS아파트의 일반현황을 참고하여 해당 소방안전관리대상물에 선임해야 하는 소방안전관리보조자의 최소 선임 인원수를 고르시오.

명칭	RS아파트
용도	공동주택(아파트)
규모	• 지상 35층 / 지하 2층 • 높이 : 100m • 연면적 : 150,000m² • 세대수 : 1,490세대
소방 시설 (일부)	• 자동화재탐지설비 • 옥내소화전설비 • 옥외소화전설비 • 스프링클러설비 • 연결송수관설비

① 4명   ② 5명
③ 10명   ④ 15명

07 다음 중 화재예방강화지구에 대한 설명으로 옳지 아니한 것을 고르시오.

① 화재예방강화지구는 시·도지사가 지정·관리한다.
② 소방시설·소방용수시설 또는 소방출동로가 없는 지역은 화재예방강화지구로 지정할 수 있다.
③ 석유화학제품을 생산하는 공장이 있는 지역은 화재예방강화지구로 지정하는 지역에 포함되지 않는다.
④ 소방관서장이 화재예방강화지구로 지정할 필요가 있다고 인정하는 지역은 화재예방강화지구에 포함될 수 있다.

08 소방시설등 자체점검 결과의 조치 등에 따라, 관리업자가 점검한 경우에 관계인이 점검이 끝난 날부터 15일 이내에 소방시설등 자체점검 실시결과 보고서에 첨부하여 소방본부장 또는 소방서장에게 보고해야 하는 서류에 해당하는 것을 모두 고르시오.

> ㉮ 이행계획 건별 전·후 증명자료
> ㉯ 점검인력 배치확인서
> ㉰ 소방시설등의 자체점검 결과 이행계획서
> ㉱ 소방시설등 자체점검기록표

① ㉮, ㉯   ② ㉮, ㉰
③ ㉯, ㉰   ④ ㉰, ㉱

09 물질이 외부의 에너지 공급 없이 스스로 발화온도에 도달해 불이 붙는 현상을 자연발화라고 한다. 이러한 자연발화를 일으킬 수 있는 열원과 그 열원을 발생시키는 원인 물질에 대한 예시로 옳은 것을 고르시오.

① 산화열 : 목탄, 활성탄
② 중합열 : 시안화수소, 산화에틸렌
③ 발효열 : 셀룰로이드, 니트로셀룰로오스
④ 분해열 : 퇴비

10 다음은 물리적 작용을 이용한 소화방식 중, 가연성 물질의 농도를 연소범위 밖이 되도록 하여 소화하는 방법에 대한 예시이다. 다음의 빈칸 (가),(나)에 들어갈 말로 옳은 것을 고르시오.

> • 가연성 증기의 농도가 연소 범위 내에 있을 때만 연소가 진행되므로, 연소 중인 물질의 표면을 폼(Foam)으로 덮어 산소의 공급을 차단하는 (가) 방법으로 연소를 정지시킬 수 있다.
> • 알코올 화재 시, 알코올의 농도를 (나) 이하로 낮추어 소화하는 방법 등이 이에 해당한다.

① (가) : 억제소화　　(나) : 50%
② (나) : 질식소화　　(나) : 40%
③ (가) : 억제소화　　(나) : 40%
④ (나) : 냉각소화　　(나) : 50%

11 다음에 제시된 <보기> 중에서 소방안전관리대상물을 제외한 특정소방대상물에서 관계인의 업무에 해당하는 것을 모두 고르시오.

─── 보기 ───
ⓐ 화기취급의 감독
ⓑ 화재 발생 시 초기대응
ⓒ 소방계획서의 작성 및 시행
ⓓ 피난시설, 방화구획 및 방화시설의 유지·관리
ⓔ 소방훈련 및 교육
ⓕ 자위소방대 및 초기대응체계의 구성·운영·교육
ⓖ 소방시설이나 그 밖의 소방 관련 시설의 관리

① ⓐ, ⓑ, ⓓ, ⓖ
② ⓑ, ⓒ, ⓓ, ⓖ
③ ⓑ, ⓓ, ⓔ, ⓕ
④ ⓐ, ⓓ, ⓔ, ⓖ

12 화재 시 발생되는 연기의 확산 및 유동 속도로 옳지 아니한 설명을 고르시오.

① 일반적으로 건물 내 수평 방향으로 이동 시 연기의 확산 속도는 약 0.5~1m/s로 인간의 보행속도보다 느리다.
② 농연의 경우 계단실과 같은 장소에서 수직 방향으로 이동 시 평균 1~2m/s 속도로 확산된다.
③ 복도에서 천장 면을 따라 유동하는 연기의 평균 수평 유속은 플래시오버 이전에는 약 0.5m/s, 플래시오버 이후로는 약 0.75m/s 속도로 확산된다.
④ 일반적인 지하가에서 연기가 평균 1m/s의 속도로 이동하는 것에 비해, 제트팬이 설치된 터널에서는 3~5m/s의 속도로 더 빠르게 이동할 수 있다.

13 건축물을 이루는 구조 및 재료의 구분에 대한 용어의 의미로 옳은 설명을 모두 고르시오.

> ㉠ 난연재료란 불에 잘 타지 아니하는 성질을 가진 재료로서 성능기준을 충족하는 것을 말한다.
> ㉡ 내화구조는 화염의 확산을 막을 수 있는 성능을 가진 구조로서 바름두께가 2cm 이상인 철망모르타르 바르기 등의 기준이 적용된다.
> ㉢ 불에 타지 아니하는 성질을 가진 재료를 불연재료라고 한다.
> ㉣ 화재에 견딜 수 있는 성능을 가진 구조로서 철근콘크리트조·연와조와 같이 화재 시에도 일정 시간 동안 형태나 강도 등이 크게 변하지 않는 것을 방화구조라고 한다.

① ㉠, ㉡　　　　② ㉠, ㉢
③ ㉡, ㉢　　　　④ ㉡, ㉣

1회차

2회차

3회차

4회차

5회차

6회차

마무리 문제

Yes or No 퀴즈

헷갈리는 개념은 제 공략법

14 피부 조직의 손상 정도에 따라 화상을 분류할 때, 각 분류별로 동반되는 증상 및 화상 환자의 응급 조치에 대한 설명으로 옳지 아니한 것을 고르시오.

① 1도 화상은 표피 화상으로, 피부 바깥층이 손상을 입은 상태이며 약간의 부종과 홍반, 통증이 동반될 수 있으나 대부분은 흉터 없이 치료가 가능하다.

② 2도 화상은 진피의 모세혈관까지 손상을 입은 상태로 심한 통증과 수포, 물집이 생기며 물집이 터질 경우 피부가 노출되어 감염의 위험이 증가할 수 있다.

③ 3도 화상은 표피, 진피 그리고 피하지방과 근육층까지 손상되어 피부가 검은색으로 변하며, 신경 손상으로 인해 통증이 없을 수 있다.

④ 3도 화상의 경우에는 가능한 찬물이나 얼음을 대어 열기가 심부로 전달되는 것을 방지하고 크림이나 로션을 발라 피부가 건조해지지 않도록 응급처치한다.

[15~16] 다음 제시된 ★★병원의 일반현황을 참고하여 각 질문에 답하시오.

명칭	★★병원
용도	의료시설
규모	• 층수 : 지상 10층 / 지하 3층 • 연면적 : 68,000m² • 높이 : 43m
소방 시설 (일부)	• 자동화재탐지설비 • 옥내소화전설비 • 스프링클러설비 • 비상조명등

15 ★★병원의 소방안전관리대상물 등급을 고르시오.

① 특급소방안전관리대상물

② 1급 소방안전관리대상물

③ 2급 소방안전관리대상물

④ 3급 소방안전관리대상물

16 ★★병원에 선임해야 하는 소방안전관리보조자의 최소 선임 인원수를 고르시오.

① 1명   ② 2명

③ 4명   ④ 5명

17 다음 중 내화구조의 기준에 대한 설명으로 옳지 아니한 것을 고르시오.

① 바닥 : 철근콘크리트조 또는 철골철근콘크리트조로서 두께가 10센티미터 이상인 것

② 벽 : 벽돌조로서 두께가 15센티미터 이상인 것

③ 바닥 : 철재로 보강된 콘크리트블록조·벽돌조 또는 석조로서 철재에 덮은 콘크리트블록 등의 두께가 5센티미터 이상인 것

④ 벽 : 고온·고압의 증기로 양생된 경량기포 콘크리트패널 또는 경량기포 콘크리트 블록조로서 두께가 10센티미터 이상인 것

18 연소 과정에서 생성되는 라디칼에 작용하여 이를 흡착 및 제거함으로써 연소반응을 중단시키는 화학적 소화 방식은 다음 중 어떤 소화법에 해당하는지 고르시오.

① 냉각소화   ② 질식소화

③ 억제소화   ④ 제거소화

19 가연성 물질이 고체인 경우 연소의 형태에 대한 설명으로 옳지 아니한 것을 고르시오.

① 고체가 열에 의해 먼저 융해되는 과정을 거쳐 가연성 증기를 방출하고, 이 증기가 산소와 결합하여 연소하는 형태를 증발연소라고 한다.

② 고체 물질 자체에 산소를 함유하고 있어 외부에서 별도의 산소 공급 없이도 열분해를 통해 가연성 증기와 산소를 발생시켜 자기연소를 하는 물질에는 제5류 위험물이 포함된다.

③ 표면연소는 고체 연료가 산소와의 반응으로 화염 없이 적열 상태로 연소하는 현상으로, 가연성 증기를 방출하지 않으며 연쇄반응이 발생하지 않는다.

④ 분해연소란 고체가 열을 받아 열분해 과정을 통해 가연성 증기를 방출하여 연소하는 현상으로서 대표적으로 숯, 코크스, 목재의 말기 연소 등을 예로 들 수 있다.

20 단독주택 및 공동주택(아파트 및 기숙사 제외)의 소유자는 「소방시설 설치 및 관리에 관한 법률」 제10조에 따라 대통령령으로 정하는 주택용 소방시설을 설치하여야 한다. 이러한 주택용 소방시설에 해당하는 것을 모두 고르시오.

> ㉮ 단독경보형감지기
> ㉯ 가스누설경보기
> ㉰ 자동화재탐지설비
> ㉱ 휴대용 비상조명등
> ㉲ 소화기
> ㉳ 화재알림설비

① ㉮, ㉲

② ㉮, ㉯, ㉲

③ ㉰, ㉱, ㉳

④ ㉯, ㉱, ㉲, ㉳

21 다음에 제시된 설명을 참고하여 이에 해당하는 화재의 종류로 가장 적절한 것을 고르시오.

> • 단락(합선), 과부하, 접촉 불량, 트래킹 및 흑연화 등으로 화재가 발생할 수 있다.
> • 일반적으로 이산화탄소, 할론 등의 가스계 소화약제와 분말소화약제가 사용되며, 물을 사용할 경우 위험성이 있다.

① A급 화재   ② B급 화재

③ C급 화재   ④ D급 화재

22 국민의 안전의식과 화재에 대한 경각심을 높이고 안전 문화를 정착시키기 위하여 매년 특정 월, 일을 '이날'로 정하여 기념행사 등을 개최한다. 소방기본법 제7조에서 정하는 '이날'과 지정된 날짜로 옳은 것을 고르시오.

① 소방의 날 : 1월 19일

② 소방의 날 : 11월 9일

③ 소방안전관리의 날 : 1월 19일

④ 소방안전관리의 날 : 11월 9일

23 다음 중 소방본부장 또는 소방서장이 침구류·소파 및 의자에 대하여 방염처리된 물품을 사용하도록 권장할 수 있는 경우에 해당하는 장소를 고르시오.

① 다중이용업소   ② 공장, 창고

③ 운동시설   ④ 종교시설

24 다음 중 양벌규정이 부과될 수 있는 행위를 한 사람을 고르시오.

① 실무교육을 받지 아니한 소방안전관리자

② 피난 유도 안내 정보를 제공하지 아니한 자

③ 소방 훈련 및 교육을 하지 아니한 자

④ 피난 명령을 위반한 사람

25 다음 중 초고층 건축물의 종합방재실에 설치해야 할 설비등으로 보기 어려운 것을 고르시오.

① 지진계 및 풍향·풍속계

② 감시·방범·보안을 위한 CCTV

③ 자료 저장 시스템

④ 조명설비(예비전원 미포함) 및 급수·배수 설비

26 다음 제시된 장소 중 객석유도등을 설치해야 하는 특정소방대상물에 해당하지 아니하는 장소를 고르시오.

① 의료시설

② 종교시설

③ 운동시설

④ 유흥주점영업시설(카바레·나이트클럽 등)

27 다음은 기동용수압개폐장치인 압력챔버를 나타낸 그림이다. 그림에 표시된 각 부분 (A) ~ (D)의 명칭과 역할에 대한 설명으로 옳지 아니한 것을 고르시오.

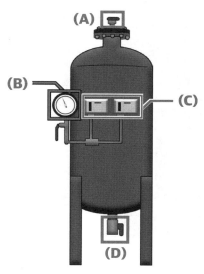

① (A) : 안전밸브 – 과압을 방출하는 역할

② (B) : 압력계 - 압력챔버 내 압력을 표시하는 역할

③ (C) : 펌프 선택스위치 - 펌프의 자동/수동 운전 방식을 변경하는 역할

④ (D) : 배수밸브 - 압력챔버 내 물을 배수하는 역할

28 바닥면적이 1,500m²이고 용도가 판매시설·운수 시설·숙박시설·노유자시설 중 어느 하나에 해당하는 특정소방대상물로서 건축물의 주요구조부가 내화구조이고, 실내에 면하는 부분이 불연재료로 된 특정소방대상물로 능력 단위가 A2인 소화기를 설치하는 경우 소화기는 최소 몇 개 이상 설치해야 하는지 고르시오.

① 3개   ② 4개

③ 7개   ④ 8개

29 다음에 제시된 소화설비 중 자동소화장치에 해당하지 아니하는 설비를 고르시오.

① 자동확산소화기

② 가스자동소화장치

③ 주거용 주방자동소화장치

④ 분말자동소화장치

30 다음 제시된 소방시설의 종류 중 소화설비에 해당하지 아니하는 설비를 모두 고르시오.

| ㉮ 연결송수관설비 |
| ㉯ 소화기구 |
| ㉰ 상수도소화용수설비 |
| ㉱ 물분무등소화설비 |
| ㉲ 연결살수설비 |

① ㉮, ㉲

② ㉯, ㉱

③ ㉮, ㉰, ㉲

④ ㉮, ㉰, ㉱, ㉲

1회차

2회차

3회차

4회차

5회차

6회차

마무리 문제

Yes or No 퀴즈

햇갈리는 개념 제 공략법

31 다음 제시된 그림을 참고하여, 해당 스프링클러설비의 작동 순서로 옳은 것을 고르시오.

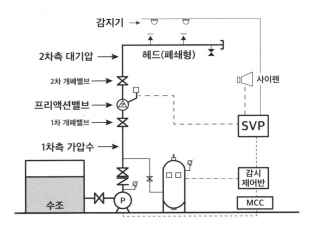

① 화재 → 감지기 A or B 작동으로 화재표시등 점등·경보 작동 → 유수검지장치 작동 및 밸브 개방 → 감지기 A and B 작동 → 2차측으로 급수 → 헤드 개방 → 방수 → 압력저하로 인한 펌프 기동

② 화재 → 감지기 A and B 작동으로 화재표시등 점등·경보 작동 → 헤드 개방 → 방수 → 감지기 A or B 작동 → 유수검지장치 작동 및 밸브 개방 → 2차측으로 급수 → 압력저하로 인한 펌프 기동

③ 화재 → 감지기 A and B 작동으로 화재표시등 점등·경보 작동 → 감지기 A or B 작동 → 유수검지장치 작동 및 밸브 개방 → 2차측으로 급수 → 헤드 개방 → 방수 → 압력저하로 인한 펌프 기동

④ 화재 → 감지기 A or B 작동으로 화재표시등 점등·경보 작동 → 감지기 A and B 작동 → 유수검지장치 작동 및 밸브 개방 → 2차측으로 급수 → 헤드 개방 → 방수 → 압력저하로 인한 펌프 기동

32 다음에 제시된 각각의 자위소방활동에 해당하는 업무에 대하여 서술한 내용으로 옳지 아니한 것을 고르시오.

① 방호안전 : 위험물 시설에 대한 제어·비상 반출 업무

② 초기소화 : 화재 확산 방지, 소화설비를 이용한 조기 화재 진압 업무

③ 비상연락 : 화재 상황 전파, 119 신고 및 통보 업무

④ 응급구조 : 응급상황 시 응급조치, 응급의료소의 설치 및 지원 업무

33 다음은 준비작동식 스프링클러와 연동된 감시제어반을 나타낸 그림이다. 그림을 참고하여 현재 상황에 대한 설명으로 옳지 아니한 것을 고르시오.

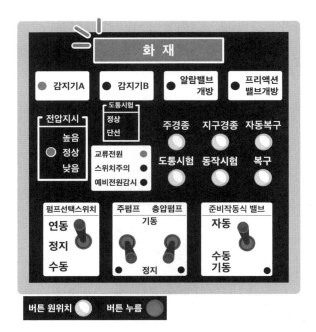

① 방호구역 내 주경종 및 지구경종이 작동하고 있다.

② 주펌프 및 충압펌프, 준비작동식 밸브는 평상시 정상 상태로 유지되고 있다.

③ 중간챔버가 감압하며 1차측 물이 2차측으로 급수되었다.

④ 헤드를 통한 방수는 이루어지지 않았을 것이다.

34 다음 제시된 그림을 참고하여 해당 건축물에 적용되는 최소한의 경계구역 설정 개수를 고르시오. (단, 1층은 주된 출입구에서 그 내부 전체가 보이는 구조이다.)

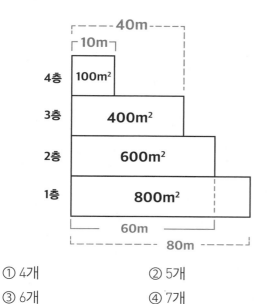

① 4개   ② 5개
③ 6개   ④ 7개

35 다음 제시된 건축물의 일반현황을 참고하여 해당 글로벌챕스빌딩에 대한 설명으로 옳지 아니한 내용을 고르시오.

명칭	글로벌 챕스 빌딩
용도	업무시설, 판매시설, 근린생활시설
규모	• 층수 : 지상 65층 /지하 5층 • 높이 : 330m • 연면적 : 638,000m²

① 관리주체는 해당 건축물 등에 상주하는 5명 이상의 관계인으로 초기대응대를 구성하고 운영하여야 한다.
② 관리주체는 관계인, 상시근무자 및 거주자에 대하여 교육 및 훈련을 매년 1회 이상 실시하여야 한다.
③ 면적이 20제곱미터 이상인 종합방재실을 다른 부분과 방화구획으로 설치하여야 한다.
④ 관리주체는 재난 및 안전관리에 필요한 활동을 원활하게 수행할 수 있도록 종합방재실에 상주하는 인력을 1명 이상 배치하여야 한다.

36 다음 제시된 그림 중 축압식 분말소화기와 옥내소화전설비의 압력계의 상태가 적정 압력 범위 내에 있는 그림으로 옳은 것을 고르시오.

구분	소화기	옥내소화전
①		
②		
③		
④		

37 스프링클러설비의 계통도가 다음과 같을 때, 그림에 표시된 (A)의 이름으로 가장 적절한 것을 고르시오.

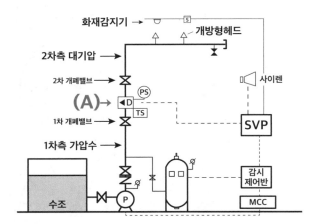

① 일제개방밸브
② 프리액션밸브
③ 알람밸브
④ 건식밸브

38 스프링클러설비의 점검을 위해 해당 방호구역 내에 연결된 감지기 A와 B를 모두 동작시킨 상황에서 감시제어반의 상태가 아래의 그림과 같았을 때 이에 대한 설명으로 옳지 아니한 것을 고르시오.

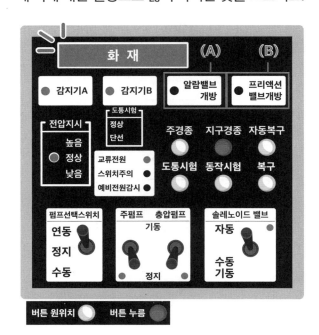

① (A)는 점등되지 않고, (B)는 점등되어야 한다.
② 방호구역 내 경종이 작동하였을 것이다.
③ 현재 점검을 진행 중인 설비는 습식스프링클러설비가 아니다.
④ 소화 펌프는 자동으로 기동한 상태이다.

39 자위소방대 조직 구성도가 다음과 같은 특정 소방대상물에 대한 설명으로 가장 적절한 것을 고르시오. (단, 해당 대상물은 공동주택을 제외한 경우로 본다.)

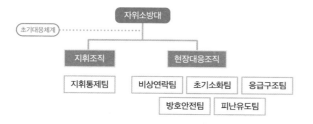

① 1급 소방안전관리대상물로 연면적이 30,000m² 미만일 것이다.

② 상시 근무 인원이 50명 미만인 2급 소방안전관리대상물일 것이다.

③ 둘 이상의 현장대응조직을 운영하며 본부대와 지구대로 구분한다.

④ TYPE-Ⅲ로 자위소방대 편성 대원이 10인 미만인 경우이다.

40 다음 중 특정소방대상물의 관계인이 특정소방대상물에 설치해야 하는 소방시설의 적용 기준에 따라, 자동화재탐지설비의 설치 대상으로 보기 어려운 것을 고르시오.

① 층수가 6층 이상인 건축물의 경우 : 모든 층

② 지하가 중 터널로서 길이가 1,000m 이상인 것

③ 공동주택 중 아파트 등·기숙사 및 숙박시설의 경우 : 11층 이상의 층

④ 숙박시설이 있는 수련시설로서 수용인원이 100명 이상인 경우 : 모든 층

41 다음은 가스계소화설비의 약제방출방식을 나타낸 그림이다. 제시된 각 방식 (가), (나)에 해당하는 가스계소화설비의 약제방출방식의 분류로 옳은 것을 고르시오.

구분	예시
(가)	
(나)	

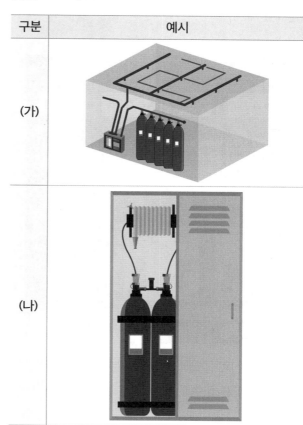

① (가) : 국소방출방식　(나) : 전역방출방식

② (가) : 전역방출방식　(나) : 국소방출방식

③ (가) : 전역방출방식　(나) : 호스릴방식

④ (가) : 국소방출방식　(나) : 호스릴방식

42 다음은 앗차차 빌딩의 옥내소화전설비 감시제어반의 상태를 나타낸 그림이다. 그림을 참고하여 평상시 감시제어반을 그림과 같이 관리할 경우, 잘못된 부분에 대한 설명으로 옳지 아니한 것을 고르시오.

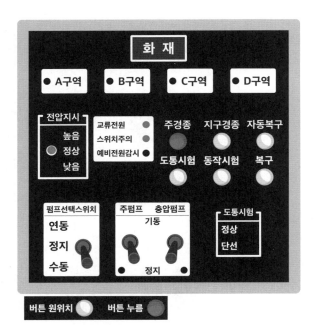

① 상용 전원의 공급에 문제가 있는 상황이다.
② 밸브를 개방하여도 소화 펌프가 자동으로 기동될 수 없다.
③ 수위실이나 방재실 등의 초기대응이 지연될 우려가 있다.
④ 조작 스위치가 비정상 위치에 있는 상태이다.

43 펌프성능시험 중 정격부하운전을 위한 세팅 시, 다음의 그림에 표시된 각 밸브 (가), (나)의 개폐 상태에 대한 설명으로 가장 적절한 것을 고르시오.

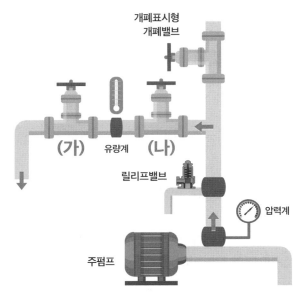

구분	(가)	(나)
①	완전 개방	완전 개방
②	약간 개방	완전 개방
③	완전 개방	약간 개방
④	약간 개방	약간 개방

44 다음에 제시된 각 설명을 참고하여 빈칸 (A), (B)에 부합하는 스프링클러설비의 종류를 고르시오.

구분	스프링클러설비의 종류	
	(A)	(B)
특징	• 개방형헤드를 사용한다. • 대량살수가 가능하다.	• 겨울철 동파 우려가 있어 사용 가능한 장소가 제한적이다. • 신속한 소화가 가능하다.

구분	(A)	(B)
①	습식	준비작동식
②	습식	일제살수식
③	일제살수식	습식
④	일제살수식	준비작동식

45 다음은 B 빌딩의 경계구역 중 3층에 해당하는 P형 수신기 기능시험을 나타낸 그림이다. 그림을 참고하여 추론할 수 있는 B 빌딩의 현재 상태로 가장 적절한 설명을 고르시오. (단, 그림에 제시된 상황 외의 조건은 고려하지 않는다.)

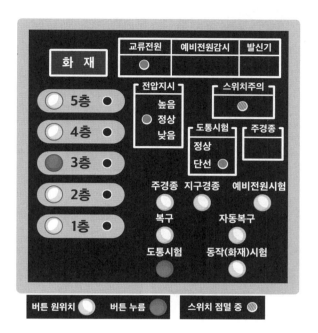

① 3층에 해당하는 경계구역의 동작시험 결과 화재 표시등 단선이 의심되는 상황이다.
② 3층의 감지기 동작으로 화재 신호가 수신된 상황이다.
③ 3층의 음향 장치가 정지되어 해당 구역 내 경종이 울리지 않고 있는 상황이다.
④ 3층에 해당하는 경계구역의 도통시험 결과 회로 단선이 의심되는 상황이다.

46 다음 중 화재 대응을 위해 소화기 또는 옥내소화전 설비를 사용한 초기소화 작업의 실시 여부를 결정할 때 고려해야 하는 사항으로 보기 어려운 것을 고르시오.

① 발신기 설치 위치
② 피난경로의 확보
③ 화원의 종류
④ 화세의 크기

47 다음 제시된 설비 중에서 소화약제로 물을 사용하는 수계 소화설비에 해당하는 것을 모두 고르시오.

> ⓐ 분말소화설비
> ⓑ 옥내소화전설비
> ⓒ 미분무소화설비
> ⓓ 할론소화설비
> ⓔ 스프링클러설비
> ⓕ 포소화설비

① ⓐ, ⓑ, ⓒ, ⓔ
② ⓑ, ⓒ, ⓔ, ⓕ
③ ⓑ, ⓒ, ⓓ, ⓔ
④ ⓑ, ⓔ

48 다음 중 자동화재탐지설비의 점검을 위해 P형 수신기의 동작시험과 도통시험을 실시하는 경우, 각 시험의 동작 순서와 복구 방법에 대한 설명으로 옳지 아니한 것을 고르시오. (단, 이때 수신기의 타입은 로터리 방식을 기준으로 한다.)

① 동작시험 순서 : 동작시험 스위치 및 자동복구 스위치를 누른 후 회로 선택스위치를 경계구역마다 차례대로 회전시키며 시험을 진행한다.
② 동작시험 복구 방법 : 회로 선택스위치를 정상 위치로 복구하고, 동작시험 스위치 및 자동복구 스위치를 원위치로 복구시킨다.
③ 도통시험 순서 : 도통시험 스위치 및 자동복구 스위치를 누른 후 회로 선택스위치를 경계구역마다 차례대로 회전시키며 시험을 진행한다.
④ 도통시험 복구 방법 : 회로 선택스위치를 정상 위치로 복구하고, 도통시험 스위치를 원위치로 복구시킨다.

49 다음은 부속실제연설비의 작동 순서를 나타낸 것이다. 빈칸 (2)~(5)에 들어갈 과정으로 옳은 것을 <보기>에서 찾아 순서대로 고르시오.

(1) 화재 발생

(2) _____

(3) _____

(4) _____

(5) _____

(6) 부속실의 압력이 설정 값을 초과할 경우 플랩댐퍼가 작동하여 설정 범위 유지

보기

(가) : 화재경보 발령

(나) : 감지기 작동 또는 수동기동장치 작동

(다) : 송풍기가 작동하여 계단실 및 부속실에 송풍

(라) : 급기댐퍼 개방

① (가) - (나) - (다) - (라)

② (나) - (가) - (다) - (라)

③ (나) - (가) - (라) - (다)

④ (라) - (나) - (가) - (다)

50 다음은 수신기의 점검 중 회로시험스위치를 3회로에 위치시킨 경우를 나타낸 그림이다. 그림의 상황에 대해 서술한 내용으로 가장 적절한 설명을 고르시오.

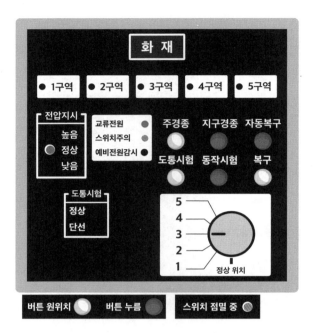

① 화재표시등 점등, 그리고 지구표시등 중에서는 3구역에만 점등되어야 한다.

② 지구경종정지스위치를 복구시키면 스위치주의등은 소등된다.

③ 3구역의 감지기 회로 연결 상태에는 문제가 없다.

④ 점검이 완료되면 눌러 놓은 동작시험스위치와 자동복구스위치만 원상태로 복구시킨다.

MEMO

6회차 정답 및 해설

01

위험물안전관리법 시행규칙 제55조에 따른 위험물 안전관리자 책무에 해당하지 아니하는 업무를 고르시오.
① 위험물 취급에 관한 일지의 작성·기록
② 화재 등의 재난 발생 시 응급조치 및 소방관서 등에 대한 연락 업무
③ 해당 위험물 제조소등에 대한 위험물 안전교육의 계획 수립 및 훈련에 대한 지도 업무
④ 위험물의 취급 작업에 참여하여 해당 작업이 기술기준과 예방규정에 적합하도록 작업자에 대하여 지시 및 감독하는 업무

답 ③

해 위험물안전관리법(시행규칙)에 따른 위험물안전관리자의 책무는 크게 다음과 같다.
- 위험물 취급작업이 (저장 또는 취급에 관한) 기술기준과 예방규정에 적합하도록 해당 작업자에 대한 지시·감독 업무
- 화재 등 재난 발생 시, 응급조치 및 소방관서등에 대한 연락 업무
- 위험물 취급에 관한 일지의 작성·기록
- 재해 방지에 관하여 인접한 제조소등과 그 밖의 관련 시설의 관계자와 협조체제 유지
- 그 밖에 위험물 취급과 관련된 작업의 안전에 관하여 필요한 감독 수행

이러한 위험물안전관리자의 책무 중에 위험물안전교육의 계획 수립 및 훈련에 대한 지도 업무는 포함되지 않으므로 해당사항이 없는 것은 ③번.

1회차

2회차

3회차

4회차

5회차

6회차

마무리 문제

Yes or No 퀴즈

헷갈리는 개산문제 공략법

02

다음 중 300만 원 이하의 벌금이 부과될 수 있는 행위를 한 사람에 해당하지 아니하는 자를 고르시오.

① 관계인에게 중대위반사항을 알리지 아니한 관리업자 등

②✓ 소방안전관리업무를 하지 아니한 소방안전관리대상물의 소방안전관리자

③ 소방안전관리자를 선임하지 아니한 자

④ 소방안전관리자에게 불이익한 처우를 한 관계인

답 ②

해 ①, ③, ④번은 모두 300만 원 이하의 '벌금'에 해당하는 행위를 한 경우이지만, ②번의 행위는 300만 원 이하의 '과태료'에 해당하는 행위이므로 답은 ②번.

📁 [참고] 300만 원 이하의 벌금(요약)

• 화재안전조사를 거부·방해·기피한 자
• 화재 예방조치 조치명령을 따르지 않거나 방해한 자
• (총괄) 소방안전관리(보조)자 미선임
• 소방·피난·방화시설 및 방화구획 등이 법령에 위반된 것을 발견하고도 조치를 요구하지 않은 소방안전관리자
• 소방안전관리자에게 불이익한 처우를 한 관계인
• 중대위반사항이 발견된 경우 필요한 조치를 하지 않은 관계인 또는 관계인에게 중대위반사항을 알리지 않은 관리업자등

03

다음 제시된 연소의 특성을 설명하는 각 연소 용어에 대한 정의로 옳지 아니한 것을 고르시오.

① 인화점 : 외부에서 에너지가 공급될 때 가연성 물질이 불이 붙을 수 있는 최저 온도로, 액체의 경우에는 표면에서 발생한 증기가 공기와 섞여 연소하한계에 도달했을 때의 온도

② 발화점 : 외부의 점화원이 없더라도 물질 자체의 열의 축적으로 스스로 불이 붙을 수 있는 최저 온도

③ 연소점 : 점화 에너지를 제거하고도 발생된 화염이 꺼지지 않고 연소 상태가 유지되는 온도로, 일반적으로 인화점보다 5~10°C 정도 높은 온도

④✓ 착화점 : 대기압이나 산소 농도가 낮은 환경에서 불이 붙을 수 있는 최저 온도로, 일반적으로 인화점과 연소점 사이의 온도

답 ④

해 1. 외부로부터의 에너지 공급에 의해 불이 붙을 수 있는 최저온도를 '인화점'이라고 하며, 액체의 경우에는 증기가 공기와 섞여 연소할 수 있는 농도 범위의 최저 한도인 연소하한계에 도달했을 때의 온도를 인화점으로 볼 수 있다.

2. 이러한 인화점보다 통상 5~10°C 정도 높은 온도로, 점화 에너지를 제거하고도 발생된 화염이 꺼지지 않고 5초 이상 유지되는 온도를 '연소점'이라고 한다.

3. 그리고 외부의 직접적인 에너지 공급 없이도 물질 자체의 열이 축적되어 착화되는 최저온도를 '발화점' 또는 착화점이라고도 한다.

즉, 발화점과 동일한 의미를 갖는 '착화점'에 대한 ④번의 정의는 옳지 않으며, 또한 일반적으로 [인화점 < 연소점 < 발화점]으로 발화점은 수 백 도 정도의 높은 온도인 경우가 많다. (예 등유의 인화점 : 39°C 이상, 등유의 발화점 : 약 210°C)

04

다음에 제시된 건축물의 면적 산정에 대해 옳지 아니한 설명을 한 사람을 고르시오.

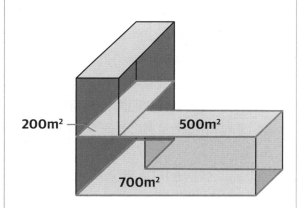

200m²

500m²

700m²

① 석두 : 건축면적은 700m²야
② 갑수 : 2층의 바닥면적은 200m²지
③ 판호 : 연면적은 1,400m²군
④ 두식 : 만약 대지면적이 1,000m²라면 용적률은 90%겠네

답 ③

해

- 건축면적 : 건축물 외벽의 중심선으로 둘러싸인 부분의 수평투영면적(그림의 건물에서는 외벽의 중심선으로 둘러싸인 부분이 1층의 바닥면적과 동일하다.)
- 바닥면적 : 건물의 각 층 또는 그 일부로서 벽, 기둥 기타 이와 유사한 구획의 중심선으로 둘러싸인 부분의 수평투영면적
- 연면적 : 각 층 바닥면적의 합계

(1) 건축면적 : 제시된 건물의 1층 바닥면적은 700m²이고, 건축물의 외벽이 1층의 바닥면적을 넘어가지 않으므로 건축면적 또한 1층의 바닥면적과 동일한 700m²이다.
(2) 2층의 바닥면적 : 바닥면적은 벽, 기둥 등 구획의 중심선으로 둘러싸인 부분으로, 구획된 공간이 아닌 개방된 형태의 1층 천장 부분에 해당하는 '500m²'는 2층의 바닥면적에 산입되지 않고, 200m²만 2층의 바닥면적에 해당한다.

(3) 따라서 연면적은 700m² + 200m² = 900m²이므로 1,400m²라고 서술한 ③번의 설명이 옳지 않다.

📂 [더 알아보기!]

대지면적이 1,000m²일 때 용적률과 건폐율은?

1. 용적률 = $\dfrac{연면적}{대지면적}$ × 100% = 90%

2. 건폐율 = $\dfrac{건축면적}{대지면적}$ × 100% = 70%

05

다음 제시된 소방안전관리대상물의 일반현황을 참고하여 럭키빌딩이 2025년에 실시하는 자체 점검 시행 시기에 대한 설명으로 옳은 것을 고르시오.

명칭	럭키빌딩
규모	• 연면적 : 12,000m² • 층수 : 11층 • 높이 : 40m
용도	• 업무시설, 근린생활시설
완공일	• 2022년 7월 15일
사용승인	• 2022년 9월 1일

① 작동점검 : 3월, 종합점검 : 9월 실시
② 작동점검 : 9월, 종합점검 : 3월 실시
③ 작동점검 : 1월, 종합점검 : 7월 실시
④ 작동점검 : 해당 없음, 종합점검 : 9월 실시

답 ①

해 럭키빌딩은 11층 이상의 특정소방대상물이므로 1급 소방안전관리대상물이며 작동점검과 종합점검을 모두 실시하는 대상이다. 이 경우, 종합 점검을 건축물의 사용승인일이 속하는 달에 실시하고, 종합 점검을 받은 달부터 6개월이 되는 달에 작동점검을 실시하므로 매년 9월에 종합 점검, 매년 3월에 작동점검으로 답은 ①번.

1회차

2회차

3회차

4회차

5회차

6회차

마무리 문제

Yes or No 퀴즈

헷갈리는 계산문제 공략법

📁 [CHECK 1]

자체점검 시기에서 완공일은 무관한 조건! 기준일은 '사용승인일'

📁 [CHECK 2]

사용승인일을 기준으로 럭키빌딩의 자체점검 시기는 다음과 같이 진행된다 :

2023년 9월 : 종합 → (6개월 뒤) 2024년 3월 : 작동 → (종합점검 1년 지남) 2024년 9월 : 종합 → (6개월 뒤) 2025년 3월 : 작동 → (종합점검 1년 지남) 2025년 9월 : 종합

📁 [참고]

• 작동점검이 제외되는 대상은 '특급'대상물, 위험물제조소등, 소방안전관리자를 선임하지 않는 대상물이므로 제외 조건 어디에도 해당하지 않는 럭키빌딩(1급 대상물)은 작동점검을 해야 하는 대상이다.

06

다음 제시된 RS아파트의 일반현황을 참고하여 해당 소방안전관리대상물에 선임해야 하는 소방안전관리보조자의 최소 선임 인원수를 고르시오.

명칭	RS아파트
용도	공동주택(아파트)
규모	• 지상 35층 / 지하 2층 • 높이 : 100m • 연면적 : 150,000m² • 세대수 : 1,490세대
소방 시설 (일부)	• 자동화재탐지설비 • 옥내소화전설비 • 옥외소화전설비 • 스프링클러설비 • 연결송수관설비

✓① 4명　　　　　② 5명

③ 10명　　　　　④ 15명

답 ①

해 소방안전관리보조자 선임 대상은 다음과 같다.

(1) 300세대 이상인 아파트 : 1명. (다만, 초과되는 300세대마다 1명 이상을 추가 선임)

(2) 연면적 1만 5천 제곱미터 이상인 특정소방대상물(아파트 및 연립주택은 제외)

(3) 위 (1), (2)호를 제외한 특정소방대상물 중 다음의 어느 하나 : 1명.
• 공동주택 중 기숙사
• 의료시설, 노유자시설, 수련시설
• 숙박시설(단, 숙박시설로 사용되는 바닥면적의 합계가 1천 500제곱미터 미만이고, 관계인이 24시간 상시 근무하는 숙박시설은 제외)

제시된 대상물이 '아파트'이므로, (1)호의 적용기준에 따라 [세대수 ÷ 300]으로 보조자의 선임 인원수를 계산할 수 있다. (연면적도 만오천 이상이기는 하지만, (2)호에서 '아파트는 제외'되므로 (2)호의 기준은 적용하지 않는다.)

그럼 1490 ÷ 300 = 4.96 … 이 나오는데, 이러한 소방안전관리보조자의 선임 인원 수 계산 시, 소수점 이하는 버린 정수만을 취하므로, 제시된 아파트의 보조자 최소 선임 인원수는 4명으로 ①번.

07

다음 중 화재예방강화지구에 대한 설명으로 옳지 아니한 것을 고르시오.

① 화재예방강화지구는 시·도지사가 지정·관리한다.

② 소방시설·소방용수시설 또는 소방출동로가 없는 지역은 화재예방강화지구로 지정할 수 있다.

③ ✓석유화학제품을 생산하는 공장이 있는 지역은 화재예방강화지구로 지정하는 지역에 포함되지 않는다.

④ 소방관서장이 화재예방강화지구로 지정할 필요가 있다고 인정하는 지역은 화재예방강화지구에 포함될 수 있다.

답 ③

해 *화재예방강화지구 : 시·도지사는 다음 각 호의 어느 하나에 해당하는 지역을 화재예방강화지구로 지정하여 관리할 수 있다.

1. 시장지역
2. 공장·창고가 밀집한 지역
3. 목조건물이 밀집한 지역
4. 노후·불량건축물이 밀집한 지역
5. 위험물의 저장 및 처리 시설이 밀집한 지역
6. 석유화학제품을 생산하는 공장이 있는 지역
7. 산업단지
8. 물류단지
9. 소방(용수)시설·또는 소방출동로가 없는 지역
10. 그 밖에 제1호부터 제9호까지에 준하는 지역으로서 소방관서장이 화재예방강화지구로 지정할 필요가 있다고 인정하는 지역

따라서 '석유화학제품을 생산하는 공장이 있는 지역'도 화재예방강화지구로 지정될 수 있는 지역에 포함되므로 옳지 않은 설명은 ③번.

08

소방시설등 자체점검 결과의 조치 등에 따라, 관리업자가 점검한 경우에 관계인이 점검이 끝난 날부터 15일 이내에 소방시설등 자체점검 실시결과 보고서에 첨부하여 소방본부장 또는 소방서장에게 보고해야 하는 서류에 해당하는 것을 모두 고르시오.

㉮ 이행계획 건별 전·후 증명자료
㉯ 점검인력 배치확인서
㉰ 소방시설등의 자체점검 결과 이행계획서
㉱ 소방시설등 자체점검기록표

① ㉮, ㉯   ② ㉮, ㉰
③ ✓㉯, ㉰   ④ ㉰, ㉱

답 ③

해 자체점검 결과의 조치 등에 따라, 관계인은 점검이 끝난 날부터 15일 이내에 (소방시설등 자체점검) 실시 결과 보고서에 다음의 서류를 첨부하여 소방본부장 또는 소방서장에게 서면이나 전산망을 통해 보고해야 한다.

- (소방시설등 자체점검) 결과 이행계획서
- 점검인력 배치확인서 [☞ 관리업자가 점검한 경우]

✍ Tip

관계인은 점검이 끝나고 15일 내에 그 점검 '결과'를 보고해야 해요.

그리고 점검 결과에 따라 조치나 보수가 필요하다면 그에 대한 '이행계획'도 함께 제출해야 하고,

만일 관리업자를 통해서 점검이 이루어졌다면, 자격 및 배치 기준에 적합한 점검인력을 통해 점검한 것이 맞는지 '점검인력 배치확인서'도 첨부한다는 점! (0.<)-*

따라서 관리업자가 점검한 경우에, 관계인이 실시결과 보고서에 함께 첨부하는 서류는 ㉯와 ㉰로 ③번.

🗀 [참고]
- 건별 전·후 증명자료와 소방시설공사 계약서는 (보수·정비 등의) 이행계획을 완료한 날부터 10일 내에 : 이행 완료 보고서와 함께 소방본·서장에 제출한다.

1회차

2회차

3회차

4회차

5회차

6회차

마무리 문제

Yes or No 퀴즈

헷갈리는 개념 및
제 공략법

- 자체점검 기록표는 이행 완료까지 모든 보고를 마친 관계인이 (최종)보고를 한 날부터 10일 내에 : 대상물의 출입자가 쉽게 볼 수 있는 장소에 30일 이상 기록표로 작성하여 게시해야 한다.

09

물질이 외부의 에너지 공급 없이 스스로 발화 온도에 도달해 불이 붙는 현상을 자연발화라고 한다. 이러한 자연발화를 일으킬 수 있는 열원과 그 열원을 발생시키는 원인 물질에 대한 예시로 옳은 것을 고르시오.

① 산화열 : 목탄, 활성탄
✓② 중합열 : 시안화수소, 산화에틸렌
③ 발효열 : 셀룰로이드, 니트로셀룰로오스
④ 분해열 : 퇴비

답 ②

해 자연발화를 일으킬 수 있는 열원과 그 열원을 발생시키는 원인 물질은 다음과 같다.

(1) 발효열 : 퇴비
(2) 분해열 : 셀룰로이드, 니트로셀룰로오스
(3) 산화열 : 석탄, 건성유
(4) 흡착열 : 목탄, 활성탄
(5) 중합열 : 시안화수소, 산화에틸렌
따라서 옳은 것은 ②번.

✍ Tip

자연발화 5총사 암기 Tip!

유튜브 챕스랜드 영상 바로가기 ☞

10

다음은 물리적 작용을 이용한 소화방식 중, 가연성 물질의 농도를 연소범위 밖이 되도록 하여 소화하는 방법에 대한 예시이다. 다음의 빈칸 (가),(나)에 들어갈 말로 옳은 것을 고르시오.

- 가연성 증기의 농도가 연소 범위 내에 있을 때만 연소가 진행되므로, 연소 중인 물질의 표면을 폼(Foam)으로 덮어 산소의 공급을 차단하는 (가) 방법으로 연소를 정지시킬 수 있다.
- 알코올 화재 시, 알코올의 농도를 (나) 이하로 낮추어 소화하는 방법 등이 이에 해당한다.

① (가) : 억제소화   (나) : 50%
✓② (나) : 질식소화   (나) : 40%
③ (가) : 억제소화   (나) : 40%
④ (나) : 냉각소화   (나) : 50%

답 ②

해 연소는 가연성 증기와 공기가 섞인 혼합기의 농도가 적정한 연소 범위 내에 있을 때만 진행될 수 있으므로, 연소 중인 물질의 표면을 폼이나 불연성 액체 등으로 덮어 공급 중이던 산소(공기)를 차단하는 '질식소화' 방법을 통해 농도를 연소 범위 밖이 되도록 만들어 연소를 정지시킬 수 있다.

마찬가지로 알코올 화재 시, 알코올의 농도를 '40%' 이하가 되도록 하여 소화하는 것 역시도 농도 범위의 한계를 이용한 소화 방법에 해당한다.

따라서 빈칸에 들어갈 말로 옳은 것은 (가) : '질식소화', (나) : '40%' 이하로 답은 ②번.

11

다음에 제시된 <보기> 중에서 소방안전관리대상물을 제외한 특정소방대상물에서 관계인의 업무에 해당하는 것을 모두 고르시오.

보기

ⓐ 화기취급의 감독

ⓑ 화재 발생 시 초기대응

ⓒ 소방계획서의 작성 및 시행

ⓓ 피난시설, 방화구획 및 방화시설의 유지·관리

ⓔ 소방훈련 및 교육

ⓕ 자위소방대 및 초기대응체계의 구성·운영·교육

ⓖ 소방시설이나 그 밖의 소방 관련 시설의 관리

① ⓐ, ⓑ, ⓓ, ⓖ

② ⓑ, ⓒ, ⓓ, ⓖ

③ ⓑ, ⓓ, ⓔ, ⓕ

④ ⓐ, ⓓ, ⓔ, ⓖ

답 ①

해 (소방안전관리대상물이 아닌)특정소방대상물의 관계인이 수행해야 하는 업무는 다음과 같다.
(1) 피난시설, 방화구획 및 방화시설의 유지·관리
(2) 소방시설이나 그 밖의 소방 관련 시설의 관리
(3) 화기취급의 감독
(4) 화재 발생 시 초기대응
(5) 그 밖에 소방안전관리에 필요한 업무
따라서 이에 해당하는 것은 ⓐ, ⓑ, ⓓ, ⓖ로 ①번.

📁 [비교] 그럼 나머지는요~?

소방안전관리대상물이라면 '소방안전관리자'가 다음의 업무를 수행해야 합니다.

(1) 피난시설, 방화구획 및 방화시설의 유지·관리
(2) 소방시설이나 그 밖의 소방 관련 시설의 관리
(3) 화기취급의 감독
(4) 화재 발생 시 초기대응
(5) 소방계획서의 작성 및 시행
(6) 자위소방대 및 초기대응체계의 구성·운영·교육
(7) 소방훈련 및 교육
(8) 소방안전관리업무수행 기록의 작성·유지
(9) 그 밖에 소방안전관리에 필요한 업무

소방안전관리대상물의 '소방안전관리자'가 해야 하는 9대 업무와, (소방안전관리대상물을 제외한) 특정소방대상물의 '관계인'이 해야 하는 업무를 비교해서 Check!(0. <)-*

12

화재 시 발생되는 연기의 확산 및 유동 속도로 옳지 아니한 설명을 고르시오.

① 일반적으로 건물 내 수평 방향으로 이동 시 연기의 확산 속도는 약 0.5~1㎧로 인간의 보행속도보다 느리다.

② 농연의 경우 계단실과 같은 장소에서 수직 방향으로 이동 시 평균 1~2㎧ 속도로 확산된다.

③ 복도에서 천장 면을 따라 유동하는 연기의 평균 수평 유속은 플래시오버 이전에는 약 0.5㎧, 플래시오버 이후로는 약 0.75㎧ 속도로 확산된다.

④ 일반적인 지하가에서 연기가 평균 1㎧의 속도로 이동하는 것에 비해, 제트팬이 설치된 터널에서는 3~5㎧의 속도로 더 빠르게 이동할 수 있다.

답 ②

해 일반적으로 연기가 수평방향(↔)으로 유동 시, 약 0.5~1㎧(m/sec : 초속 미터) 속도로 흐르며 이는 인간의 평균 보행속도인 1 ~ 1.2㎧보다는 늦다. 하지만 천장 면을 따라 수평 이동을 할 때 플래시오버(Flash Over) 전에는 약 0.5㎧ 정도였던 유속이 플래시오버 이후로는 약 0.75㎧의 속도로 빨라질 수 있으며, 특히 계단실과 같은 곳에서 수직(↕) 이동 시에는 훨씬 빠른 속도로 유동할 수 있어, 화재 초기에도 2~3㎧, 농연(짙은 연기) 상태에서는 3~5㎧의 속도로 유속이 더욱 빨라진다.
따라서 농연의 경우 수직 이동 시 평균 1~2㎧ 속도로 확산된다고 서술한 ②번의 설명은 옳지 않다.
일반 지하가에서 연기는 약 1㎧ 속도로 이동하지만, 제트팬이나 배기 닥트 등이 설치된 터널에서는 설비에 의해 유속이 빨라져 약 3~5㎧ 속도로 흐를 수 있다.

1회차

2회차

3회차

4회차

5회차

6회차

마무리문제

Yes or No 퀴즈

헷갈리는 개념은 제 공략법

✍ Tip 연기의 유속

건물 내 수평(↔) 방향	복도	지하가(일반)
0.5 ~ 1㎧	F.O전 : 0.5㎧ F.O후 : 0.75㎧	1㎧

계단실 수직(↕) 방향			제트팬 터널
	초기	2 ~ 3㎧	
	농연	3 ~ 5㎧	3 ~ 5㎧

📁 [CHECK 1] 내화구조 vs 방화구조

(견딜 내) 내화구조	(막을 방) 방화구조
• 화재에 '견딜 수 있는' 성능을 가진 구조 • 화재 시에도 일정 시간 형태나 강도 변화가 크지 않고, 화재를 진압한 후에 재사용이 가능한 정도의 구조 • 철근콘크리트조·연와조 등	• 화염의 '확산을 막을' 수 있는 성능을 가진 구조(연소 확대 방지) • 철망모르타르·회반죽 바르기 등

📁 [CHECK 2] 불연재 > 준불연재 > 난연재

(1) **불연재료** : 불에 타지 않는 (연소하지 않는) 재료

(2) **준불연재료** : 불연재료에 준하는 성질

(3) **난연재료** : (불이 붙긴 하지만)불에 잘 타지 않는 성능을 가진 재료 (연소가 어렵도록 좀 버텨보는 재료)

☞ 가장 강한 성능(불에 대한 저항력) 순서 :

1. 불연재 > 2. 준불연재 > 3. 난연재로 표현할 수 있다.

13

건축물을 이루는 구조 및 재료의 구분에 대한 용어의 의미로 옳은 설명을 모두 고르시오.

⊙ 난연재료란 불에 잘 타지 아니하는 성질을 가진 재료로서 성능기준을 충족하는 것을 말한다.

ⓒ 내화구조는 화염의 확산을 막을 수 있는 성능을 가진 구조로서 바름두께가 2cm 이상인 철망모르타르 바르기 등의 기준이 적용된다.

ⓒ 불에 타지 아니하는 성질을 가진 재료를 불연재료라고 한다.

ⓔ 화재에 견딜 수 있는 성능을 가진 구조로서 철근콘크리트조·연와조와 같이 화재 시에도 일정 시간 동안 형태나 강도 등이 크게 변하지 않는 것을 방화구조라고 한다.

① ⊙, ⓒ   　　　 ② ⊙, ⓒ

③ ⓒ, ⓒ   　　　 ④ ⓒ, ⓔ

📋 ②

🔑 ⓒ은 '방화구조', ⓔ은 '내화구조'에 대한 설명이므로 서로 반대로 서술한 ⓒ, ⓔ을 제외하고 옳은 설명은 ②번.

14

피부 조직의 손상 정도에 따라 화상을 분류할 때, 각 분류별로 동반되는 증상 및 화상 환자의 응급조치에 대한 설명으로 옳지 아니한 것을 고르시오.

① 1도 화상은 표피 화상으로, 피부 바깥층이 손상을 입은 상태이며 약간의 부종과 홍반, 통증이 동반될 수 있으나 대부분은 흉터 없이 치료가 가능하다.

② 2도 화상은 진피의 모세혈관까지 손상을 입은 상태로 심한 통증과 수포, 물집이 생기며 물집이 터질 경우 피부가 노출되어 감염의 위험이 증가할 수 있다.

③ 3도 화상은 표피, 진피 그리고 피하지방과 근육층까지 손상되어 피부가 검은색으로 변하며, 신경 손상으로 인해 통증이 없을 수 있다.

④ 3도 화상의 경우에는 가능한 찬물이나 얼음을 대어 열기가 심부로 전달되는 것을 방지하고 크림이나 로션을 발라 피부가 건조해지지 않도록 응급처치한다.

답 ④

해 아주 찬 온도의 물을 강한 수압으로 접촉되게 할 경우 더 심한 자극을 일으키거나 또는 얼음 등을 직접 피부에 접촉하면 감염의 우려가 있으므로 1, 2도 화상의 경우, 상처 부위가 벌어지거나 자극이 되지 않는 선에서 실온의 약한 수압으로 열감을 식혀 주는 것이 도움이 될 수 있고 3도 화상은 식염수 등을 적신 깨끗한 천 등으로 느슨하게 드레싱하여 열기의 전달과 감염 등을 막아주는 것이 바람직하다.

또한 손상 부위에 민간요법을 시도하지 말고 화상 부위가 추가적인 손상을 입지 않도록 유의하여 의료진에게 인계하는 것이 적절하므로 옳지 않은 설명은 ④번.

[15~16] 다음 제시된 ★★병원의 일반현황을 참고하여 각 질문에 답하시오.

명칭	★★병원
용도	의료시설
규모	• 층수 : 지상 10층 / 지하 3층 • 연면적 : 68,000m² • 높이 : 43m
소방 시설 (일부)	• 자동화재탐지설비 • 옥내소화전설비 • 스프링클러설비 • 비상조명등

15

★★병원의 소방안전관리대상물 등급을 고르시오.
① 특급소방안전관리대상물
② 1급 소방안전관리대상물
③ 2급 소방안전관리대상물
④ 3급 소방안전관리대상물

답 ②

해 ★★병원은 (1급대상물의 조건 중) 연면적이 15,000m² 이상인 특정소방대상물의 조건에 해당하므로, 1급 소방안전관리대상물이다.

📂 CHECK POINT 특급/1급 등급 기준 비교(요약)

등급	다음 중 어느 하나에 해당하면
특	(1) 아파트 : 50층 또는 높이 200m 이상 (2) (아파트X) 대상물 : 지하 포함 30층 또는 높이 120m 이상 (3) (아파트 X) 위 (2)에 해당하지 않는 대상물로서 : 연면적 10만m² 이상
1	(1) 아파트 : 30층 또는 높이 120m 이상 (2) (아파트X) 대상물 : 연면적 1만 5천m² 이상 (3) (아파트 X) 위 (2)에 해당하지 않는 대상물로 : 지상 11층 이상 (4) 가연성 가스 1천 톤 이상 저장·취급시설

1회차

2회차

3회차

4회차

5회차

6회차

마무리 문제

Yes or No 퀴즈

헷갈리는 개산문
제 공략법

16

★★병원에 선임해야 하는 소방안전관리보조자
의 최소 선임 인원수를 고르시오.

① 1명 ② 2명

③ 4명 ④ 5명

답 ③

해 ★★병원은 소방안전관리보조자 선임 대상물 중
에서 연면적이 1만 5천 제곱미터 이상인 특정소방
대상물로서, 초과되는 연면적 만 오천 제곱미터마
다 1명 이상을 추가로 선임해야 하므로 68,000 ÷
15,000 = 4.53으로 소수점을 버린 정수 값만 취한
4명이 ★★병원의 소방안전관리보조자 최소 선임
인원수가 된다.

📁 CHECK POINT 의료시설의 보조자 선임 인원이 1
명인 경우 :

보조자 선임 대상물

(1) 300세대 이상인 아파트 : (최소) 1명

　∟ 다만, 초과되는 300세대마다 1명 이상 추가 선임

(2) (아파트X) 연면적 만 오천m² 이상인 특정소방대상물
　 : (최소) 1명

　∟ 다만, 초과되는 연면적 만오천 제곱미터마다 1명
　　이상 추가 선임

(3) 위 (1), (2)호를 제외한 다음의 특정소방대상물 중 어느
　하나 : 1명.

　→ 즉, (1)호의 아파트 또는 (2)호의 연면적 만 오천m²
　　이상인 (아파트를 제외한) 일반 대상물에 들어가지
　　않는, 연면적이 만 오천 제곱미터 미만이더라도
　　아래의 어느 하나에 해당하는 대상이면 보조자를
　　1명 선임한다.

　• 공동주택 중 기숙사

　• 의료시설

　• 노유자시설

　• 수련시설

　• 숙박시설(단, 숙박시설로 사용되는 바닥면적의
　　합계가 1천 500제곱미터 미만이고, 관계인이
　　24시간 상시 근무하는 숙박시설은 제외)

17

다음 중 내화구조의 기준에 대한 설명으로 옳지 아
니한 것을 고르시오.

① 바닥 : 철근콘크리트조 또는 철골철근콘크리트
　조로서 두께가 10센티미터 이상인 것

② 벽 : 벽돌조로서 두께가 15센티미터 이상인 것

③ 바닥 : 철재로 보강된 콘크리트블록조 · 벽돌조
　또는 석조로서 철재에 덮은 콘크리트블록 등의
　두께가 5센티미터 이상인 것

④ 벽 : 고온·고압의 증기로 양생된 경량기포 콘크
　리트패널 또는 경량기포 콘크리트 블록조로서
　두께가 10센티미터 이상인 것

답 ②

해 내화구조란, 화재에 견딜 수 있는 성능을 가진 구
조로, 다음의 기준에 적합한 구조를 말한다.

📁 CHECK POINT 내화구조의 주요 기준(요약)

등급	다음의 각 항목 중 어느 하나에 해당하는 것
벽	• (철골)철근콘크리트조 : 두께 10cm 이상 • 벽돌조 : 두께 19cm 이상인 것 • 철재로 보강된 콘크리트블록조·벽돌조 또는 석조로서 철재에 덮은 콘크리트블록등의 두께 : 5cm 이상인 것 • 골구를 철골조로 하고, 그 양면을 두께 4cm 이상의 철망모르타르 또는 두께 5cm 이상의 콘크리트블록·벽돌·석재로 덮은 것 • 고온·고압의 증기로 양생된 경량기포 콘크리트패널 또는 경량기포 콘크리트 블록조로서 두께가 10센티미터 이상인 것
바닥	• (철골)철근콘크리트조 : 두께 10cm 이상 • 철재로 보강된 콘크리트블록조·벽돌조 또는 석조로서 철재에 덮은 콘크리트블록등의 두께 : 5cm 이상인 것

따라서 벽의 경우에 벽돌조로서 두께가 '19cm 이
상'일 때 내화구조의 기준에 충족하므로, 옳지 않은
설명은 ②번.

✎ **Tip**

내화구조 기준 1분 암기 Tip!

유튜브 챕스랜드 영상 바로가기 👉

18

연소 과정에서 생성되는 라디칼에 작용하여 이를 흡착 및 제거함으로써 연소반응을 중단시키는 화학적 소화 방식은 다음 중 어떤 소화법에 해당하는지 고르시오.

① 냉각소화　　　　② 질식소화
③ 억제소화　　　　④ 제거소화

답 ③

해 라디칼은 연소 과정에서 발생되는 매우 불안정하고 반응성이 높은 입자로, 분기반응을 통해 연쇄반응을 유발하는데 이러한 라디칼을 흡착하거나 제거하여 연쇄반응을 중단시키는 화학적 소화 방식을 억제소화라고 한다. 따라서 답은 ④번.

📂 **CHECK POINT 소화방식별 핵심 키워드!**

작용	소화방식	작용 요소
화학적	억제소화	연쇄반응(라디칼)
물리적	냉각소화	열 에너지
	질식소화	산소(농도)
	제거소화	가연성 물질

19

가연성 물질이 고체인 경우 연소의 형태에 대한 설명으로 옳지 아니한 것을 고르시오.

① 고체가 열에 의해 먼저 융해되는 과정을 거쳐 가연성 증기를 방출하고, 이 증기가 산소와 결합하여 연소하는 형태를 증발연소라고 한다.

② 고체 물질 자체에 산소를 함유하고 있어 외부에서 별도의 산소 공급 없이도 열분해를 통해 가연성 증기와 산소를 발생시켜 자기연소를 하는 물질에는 제5류 위험물이 포함된다.

③ 표면연소는 고체 연료가 산소와의 반응으로 화염 없이 적열 상태로 연소하는 현상으로, 가연성 증기를 방출하지 않으며 연쇄반응이 발생하지 않는다.

④ 분해연소란 고체가 열을 받아 열분해 과정을 통해 가연성 증기를 방출하여 연소하는 현상으로서 대표적으로 숯, 코크스, 목재의 말기 연소 등을 예로 들 수 있다.

답 ④

해 **[옳지 않은 이유]**
분해연소에 대한 정의는 옳지만, 예시로 서술한 '숯, 코크스, 목재의 말기연소, 금속 마그네슘'은 <표면연소>에 대한 예시이므로 옳지 않은 것은 ④번.

CHECK POINT 고체의 연소 형태

분해연소	• '열분해' → 가연성 증기 • 가장 일반적인 고체의 연소 형태 • 예 목재, 종이, 석탄
증발연소	• ♨ → '융해(고체가 액체로!)' → 액체의 증발(가연성 증기) • 예 양초(고체파라핀), 황
표면연소	• (가연성 증기X) 고체 표면에서 산소와 직접 반응 → 적열(빨갛게 달구어짐) • 화염(불꽃) 없음! 연쇄반응 X • 작열연소, 무염연소라고도 함 • 예 숯, 코크스, 목재의 말기연소, 금속마그네슘
자기연소	• 산소 함유 → 열분해로 가연성 증기와 산소 동시에 발생 → (폭발적으로) 자기연소 • 예 자기반응성물질(제5류위험물), 폭발성물질

20

단독주택 및 공동주택(아파트 및 기숙사 제외)의 소유자는 「소방시설 설치 및 관리에 관한 법률」 제10조에 따라 대통령령으로 정하는 주택용 소방시설을 설치하여야 한다. 이러한 주택용 소방시설에 해당하는 것을 모두 고르시오.

㉮ 단독경보형감지기
㉯ 가스누설경보기
㉰ 자동화재탐지설비
㉱ 휴대용 비상조명등
㉲ 소화기
㉳ 화재알림설비

① ㉮, ㉲ ✔
② ㉮, ㉯, ㉲
③ ㉰, ㉱, ㉳
④ ㉯, ㉱, ㉲, ㉳

답 ①

해 「소방시설법(약칭)」에 따라 단독주택 및 공동주택에는 대통령령으로 정하는 '주택용 소방시설'을 설치해야 하며, 이러한 주택용 소방시설이란, 소화기와 단독경보형감지기를 말한다. 따라서 답은 ①번.

[더 알아보기!]

'단독경보형감지기'란, 내장된 배터리(건전지 등)로 작동하며 별도의 배선이 필요 없이 독립적으로 화재를 감지하고 경보음을 울려줄 수 있는 감지기로, 자동화재탐지설비처럼 복잡한 구조의 배선과 연동 설비를 설치하기 어려운 주택(가정)에서 손쉽게 구매·부탁할 수 있는 감지기이다.

또한 작은 불씨 단계에서 초기소화를 시도할 때에도 가장 효과적인 '소화기' 역시 이동과 사용이 간편하다는 점에서, 주택 환경에서도 화재를 조기에 감지하고 초기에 진화할 수 있도록 소화기와 단독경보형감지기를 주택용 소방시설로 지정하여 설치를 의무화하였다.

21

다음에 제시된 설명을 참고하여 이에 해당하는 화재의 종류로 가장 적절한 것을 고르시오.

> • 단락(합선), 과부하, 접촉 불량, 트래킹 및 흑연화 등으로 화재가 발생할 수 있다.
> • 일반적으로 이산화탄소, 할론 등의 가스계 소화약제와 분말소화약제가 사용되며, 물을 사용할 경우 위험성이 있다.

① A급 화재　　　　② B급 화재
③ C급 화재　　　　④ D급 화재

답 ③

해 단락(합선), 과부하(과전류), 트래킹 및 흑연화, 그 외에도 전선의 접촉 불량, 누전, 절연 불량 등은 전류가 흐르고 있는 전기기계기구와 관련된 '전기화재'를 발생시킬 수 있다. 이러한 전기화재는 이산화탄소와 같은 가스계 소화약제 및 분말소화약제가 적응성이 있으며, 물을 사용할 경우 감전의 위험이 있다.

따라서 문제에서 제시된 설명은 '전기화재'에 대하여 서술하고 있으며 전기화재는 **C급 화재**로 표현하므로 답은 ③번.

📁 **CHECK POINT 화재의 종류**
- A급 : 일반화재
- B급 : 유류화재
- C급 : 전기화제
- D급 : 금속화재
- K급 : 주방화재

✏️ **[Tip!] 헷갈릴 일 없는 챕스's 암기 꿀팁!**

A : 알파벳의 시작일 정도로 가장 **'일반'**적임
B : 유류 **'비'**(기름값)
C : Computer (컴퓨터 – **전기**)
D : 금 **D(덩)어리** – 금속
K : 키친(주방)

22

국민의 안전의식과 화재에 대한 경각심을 높이고 안전 문화를 정착시키기 위하여 매년 특정 월, 일을 '이날'로 정하여 기념행사 등을 개최한다. 소방기본법 제7조에서 정하는 '이날'과 지정된 날짜로 옳은 것을 고르시오.

① 소방의 날 : 1월 19일
② 소방의 날 : 11월 9일
③ 소방안전관리의 날 : 1월 19일
④ 소방안전관리의 날 : 11월 9일

답 ②

해 소방기본법 제 7조에 따라, '소방의 날'을 매년 11월 9일로 정하고 있다. 따라서 답은 ②번.

✏️ **[Tip!]**

소방 신고는 119 ☞ 전화의 키패드를 누를 때 '11'을 빠르게 연타한 후, 9로 넘어가니까 11월 9일!

23

다음 중 소방본부장 또는 소방서장이 침구류·소파 및 의자에 대하여 방염처리된 물품을 사용하도록 권장할 수 있는 경우에 해당하는 장소를 고르시오.

① 다중이용업소　　　② 공장, 창고
③ 운동시설　　　　　④ 종교시설

답 ①

해 (대통령령으로 정하는 방염대상물품 외에도) 소방본부장 또는 소방서장은 다음의 각 호의 물품은 방염처리된 물품을 사용하도록 권장할 수 있다.

> (1) 다중이용업소, 의료·노유자·숙박시설 또는 장례식장에서 사용하는 침구류·소파 및 의자
> (2) 건축물 내부의 천장 또는 벽에 부착하거나 설치하는 가구류

위의 (1)호에 따라 문제에서 제시된 장소 중, 침구류·소파 및 의자에 대하여 방염처리된 물품의 사용을 '권장'할 수 있는 장소에 해당하는 것은 ①번.

24

다음 중 양벌규정이 부과될 수 있는 행위를 한 사람을 고르시오.

① 실무교육을 받지 아니한 소방안전관리자
② 피난 유도 안내 정보를 제공하지 아니한 자
③ 소방 훈련 및 교육을 하지 아니한 자
④ 피난 명령을 위반한 사람

답 ④

해 양벌규정이란 '벌금형 이상'의 위반행위를 한 행위자 외에도 그 법인 또는 개인에게도 해당 조문의 벌금형을 (양쪽에) 부과하는 것으로, 제시된 보기 중에서 벌금형에 해당하는 행위를 한 사람은 ④번 (100만 원 이하의 벌금).

📁 CHECK ! 과태료는 양벌규정에 해당하지 않아요

① : 실무교육을 받지 않은 소방안전관리(보조)자는 100만원 이하의 과태료 조항에 따라 [50만원의 과태료]가 부과된다.
②, ③ : 300만원 이하의 과태료가 부과되는 행위에 해당한다.

25

다음 중 초고층 건축물의 종합방재실에 설치해야 할 설비등으로 보기 어려운 것을 고르시오.

① 지진계 및 풍향·풍속계
② 감시·방범·보안을 위한 CCTV
③ 자료 저장 시스템
④ 조명설비(예비전원 미포함) 및 급수·배수 설비

답 ④

해 초고층 건축물에서 효율적인 설비의 제어·통제 및 감시와 방범·보안을 위해 종합방재실에 설치해야 하는 설비등은 다음과 같다.

• CCTV (피난안전구역, 피난용 승강기·승강장 및 테러 등에 대한 감시·방범·보안을 위한 폐쇄회로텔레비전)

• 지진계 및 풍향·풍속계(초고층 건물 한정)
• 상용전원·예비전원의 공급을 자동 또는 수동으로 전환하는 설비
• 조명설비(예비전원 포함) 및 급수·배수설비
• 급기·배기 및 냉·난방설비
• 공기조화·냉난방·소방·승강기설비의 감시 및 제어 시스템
• 자료 저장 시스템
• 전력 공급 상황 확인 시스템
• 소화장비 보관함 및 무정전 전원공급장치

종합방재실에 설치해야 하는 '조명설비'는 재난으로 인한 정전 등 상용전원의 공급에 문제가 생겼을 경우, 예비전원으로 작동할 수 있어야 하므로 조명설비는 '예비전원을 포함'해야 한다.
따라서 옳지 않은 것은 ④번.

✏️ [Tip 1] 왜일까?

종합방재실은 규모가 큰 초고층건물에서 소방·건축·전기·가스·테러·방범·보안 등 효율적+통합적 재난관리를 위해 설치한다. (마치 컨트롤타워!) 그래서,

① 테러로부터 방범·보안 → CCTV 설치 → 이러한 CCTV 기록 및 감시 데이터 등 자료의 저장

② 건물 규모가 큰 만큼 설비들의 작동과 전력 공급이 안정적으로 유지되어야 함 → 감시 및 제어 시스템, 전력공급 상황 확인 시스템

③ 높고 큰 건물은 지진과 바람에 영향을 받고, 강한 바람이 '지속적으로' 계속 빠르게 가해질 경우 승강기 운영 등 문제가 생길 수 있음 → 지진계 풍향·풍속계 (바람이 어느 방향으로 얼마나 빠르게 부는지)

④ 정전되더라도 설비등이 예비전원으로 바로 전환되어 움직일 수 있어야 함 → 상용 - 예비전원 공급을 자동 또는 수동으로 전환하는 설비 & 조명설비(+소화용수 공급 및 침수 방지를 위해 급수·배수설비도~!)

⑤ 비슷한 맥락에서 UPS(무정전전원장치) → 비교적 짧지만 일정 시간 동안 전력을 공급해 줄 수 있는 장치로, 갑작스러운 정전 등으로 인한 데이터 손실에 대비할 수 있다.

✏️ [Tip 2]
한국소방안전원 1급 강습교재 1권 – 246쪽 참고

26

다음 제시된 장소 중 객석유도등을 설치해야 하는 특정소방대상물에 해당하지 아니하는 장소를 고르시오.

① 의료시설 ✓
② 종교시설
③ 운동시설
④ 유흥주점영업시설(카바레·나이트클럽 등)

답 ①

해 '객석유도등'을 설치해야 하는 특정소방대상물은 다음과 같다.

- 유흥주점영업시설(손님이 춤을 출 수 있는 무대가 설치된 카바레·나이트클럽 등)
- 문화 및 집회시설 (공연장)
- 종교시설 (종교집회장 포함)
- 운동시설

따라서 이러한 객석유도등을 설치해야 하는 특정소방대상물에 해당하지 않는 것은 ①번.

✏ Tip !

객석유도등을 설치해야 하는 장소를 '모두 고르시오' 형태로 출제될 수도 있어요!

★ 객석유도등 : 공연장·집회장(문화·집회시설), 나이트·카바레, 종교/운동시설 꼭 챙겨주세요~ ^ ^

27

다음은 기동용수압개폐장치인 압력챔버를 나타낸 그림이다. 그림에 표시된 각 부분 (A) ~ (D)의 명칭과 역할에 대한 설명으로 옳지 아니한 것을 고르시오.

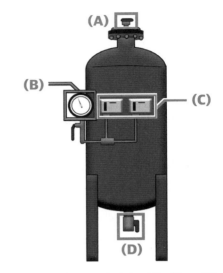

① (A) : 안전밸브 - 과압을 방출하는 역할
② (B) : 압력계 - 압력챔버 내 압력을 표시하는 역할
③ (C) : 펌프 선택스위치 - 펌프의 자동/수동 운전방식을 변경하는 역할 ✓
④ (D) : 배수밸브 - 압력챔버 내 물을 배수하는 역할

답 ③

해 제시된 기동용수압개폐장치(압력챔버)의 구조부 중 표시된 (C)에 해당하는 것은 [압력스위치]로, 배관 내 압력 변화를 감지하여 특정 압력 범위에서 전기적 신호를 전달함으로써 펌프를 자동으로 기동하거나 또는 정지시키는 역할을 한다. 따라서 옳지 않은 설명은 ③번.

📁 CHECK ! 그럼, 펌프(자동/수동)선택스위치란?

동력제어반 및 감시제어반에 설치되어, 사용자가 펌프의 운전 방식을 수동으로 제어(선택)할 수 있으며 평상시에는 자동(AUTO) 또는 연동 위치에 두어 펌프가 자동으로 기동될 수 있도록 유지해야 한다.

1회차

2회차

3회차

4회차

5회차

6회차

마무리 문제

Yes or No 퀴즈

헷갈리는 계산문제 공략법

28

바닥면적이 1,500m²이고 용도가 판매시설·운수시설·숙박시설·노유자시설 중 어느 하나에 해당하는 특정소방대상물로서 건축물의 주요구조부가 내화구조이고, 실내에 면하는 부분이 불연재료로 된 특정소방대상물로 능력 단위가 **A2**인 소화기를 설치하는 경우 소화기는 최소 몇 개 이상 설치해야 하는지 고르시오.

① 3개   ☑ 4개

③ 7개   ④ 8개

답 ②

해 특정소방대상물별 소화기구의 능력단위 기준은 다음과 같다. (요약)

대상물	해당 용도의 바닥면적
위락시설	30m² 마다 1단위 이상
공연장·집회장·관람장·문화재·장례식장 및 의료시설	50m² 마다 1단위 이상
근생시설·판매·운수·숙박·노유자·업무시설·방송통신시설·전시장·공장·창고 등	100m² 마다 1단위 이상
그 밖의 것	200m² 마다 1단위 이상

☑ 건축물의 주요구조부가 내화구조이고, 실내에 면하는 부분이 불연재·준불연재·난연재료로 된 특정소방대상물
: 위 바닥면적의 X2배

따라서, 문제에서 제시된 특정소방대상물은 [바닥면적 100m²마다 1단위 이상]에 해당하는 장소이면서, 내화구조＋불연재료로 된 특정소방대상물이므로 기준 면적의 2배의 기준이 적용되므로 '200m²마다 1단위 이상'의 소화기를 설치하여야 한다.

그래서 1단위 소화기를 기준으로 (1,500m² ÷ 200m²) = 7.5단위가 요구되는데, 문제에서는 설치하려는 소화기가 A2로 능력 단위가 2단위인 소화기이므로 7.5 ÷ 2 = 3.75로 올림 하여 4개 이상의 소화기를 설치하는 것으로 계산할 수 있다. 따라서 답은 ②번.

🗂 **CHECK ! 소화기 '개수'는 넉넉히!**

계산된 능력 단위가 3.75라고 해서 3개의 소화기만 비치한다면 0.75만큼 부족한 상황이 생길 수 있으므로, 그보다 넉넉하게 안전기준을 충족하여 대비할 수 있도록 소수점 이하를 '올림'한 개수 이상의 소화기를 구비해야 한다.

29

다음에 제시된 소화설비 중 자동소화장치에 해당하지 아니하는 설비를 고르시오.

☑ 자동확산소화기

② 가스자동소화장치

③ 주거용 주방자동소화장치

④ 분말자동소화장치

답 ①

해

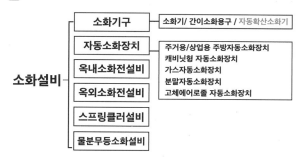

위와 같이 '자동확산소화기'는 소화기(＋간이소화용구)와 함께 [소화기구]에 해당하며, 자동소화장치에는 포함되지 않으므로 답은 ①번.

🗂 **CHECK POINT! 자동소화장치의 종류**

• 주거용·상업용 주방자동소화장치

• 캐비닛형 자동소화장치

• 가스 자동소화장치

• 분말 자동소화장치

• 고체에어로졸 자동소화장치

다음 제시된 소방시설의 종류 중 소화설비에 해당하지 아니하는 설비를 모두 고르시오.

> ㉮ 연결송수관설비
> ㉯ 소화기구
> ㉰ 상수도소화용수설비
> ㉱ 물분무등소화설비
> ㉲ 연결살수설비

① ㉮, ㉲
② ㉯, ㉱
③ ㉮, ㉰, ㉲ ✓
④ ㉮, ㉰, ㉱, ㉲

답 ③

해 연결송수관설비와 연결살수설비는 [소화활동설비]로, 그리고 상수도소화용수설비는 [소화용수설비]로 분류되므로 소화설비에 해당하지 않는 것은 ㉮, ㉰, ㉲로 ③번.

📂 **CHECK POINT! 소방시설**

소화설비, 경보설비, 피난구조설비, 소화용수설비, 소화활동설비

📂 **[비교] 소화설비 vs 소화용수설비 vs 소화활동설비**

소화설비	• **불을 꺼요~!** ☞ 소화기구, 자동소화장치, 옥내·옥외소화전설비, 스프링클러설비, 물분무등소화설비
소화용수설비	• **소화에 쓸 물!** ☞ 상수도(소화용수설비), 소화수조 및 저수조
소화활동설비	• **소방대원 분들의 활동을 도와요!** ☞ 제연설비, 연결송수관설비, 연결살수설비, 비상콘센트설비, 무선통신보조설비, 연소방지설비

다음 제시된 그림을 참고하여, 해당 스프링클러설비의 작동 순서로 옳은 것을 고르시오.

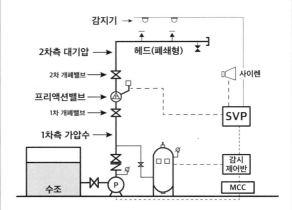

① 화재 → 감지기 A or B 작동으로 화재표시등 점등·경보 작동 → 유수검지장치 작동 및 밸브 개방 → 감지기 A and B 작동 → 2차측으로 급수 → 헤드 개방 → 방수 → 압력저하로 인한 펌프 기동

② 화재 → 감지기 A and B 작동으로 화재표시등 점등·경보 작동 → 헤드 개방 → 방수 → 감지기 A or B 작동 → 유수검지장치 작동 및 밸브 개방 → 2차측으로 급수 → 압력저하로 인한 펌프 기동

③ 화재 → 감지기 A and B 작동으로 화재표시등 점등·경보 작동 → 감지기 A or B 작동 → 유수검지장치 작동 및 밸브 개방 → 2차측으로 급수 → 헤드 개방 → 방수 → 압력저하로 인한 펌프 기동

④ 화재 → 감지기 A or B 작동으로 화재표시등 점등·경보 작동 → 감지기 A and B 작동 → 유수검지장치 작동 및 밸브 개방 → 2차측으로 급수 → 헤드 개방 → 방수 → 압력저하로 인한 펌프 기동 ✓

1회차

2회차

3회차

4회차

5회차

6회차

마무리 문제

Yes or No 퀴즈

헷갈리는 계산문
제 공략법

답 ④

해 제시된 설비는 폐쇄형 헤드를 사용하고 감지기가 별도로 설치되어 있으며, 2차측 배관 내부는 대기압 상태이다. 결정적으로 '프리액션밸브'를 사용하고 있으므로 이는 [준비작동식] 스프링클러설비를 나타낸 그림임을 알 수 있다.

이러한 준비작동식 스프링클러설비의 작동 순서는 다음과 같다.

1. 화재 발생 → 2. 감지기 A or B(둘 중에 하나가 먼저 작동) : 그럼 이때부터 일단 경보 울리고 화재표시등에 점등해서 불 난 것 같다고 알림

3. 그러다가 나머지 하나도 마저 작동(또는 수동기동장치SVP를 작동)해서 A and B로 둘 다 작동하면 : 힘을 합쳐서 유수검지장치 작동

> 전자밸브(솔밸브) 작동으로 → 중간챔버의 물이 배수되면서 감압 → 그럼 물이 치고 올라가면서 밸브 개방 → 그 과정에서 압력스위치가 작동하여 : 사이렌과 밸브개방표시등(**수문 열렸다!**) 점등

4. 2차측으로 물이 급수되어 대기
5. 화재의 열기로 폐쇄형 헤드가 터져버림(헤드 개방)
6. 급수되어 있던 물이 방수!
7. 계속해서 물이 빠져 나가면서 압력이 저하되면, 펌프가 자동으로 기동하여 압력 보충

따라서 이러한 순서로 옳은 것은 ④번.

32

다음에 제시된 각각의 자위소방활동에 해당하는 업무에 대하여 서술한 내용으로 옳지 아니한 것을 고르시오.

① 방호안전 : 위험물 시설에 대한 제어·비상 반출 업무

② 초기소화 : 화재 확산 방지, 소화설비를 이용한 조기 화재 진압 업무

③ 비상연락 : 화재 상황 전파, 119 신고 및 통보 업무

④ 응급구조 : 응급상황 시 응급조치, 응급의료소의 설치 및 지원 업무

답 ②

해 화재의 확산을 방지하는 것은 자위소방활동 중 [방호안전] 활동에 해당하는 업무이므로, 옳지 아니한 것은 ②번.

📁 **CHECK ! 자위소방활동별 주요 업무**

초기소화	초기소화설비로 조기 화재진압
비상연락	화재 상황 전파, 119 신고 및 통보연락
피난유도	재실자·방문자의 피난유도, 피난약자에 대한 피난보조
응급구조	응급조치 및 응급의료소 설치·지원
방호안전	위험물 시설에 대한 제어 및 비상반출, 화재확산 방지

33

다음은 준비작동식 스프링클러와 연동된 감시제
어반을 나타낸 그림이다. 그림을 참고하여 현재 상
황에 대한 설명으로 옳지 아니한 것을 고르시오.

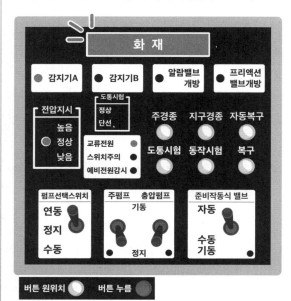

① 방호구역 내 주경종 및 지구경종이 작동하고
있다.
② 주펌프 및 충압펌프, 준비작동식 밸브는 평상
시 정상 상태로 유지되고 있다.
❸ 중간챔버가 감압하며 1차측 물이 2차측으로
급수되었다.
④ 헤드를 통한 방수는 이루어지지 않았을 것이다.

답 ③

해 준비작동식 스프링클러설비에서 감지기 A와 B가 모
두(A and B) 작동했을 때 → (문을 여시오~!) 신호
를 보내서 준비작동식 밸브가 작동 → 중간챔버의
물이 배수되어 감압 → 밸브가 개방되고, 1차측의
물이 2차측으로 급수되는 과정에서 압력스위치가
작동하여 → 사이렌 및 밸브개방표시등이 점등된다.

그러나 현재 그림에서는, [화재표시등]과 [감지기
A]는 점등(작동)했지만 감지기 B는 작동하지 않은
상태(소등)이고 + 또한 준비작동식 밸브가 자동으
로 신호를 받을 수 있는(평상시 유지 상태인) '자동
(연동)'의 상태에서, 프리액션밸브 개방표시등 역시
'소등'된 상태이므로 밸브가 개방되지 않았음을 알
수 있다.

자동 (정상) 위치   밸브개방X (소등)

따라서 중간챔버의 물이 배수되어 감압하거나 1차
측의 물이 2차측으로 급수되지도 않았을 것이므로
옳지 않은 설명은 ③번.

📁 CHECK ! 나머지가 옳은 이유

① 감지기 A or B(둘 중 하나라도) 작동으로, 화재표시
등이 점등되고 방호구역 내의 경종이 울리므로 옳은
설명이다. (주경종 및 지구경종 버튼도 원위치(정상) 상
태이므로 정상 작동 가능한 상태)

② 펌프의 운전 상태를 선택하는 (자동/수동) 선택스위
치가 '연동(자동)' 상태이고 준비작동식 밸브도 '자
동' 위치에 있으므로 평상시의 정상 상태로 유지되고
있다.

④ 프리액션밸브가 개방되지 않았으므로 물이 급수되지
않아, 방수가 이루어지지 않았다는 추론은 옳다.

1회차

2회차

3회차

4회차

5회차

6회차

마무리 문제

Yes or No 퀴즈

헷갈리는 개선 문제 공략법

34

다음 제시된 그림을 참고하여 해당 건축물에 적용되는 최소한의 경계구역 설정 개수를 고르시오.
(단, 1층은 주된 출입구에서 그 내부 전체가 보이는 구조이다.)

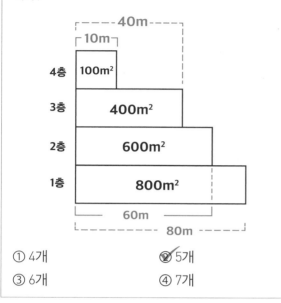

① 4개 　　　　　 ✓② 5개
③ 6개 　　　　　 ④ 7개

답 ②

해 (1) 주된 출입구에서 내부 전체가 보이는 것에 있어서는 1,000m² 이하로 경계구역을 설정할 수 있으나, 한 변의 길이는 '50m 이하'의 범위 내에 있어야 하므로, 한 변의 길이가 (50m를 초과하여) 80m인 1층은 최소 2개의 경계구역으로 설정해야 한다.

> ☑ 함정 주의! 출입구에서 내부 전체가 보이는 구조로 면적 제한 기준은 충족했지만, '한 변의 길이' 제한 기준을 초과하므로 쪼개야 해요!

(2) 하나의 경계구역 면적은 600m² 이하로 하고, 한 변의 길이는 역시나 50m 이하여야 하는데 2층의 경우 면적은 하나의 경계구역 기준을 충족하지만, 마찬가지로 한 변의 길이 제한(50m 이하)을 초과하므로 최소 2개의 경계구역으로 설정해야 한다.

(3) (하나의 경계구역이 둘 이상의 층에 미치지 않아야 하지만) 500m² 이하의 범위 안에서는 2개의 층을 하나의 경계구역으로 묶을 수 있다. 따라서 3층과 4층 면적의 합이 500m² 이하이므로 둘을 묶어 하나의 경계구역으로 설정할 수 있다.

따라서 1층 2개 + 2층 2개 + 3층과 4층을 묶어 1개로, 최소한의 경계구역은 5개.

35

다음 제시된 건축물의 일반현황을 참고하여 해당 글로벌챕스빌딩에 대한 설명으로 옳지 아니한 내용을 고르시오.

명칭	글로벌 챕스 빌딩
용도	업무시설, 판매시설, 근린생활시설
규모	• 층수 : 지상 65층 /지하 5층 • 높이 : 330m • 연면적 : 638,000m²

① 관리주체는 해당 건축물 등에 상주하는 5명 이상의 관계인으로 초기대응대를 구성하고 운영하여야 한다.
② 관리주체는 관계인, 상시근무자 및 거주자에 대하여 교육 및 훈련을 매년 1회 이상 실시하여야 한다.
③ 면적이 20제곱미터 이상인 종합방재실을 다른 부분과 방화구획으로 설치하여야 한다.
✓④ 관리주체는 재난 및 안전관리에 필요한 활동을 원활하게 수행할 수 있도록 종합방재실에 상주하는 인력을 1명 이상 배치하여야 한다.

답 ④

해 문제에서 제시된 빌딩은 연면적 10만m² 이상의 특급소방안전관리대상물이자, (건축법에 따라) 층수가 50층 이상 또는 높이가 200m 이상인 건축물로 '초고층 건축물'에 해당한다.

이러한 초고층 건축물등의 [관리주체]는 소유자 또는 관리자를 지칭하며, 초고층 건축물등의 관리주체는 신속한 초기 대응을 위해 상주하는 5명 이상의 관계인으로 초기대응대를 구성·운영해야 한다.

또한 관리주체는 관계인, 상시근무자 및 거주자에 대하여 교육 및 훈련을 매년 1회 이상 실시하여야 하므로 ①번과 ②번의 설명은 옳다.

그리고 초고층 건축물은 종합방재실의 설치 대상으로, 종합방재실은 소방대가 쉽게 도달할 수 있고, 피해 우려가 적은 곳에 면적 20m² 이상으로 다른 부분과는 방화구획하여 설치해야 하므로 ③번의 설명도 옳다.

다만, 초고층 건축물등의 종합방재실에는 '3명 이상'의 상주인력을 배치하여야 하므로 1명 이상으로 서술한 ④번의 설명은 적절하지 않다. 따라서 답은 ④번.

☑ 이번 문제에서는 '초고층 재난관리법(소방관계법령 단원)'과 '종합방재실의 운영' 단원에서 '초고층 건축물'과 관련하여 등장하는 내용들을 복합적으로 물어보고 있어요!
보기 ①, ②번은 초고층 재난관리법 단원을 / ③, ④번은 종합방재실의 운영 단원을 참고해 주시면 좋습니다^ ^

36

다음 제시된 그림 중 축압식 분말소화기와 옥내소화전설비의 압력계의 상태가 적정 압력 범위 내에 있는 그림으로 옳은 것을 고르시오.

구분	소화기	옥내소화전
①		
②		
③		
④		

답 ③

해 (축압식)분말소화기의 지시압력계 적정 범위는 0.7~0.98MPa이고, 옥내소화전설비의 적정 방수압력은 0.17MPa 이상 0.7MPa 이하이다.
각 설비의 적정 압력 범위를 표시하면 다음과 같이 나타낼 수 있다.

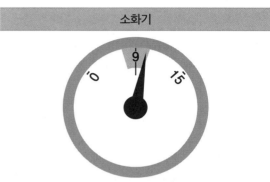

소화기

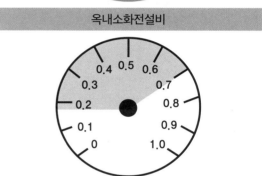

옥내소화전설비

따라서 이러한 범위 내에 있는 그림은 ③번.

[옳지 않은 이유]
①번 : 둘 다 압력미달
②번 : 소화기 압력미달
④번 : 옥내소화전설비 압력범위 초과

37

스프링클러설비의 계통도가 다음과 같을 때, 그림에 표시된 (A)의 이름으로 가장 적절한 것을 고르시오.

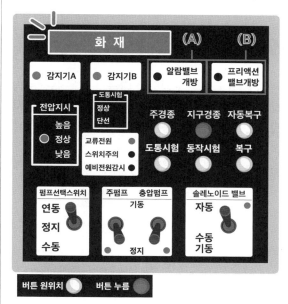

① 일제개방밸브
② 프리액션밸브
③ 알람밸브
④ 건식밸브

답 ①

해 제시된 그림의 헤드가 '개방형헤드'인 것으로 보아, 해당 설비는 '일제살수식' 스프링클러설비임을 알 수 있다. (+화재감지장치가 별도로 설치되어 있는 점, 그리고 2차측이 대기압 상태인 점 등)
따라서 그림에 표시된 (A)는 일제살수식의 유수검지장치인 일제개방밸브(Deluge Valve)에 해당하므로 답은 ①번.

38

스프링클러설비의 점검을 위해 해당 방호구역 내에 연결된 감지기 A와 B를 모두 동작시킨 상황에서 감시제어반의 상태가 아래의 그림과 같았을 때 이에 대한 설명으로 옳지 아니한 것을 고르시오.

① (A)는 점등되지 않고, (B)는 점등되어야 한다.
② 방호구역 내 경종이 작동하였을 것이다.
③ 현재 점검을 진행 중인 설비는 습식스프링클러설비가 아니다.
④ 소화 펌프는 자동으로 기동한 상태이다.

답 ②

해 습식스프링클러설비는 헤드가 (화재에 의해) 개방되거나, 또는 시험 밸브를 개방하여 가압수를 임의로 배출시킴으로써 유수검지장치(알람밸브)가 개방되고 해당 구역의 밸브 개방표시등 점등이 확인되는데 이러한 과정에서 감지기의 동작은 필요하지 않다.
문제에서는 시험을 위해 감지기 A와 B를 작동시켰고, 감시제어반에서도 솔레노이드밸브의 작동과 펌프 기동이 확인되는 상황이므로 현재 점검 중인 것은 준비작동식 스프링클러설비임을 알 수 있다.
따라서 준비작동식 유수검지장치인 프리액션밸브의 밸브개방표시등(B)이 점등되어야 하고, 알람밸브(습식)는 감지기의 동작으로 작동하는 시스템이 아니므로 소등된 상태일 것이므로 ①, ③, ④번의 설명은 옳다.

반면, 현재 감시제어반의 지구경종(정지) 스위치가 눌려진 상태로 지구경종을 '정지'한 상황이므로, 방호구역 내 경종이 작동했을 것이라는 ②번의 추론은 옳지 않다.

39

자위소방대 조직 구성도가 다음과 같은 특정소방대상물에 대한 설명으로 가장 적절한 것을 고르시오. (단, 해당 대상물은 공동주택을 제외한 경우로 본다.)

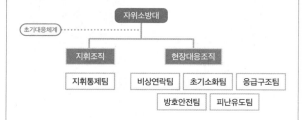

① 1급 소방안전관리대상물로 연면적이 30,000m² 미만일 것이다.
② 상시 근무 인원이 50명 미만인 2급 소방안전관리대상물일 것이다.
③ 둘 이상의 현장대응조직을 운영하며 본부대와 지구대로 구분한다.
④ TYPE-Ⅲ로 자위소방대 편성 대원이 10인 미만인 경우이다.

답 ①

해 제시된 자위소방대 조직 구성도는 타입2(TYPE-Ⅱ)로, 이와 같은 조직구성의 대상은 1급(단, 연면적 3만 제곱미터 이상인 경우에는 TYPE-Ⅰ을 적용) 및 상시 근무인원이 50명 이상인 2급에 적용한다. 따라서 이와 같은 TYPE-Ⅱ 유형이 적용되는 1급은 연면적이 3만 제곱미터 미만일 것이므로 가장 적절한 설명은 ①번.

[옳지 않은 이유]
② : 문제에서 제시된 TYPE-Ⅱ의 조직 구성은 상시 근무 인원이 50명 '이상'인 2급 대상물에 적용하므로, 만약 2급이었다면 상시 근무 인원은 50명 이상일 것이다.
③ : 둘 이상의 현장대응조직을 운영하며 본부대와 지구대로 나누는 것은 TYPE-Ⅰ 유형으로 이는 특급 및 연면적 3만 제곱미터 이상인 1급(공동주택 제외)에 적용한다.
④ : TYPE-Ⅲ는 (상시 근무 인원이 50명 미만인) 2급 및 3급 대상물에 적용하며, 그중에서도 자위소방대로 편성하는 인력이 10인 미만인 경우는 하위 조직(팀) 구분 없이 현장대응팀을 운영하므로, 비상연락·초기소화·피난유도·응급구조·방호안전팀으로 구분하여 현장 대응조직을 운영하고 있는 문제의 대상물과는 거리가 멀다.

40

다음 중 특정소방대상물의 관계인이 특정소방대상물에 설치해야 하는 소방시설의 적용 기준에 따라, 자동화재탐지설비의 설치 대상으로 보기 어려운 것을 고르시오.
① 층수가 6층 이상인 건축물의 경우 : 모든 층
② 지하가 중 터널로서 길이가 1,000m 이상인 것
③ 공동주택 중 아파트 등·기숙사 및 숙박시설의 경우 : 11층 이상의 층
④ 숙박시설이 있는 수련시설로서 수용인원이 100명 이상인 경우 : 모든 층

답 ③

해 (소방시설법 시행령 별표 4) 특정소방대상물에 설치해야 하는 소방시설의 적용기준에 따라, [자동화재탐지설비]를 설치하는 대상에서 공동주택 중 아파트 등·기숙사 및 숙박시설의 경우에는 '모든 층'에 해당하므로 11층 이상의 층으로 서술한 ③번의 설명이 옳지 않다.

41

다음은 가스계소화설비의 약제방출방식을 나타낸 그림이다. 제시된 각 방식 (가), (나)에 해당하는 가스계소화설비의 약제방출방식의 분류로 옳은 것을 고르시오.

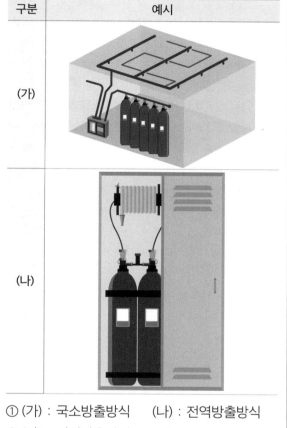

구분	예시
(가)	
(나)	

① (가) : 국소방출방식   (나) : 전역방출방식
② (가) : 전역방출방식   (나) : 국소방출방식
③ (가) : 전역방출방식   (나) : 호스릴방식
④ (가) : 국소방출방식   (나) : 호스릴방식

답 ③

해 (가)는 밀폐된 방호구역 전체에 소화약제가 충만하도록 방사하는 방식으로 '전역방출방식'에 해당한다. (나)는 소화약제가 저장된 용기에 호스를 연결하여 사용자가 직접 화점에 조준·방사하는 방식인 '호스릴방식'에 해당하므로 답은 ③번.

📁 [참고] '국소방출방식'도 있어요!
화재가 발생한 특정 지점(또는 방호대상물)에만 집중적으로 약제를 방출하는 방식!

📁 [한 걸음 더!]
전역방출방식과 국소방출방식은 배관 및 분사헤드가 고정된 고정식 소화설비인 반면, 호스릴 방식은 사람이 운반할 수 있는 이동식 소화설비로 볼 수 있다.

1회차
2회차
3회차
4회차
5회차
6회차
마무리 문제
Yes or No 퀴즈
햇갈리는 개념 문제 공략법

다음은 앗차차 빌딩의 옥내소화전설비 감시제어반의 상태를 나타낸 그림이다. 그림을 참고하여 평상시 감시제어반을 그림과 같이 관리할 경우, 잘못된 부분에 대한 설명으로 옳지 아니한 것을 고르시오.

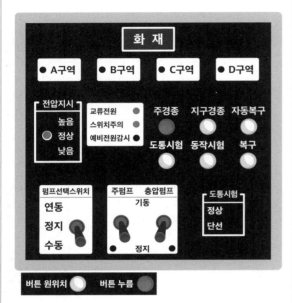

① 상용 전원의 공급에 문제가 있는 상황이다.
② 밸브를 개방하여도 소화 펌프가 자동으로 기동될 수 없다.
③ 수위실이나 방재실 등의 초기대응이 지연될 우려가 있다.
④ 조작 스위치가 비정상 위치에 있는 상태이다.

답 ①

해 상용전원이 공급되고 있음을 나타내는 '교류전원'에 점등이 되어 있으므로 현재 상용전원의 공급에는 이상이 없다. 따라서 옳지 않은 설명은 ①번.

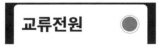

상용(교류)전원이 아닌, 예비전원으로 전환되어 작동 중이라면 교류전원 표시등은 소등될 것이다.

☐ CHECK POINT! 나머지도 체크!

② : 현재 펌프운전 선택스위치가 [수동]으로 정지에 위치한 상태이므로, 밸브 개방(또는 옥내소화전설비를 사용하여)으로 펌프가 자동 기동 되어야 할 때 자동 기동되지 않는 문제가 생길 수 있으므로, [자동(연동)] 위치에 두어야 한다.

③ : 현재 주경종 정지 스위치를 눌러 놓은 상태이므로, 화재 신호가 들어와도 주경종은 정지하여 울리지 않는 상태이다. 이러한 주경종은 수신기 내부 또는 직근에 설치되어, 수위실 등 사람이 상주하며 방재·관리 업무를 볼 수 있는 장소에서 경보를 통해 화재사실을 전달하는 역할을 하는데 주경종이 정지되어 있을 경우 화재사실 인지 및 초기대응이 지연될 우려가 있으므로 주경종 스위치를 정상 위치로 복구하여야 한다.

④ : 이에 따라, 현재 스위치가 정상 위치에 있지 않아 [스위치주의] 표시등도 점등(점멸) 중이므로 모든 스위치를 정상 위치로 복구해야 한다.

1회차

2회차

3회차

4회차

5회차

6회차

미무리 문제

Yes or No 퀴즈

햇갈리는 계산 문제 공략법

43

펌프성능시험 중 정격부하운전을 위한 세팅 시, 다음의 그림에 표시된 각 밸브 (가), (나)의 개폐상태에 대한 설명으로 가장 적절한 것을 고르시오.

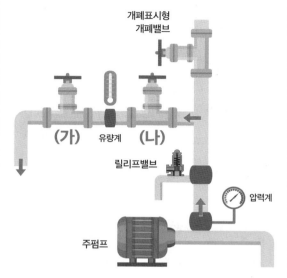

구분	(가)	(나)
①	완전 개방	완전 개방
②	약간 개방	완전 개방
③	완전 개방	약간 개방
④	약간 개방	약간 개방

답 ②

해 그림에 표시된 (가)와 (나) 성능시험배관 상의 밸브로, (나)는 개폐밸브, (가)는 유량조절밸브에 해당한다.

💬 [잠깐!] 개폐밸브 vs 유량조절밸브 무슨 차이?

· 개폐밸브(나) : 물의 이동을 완전히 열거나 닫기! (물을 보내줄까, 말까?)

· 유량조절밸브(가) : 흘려보낼 양(유량)을 미세하게 조절! ('얼마나' 흘려보낼까?)

[정격부하운전]은 '100% 유량'일 때의 압력이 정격토출압 이상인지 측정하는 시험이므로, 우선 물이 성능시험배관상으로 흐를 수 있도록(이동할 수 있도록) 개폐밸브(나)는 '완전히 개방'한다.
그리고 유량조절밸브(가)를 '약간만 개방'한 상태에서 주펌프를 (수동으로) 기동하고, 유량계를 확인하면서 유량조절밸브를 조절(점점 더 개방)하여 유량이 100%일 때의 압력을 확인한다. 따라서 각 밸브의 개폐상태로 가장 적절한 것은 ②번.

44

다음에 제시된 각 설명을 참고하여 빈칸 (A), (B)에 부합하는 스프링클러설비의 종류를 고르시오.

구분	스프링클러설비의 종류	
	(A)	(B)
특징	· 개방형헤드를 사용한다. · 대량살수가 가능하다.	· 겨울철 동파 우려가 있어 사용 가능한 장소가 제한적이다. · 신속한 소화가 가능하다.

구분	(A)	(B)
①	습식	준비작동식
②	습식	일제살수식
③	일제살수식	습식
④	일제살수식	준비작동식

답 ③

해 스프링클러설비의 종류 중, '개방형 헤드'를 사용하는 것은 [일제살수식]으로, 물이 급수되면 개방되어 있는 모든 헤드를 통해 대량살수가 이루어질 수 있어 초기소화에 용이하지만 수손 피해의 우려가 있다는 점이 단점이 될 수 있다.
그리고 1차측과 2차측 배관 내부가 모두 가압수로 채워져 있어, 동결이 우려되는 장소에 적합하지 않아 사용이 제한적이지만, 대신 (폐쇄형)헤드가 개방되면 2차측의 물이 빠르게 방수되어 신속한 소화가 가능하다는 것은 [습식]의 특징이다.
따라서 (A)는 일제살수식, (B)는 습식으로 답은 ③번.

✍ [챕스's Point!] '습식'과 '일제살수식'

[습식]은 폐쇄형 헤드! → 화재가 발생하면 화점에 근접한 몇 개의 헤드만 (열에 의해 녹거나 팽창해서) 선.택.적으로 개방되어요! 대신, 2차측 배관 내부가 항상 가압수(물)로 채워져 있기 때문에 (폐쇄형)헤드가 터지기만 한다면 빠른 방수가 가능해 신속한 소화가 이루어질 수 있어요!

이와 비교해서, [일제살수식]은 유일한 개방형 헤드에요!

→ 하지만 폐쇄형인 준비작동식처럼 2차측 배관은 대기압 상태로 두고, 화재 감지에 특화된 화재감지장치를 별도로 설치한다는 점이 비슷하죠~!

[일제살수식]의 경우에는 감지기 신호에 의해 (일제개방)밸브가 개방되어 수문이 열리면, 개방되어 있는(개방형) 모든 헤드를 통해 일.제.히 살수가 이루어지기 때문에 대량 살수가 가능한 만큼 초기화재에 유리하게 작용할 수 있지만, 동시에 수손피해의 우려도 공존하는 설비이지요^^ 그래서 습식과 일제살수식을 비교하면 이렇게 정리할 수 있어요.

습식	일제살수식
• 폐쇄형 헤드 • (2차측 물) 빠른 방수로 신속한 소화 → 헤드 오동작 시, 수손피해 • 동파 우려 장소 제한	• 개방형 헤드 • (개방된 모든 헤드를 통해 방사) 대량 살수 → 초기화재 대처 시 용이하지만, 수손피해 우려도!

45

다음은 B 빌딩의 경계구역 중 3층에 해당하는 P형 수신기 기능시험을 나타낸 그림이다. 그림을 참고하여 추론할 수 있는 B 빌딩의 현재 상태로 가장 적절한 설명을 고르시오. (단, 그림에 제시된 상황 외의 조건은 고려하지 않는다.)

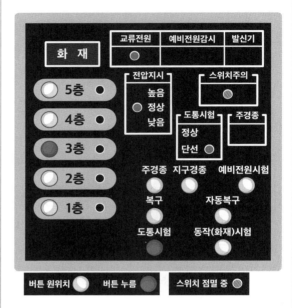

① 3층에 해당하는 경계구역의 동작시험 결과 화재표시등 단선이 의심되는 상황이다.
② 3층의 감지기 동작으로 화재 신호가 수신된 상황이다.
③ 3층의 음향 장치가 정지되어 해당 구역 내 경종이 울리지 않고 있는 상황이다.
④ 3층에 해당하는 경계구역의 도통시험 결과 회로 단선이 의심되는 상황이다.

답 ④

해 그림에서는 [도통시험] 스위치가 눌려있고, 문제에서 3층 구역에 해당하는 수신기 기능시험을 진행 중이라고 했으므로, 현재 그림의 상황은 P형 수신기의 점검(시험) 중 3층 구역의 [도통시험] 결과를 나타낸 것임을 알 수 있다.
그리고 이때 도통시험 확인등에서는 [단선]에 점등되어 있으므로 현재 3층의 도통시험 결과, 회로 단선 문제가 있음을 유추할 수 있다. 따라서 제시된 수신기의 상태로 가장 적절한 추론은 ④번.

💬 도통시험?

- 수신기에서 해당 구역 감지기 회로의 단선 여부 등을 확인하기 위해 진행하는 시험!

- [도통시험] 스위치를 누르고 → 각 경계구역 스위치를 눌러보며(또는 수신기 타입에 따라, 각 경계구역에 해당하는 회로선택스위치를 회전시키며) 차례대로 구역별 단선 여부 확인

- 도통시험 결과, [단선(적색등)]에 점등되거나 또는 전압계 측정 결과 0V로 측정된다면 단선이 의심되는 상황이므로 회로 보수 등의 조치 필요!

📁 [CHECK !] 다른 지문은 왜 적절하지 않을까요?

① : 수신기의 **[동작(화재)시험]** 스위치는 눌려있지 않은 원위치 상태이므로, 동작시험을 진행 중인 상황이라고 보기 어렵다. **(+[도통시험]에서는 원래 화재 표시등이 점등되지 않아요)**

② : 마찬가지로, 현재는 수신기에서 (동작시험을 위해) 화재신호를 수동으로 입력했거나, 특정 구역의 발신기 또는 감지기의 동작으로 수신기에서 각종 표시등의 점등 및 연동설비가 제대로 동작하는지를 확인 중인 상황은 아니므로, 감지기의 동작으로 화재신호가 수신된 상황이라고는 볼 수 없다.

③ : 수신기의 주경종 및 지구경종 정지 스위치가 모두 원위치(정상 위치)이므로 경종은 정상적으로 작동할 수 있는 상태이다. 다만, 현재는 화재신호에 의한 동작을 시험하는 상황이 아닌, 해당 구역의 감지기 회로 단선 여부를 확인 중이므로 경종이 작동되어야 하는 상황은 아니다.

📁 [더 알아보기 !] 스위치주의등 '점멸'?

평상시 수신기의 모든 스위치는 정상위치(원위치)에 있어야 하므로, 도통시험을 위해 [도통시험] 스위치가 눌려 있는 현재 상황에서는 사용자의 주의를 끌어, 시험을 끝내면 스위치를 모두 복구할 수 있도록 [스위치주의] 등이 점멸(깜빡깜빡)을 반복해요.

46

다음 중 화재 대응을 위해 소화기 또는 옥내소화전 설비를 사용한 초기소화 작업의 실시 여부를 결정할 때 고려해야 하는 사항으로 보기 어려운 것을 고르시오.

① 발신기 설치 위치
② 피난경로의 확보
③ 화원의 종류
④ 화세의 크기

답 ①

해 화재대응에는 화재전파 및 접수·신고·비상방송·자위소방대원 소집·유관기관 등에 대한 연락, 그리고 초기소화 작업 등이 포함된다.

이 중 소화기 또는 옥내소화전설비를 사용한 [초기소화] 작업의 시도(실시) 여부를 결정할 때는 화세의 크기, 화원의 종류, 그리고 피난경로가 충분히 확보되어 있는지 확인하여 초기소화 대응 여부를 결정해야 하며, 만일 이러한 사항들을 고려했을 때 초기소화를 시도하기 어려운 상황이라면 열·연기의 확산을 방지할 수 있도록 피난 시 출입문을 '닫고' 대피하는 것이 바람직하다.

따라서 초기소화 작업의 실시 여부를 결정할 때 지문의 ②, ③, ④번은 고려해야 할 사항으로 바람직하다.

☑ **지금 가진 소화기의 약제(또는 물)로 끌 수 있는 화재인가?** → 화원의 종류

☑ **장비(능력단위, 유효수량 등)에 비해 불길이 너무 크지는 않은가?** → 화세의 크기

☑ **만약 도중에 소화작업을 중단하고 대피해야 한다면 피난 경로는 확보**되어 있는가?

그러나 ①번의 '발신기 설치 위치'는 [화재 전파 및 접수] 과정에서 화재를 발견한 사람이 화재 사실을 사람들에게 효과적으로 전파하기 위해 "불이야!"라고 크게 외치거나 발신기를 눌러 화재 신호를 전달하고 경종을 작동시킬 때 주요한 역할을 할 수 있는 설비이므로 [초기소화] 작업의 실시 여부를 결정할 때 고려하는 사항으로는 보기 어렵다.

47

다음 제시된 설비 중에서 소화약제로 물을 사용하는 수계 소화설비에 해당하는 것을 모두 고르시오.

> ⓐ 분말소화설비
> ⓑ 옥내소화전설비
> ⓒ 미분무소화설비
> ⓓ 할론소화설비
> ⓔ 스프링클러설비
> ⓕ 포소화설비

① ⓐ, ⓑ, ⓒ, ⓔ
② ⓑ, ⓒ, ⓔ, ⓕ ✓
③ ⓑ, ⓒ, ⓓ, ⓔ
④ ⓑ, ⓔ

답 ②

해 소화설비 중에서 '물'을 소화약제로 사용하는 수계 소화설비에는 다음의 설비 등이 포함된다.

소화설비 중에서	• 옥내소화전설비 • 옥외소화전설비 • 스프링클러설비
물분무등소화설비 중에서 :	• 물분무 소화설비 • 미분무 소화설비 • 포 소화설비 **('강화액'도 수계에 포함할 수 있지만, 소방안전관리자 1급 과정에서는 직접 언급되지 않으므로 생략)**

위의 설비를 제외하고 문제에서 제시된 ⓐ 분말소화설비와 ⓓ 할론소화설비, 그 외에도 이산화탄소, 할로겐화합물 및 불활성기체 소화설비는 '물 이외의 소화약제'를 사용하는 설비에 해당하므로 이를 제외한 ⓑ, ⓒ, ⓔ, ⓕ만이 [수계] 소화설비에 해당한다. 따라서 답은 ②번.

48

다음 중 자동화재탐지설비의 점검을 위해 P형 수신기의 동작시험과 도통시험을 실시하는 경우, 각 시험의 동작 순서와 복구 방법에 대한 설명으로 옳지 아니한 것을 고르시오. (단, 이때 수신기의 타입은 로터리 방식을 기준으로 한다.)

① 동작시험 순서 : 동작시험 스위치 및 자동복구 스위치를 누른 후 회로 선택스위치를 경계구역마다 차례대로 회전시키며 시험을 진행한다.
② 동작시험 복구 방법 : 회로 선택스위치를 정상 위치로 복구하고, 동작시험 스위치 및 자동복구 스위치를 원위치로 복구시킨다.
③ 도통시험 순서 : 도통시험 스위치 및 자동복구 스위치를 누른 후 회로 선택스위치를 경계구역마다 차례대로 회전시키며 시험을 진행한다. ✓
④ 도통시험 복구 방법 : 회로 선택스위치를 정상 위치로 복구하고, 도통시험 스위치를 원위치로 복구시킨다.

답 ③

해 [도통시험]에서는 자동복구 스위치를 누르지 않으므로 ③번의 시험 순서가 옳지 않다.

📁 **[CHECK !] 동작(화재)시험 : 자동복구!**

동작(화재)시험은, 마치 불이 난 상황처럼 수신기에 임의로 화재 신호를 입력했을 때 화재표시등 및 지구표시등의 점등이나 음향 장치의 작동 등 수신기가 정상적으로 동작하는지를 확인하는 시험이다.

그래서 각 경계구역마다 (임의로 입력시킨) 화재 신호가 입력되었을 때 표시등의 점등이나 연동 설비의 작동이 확인되어야 하므로, 1구역에서 → 2구역으로 → 3구역으로 넘어갈 때마다 '자동으로' 화재 신호가 초기화(복구)되어야 수월하게 시험을 진행할 수 있다. (만약 재깍재깍 자동으로 복구되지 않는다면, 구역1부터 ~ 구역10에 이르기까지 화재 신호가 계속 누적되기 때문에 각 구역별 동작을 개별적으로 확인하기가 어려워지겠죠?)

그래서 동작 시험 시에는 : 동작시험 스위치 + 자동복구 스위치를 누르고, 시험이 종료되면 이 스위치들을 모두 정상 위치로 복구시켜야 한다. (로터리방식은 경계구역별 회로선택스위치도 원위치로 복구)

반면, '도통시험'은 구역마다 감지기 회로의 연결 상태 (단선 여부)를 확인하는 것이 목적으로, 음향 경보 등의 작동을 확인하지 않기 때문에 자동복구 스위치를 눌러 놓을 필요(사용할 필요)가 없다.

49

다음은 부속실제연설비의 작동 순서를 나타낸 것 이다. 빈칸 (2)~(5)에 들어갈 과정으로 옳은 것을 <보기>에서 찾아 순서대로 고르시오.

(1) 화재 발생
(2) _____
(3) _____
(4) _____
(5) _____
(6) 부속실의 압력이 설정 값을 초과할 경우 플랩 댐퍼가 작동하여 설정 범위 유지

─── 보기 ───

(가) : 화재경보 발령
(나) : 감지기 작동 또는 수동기동장치 작동
(다) : 송풍기가 작동하여 계단실 및 부속실에 송풍
(라) : 급기댐퍼 개방

① (가) - (나) - (다) - (라)
② (나) - (가) - (다) - (라)
③ (나) - (가) - (라) - (다)
④ (라) - (나) - (가) - (다)

답 ③

해 부속실 제연설비의 작동과정에서 핵심은, 댐퍼가 완전히 개방된 후 → 송풍기가 작동하여 부속실(계단실)에 송풍이 이루어진다는 점이다. 이에 따라 부속실 제연설비의 작동과정을 요약하면 다음과 같이 나타낼 수 있다.
(1) 화재발생
(2) 감지기가 화재를 감지하여 작동(또는 수동기동 장치 작동)
(3) 화재경보 발령

(4) 급기댐퍼 개방
(5) (댐퍼가 완전히 개방되면) 송풍기가 작동하여 계단실 및 부속실에 송풍이 이루어짐
(6) 그러다 부속실의 압력이 설정 값을 초과하게 되면 플랩댐퍼가 작동하여 압력을 배출, 설정 범위를 유지

따라서 빈칸에 들어갈 순서로 옳은 것은 ③번.

📁 [참고] 급기댐퍼? 플랩댐퍼?

• 급기(나는 공급한다 공기를…) : 부속실이나 계단실 로 해로운 연기 등이 유입되지 않도록 급기댐퍼를 열어 공기를 밀어 넣어요.

• 플랩(Flap 펄럭이다, 퍼덕이다) : 부속실 내에 압력이 빵빵해져서 적정 범위를 초과하면 플랩댐퍼가 날개를 나풀나풀~ 펄럭여서 과압을 배출시켜 줘요. 압력이 너무 과해지면 오히려 부속실이나 계단실로 통하는 문 을 열기가 어려워지기 때문이죠! (0_<)*

1회차

2회차

3회차

4회차

5회차

6회차

마무리문제

Yes or No 퀴즈

헷갈리는 계산 문제 제 공략법

다음은 수신기의 점검 중 회로시험스위치를 3회로에 위치시킨 경우를 나타낸 그림이다. 그림의 상황에 대해 서술한 내용으로 가장 적절한 설명을 고르시오.

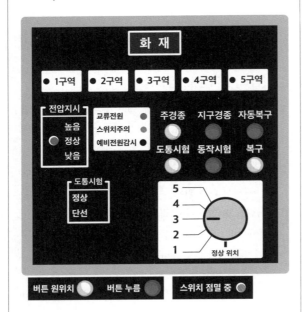

☑️ 화재표시등 점등, 그리고 지구표시등 중에서는 3구역에만 점등되어야 한다.
② 지구경종정지스위치를 복구시키면 스위치주의등은 소등된다.
③ 3구역의 감지기 회로 연결 상태에는 문제가 없다.
④ 점검이 완료되면 눌러 놓은 동작시험스위치와 자동복구스위치만 원상태로 복구시킨다.

답 ①

해 그림에서는 [동작시험] 스위치와 [자동복구] 스위치가 눌러 있고, 회로시험 스위치(경계구역별 회로선택스위치)를 3구역에 위치시킨 상태라고 제시하고 있으므로 현재 상황은 3구역에 대한 동작(화재)시험 중임을 알 수 있다.
따라서 동작시험을 위해 3구역에 화재신호를 입력한 현재의 수신기에서는 '화재표시등'에 점등되어야 하고, (경계구역)지구표시등 중에서는 3구역만 점등되는 것이 맞다. 따라서 옳은 설명은 ①번.

📁 [CHECK !] 옳지 않은 이유도 체크!

② : 지구경종정지스위치도 눌려 있지만, 동작시험스위치와 자동복구스위치도 눌러 놓은 상태이므로(+회로시험스위치도 정상위치가 아님) 스위치주의등이 소등되기 위해서는 눌러 놓은 모든 스위치를 원상태로 복구시켜야 한다.

③ : 제시된 그림만으로는 '도통시험'의 결과는 알 수 없으므로 3구역의 감지기 회로의 연결 상태는 확인할 수 없다.

④ : (점검이 완료되면) 평상시에 음향 장치가 정상적으로 작동하기 위해서는 지구경종정지스위치도 원상태로 복구해야 하고, 현재 눌러 놓은 동작시험스위치와 자동복구스위치, 그리고 회로시험스위치를 모두 원위치(정상위치)로 복구시켜야 하므로 동작시험스위치와 자동복구스위치만 복구시킨다는 ④번의 설명은 적절하지 않다.

MEMO

소방안전관리자 1급
마무리 25문제!

마무리 25문제!

01

다음 제시된 ●●아파트의 소방안전관리대상물 등급과 소방안전관리보조자의 최소 선임 인원수로 옳은 것을 고르시오.

명칭	●●아파트
용도	공동주택(아파트)
규모	• 연면적 : 100,000m² • 층수 : 지상 30층 / 지하 2층 • 높이 : 100m • 세대수 : 700세대
사용승인	2022. 08. 15
소방시설 현황(일부)	• 옥내소화전설비 • 스프링클러설비 • 옥외소화전설비 • 자동화재탐지설비

① 특급, 6명　　　　　　　　　　② 1급, 6명
③ 1급, 2명　　　　　　　　　　④ 2급, 1명

02

위의 ●●아파트에 적용되는 소방시설등의 자체점검에 대한 설명으로 옳지 아니한 것을 고르시오.

① 종합점검 실시 대상으로, 종합점검과 작동점검을 각각 연 1회 이상 실시해야 한다.

② 2025년 2월에 작동점검을 실시할 것이다.

③ 2025년 8월에 종합점검을 실시할 것이다.

④ 관리업자등은 점검이 끝난 날부터 15일 이내에 소방본부장 또는 소방서장에게 점검인력 배치확인서를 제출해야 한다.

1회차

2회차

3회차

4회차

5회차

6회차

마무리 문제

Yes or No 퀴즈

헷갈리는 계산문
제 골라풀기

다음의 각 화재에 대한 소화약제 및 소화방법으로 적응성이 없는 경우를 고르시오.

① 알코올, 인화성 액체 및 인화성 가스 - 폼(foam)을 사용한 질식소화

② 종이, 고무, 목재 - 물을 사용한 냉각소화

③ 마그네슘, 나트륨, 알루미늄 금속 분말 - 마른모래를 사용한 질식소화

④ 통전 중인 전기기계기구 - 이산화탄소를 사용한 억제소화

01

해 ●●아파트는 (지하를 제외하고) 층수가 30층 이상인 아파트에 해당하므로 1급소방안전관리대상물이다. (50층 이상 또는 높이 200m 이상의 아파트라면 '특급'에 해당하지만, ●●아파트는 이러한 조건을 충족하지 않으므로 특급대상물에는 해당하지 않는다. ※ 연면적이 10만m² 이상일 때 특급에 해당하는 것은 '아파트를 제외한' 특정소방대상물의 경우에 해당하므로, 문제에서 제시된 아파트에는 해당하지 않음.) 또한 (300세대 이상인) 아파트의 경우에는 '세대수'를 기준으로 소방안전관리보조자를 선임하므로, 700 ÷ 300 = 2.3으로 보조자의 최소 선임 인원수는 2명.

답 ③

02

해 ●●아파트는 1급소방안전관리대상물로 작동점검과 종합점검을 모두 실시하는 대상이다. 따라서 작동점검을 연 1회 이상 + 종합점검을 연 1회 이상 실시해야 하며, 이때 사용승인일을 기준으로 종합점검을 사용승인일이 속하는 달인 매년 8월에 실시하고, 그로부터 6개월이 되는 달인 매년 2월에 작동점검을 실시하므로 ①~③번의 설명은 옳다.

반면, 관리업자가 점검한 경우 '점검인력 배치확인서'를 제출하는 것은 맞지만, 이는 [관계인]이 소방본·서장에게 자체점검 실시결과를 보고할 때 첨부하는 서류이므로, 관리업자가 15일 내에 소방본부장 또는 소방서장에게 제출한다는 설명은 옳지 않다.

☑ **관계인**은 점검이 끝난 날부터 15일 이내에 소방시설등 자체점검 실시결과 보고서에 다음의 서류를 첨부하여 소방본부장 또는 소방서장에게 서면이나 소방청장이 지정하는 전산망을 통해 보고해야 한다.

㉮ 소방시설등의 자체점검 결과 이행계획서

㉯ (관리업자가 점검한 경우에만) 점검인력 배치확인서

답 ④

03

해 이산화탄소 소화설비가 C급 화재에 적응성이 있는 것은 맞지만, 이산화탄소 소화약제는 억제효과가 없다. 억제효과가 있는 소화약제에는 할론소화약제와 분말소화약제가 있고, 이산화탄소는 질식, 냉각효과가 있다. 추가적으로 유류화재(①)에서 폼으로 유류의 표면을 덮어 산소와의 접촉을 차단하는 질식작용이 효과가 있으며, ②번의 일반(A급)화재에서는 물을 사용하여 연소 온도를 낮추는 냉각작용이 효과적이다. 또한 ③번의 금속(D급)화재에서는 물과 반응하여 폭발성 수소를 발생시킬 위험이 있으므로 수계 소화약제를 사용하면 안되고, 마른 모래(건조사) 또는 금속화재용 분말소화약제를 사용하는 것이 바람직하다.

답 ④

04

다음 중 화재안전조사의 실시 주체에 해당하지 아니하는 사람을 고르시오.

① 소방청장

② 시·도지사

③ 소방본부장

④ 소방서장

05

다음 중 실내화재의 단계별 양상에 대한 설명으로 옳지 아니한 것을 고르시오.

① 초기에는 연기가 하얀색을 띠며 실내가구 등의 일부가 독립적으로 연소하는 형태를 보인다.

② 성장기에서는 검은 연기를 분출하고 화재가 천장 면까지 확대된다.

③ 최성기에 이르러 연소가 최고조에 달하고 최성기를 지나 감쇠기 이전에 플래시오버 현상이 나타난다.

④ 감쇠기에 이르면 화세가 약해지고 연기가 백색을 띠며 연소 확산의 위험이 줄어든다.

06

다음은 일반인 심폐소생술 시행 방법을 나타낸 도표이다. 빈칸 1 ~ 4에 들어갈 과정으로 옳은 것을 아래 <보기>에서 찾아 순서대로 나열하시오.

1. _____

2. _____

3. _____

4. _____

5. 인공호흡 2회 시행 – 이때 인공호흡 방법을 모른다면 가슴압박만 시행한다.

6. 가슴압박 및 인공호흡 반복 시행 – 가슴압박(30) : 인공호흡(2)

7. 회복자세 : 환자를 옆으로 돌려 눕혀 기도가 막히지 않도록 하고 반응 및 호흡을 관찰한다.

보기

(가) : 가슴압박 시행 - 성인의 경우 분당 100~120회 속도로 30회 시행한다.

(나) : 반응 확인 - 환자의 어깨를 가볍게 두드리며 의식 및 반응 여부를 확인한다.

(다) : 호흡 확인 - 환자의 얼굴과 가슴을 10초 내로 관찰하며 호흡 여부를 확인한다.

(라) : 119 신고 - 직접 또는 주변에 요청하여 119에 신고한다.

① (가) - (나) - (다) - (라)

② (나) - (라) - (다) - (가)

③ (다) - (가) - (나) - (라)

④ (라) - (다) - (가) - (나)

1회차

2회차

3회차

4회차

5회차

6회차

마무리 문제

Yes or No 퀴즈

헷갈리는 개념은 제 잡아요

07

다음 중 소화기의 내용연수에 대한 설명으로 옳은 것을 고르시오.

① 이산화탄소 소화기의 경우 내용연수는 10년으로 한다.

② 내용연수 10년이 지난 분말소화기는 즉시 폐기한다.

③ 분말소화기는 생활폐기물 스티커를 부착하여 지정된 장소에 배출해야 한다.

④ 내용연수 경과 후 10년 미만인 분말소화기는 1년간 더 사용할 수 있다.

04

해 화재안전조사의 실시 주체는 소방**[관서장]**으로, 이는 소방**청**장, 소방**본**부장 또는 소방**서장**을 말한다. 따라서 화재안전조사의 실시 주체에 해당하지 않는 사람은 ② 시·도지사

답 ②

05

해 연소가 최고조에 달하는 단계를 최성기라고 하는 것은 맞지만, 최성기를 지나 감쇠기에 이르는 지점에서 플래시오버 현상이 나타난다는 설명은 옳지 않다. 플래시오버(Flashover)란, 실내에 다량의 가연성 가스가 축적된 상태에서 일순간 폭발적으로 화염에 휩싸이는 연소 현상을 말하는데 이러한 플래시오버는 성장기에서 최성기로 이어지는 단계에서 발생한다 : 초기 → 성장기 → [플래시오버] → 최성기 → 감쇠기.

답 ③

06

해 일반인 심폐소생술 시행 방법은 다음과 같다. (1) 반응 확인 - (2) 119 신고 - (3) 호흡 여부 확인 - (4) 가슴압박 - (5) 인공호흡 - (6) 가슴압박 및 인공호흡 30 : 2 비율로 반복 시행 - (7) 회복자세. 따라서 빈칸 1~4에 들어갈 순서로 옳은 것은 (나) - (라) - (다) - (가)로 ②번.

답 ②

07

해 [옳지 않은 이유] 내용연수 기한에 대하여 10년이 적용되는 것은 '분말소화기'에 해당하는 사항으로 이산화탄소 소화기에는 적용되지 않는다. 또한 분말소화기의 경우 내용연수 기한은 10년이지만, 내용연수가 지난 제품에 대하여 성능검사에 합격한 경우에는 일정 기간(내용연수가 지나고 10년 미만이면 3년, 10년 이상이면 1년) 동안 더 사용할 수 있다. 따라서 ③번을 제외한 나머지 설명은 옳지 않으며, 분말소화기를 폐기할 때에는 생활폐기물 스티커를 부착하여 지정된 장소에 배출하므로 옳은 설명은 ③번.

답 ③

08

다음은 소화용수설비로서 소화수조 및 저수조를 나타낸 그림이다. 그림에 표시된 (가)~(라)에 들어갈 기준으로 옳지 아니한 것을 고르시오.

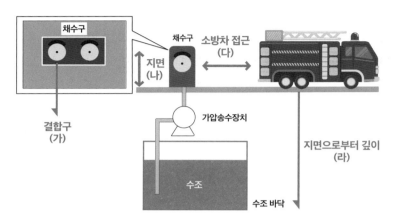

① (가) : 65mm 이하

③ (다) : 2m 이내

② (나) : 0.5m 이상 1m 이하

④ (라) : 4.5m 이상

09

다음은 일반적인 응급처치의 체계도를 나타낸 것이다. 그림을 참고하여 표시된 (가)~(다)에 들어갈 응급처치로 가장 적절한 것을 고르시오.

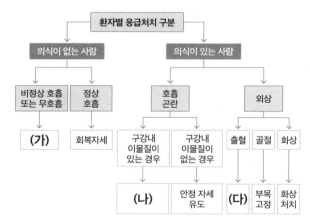

구분	(가)	(나)	(다)
①	기도 확보	턱 들어올리기	봉합
②	기도 확보	복부 밀어내기	지혈
③	심폐소생술	턱 들어올리기	봉합
④	심폐소생술	복부 밀어내기	지혈

1회차

2회차

3회차

4회차

5회차

6회차

마무리 문제

Yes or No 퀴즈

헷갈리는 개념
제 암기력

10

다음 스프링클러설비의 종류 중에서 폐쇄형 헤드를 사용하는 방식이 아닌 하나를 고르시오.

① 일제살수식 스프링클러설비

② 습식 스프링클러설비

③ 준비작동식 스프링클러설비

④ 건식 스프링클러설비

08

해 소화수조 및 저수조의 채수구 또는 흡수관투입구는 소방차가 2미터 이내의 지점까지 접근할 수 있는 위치에 설치해야 한다. 또한 소화용수설비에 설치하는 채수구는 소방용호스 또는 소방용흡수관에 사용하는 구경 65밀리미터 이상의 나사식 결합금속구를 설치하고, 높이는 지면으로부터의 높이가 0.5미터 이상 1미터 이하의 위치에 설치하여 "채수구"라고 표시한 표지를 해야 한다. 따라서, 결합구(가)에 들어갈 기준으로 옳은 것은 '65mm 이상'이므로 이하로 서술한 ①번의 설명은 옳지 않다. / (나) 채수구의 높이 : 0.5m 이상 1m 이하. (다) : 소방차가 '2m 이내'의 지점까지 접근할 수 있는 위치. (라) : 소화수조 또는 저수조가 지표면으로부터의 깊이가 '4.5m 이상'인 지하에 있는 경우에는 가압송수장치를 설치해야 한다.

답 ①

09

해 의식이 없는 환자가 비정상 호흡 또는 무호흡 상태를 보인다면 심정지가 발생한 것으로 보고 즉시 심폐소생술을 시행하는 것이 바람직하다. 따라서 (가)는 심폐소생술. 또한 구강 내 이물질로 인한 기도 폐쇄 증상을 보이는 경우에는 기침을 유도하거나 복부 밀어내기(하임리히법)를 시도하여 이물질이 빠질 수 있도록 한다. 따라서 (나)는 복부 밀어내기. 마지막으로 출혈 환자의 경우, 적절한 지혈 처리를 통해 응급처치를 할 수 있으므로 (다)에 들어갈 조치는 지혈.(봉합은 위생 및 전문성이 요구되는 '치료'에 가깝기 때문에 응급처치로는 적절하지 않다.)

답 ④

10

해 스프링클러설비의 종류는 감열체의 유무에 따라 폐쇄형 헤드 / 개방형 헤드 방식으로 구분할 수 있는데, 습식·건식·준비작동식·부압식은 모두 '폐쇄형' 헤드(감열체 O)를 사용하지만 [일제살수식]은 '개방형' 헤드(감열체 X)를 사용하므로 답은 ①번.

답 ①

11

다음 중 3선식 유도등이 자동으로 점등되는 경우에 해당하지 아니하는 것을 고르시오.

① 자동화재탐지설비의 감지기 또는 발신기가 작동하는 때

② 상용전원이 정전되거나 전원 선이 단선되는 때

③ 비상경보설비의 발신기가 작동하는 때

④ 옥내소화전설비가 작동한 때

12

A빌딩의 수신기 점검 내용이 다음의 표와 같을 때 각 점검 결과에 대한 설명으로 옳지 아니한 것을 고르시오.

점검 항목	측정 결과
계단실 회로도통시험	전압계가 6V를 지시
1층 회로도통시험	전압계가 0V를 지시
수신기 예비전원시험	전압계가 8V를 지시
예비전원감시등 점등 여부	점등

① 계단실에 대한 도통시험 결과는 정상이다.

② 1층에 대한 도통시험 결과 단선으로 확인된다.

③ 수신기의 예비전원은 충분하지 않은 상태이다.

④ 예비전원의 연결 상태 등은 모두 정상이다.

13

다음에 제시된 물분무등소화설비 중에서 물 이외의 소화약제를 사용하는 것으로 볼 수 없는 것을 고르시오.

① 미분무소화설비

② 할론소화설비

③ 분말소화설비

④ 이산화탄소소화설비

1회차

2회차

3회차

4회차

5회차

6회차

마무리 문제

Yes or No 퀴즈

헷갈리는 계산문제 공략법

14

다음 중 이산화탄소 소화설비의 장·단점에 대한 설명으로 옳지 아니한 것을 고르시오.

① 심부화재에 적합하며 전기화재에 적응성이 있다.

② 동상 및 질식의 우려가 있으므로 특별한 주의가 요구된다.

③ 저압력으로 사용이 가능하며 소음이 적은 편이다.

④ 피연소물에 피해를 적게 끼치고 화재 진화 후에도 깨끗한 것이 장점이다.

11

해 일반적으로 2선식 유도등의 경우에는 항상(평상시) 점등 상태를 유지해야 하지만, 예외적으로 3선식 유도등을 설치할 수 있는 장소에서는 감지기 또는 발신기가 작동하거나, 상용전원이 정전·전원 선이 단선되었을 때, 그리고 자동식 소화설비가 작동한 때에 자동으로 점등되는데, 이러한 자동식 소화설비에 옥내소화전설비는 포함되지 않으므로 옥내소화전의 작동만으로는 3선식 유도등이 점등되지 않는다. (참고 : 자동식소화설비는 스프링클러설비와 같이 자동으로 화재를 감지하여 소화 작업을 수행하는 설비를 말하며, 옥내소화전은 '수동식'설비에 해당한다.)

이 외에도 방재업무를 통제하는 곳이나 전기실의 배전반에서 수동으로 점등시킨 경우에도 3선식 유도등이 점등될 수 있다.

답 ④

12

해 회로 도통시험의 전압계 정상 범위는 4~8V이므로, 6V로 측정된 계단실의 도통시험 결과는 정상이다. 반면 1층의 도통시험 결과, 0V로 측정되었으므로 1층의 감지기 회로는 단선 상태임을 알 수 있다. 그리고 예비전원시험의 경우, 전압계 범위가 19~29V 내에 있으면 정상 판정하지만, 수신기의 예비전원시험 결과가 8V이므로 이는 전압이 낮은 미달 상태임을 뜻한다. 또한 예비전원[감시]등이 점등되었다는 것은 예비전원의 소켓이 분리되었거나 예비전원에 문제가 있는 상태임을 의미하므로, 예비전원감시등이 '점등'된 A빌딩의 수신기 점검 결과로 예비전원의 연결 상태 등이 모두 정상이라고 서술한 ④번의 설명은 적절하지 않다.

답 ④

13

해 물분무등소화설비 중에서도 물 이외의 소화약제를 사용하는 것에는 이산화탄소·분말·할론·할로겐화합물 및 불활성기체 소화설비가 있다. 따라서 이러한 '물 이외의 소화약제'를 사용하는 설비에 포함되지 않는 것은 ①번. / 참고로 물분무등소화설비 중에서 '물'을 사용하는 것에는 미분무 외에도 물분무·포 소화설비 등이 있다.

답 ①

14

해 이산화탄소 소화설비는 고압 설비이며 방사할 때 소음이 크다는 단점이 있다. 따라서 이산화탄소 소화설비에 대한 설명으로 옳지 않은 것은 ③번.

답 ③

15

다음은 옥내소화전설비의 특정 구성부를 나타낸 그림이다. 표시된 부분에 대한 설명으로 옳지 아니한 것을 고르시오.

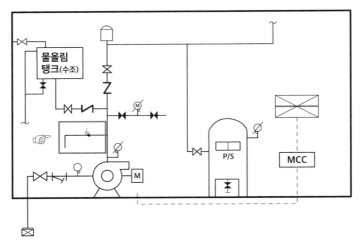

① 릴리프밸브가 설치되는 배관이다.

② 과압을 방출하고 수온이 상승하는 것을 방지하기 위한 배관이다.

③ 펌프 토출측 체크밸브 이전에서 분기하여 20mm 이상의 배관으로 설치한다.

④ 풋밸브의 고장으로 펌프에 물이 없는 경우를 방지하기 위해 설치한다.

16

제시된 그림을 참고하여 해당 감지기에 대한 설명으로 옳은 것을 고르시오.

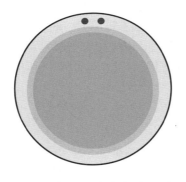 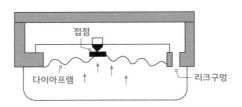

① 주위 온도가 일정 상승률 이상이 되는 경우에 작동한다.

② 주위 온도가 일정 온도 이상으로 도달하는 경우에 작동한다.

③ 주위 공기가 일정 농도 이상의 연기를 포함하는 경우에 작동한다.

④ 보일러실이나 주방 등에 설치하기에 적합하다.

1회차

2회차

3회차

4회차

5회차

6회차

마무리 문제

Yes or No 퀴즈

햇갈리는 계산 문
제 공략법

17

다음 제시된 옥내소화전설비의 계통도에서 표시된 각 부분의 유수의 흐름으로 옳지 아니한 것을 고르시오.

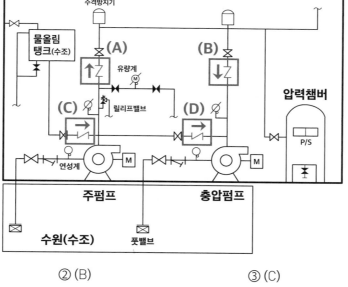

① (A)　　　　　　　② (B)　　　　　　③ (C)　　　　　　④ (D)

15

해 표시된 부분은 옥내소화전설비의 구성부 중 '순환배관'에 해당한다. 순환배관은 펌프의 체절운전으로 수온이 상승하고 펌프가 손상되는 것을 방지하기 위해 설치하며, 순환배관 상에 설치된 릴리프밸브가 체절압력 미만에서 개방되어 과압을 방출하고 수온 상승을 방지하는 역할을 한다. 이러한 순환배관은 펌프 토출측 체크밸브 이전에서 분기하여 설치하고, 20mm 이상의 배관으로 설치해야 하므로 ④번을 제외한 설명은 모두 옳다. / ④번은 물올림장치(물올림수조)에 대한 설명이므로 순환배관에 대한 설명으로는 적절하지 않다.

답 ④

16

해 제시된 그림은 '차동식' 스포트형 열감지기로, 이에 해당하는 설명은 ①번. 주위 온도가 일정 상승률 이상이 되면 작동하며, 평상시 온도 변화 폭이 크지 않은 거실이나 사무실 같은 장소에 적합하다. 차동식 스포트형 열감지기는 다이아프램, 리크구멍, 접점 등의 구조로 이루어져 있다. / ②번과 ④번은 정온식 열감지기에 대한 설명, ③번은 이온화식 스포트형 연기감지기에 대한 설명이다.

답 ①

17

해 옥내소화전설비의 각 펌프로부터 끌어올려진 물은 토출측 밸브를 타고 각 층 옥내소화전함의 방수구로 보내지는데, 이때 물이 역류하여 펌프에 충격을 주거나, 불필요한 곳으로 흘러 낭비되지 않도록 역류방지 기능이 있는 체크밸브를 설치하여 물이 한 방향으로 흐르도록 제어할 수 있다. 따라서 충압펌프 토출측 배관의 체크밸브 (B) 부분은 상방(↑)으로 솟구칠 것이므로 하방을 향하고 있는 부분이 옳지 않다.

답 ②

18

다음의 스프링클러설비 계통도를 참고하여 해당 스프링클러설비의 동작 순서 중 빈칸 2 ~ 5에 들어갈 과정을 <보기>에서 찾아 순서대로 나열하시오.

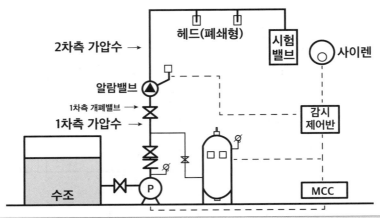

동작 순서
1. 화재 발생
2. _____
3. _____
4. _____
5. _____
6. 배관 내 압력이 저하되면 기동용수압개폐장치의 압력스위치가 작동하여 펌프 자동 기동

<보기>
(A) : 1차측 압력으로 유수검지장치의 클래퍼 개방
(B) : 헤드 개방 및 방수
(C) : 2차측 배관 내 압력 저하
(D) : 유수검지장치의 압력스위치가 작동하여 사이렌 작동·화재표시등 및 밸브개방표시등 점등

① (A) – (B) – (C) – (D)　　　　② (B) – (A) – (C) – (D)

③ (B) – (C) – (A) – (D)　　　　④ (C) – (A) – (D) – (B)

19 (2024년 12월 개정)

소화 또는 구조 활동을 위해 유독가스가 발생한 장소에서 일정시간 호흡이 가능하도록 만들어진 인명구조기구로, 양압형과 음압형이 있으며 면체, 공기용기, 등지게, 압력계, 대기호흡장치, 용기밸브 등으로 구성된 장비는 무엇인지 고르시오.

① 인공소생기

② 공기호흡기

③ AED

④ 산소마스크

1회차

2회차

3회차

4회차

5회차

6회차

마무리 문제

Yes or No 퀴즈

헷갈리는 계산문
제 공략법

20

다음 중 옥외소화전의 점검을 위한 방수량 측정 시, 표시된 방수압력이 적정 압력 범위 내에 있지 아니한 것을 고르시오.

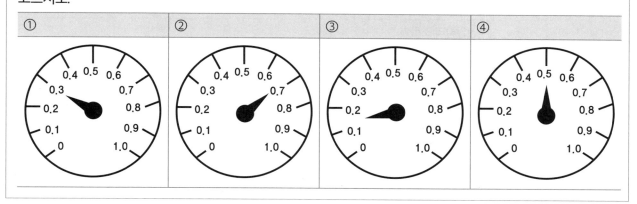

18

해 제시된 그림에서 1차측과 2차측이 모두 가압수로 채워져 있고, 또한 유수검지장치의 이름이 알람밸브인 것으로 보아 '습식'스프링클러설비임을 알 수 있다. 습식 스프링클러설비는 화재가 발생하면, 열에 의해 (폐쇄형)헤드가 개방되고 2차측 배관 내부의 물이 방수된다. 이후 2차측 배관 내부의 압력이 낮아지면, 1차측 압력에 의해 알람밸브의 클래퍼가 개방되고 시트링홀을 통해 흘러 들어간 물에 의해 압력스위치가 작동해 : 사이렌 작동(경보 발령), 화재표시등 및 밸브개방표시등이 점등된다. 이후 기동용수압개폐장치의 압력스위치에 설정된 값 이하로 압력이 저하되면 펌프가 기동된다. 따라서 이러한 순서로 옳은 것은 ③번.

답 ③

19

해 우선, [인명구조기구]에는 방화복, 방열복, 인공소생기, 공기호흡기가 들어가며, 이 중 양압형과 음압형으로 구분되는 장비는 '공기호흡기'이다. 공기호흡기는 유독가스가 발생한 장소에서 소화 및 구조활동을 위해 용기에 충전된 압축 공기를 통해 일정시간 호흡할 수 있도록 만들어진 장비이다. 따라서 제시된 설명에 적합한 인명구조기구는 ②번. / '인공소생기'와는 어떤 점이 다른가요? ☞ 인공소생기는 (스스로 호흡이 어려운) 호흡부전 상태의 환자에게 사용하여 인공호흡을 통해 산소를 공급하는 장비이다. (참고로 소방안전관리자 과정에서 등장하는 용어는 아니지만, 인공소생기는 호흡부전 환자에게 '산소'를 공급하는 역할로써 다른 말로는 '산소소생기'라고도 한답니다 ^ ^) 그래서 '공기호흡기'는 소방대원의 소방 활동 시, 미리 충전된 깨끗한 공기로 호흡하며 인명구조 활동 등을 수행할 수 있도록 고안된 장비이고, 인공소생기는 산소를 공급함으로써 환자를 살려내는(소생) 역할을 수행!

답 ②

[Tip!] 강습교재 제2권 - 141쪽 신설 내용 참고

20

해 옥외소화전의 방수압력은 0.25MPa 이상 0.7MPa 이하이다. 따라서 ③번의 경우, 0.25MPa 보다도 미달인 상태이므로 적정 압력 범위 내에 있지 않은 것은 ③번.

답 ③

21 (2024년 12월 개정)

다음에 제시된 소화기의 각 소화약제에 따른 분류로 옳지 아니한 것을 고르시오.

구분	소화약제	분류
①	산알칼리 소화기	액체
②	포말 소화기	고체
③	분말 소화기	고체
④	이산화탄소 소화기	가스

22 (2024년 12월 개정)

다음 <보기>의 내용을 참고하여 제시된 설명에 부합하는 피난기구의 종류로 옳은 것을 고르시오.

보기

- 화재 시 사용자가 그 내부에 들어가서 내려옴으로써 대피할 수 있는 것
- 소방대상물에 비스듬하게 고정 또는 설치하여 내려올 수 있는 경사강하식과, 소방대상물 또는 기타 장비 등에 수직으로 설치하는 수직강하식이 있다.

① 승강식피난기 ② 미끄럼대
③ 피난사다리 ④ 구조대

21

🔳 소화기의 소화약제별로 다음과 같이 분류할 수 있다.
- 액체 : 물, 강화액(물＋화학제를 첨가하여 강화!), 산알칼리, 포말(물＋거품(발포제))
- 가스 : 이산화탄소, 할론, 할로겐화합물 및 불활성기체
- 고체 : 분말

따라서 제시된 소화기의 약제별 분류로 옳지 않은 것은 ②번. (포말은 액체!)

답 ②

[Tip!] 강습교재 제2권 - 19쪽 신설 내용 참고

22

🔳 자루 형태로 만들어져 화재 시 사용자가 그 내부에 들어가서 내려옴으로써 대피할 수 있도록 만든 피난기구는 [구조대]로, 비스듬하게 설치하는 '경사'강하식 구조대와, 소방대상물이나 기타 장비 등에 수직으로 설치하는 '수직'강하식 구조대가 있다.

답 ④

[Tip!] 강습교재 제2권 - 135쪽 신설 내용 참고

1회차

2회차

3회차

4회차

5회차

6회차

마무리 문제

Yes or No 퀴즈

햇갈리는 계산 문제 제 공략법

23 (2024년 12월 개정)

다음은 양압형 공기호흡기의 구성을 나타낸 사진이다. 표시된 각 구성부 (A) ~ (D)에 대한 명칭과 역할로 옳은 설명을 고르시오.

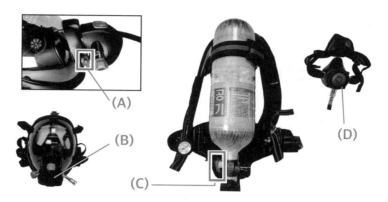

① (A) : 대기호흡장치 – 면체를 착용한 상태에서 용기 내에 압축된 공기만을 사용하여 호흡하도록 고정하는 기능

② (B) : 양압조정기 – 면체 내 압력을 외부 압력보다 낮게 유지시킴으로써 외부의 오염된 공기 유입을 막아주는 기능

③ (C) : 점멸장치 - 용기밸브를 열면 자동 점등되며 사용자의 위치를 확인할 수 있도록 점멸하는 기능

④ (D) : 보조마스크 – 주된 사용자가 착용하는 메인 보호장치로, 착용한 사람의 안면 전체를 보호하는 기능

23

해 **[옳지 않은 이유]** ① (A)는 대기호흡장치가 맞지만, 대기호흡장치의 기능은 용기 내부의 압축된 공기를 소모하지 않고, 외부의(대기 중의) 공기를 사용하여 호흡할 수 있도록 하는 장치이다. (유연한 전환으로 압축 공기 절약). 따라서 압축된 공기만을 사용하도록 고정하는 기능은 옳지 않은 설명이다. ② 표시된 (B)는 양압조정기로, 면체 내 압력을 외부 압력보다 '높게' 유지하여 외부의 오염된 공기가 유입되는 것을 막는 역할을 한다. 따라서 양압조정기의 기능에 대해, 면체 내 압력을 외부보다 낮게 유지한다고 서술한 부분이 옳지 않다. ④ 보조마스크는 얼굴의 반면(코와 입)을 가리는 반면형 음압형 마스크로, 사용자의 면체에 이상이 있는 경우 대체하여 사용하거나, 또는 용기와 연결하여 구조 대상자에게 안전한 공기를 제공(공급)하여 호흡할 수 있도록 하는 역할을 한다. 제시된 ④번의 설명과 같이 주된 사용자가 착용하는 메인 장치로 안면 전체를 보호하는 기능을 하는 것은 보조마스크가 아닌 '면체'에 해당하는 설명이므로 ④번의 설명도 옳지 않다. / **[옳은 이유]** 표시된 (C)는 점멸장치로, 용기밸브를 열어 사용하게 되면 자동으로 점등되며, 이러한 점멸을 통해 사용자의 위치를 파악할 수 있다. (＋또는 제조사에 따라, 일정 압력 이하가 되면 적색으로 점멸하여 상태를 나타내기도 한다.) 따라서 공기호흡기의 구성부에 대한 설명으로 옳은 것은 ③번.

답 ③

[Tip!] 강습교재 제2권 - 143쪽 신설 내용 참고

다음 중 비상조명등 또는 휴대용 비상조명등의 설치 기준 및 설치 제외 조건에 대한 설명으로 옳지 아니한 것을 고르시오.

① 휴대용 비상조명등은 바닥으로부터 0.8m 이상 1.5m 이하의 높이에 설치한다.

② 거실의 각 부분으로부터 하나의 출입구에 이르는 보행거리가 20m 이내인 부분에는 비상조명등을 설치하지 않을 수 있다.

③ 지상 1층 또는 피난층으로서 복도·통로 또는 창문 등의 개구부를 통하여 피난이 용이한 경우 또는 숙박시설로서 복도에 비상조명등을 설치한 경우에는 휴대용 비상조명등을 설치하지 않을 수 있다.

④ 비상조명등의 조도는 비상조명등이 설치된 장소의 각 부분의 바닥에서 1럭스(lx) 이상이 되어야 한다.

24

해 다음 각 호의 어느 하나에 해당하는 경우에는 비상조명등을 설치하지 않을 수 있다.
(1) 거실의 각 부분으로부터 하나의 출입구에 이르는 보행거리가 <u>15m이내인 부분</u>
(2) 의원·경기장·공동주택·의료시설·학교의 거실
따라서 비상조명등의 설치제외 조건을 20m 이내로 서술한 ②번의 설명은 옳지 않다. / 참고로, '휴대용 비상조명등'의 설치제외 조건은 ③번 보기의 내용과 같다.

답 ②

[Tip!] 강습교재 제2권 - 149쪽 신설 내용 참고

1회차

2회차

3회차

4회차

5회차

6회차

마무리 문제

Yes or No 퀴즈

헷갈리는 계산 문제 제공학법

25 (2024년 12월 개정)

다음 중 유도등의 예비전원감시등이 점등된 경우, 그에 대한 원인으로 보기 어려운 것을 고르시오.

① 상용 전원이 순간적으로 정전됨

② 퓨즈가 단선됨

③ 예비전원 충전 불량으로 완충되지 않음

④ 예비전원이 완전히 방전됨

25

해 [예비전원감시]등은, 예비전원 및 예비전원의 연결 또는 충전 상태에 이상이 생긴 경우, 이를 알리기 위해 점등된다. 즉, '예비전원'에 문제가 있을 때 예비전원[감시]등이 점등되는 것인데, ①번의 상용전원이 순간적으로 정전된 경우에는 평상시에 충전되어 있던 예비전원으로 자동 전환되어 일정 시간 작동이 가능해야 하므로, 상용전원의 순간적인 정전과 예비전원감시등의 점등은 무관하다. (상용전원 정전 시 → 평소에 충전되어 있던 예비전원으로 자동 절환됨 / 예비전원[감시등]이 점등되는 것은 → 예비전원이 제대로 충전되지 않거나 연결 상태에 문제가 있는 등 예비전원으로 정상 동작할 수 없는 상태일 때 점등!) 따라서 유도등의 예비전원감시등이 점등된 경우, 그 원인으로 보기 어려운 것은 ①번.

다만, 유도등은 평상시 상용전원이 공급되고 있는 상태에서 예비전원을 충전하는데, 이러한 상용전원이 장시간 공급되지 않는다면 예비전원의 충전도 이루어지지 않고, 또한 (상용전원의 공급 중단으로) 예비전원으로 전환되어 장시간 작동하면서 예비전원이 방전되어, 결과적으로 예비전원감시등의 점등으로 이어질 수 있다.

답 ①

[Tip!] 강습교재 제2권 - 157쪽 신설 내용 참고

소방안전관리자 1급
Yes or No 퀴즈

Yes or No 퀴즈로 한번 더!

01

아파트가 아닌 특정소방대상물로 지하 5층, 지상 25층인 것은 특급 소방안전관리대상물이다.

O | X

02

소방안전관리자를 선임하지 아니하는 특정소방대상물에서의 관계인은 소방계획서의 작성 및 시행을 수행해야 한다.

O | X

03

소방안전관리대상물의 사용승인일은 소방안전관리자 현황표에 명시하는 사항에 포함되지 않는다.

O | X

04

건축허가등의 동의 절차 중 서류 등의 미보완 시 4일 내로 1회 연장이 가능하다.

O | X

05

의료시설, 노유자시설, 숙박시설, 장례시설, 종교시설의 침구류 및 소파, 의자는 방염물품 사용을 권장한다.

O | X

06

소방교육 및 훈련의 실시원칙 중 '목적을 생각하고 정확한 방법으로 실시한다.'는 사항은 목적의 원칙에 해당하는 내용이다.

O | X

07

자위소방대의 인력 편성 및 임무 부여 시 소방안전관리대상물의 소유주 또는 법인의 대표를 자위소방대장으로 지정하고, 소방안전관리자를 부대장으로 지정한다.

O | X

08

열전도율이 크면 열의 축적이 용이해 연소되기 쉬우므로 가연성 물질의 구비조건이 된다.

O | X

09

D급화재에 수계소화약제를 사용하지 않는다.

O | X

10

화재에서 화염의 직접적인 접촉 없이 연소가 확산되는 것은 복사열에 의한 현상으로 볼 수 있다.

O | X

11

LNG의 주성분인 메탄의 화학식은 CH_4로 표기한다.

O | X

12

화재에 견디는 성능을 가진 철근콘크리트조, 연와조 등의 구조로써 화재 시 일정 시간 동안 형태 및 강도가 크게 변하지 않는 구조를 방화구조라고 한다.

O | X

13

기존 건축물의 전부 또는 일부(지붕틀, 내력벽, 기둥, 보 중 3개 이상 포함되는 경우)를 철거하고, 그 대지 안에서 이전과 동일한 규모의 범위 내에서 건축물을 다시 축조하는 것을 대수선이라고 한다.

O | X

14

방화구획의 방화셔터는 열감지기에 의해서 완전폐쇄되고, 연기감지기에 의해서 일부폐쇄가 이루어지는 구조여야 한다.

O | X

15

주펌프의 기동점은 자연낙차압 +K로, 이때 K는 옥내소화전은 0.2MPa, 스프링클러설비는 0.15MPa로 한다.

O | X

16

옥내소화전 밸브 개방 시 시계방향으로 돌려 개방한다.

O | X

17

폐쇄형 스프링클러헤드 설치 장소의 최고 주위온도가 50℃일 때 헤드의 표시온도는 79℃ 이상 121℃ 미만인 것을 사용한다.

O | X

18

스프링클러설비의 배관 중 교차배관은 가지배관과 수평하거나 밑으로 설치해야 한다.

O | X

19

펌프성능시험 중 체절운전은 토출량이 0일 때 체절압력이 정격토출압력의 140% 이상인지 확인하는 시험이다.

O | X

20

송배선식은 감지기 선로 사이의 연결상태 정상 여부를 확인하는 도통시험을 원활히 진행하기 위한 배선 방식으로 감지기의 배선은 송배선식으로 해야한다.

O | X

21

오동작방지기가 있는 수신기의 동작시험 시 축적스위치를 비축적위치에 두고 시험을 진행한다.

O | X

22

예비전원시험은 예비전원시험 버튼과 자동복구 버튼을 누르고 전압계 측정 결과가 19~29V로 측정되면 정상이다.

O | X

23

2선식유도등은 반드시 상시 점등상태를 유지해야
한다.

24

소요수량이 80m³일 때 흡수관투입구는 1개를 설치
한다.

25

급기가압제연설비의 최소차압은 40Pa 이상이어야
하고, 출입문의 개방력은 110N 이상이어야 한다.

O | X

1회차

2회차

3회차

4회차

5회차

6회차

마무리 문제

Yes or No 퀴즈

헷갈리는 계산
문제 공략법

Yes or No 퀴즈 해설

01	○	02	X	03	○	04	X	05	X
06	X	07	○	08	X	09	○	10	○
11	○	12	X	13	X	14	○	15	○
16	X	17	○	18	○	19	X	20	○
21	○	22	X	23	○	24	X	25	X

01

아파트가 아닌 특정소방대상물로 지하 5층, 지상 25층인 것은 특급 소방안전관리대상물이다.

답 ○

해 아파트가 아닌 것으로, '지하를 포함해서' 30층 '이상'인 특정소방대상물은 특급 소방안전관리대상물에 해당한다. 소방안전관리자 시험 내용 중, 지하를 '포함'하는 유일한 조건이자, 30층 '이상'이라는 점 체크하기!

02

소방안전관리자를 선임하지 아니하는 특정소방대상물에서의 관계인은 소방계획서의 작성 및 시행을 수행해야 한다.

답 X

해 소방안전관리자를 선임하지 않는 특정소방대상물 = 소방안전관리대상물이 아닌 특정소방대상물의 관계인은 피난·방화시설(방화구획)의 유지관리, 소방시설 및 소방관련시설의 유지관리, 화기취급감독 및 기타 소방관련 업무 등을 수행해야 하지만 소방계획서를 작성하고 시행하는 업무는 하지 않는다. 소방계획서의 작성 및 시행은 '소방안전관리자'가 하는 업무이다.

03

소방안전관리대상물의 사용승인일은 소방안전 관리자 현황표에 명시하는 사항에 포함되지 않 는다.

답 ○

해 소방안전관리자 현황표에 명시하는 사항은 소 방안전관리자의 성명(이름), 선임일자, 연락처와 소방안전관리대상물의 명칭 및 등급, 그리고 소 방안전관리자의 근무 위치(수신기 위치)이다.

💬 소방안전관리자의 강습수료일자나 소방안전관리 대상물의 사용승인일(또는 완공일)은 소방안전관리 자 현황표에 명시하는 사항에 포함되지 않는다는 점 체크!

04

건축허가등의 동의 절차 중 서류 등의 미보완 시 4일 내로 1회 연장이 가능하다.

답 X

해 건축허가등의 동의 절차 중 4일 내로 1회 연장 가능한 경우는 서류 등의 보완이 필요한 경우에 연장이 가능한 것이고, 이러한 보완이 이루어지 지 않고 미보완 되었을 시에는 서류를 처리하지 않고 돌려보내는 '반려' 처리를 하므로 미보완 시 에는 연장 불가, 오히려 서류가 반려될 수 있다 는 차이점을 체크!

05

의료시설, 노유자시설, 숙박시설, 장례시설, 종 교시설의 침구류 및 소파, 의자는 방염물품 사 용을 권장한다.

답 X

해 '종교시설'을 제외한 나머지 장소에서는 침구류 및 소파, 의자를 방염물품을 사용하도록 권장하 는 것이 맞다. 하지만 '종교시설'에서는 침구류를 비치하는 것이 필수적인 사항이라고 보기 어려 우므로 [종교시설]에서의 침구류 및 소파, 의자 는 방염대상물품 사용을 '권장'하는 장소에 포함 되지 '않는다'는 점을 체크!

06

소방교육 및 훈련의 실시원칙 중 '목적을 생각 하고 정확한 방법으로 실시한다.'는 사항은 목 적의 원칙에 해당하는 내용이다.

답 X

해 '목적을 생각하고 정확한 방법으로 한다.'는 내용 은 '실습의 원칙'에 해당하는 사항이다. 반면, 목적의 원칙에서의 핵심키워드는 '기술'을 어느 정도 익힐 것인지, 그 '기술'이 어느 위치에 있는지 제시하여 인식할 수 있게 해야 한다는 내 용이 해당한다.

1회차
2회차
3회차
4회차
5회차
6회차
마무리 문제
Yes or No 퀴즈
핵칼리는 계산 문제 공략법

07

자위소방대의 인력 편성 및 임무 부여 시 소방
안전관리대상물의 소유주 또는 법인의 대표를
자위소방대장으로 지정하고, 소방안전관리자
를 부대장으로 지정한다.

답 ○

해 자위소방대의 인력 편성 및 임무 부여 시 자위소
방대장은 소방안전관리대상물의 소유주 또는
법인의 대표로 지정하고, 소방안전관리자를 부
대장으로 지정한다.

08

열전도율이 크면 열의 축적이 용이해 연소되기
쉬우므로 가연성 물질의 구비조건이 된다.

답 X

해 열전도율이 '작아야' 열의 축적이 용이해 연소하
기 쉬워진다. 따라서 가연성 물질의 구비조건은
열전도율이 '작아야' 한다.

09

D급화재에 수계소화약제를 사용하지 않는다.

답 ○

해 D급 금속화재는 대부분 물과 반응해 폭발성이
강한 수소를 발생시키므로 물이나 포, 강화액 등
을 사용하는 수계소화약제를 사용하지 않고 금
속화재용 분말소화약제나 건조사(마른 모래)를
이용한 질식소화를 하는 것이 효과적이다.
참고로, C급화재인 전기화재 또한 물을 이용한
소화는 감전의 위험(+전기기구 등의 파손 등)이
있어 이산화탄소와 같은 가스소화약제를 이용
한 질식소화가 효과적이다.

10

화재에서 화염의 직접적인 접촉 없이 연소가 확
산되는 것은 복사열에 의한 현상으로 볼 수 있
다.

답 ○

해 '복사'는 열이 파장 형태로 전달되는 것으로, 화
재 현장에서 인접한 건물이 화염의 접촉 없이도
영향을 받아 연소되는 것은 이러한 복사열이 주
요 원인으로 작용하는 것이다.

11

LNG의 주성분인 메탄의 화학식은 **CH₄**로 표기한다.

답 ○

해 최근 LNG의 주성분인 메탄을 화학식으로 묻는 출제 경향이 늘고 있다. 메탄의 화학식은 탄소(C) 하나에 수소(H) 4개가 붙은 CH_4로 표기한다. 반면, LPG의 주성분인 부탄의 화학식은 C_4H_{10}, 프로판의 화학식은 C_3H_8로 표기한다.

12

화재에 견디는 성능을 가진 철근콘크리트조, 연와조 등의 구조로써 화재 시 일정 시간 동안 형태 및 강도가 크게 변하지 않는 구조를 방화구조라고 한다.

답 X

해 철근콘크리트조, 연와조와 같이 화재가 발생해도 일정 시간 동안 형태 및 강도가 크게 변하지 않는 구조는 '내화구조'라고 한다.
반면, 방화구조는 내화구조보다는 비교적 강도가 약해 방화성능이 다소 떨어지지만 인접 건물에서 발생한 화재에 의한 연소를 방지하고 건물 내에서 화재가 확산되는 것을 방지하기 위한 구조로 철망모르타르 바르기, 회반죽 바르기 등을 말한다.

13

기존 건축물의 전부 또는 일부(지붕틀, 내력벽, 기둥, 보 중 3개 이상 포함되는 경우)를 철거하고, 그 대지 안에서 이전과 동일한 규모의 범위 내에서 건축물을 다시 축조하는 것을 대수선이라고 한다.

답 X

해 기존 건축물의 전부 또는 일부(지붕틀, 내력벽, 기둥, 보 중 3개 이상 포함되는 경우)를 철거하고, 그 대지 안에서 이전과 동일한 규모의 범위 내에서 건축물을 다시 축조하는 것은 '개축'에 해당한다.
이와 비교하여 대수선은 건축물의 기둥, 보, 내력벽, 주계단 등의 구조나 외부 형태를 수선·변경하거나 증설하는 것을 의미한다.

14

방화구획의 방화셔터는 열감지기에 의해서 완전폐쇄되고, 연기감지기에 의해서 일부폐쇄가 이루어지는 구조여야 한다.

답 ○

해 방화구획의 방화셔터는 감지기와 연동되어 자동으로 폐쇄되는데 '연기'감지기의 경우 연기는 반드시 화재가 아니어도 담배 연기나 먼지 등에 의해 오작동했을 가능성이 있으므로 '일부'폐쇄가 이루어지고, '열'감지기의 경우는 화재에 의해 열이 발생했을 가능성이 농후하므로 열감지기가 작동하면 '완전'폐쇄가 이루어지는 구조여야 한다는 점을 체크!

1회차

2회차

3회차

4회차

5회차

6회차

마무리 문제

Yes or No 퀴즈

헷갈리는 계산
문제 공략법

15

주펌프의 기동점은 자연낙차압 +K로, 이때 K 는 옥내소화전은 0.2MPa, 스프링클러설비는 0.15MPa로 한다.

답 ○

해 주펌프의 기동점은 자연낙차압보다 커야 하므로 자연낙차압+K로 설정하는데, 이때 K는 옥내소화전의 경우 0.2MPa, 스프링클러설비의 경우 0.15MPa로 한다.

16

옥내소화전 밸브 개방 시 시계방향으로 돌려 개방한다.

답 X

해 옥내소화전의 밸브 개방 시 "밸브개방"을 외치며 밸브를 시계 '반대' 방향(반시계 방향)으로 돌려 개방해야 한다.
사용 후 밸브를 폐쇄할 때는 "밸브폐쇄"를 외치며 밸브를 시계방향으로 돌려 폐쇄한다. 옥내소화전 밸브 개방은 반시계 방향임을 기억하면 좋다.

17

폐쇄형 스프링클러헤드 설치 장소의 최고 주위 온도가 50℃일 때 헤드의 표시온도는 79℃ 이상 121℃ 미만인 것을 사용한다.

답 ○

해 폐쇄형 스프링클러헤드 설치 장소의 최고 주위 온도가 39℃ 이상 64℃ 미만일 때의 표시 온도는 79℃ 이상 121℃ 미만인 것을 사용한다.
설치 장소의 최고 주위온도가 39℃ 미만일 때의 표시온도는 79℃ 미만인 것을 사용한다.

▶ 주위온도에 따른 표시온도(폐쇄형 스프링클러헤드) :
설치장소의 평상시 최고 주위온도에 따라 규격의 표시온도의 것으로 설치해야 함. 예를 들어, 설치장소의 최고 주위온도가 45℃라면 (폐쇄형) 헤드에 표시된 온도가 79℃ 이상 121℃ 미만인 것을 사용.

설치장소 최고 주위온도	표시온도 (헤드 개방 온도)
39℃ 미만	79℃ 미만
39℃ 이상 64℃ 미만	79℃ 이상 121℃ 미만

18

스프링클러설비의 배관 중 교차배관은 가지배관과 수평하거나 밑으로 설치해야 한다.

답 ○

해 스프링클러설비의 교차배관은 직접 또는 수직배관을 통해 가지배관에 급수하는 배관으로 가지배관보다 교차배관이 더 높으면 아래쪽으로 흐르는 물때 같은 이물질이 껴서 배관이 막힐 수도 있기 때문에 교차배관은 가지배관과 수평하거나 밑으로 설치해야 한다.

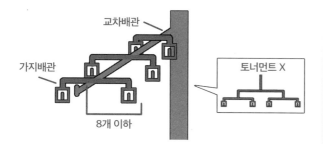

19

펌프성능시험 중 체절운전은 토출량이 0일 때 체절압력이 정격토출압력의 140% 이상인지 확인하는 시험이다.

답 X

해 체절운전은 토출량(뿜는 물의 양)이 0인 상태에서 펌프를 기동했을 때, 체절압력이 정격토출압력의 140% '이하'이고 체절압력 미만에서 릴리프밸브가 작동하는지를 확인하는 시험이다.
쉽게 말해서, 나가는 물이 없이 펌프가 회전하는 상황에서 과부하가 걸리지 않도록 압력이 140% '이하'로 제한되고, 과압을 방출하는 릴리프밸브가 제대로 작동되는지를 확인하는 것이다. 따라서 체절운전 : 토출량 0일 때, 정격토출압력의 140% '이하'를 확인하는 시험인 점을 체크.

20

송배선식은 감지기 선로 사이의 연결상태 정상 여부를 확인하는 도통시험을 원활히 진행하기 위한 배선 방식으로 감지기의 배선은 송배선식으로 해야 한다.

답 ○

해 감지기 배선은 '송배선식'으로 한다는 점도 기억해야 하고, 이러한 송배선식의 목적을 묻는 문제가 출제되기도 하기 때문에 송배선식은 회로 '도통시험'을 원활하게 하기 위한 배선 방식임을 같이 기억하면 좋다.

21

오동작방지기가 있는 수신기의 동작시험 시 축적스위치를 비축적위치에 두고 시험을 진행한다.

답 ○

해 오동작방지기능이 있는 수신기의 경우 [축적]스위치는 먼지 및 이물질로 인한 오동작을 가려내기 위해 일정 시간 동안 화재수신 데이터를 축적해두는 기능을 말한다. 이렇게 축적스위치를 축적 위치에 두는 경우에는 점검 시 데이터 축적으로 인해 점검 시간이 지연될 수 있으므로, 동작시험(점검) 중에는 신호가 바로 전달될 수 있도록 축적스위치를 [비축적]위치에 두고 시험을 진행한다.

22

예비전원시험은 예비전원시험 버튼과 자동복구 버튼을 누르고 전압계 측정 결과가 19~29V로 측정되면 정상이다.

답 X

해 예비전원시험은 [예비전원시험] 버튼(스위치)을 '누르고 있는 상태'로 측정한다. 이때 전압계 측정값이 19~29V로 측정되거나 램프에 녹색불이 들어오면 정상이다.

23

2선식유도등은 반드시 상시 점등상태를 유지해야 한다.

답 ○

해 2선식유도등은 켜져 있는 상태에서 배터리를 충전하는 방식이기 때문에 불을 꺼두면 예비전원으로 쓸 배터리가 충전되지 않아 정전이나 화재 등의 상황에서 작동하지 않을 수 있다. 따라서 2선식유도등은 자동으로 배터리가 충전될 수 있도록 상시 점등상태를 유지해야 한다.
반면, 3선식유도등의 경우 평소에 꺼두었다가 필요 시 자동으로 점등되는 구조이다.

24

소요수량이 80m³일 때 흡수관투입구는 1개를 설치한다.

답 X

해 소요수량이 80m³ '미만'이면 흡수관투입구는 1개를 설치한다. 즉, 80m³이 안 될 때에는 1개를 설치하지만, 80m³ '이상'일 때부터는 흡수관투입구를 2개 이상 설치해야 하므로 소요수량이 80m³일 때는 '이상'에 해당하기 때문에 흡수관투입구를 2개 이상 설치해야 한다.

25

> 급기가압제연설비의 최소차압은 **40Pa** 이상이어야 하고, 출입문의 개방력은 **110N** 이상이어야 한다.

답 X

해 급기가압제연설비의 최소차압은 40Pa 이상(스프링클러설비가 설치된 경우는 12.5Pa 이상)이어야 한다. 이는 가압하고자 하는 공간의 압력이 다른 공간보다 높아지도록 차압을 형성하여 연기가 침투하지 못하게 하는 목적이므로 40Pa '이상'의 압력이 가해져야 하는 것이다.
그리고 출입문의 개방력 즉, 문을 열 때 들이는 힘은 110N '이하'여야 하는데 이는 가압되고 있는 상황에서 출입문이 너무 쉽게 열리면 그만큼 외부의 연기가 침투하기 쉬워지기 때문에 이를 막고자 최소한의 기준치를 정해두는데, 이러한 가압에 의해서 문에 실리는 무게가 너무 과하게 무거워지면 오히려 탈출이 어려워질 수도 있기 때문에 110N(뉴턴) '이하'가 되도록 정하고 있는 것이다. 따라서 최소차압은 40Pa 이상, 출입문의 개방력은 110N '이하'여야 옳다.

소방안전관리자 1급

헷갈리는 계산
문제 공략법

헷갈리는 계산 문제 공략법

01 [건축관계법령]의 내용 중, '**용적률**'과 '**건폐율**' 계산하기

• 용적률

① 용적률(담을 용 容, 쌓을 적 積)은 그 대지면적에 얼마큼 담아서 쌓아 올렸는지를 나타낸 비율이다.

② 그래서, 어떤 건축물의 각 층마다의 바닥면적을 모두 더한 값인 '연면적'을 대지면적으로 나눈 것 x100으로 계산한다.

③ 예를 들어 대지면적이 1,000m²이고 그 위에 세워진 어떤 건축물의 연면적(모든 층의 바닥면적을 다 합친 값＝쌓아 올린 면적)이 5,000m²라면, (연면적 5,000÷대지면적 1000)x100＝5x100으로 용적률 500%라는 계산이 나온다. 즉, 용적률이란 대지면적에 비해 그 위로 높이 쌓아 올린다면 대지면적보다도 연면적이 커질 수 있기 때문에 100%를 초과하는 값이 나올 수 있다.

• 건폐율

① 건폐율(엎지를 건 建, 덮을 폐 蔽)은 쉽게 말해서 대지면적이 테이블이라면, 그 위에 건물이 엎질러진 물처럼 얼마만큼의 면적을 덮어서 차지하고 있는지를 나타낸 비율이다.

② 그래서, 어떤 건축물의 외곽을 따라 차지하고 있는 면적인 '건축면적'을 대지면적으로 나눈 것 x100으로 계산한다.

③ 만약 대지면적이 1,000m²라면, 건축면적은 그 건물의 외벽을 따라 선을 쭉 이어 그렸을 때 둘러싸이는 면적을 의미하므로 건축면적은 대지면적인 1,000m²보다 커질 수 없다.

(연면적은 위로 쌓아 올리는 것이므로 대지면적보다 커질 수도 있지만, 건축면적은 건축물을 지을 수 있다고 허가해준 땅의 면적을 초과해서 그것보다 넓게 지을 수는 없으므로 건축면적은 최대한으로 커도 대지면적과 같거나 그보다 작을 수밖에 없다.)

④ 따라서 대지면적이 1,000m²이고 건축면적이 800m²라면 (건축면적 800÷대지면적 1,000)x100＝0.8x100＝80% 라는 계산이 나온다. 그래서 용적률과 다르게 '건폐율'은 100%를 초과할 수 없다.

1회차

2회차

3회차

4회차

5회차

6회차

마무리 문제

Yes or No 퀴즈

헷갈리는 계산
문제 공략법

02 [건축관계법령]의 내용 중, 방화구획(면적별 구획) 계산하기

① 1층부터 10층까지(10층 이하) : 바닥면적 1,000m² 이내마다 구획

② 11층부터(11층 이상) : 바닥면적 200m² 이내마다 구획

③ 11층부터＋내장재가 불연재인 경우 : 500m² 이내마다 구획

④ 그런데 스프링클러설비가 설치되어 있다면 ①~③ 기준면적 x3배

> **11층 바닥면적 6,000m²**
>
> **10층 바닥면적 6,000m²**

⑤ 따라서 위와 같은 건물의 일반적인 경우 10층은 6개로 방화구획하고, 11층은 두 가지 경우로 나눌 수 있다. 첫째, 11층의 내장재가 불연재가 아닌 경우는 200m² 이내마다 구획하여 총 6,000÷200으로 방화구획은 30개가 될 것이고, 둘째로 11층의 내장재가 불연재인 경우라면 500m² 이내마다 구획하여 총 6,000÷500으로 방화구획은 12개가 될 것이다.

⑥ 그런데 만약 위 건물에 스프링클러설비가 설치되어 있다면 10층은 기준면적 1,000m²x3인 3,000m² 이내가 기준이 되어 10층은 총 2개로 방화구획할 수 있다. 11층의 경우는 두 가지 경우로 나눌 수 있는데 만약 11층의 내장재가 불연재가 아니라면 기준면적 200m²x3배인 600m² 이내 기준이 적용되어 6,000m²÷600m²＝10개로 방화구획하거나, 또는 만약 11층의 내장재가 불연재일 경우라면 기준면적 500m²x3배인 1,500m² 이내 기준이 적용되어 6,000m²÷1,500m²＝4개로 방화구획을 설정할 수 있다.

① 하나의 경계구역에 2개 이상의 건축물이나 2개 이상의 층을 포함하지 않아야 하지만, 예외적으로 2개 층의 면적을 합쳐도 500m² '이하'라면 한 개의 경계구역으로 설정할 수 있다.

② 위와 같은 예외사항이 아니라면 기본적으로 하나의 경계구역의 면적은 600m² 이하 + 한 변의 길이 50m '이하'여야 한다.

③ 만약 출입구에서 그 내부 전체가 보이는 시설이라면 하나의 경계구역의 면적은 1,000m² 이하 + 한 변의 길이 50 m '이하'여야 한다.

▶ **[예시] 아래 그림의 건축물의 경계구역 최소 개수 계산하기**
　 (단, 한 변의 길이는 모두 50m로 이하고 1층은 출입구에서 내부 전체가 보이는 구조이다.)

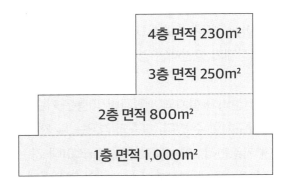

㉮ 1층은 출입구에서 내부 전체가 보이는 구조이므로 경계구역 설정 기준면적은 1,000m²가 적용된다. 이때 한 변의 길이는 모두 50m 이하라고 했으니 생각하지 않고, 면적에 따라 나눈다면 1층은 1개의 경계구역으로 설정할 수 있다. (만약, 한 변의 길이가 100m였다면 2개의 경계구역으로 설정)

㉯ 2층은 예외사항이 없으므로 기본적인 경계구역 기준면적인 600m²가 적용된다. 이때도 한 변의 길이는 모두 50m 이하라고 했으니 생각하지 않고, 면적에 따라 나눈다면 800m²는 기준면적인 600m²를 초과하기 때문에 2개의 경계구역으로 설정한다. (하나의 경계구역은 600m² 이하여야 하므로 800m²를 충족하려면 최소 2개 이상으로 나눠야 함.)

㉰ 3층과 4층의 면적을 더했을 때 500m² 이하이므로 ①번의 예외사항에 따라 3, 4층을 한 개의 경계구역으로 설정할 수 있다.

㉱ 따라서 1층은 1개, 2층은 2개, 3층과 4층을 묶어 1개의 경계구역으로 설정할 수 있으므로 최소 4개의 경계구역으로 나눌 수 있다.

04 [소방시설의 종류 및 구조·점검]의 내용 중, **펌프의 압력 세팅** 계산하기

① '주펌프의 정지점(Range) : 펌프가 정지하는 지점. (체절압력 직근의 값 또는 조금 높게 설정하도록 정하고 있으나 현재 시험 출제 면에서는 크게 의미가 없으므로, 'Range'가 '정지점'임을 알고 있는 것이 중요!)

② 주펌프의 기동점은 자연낙차압+K : 옥내소화전의 경우 K값은 자연낙차압에 +0.2MPa을 더하고, 스프링클러설비의 경우 K값은 자연낙차압에 +0.15MPa을 더한다.

③ Diff는 정지점-기동점 : 정지점(Range)에서 기동점을 뺀 값이 Diff이고 압력스위치를 세팅할 때는 정지점(Rnage)과 Diff 값을 드라이버로 조정해 설정한다.

충압펌프의 경우 너무 잦은 작동을 방지하기 위해 Diff는 최소 0.1MPa 이상이어야 한다.

④ 충압펌프는 주펌프의 범위 내에 있도록 설정하고, 주펌프와 충압펌프의 기동점 간격은 최소 0.05MPa 이상으로 한다. (충압펌프가 먼저 기동)

▶ [예시]

㉮ 주펌프의 압력스위치 세팅 모습이 다음과 같을 때의 정지점과 기동점

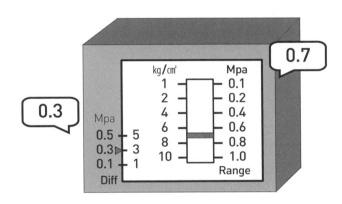

(1) 압력스위치상 오른편 Range가 정지점을 나타내므로 정지점은 0.7MPa

(2) 압력스위치상 왼편 Diff는 0.3MPa

(3) Diff = [정지점 - 기동점]이므로, 0.3(Diff) = [0.7(정지점) - 기동점]. 따라서 기동점은 0.4Mpa임을 알 수 있다.

㉯ 자연낙차압 유추하기

(1) 주펌프의 기동점은 '자연낙차압+K'로, 이때 K는 옥내소화전의 경우에는 0.2MPa, 스프링클러설비의 경우 0.15MPa로 계산한다.

(2) 그렇다면 위 그림과 같이 기동점이 0.4MPa일 때, 옥내소화전인 경우라면 : 기동점(0.4) = 자연낙차압 + K(0.2)로 자연낙차압은 0.2MPa.

(3) 만약 기동점이 0.4MPa일 때, 스프링클러설비인 경우라면 : 기동점(0.4) = 자연낙차압 + K(0.15)로 자연낙차압은 0.25MPa로 계산할 수 있다.

ⓒ 주펌프 및 충압펌프 압력 세팅 그래프 예시

주펌프와 충압펌프의 정지점, 기동점	주펌프와 충압펌프 압력세팅 값 비교
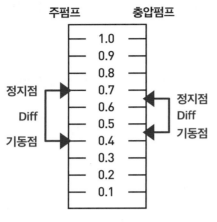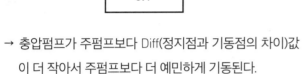→ 충압펌프가 주펌프보다 Diff(정지점과 기동점의 차이)값이 더 작아서 주펌프보다 더 예민하게 기동된다.	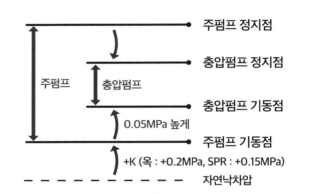

05 **저수량 계산하기**

① 옥내소화전 수원의 저수량

- **29층 이하**: 방수량 130L/min×20분(소방차 활동 개시까지 버텨야 하는 시간)으로 계산하여 29층 이하의 건물은 설치개수 N에 2.6m³(130l/min×20)로 계산한다. 그리고 이때 설치된 옥내소화전의 개수가 2개를 초과하여 4개, 5개가 되더라도 설치개수 N의 최대 개수는 2개까지로 제한한다. 즉 정리하면, 29층 이하의 건물에서는 옥내소화전이 3개 이상 설치되었더라도 설치 개수 N의 최대 개수는 2개까지이므로, 2×2.6m³ = 5.2m³이 된다. (1개만 설치된 경우에는 1×2.6m³이므로 2.6m³)

- **30층 ~ 49층**: 소방차 활동개시까지 버텨야 하는 시간이 40분으로 늘어나서 130L/min×40분으로 계산한 5.2m³를 설치개수 N에 곱한다. 또한 30층부터는 설치개수 N의 최대개수를 5개까지 설정할 수 있으므로, 옥내소화전이 5개 이상 설치되었다면 5×5.2 = 26m³(톤)이 된다. (만약 30~49층에서 옥내소화전이 1개만 설치되었다면 1×5.2로 계산, 3개만 설치되었다면 3×5.2로 계산하고, 5개를 초과해서 설치되었다면 5×5.2로 계산한다.)

- **50층 이상**: 소방차 활동개시까지 버텨야 하는 시간이 60분으로 늘어나서 130L/min×60분으로 계산한 7.8m³를 설치개수 N에 곱한다. 50층 이상도 설치개수 N의 최대개수는 5개까지이며 그 외 계산법은 30~49층에 적용하는 것과 동일하다. 옥내소화전이 5개 이상 설치되었더라도 5×7.8 = 39m³(톤). (4개만 설치되었다면 4×7.8로 계산)

② 옥외소화전 수원의 용량

- 소화전 설치개수에 7m³를 곱한 값인데 2개 이상 설치된 경우에는 최대개수 2개까지로 제한
    : 1개일 때는 7m³, 2개 이상일 때는 14m³

③ 스프링클러설비 수원의 저수량(폐쇄형 헤드)

- 스프링클러설비의 설치 기준(헤드 개수)

설치장소			기준 개수
(지하층 제외) 층수가 10층 이하인 대상물	공장	특수가연물 저장·취급	30
		그 밖의 것	20
	근생·판매·운수 또는 복합	판매시설 또는 복합건축물(판매시설이 설치되는 복합건축물)	30
		그 밖의 것	20
	헤드 부착 높이	8m 이상	20
		8m 미만	10
층수 11층 이상 대상물(아파트 제외), 지하가·지하역사			30

- 29층 이하: 헤드 기준개수 × 1.6m³으로 계산 (80L/min × 20분이 1.6m³이므로.)

- 30층~49층 이하: 기준개수 × 3.2m³ 이상 (80L/min × 40분)

- 50층 이상: 기준개수 × 4.8m³ 이상 (80L/min × 60분)

[예시] 지하역사의 경우 기준개수 30개 × 1.6m³ = 48m³(48,000L)

④ 소화용수설비 - 저수량 계산하기

1) 소방대상물의 1층 및 2층 바닥면적의 합계가 15,000m² 이상인 건축물	(연면적÷7,500m²)x20m³	연면적 나누기 기준면적 계산 시, 소수점 이하는 1로 계산한다.
2) 위에 해당하지 않는 그 밖의 건축물	(연면적÷12,500m²)x20m³	

▶ [예시]

① 소방대상물의 1층 및 2층 바닥면적의 합계가 18,000m²인 건축물

: (18,000m²÷7,500m²)을 먼저 계산하면, 2.4가 나오는데 이때 소수점 이하(0.1부터 0.9)는 1로 절상하는 것으로 보기 때문에 3x20m³＝60m³

② 소방대상물의 바닥면적의 합계가 13,500m²인 건축물

: 바닥면적의 합이 15,000m²가 안 되는 경우이므로 두 번째 공식을 적용하여 (13,500m²÷12,500m²)을 먼저 계산하면, 1.08이 나오는데 이때 소수점 이하는 1로 절상하는 것으로 보기 때문에 2x20m³＝40m³

06 피난기구 설치 개수

Q1. 4층에 위치한 바닥면적 1,000m²의 숙박시설로 객실은 5개이다. 이때 설치해야 하는 완강기의 개수를 구하시오.

① 숙박시설은 바닥면적 500m²마다 1개 이상 피난기구를 설치하므로 설치수량 기준 면적에 따라 계산하면, 해당 숙박시설의 바닥면적 1,000m² ÷ 500m²(기준 면적) = 2.

② 그런데 숙박시설의 3층 이상의 객실에는 완강기 또는 둘 이상의 간이완강기를 '객실마다' 추가로 설치해야 하므로, 4층에 위치한 해당 숙박시설은 5개의 객실에 완강기를 추가로 설치해야 한다.

③ 따라서 2 + 5(객실마다 추가 설치) = 7개의 완강기를 설치하는 것으로 계산할 수 있다.

(CHECK! 참고로 이때 만약, 객실마다 추가로 설치하는 것이 '간이완강기'였다면, 숙박시설에서 추가로 설치하는 '간이' 완강기는 객실마다 둘 이상이므로, 객실 하나당 2개 → 5개의 객실에는 총 10개를 설치하는 것으로 계산할 수 있다.)

| 피난기구의 설치수량(층마다 설치)

소방대상물의 용도	면적에 따른 설치 수량 기준
계단실형 아파트	각 세대마다 1개 이상
노유자시설·숙박시설·의료시설	바닥면적 500m²마다 1개 이상
위락·문화집회 및 운동·판매시설로 사용되는 층 또는 복합용도의 층	바닥면적 800m²마다 1개 이상
그 밖의 용도의 층	바닥면적 1,000m²마다 1개 이상

| 추가 설치해야 하는 피난기구

소방대상물의 용도	추가 설치해야 하는 피난기구 종류	수량
숙박시설(휴양콘도미니엄 제외)	완강기 또는 2 이상의 간이완강기	객실마다 설치
「공동주택관리법」에서 정하는 공동주택	공기안전매트	하나의 관리주체가 관리하는 공동주택 구역마다 1개 이상 설치
4층 이상의 층에 설치된 노유자시설 중 장애인 관련 시설(주된 사용자 중 스스로 피난이 불가한 자가 있는 경우)	구조대	층마다 1개 이상 설치

Q2. 지하 1층, 지상 5층 규모의 사무실로 각 층의 바닥면적은 2,000m²이다. 주요구조부는 내화구조이고, 직통계단인 특별피난계단이 2개소 설치되어 있을 때 해당 사무실의 피난기구 설치 개수를 구하시오.

① 사무실은 '그 밖의 용도의 층'으로 피난기구 설치 수량 기준 면적 1,000m²가 적용된다.

② 그럼 한 층을 기준으로 바닥면적 2,000m² ÷ 1,000m² = 2.

③ 이때 '내화구조 + (특별)피난계단을 둘 이상 설치'함에 따라 1/2 설치 감소 조건이 적용되어, 2개 X $\frac{1}{2}$ = 1개.

④ 그리고 설치 장소별 피난기구 적응성 표에 따라, 문제의 사무실에서 피난기구의 적응성이 있는 층은 3층부터 5층이므로, 1개 X 3개 층(3층, 4층, 5층) = 3개.

서 채 빈

| 약력 및 경력

- 유튜브 챕스랜드 운영
- 소방안전관리자 1급 자격증 취득(2022년 4월)
- 소방안전관리자 2급 자격증 취득(2021년 2월)
- H 레포트 공유 사이트 자료 판매 누적 등급 A+

챕스랜드 소방안전관리자1급 고난도 예상 기출유형 찜쪄먹기

발행일 2025년 2월 12일
발행인 조순자
발행처 인성재단(종이향기)
편저자 서채빈
디자인 서시영

※ 낙장이나 파본은 교환해 드립니다.
※ 이 책의 무단 전제 또는 복제행위는 저작권법 제136조에 의거하여 처벌을 받게 됩니다.

정 가 32,000원   **ISBN** 979-11-94539-40-7

소방안전관리자 1급 답안지

*연습용 답안지

답 안 표 기 란

번호	1	2	3	4	5
1	①	②	③	④	⑤
2	①	②	③	④	⑤
3	①	②	③	④	⑤
4	①	②	③	④	⑤
5	①	②	③	④	⑤
6	①	②	③	④	⑤
7	①	②	③	④	⑤
8	①	②	③	④	⑤
9	①	②	③	④	⑤
10	①	②	③	④	⑤
11	①	②	③	④	⑤
12	①	②	③	④	⑤
13	①	②	③	④	⑤
14	①	②	③	④	⑤
15	①	②	③	④	⑤
16	①	②	③	④	⑤
17	①	②	③	④	⑤
18	①	②	③	④	⑤
19	①	②	③	④	⑤
20	①	②	③	④	⑤
21	①	②	③	④	⑤
22	①	②	③	④	⑤
23	①	②	③	④	⑤
24	①	②	③	④	⑤
25	①	②	③	④	⑤
26	①	②	③	④	⑤
27	①	②	③	④	⑤
28	①	②	③	④	⑤
29	①	②	③	④	⑤
30	①	②	③	④	⑤
31	①	②	③	④	⑤
32	①	②	③	④	⑤
33	①	②	③	④	⑤
34	①	②	③	④	⑤
35	①	②	③	④	⑤
36	①	②	③	④	⑤
37	①	②	③	④	⑤
38	①	②	③	④	⑤
39	①	②	③	④	⑤
40	①	②	③	④	⑤
41	①	②	③	④	⑤
42	①	②	③	④	⑤
43	①	②	③	④	⑤
44	①	②	③	④	⑤
45	①	②	③	④	⑤
46	①	②	③	④	⑤
47	①	②	③	④	⑤
48	①	②	③	④	⑤
49	①	②	③	④	⑤
50	①	②	③	④	⑤

※ OMR카드 작성요령

1. 감독관 지시에 따라 응답지를 작성할 것.
2. 반드시 컴퓨터용싸인펜들 사용할 것.
3. 인적사항은 좌측부터, 성명은 복모음에 유의하여 작성할 것.

성 명

시 험 응 시

감 독 확 인

고유번호

험 번 호 수

성 별: 남 / 여

생 년 월 일

소방안전관리자 1급 답안지

※ OMR카드 작성요령

1. 감독관 지시에 따라 응답지를 작성할 것.

2. 반드시 컴퓨터용싸인펜을 사용할 것.

3. 인적사항은 좌측부터, 성명은 복모음에 유의하여 작성할 것.

시 험 명

감 독 확 인

수험번호

고유번호

성명

생년월일

년 월 일

남 / 여

성명

답 안 표 기 란

번호	①	②	③	④	⑤
1	①	②	③	④	⑤
2	①	②	③	④	⑤
3	①	②	③	④	⑤
4	①	②	③	④	⑤
5	①	②	③	④	⑤
6	①	②	③	④	⑤
7	①	②	③	④	⑤
8	①	②	③	④	⑤
9	①	②	③	④	⑤
10	①	②	③	④	⑤
11	①	②	③	④	⑤
12	①	②	③	④	⑤
13	①	②	③	④	⑤
14	①	②	③	④	⑤
15	①	②	③	④	⑤
16	①	②	③	④	⑤
17	①	②	③	④	⑤
18	①	②	③	④	⑤
19	①	②	③	④	⑤
20	①	②	③	④	⑤
21	①	②	③	④	⑤
22	①	②	③	④	⑤
23	①	②	③	④	⑤
24	①	②	③	④	⑤
25	①	②	③	④	⑤
26	①	②	③	④	⑤
27	①	②	③	④	⑤
28	①	②	③	④	⑤
29	①	②	③	④	⑤
30	①	②	③	④	⑤
31	①	②	③	④	⑤
32	①	②	③	④	⑤
33	①	②	③	④	⑤
34	①	②	③	④	⑤
35	①	②	③	④	⑤
36	①	②	③	④	⑤
37	①	②	③	④	⑤
38	①	②	③	④	⑤
39	①	②	③	④	⑤
40	①	②	③	④	⑤
41	①	②	③	④	⑤
42	①	②	③	④	⑤
43	①	②	③	④	⑤
44	①	②	③	④	⑤
45	①	②	③	④	⑤
46	①	②	③	④	⑤
47	①	②	③	④	⑤
48	①	②	③	④	⑤
49	①	②	③	④	⑤
50	①	②	③	④	⑤

*연습용 답안지

소방안전관리자 1급 답안지

※ OMR카드 작성요령

1. 감독관 지시에 따라 응답지를 작성할 것.
2. 반드시 컴퓨터용싸인펜을 사용할 것.
3. 인적사항은 좌측부터, 성명은 복모음에 유의하여 작성할 것.

성명

응시분야

감독확인

고유번호		⓪①②③④⑤⑥⑦⑧⑨
		⓪①②③④⑤⑥⑦⑧⑨
		⓪①②③④⑤⑥⑦⑧⑨
		⓪①②③④⑤⑥⑦⑧⑨

수험번호		⓪①②③④⑤⑥⑦⑧⑨
		⓪①②③④⑤⑥⑦⑧⑨
		⓪①②③④⑤⑥⑦⑧⑨
		⓪①②③④⑤⑥⑦⑧⑨
		⓪①②③④⑤⑥⑦⑧⑨
		⓪①②③④⑤⑥⑦⑧⑨
		⓪①②③④⑤⑥⑦⑧⑨
		⓪①②③④⑤⑥⑦⑧⑨

| 성별 | ⓪ | 남 |
| | ⓪ | 여 |

생년월일	년	⓪①②③④⑤⑥⑦⑧⑨
		⓪①②③④⑤⑥⑦⑧⑨
	월	⓪①②③④⑤⑥⑦⑧⑨
		⓪①②③④⑤⑥⑦⑧⑨
	일	⓪①②③④⑤⑥⑦⑧⑨
		⓪①②③④⑤⑥⑦⑧⑨

답안 표기란

번호	①	②	③	④	⑤	번호	①	②	③	④	⑤	번호	①	②	③	④	⑤
1	①	②	③	④	⑤	21	①	②	③	④	⑤	41	①	②	③	④	⑤
2	①	②	③	④	⑤	22	①	②	③	④	⑤	42	①	②	③	④	⑤
3	①	②	③	④	⑤	23	①	②	③	④	⑤	43	①	②	③	④	⑤
4	①	②	③	④	⑤	24	①	②	③	④	⑤	44	①	②	③	④	⑤
5	①	②	③	④	⑤	25	①	②	③	④	⑤	45	①	②	③	④	⑤
6	①	②	③	④	⑤	26	①	②	③	④	⑤	46	①	②	③	④	⑤
7	①	②	③	④	⑤	27	①	②	③	④	⑤	47	①	②	③	④	⑤
8	①	②	③	④	⑤	28	①	②	③	④	⑤	48	①	②	③	④	⑤
9	①	②	③	④	⑤	29	①	②	③	④	⑤	49	①	②	③	④	⑤
10	①	②	③	④	⑤	30	①	②	③	④	⑤	50	①	②	③	④	⑤
11	①	②	③	④	⑤	31	①	②	③	④	⑤						
12	①	②	③	④	⑤	32	①	②	③	④	⑤						
13	①	②	③	④	⑤	33	①	②	③	④	⑤						
14	①	②	③	④	⑤	34	①	②	③	④	⑤						
15	①	②	③	④	⑤	35	①	②	③	④	⑤						
16	①	②	③	④	⑤	36	①	②	③	④	⑤						
17	①	②	③	④	⑤	37	①	②	③	④	⑤						
18	①	②	③	④	⑤	38	①	②	③	④	⑤						
19	①	②	③	④	⑤	39	①	②	③	④	⑤						
20	①	②	③	④	⑤	40	①	②	③	④	⑤						

*연습용 답안지

소방안전관리자 1급 답안지

※ OMR카드 작성요령

1. 감독관 지시에 따라 응답지를 작성할 것.
2. 반드시 컴퓨터용싸인펜을 사용할 것.
3. 인적사항은 좌측부터, 성명은 복모음에 유의하여 작성할 것.

이 름
시 험 번 호

감독확인
확 인

수 험 번 호

생 년 월 일

고 유 번 호

성 별   남   여

성 명

문번	답안표기란					문번	답안표기란				
1	①	②	③	④	⑤	21	①	②	③	④	⑤
2	①	②	③	④	⑤	22	①	②	③	④	⑤
3	①	②	③	④	⑤	23	①	②	③	④	⑤
4	①	②	③	④	⑤	24	①	②	③	④	⑤
5	①	②	③	④	⑤	25	①	②	③	④	⑤
6	①	②	③	④	⑤	26	①	②	③	④	⑤
7	①	②	③	④	⑤	27	①	②	③	④	⑤
8	①	②	③	④	⑤	28	①	②	③	④	⑤
9	①	②	③	④	⑤	29	①	②	③	④	⑤
10	①	②	③	④	⑤	30	①	②	③	④	⑤
11	①	②	③	④	⑤	31	①	②	③	④	⑤
12	①	②	③	④	⑤	32	①	②	③	④	⑤
13	①	②	③	④	⑤	33	①	②	③	④	⑤
14	①	②	③	④	⑤	34	①	②	③	④	⑤
15	①	②	③	④	⑤	35	①	②	③	④	⑤
16	①	②	③	④	⑤	36	①	②	③	④	⑤
17	①	②	③	④	⑤	37	①	②	③	④	⑤
18	①	②	③	④	⑤	38	①	②	③	④	⑤
19	①	②	③	④	⑤	39	①	②	③	④	⑤
20	①	②	③	④	⑤	40	①	②	③	④	⑤

문번	답안표기란				
41	①	②	③	④	⑤
42	①	②	③	④	⑤
43	①	②	③	④	⑤
44	①	②	③	④	⑤
45	①	②	③	④	⑤
46	①	②	③	④	⑤
47	①	②	③	④	⑤
48	①	②	③	④	⑤
49	①	②	③	④	⑤
50	①	②	③	④	⑤

*연습용 답안지

소방안전관리자 1급 답안지

*연습용 답안지

답 안 표 기 란

문번	1	2	3	4	5		문번	1	2	3	4	5
1	①	②	③	④	⑤		21	①	②	③	④	⑤
2	①	②	③	④	⑤		22	①	②	③	④	⑤
3	①	②	③	④	⑤		23	①	②	③	④	⑤
4	①	②	③	④	⑤		24	①	②	③	④	⑤
5	①	②	③	④	⑤		25	①	②	③	④	⑤
6	①	②	③	④	⑤		26	①	②	③	④	⑤
7	①	②	③	④	⑤		27	①	②	③	④	⑤
8	①	②	③	④	⑤		28	①	②	③	④	⑤
9	①	②	③	④	⑤		29	①	②	③	④	⑤
10	①	②	③	④	⑤		30	①	②	③	④	⑤
11	①	②	③	④	⑤		31	①	②	③	④	⑤
12	①	②	③	④	⑤		32	①	②	③	④	⑤
13	①	②	③	④	⑤		33	①	②	③	④	⑤
14	①	②	③	④	⑤		34	①	②	③	④	⑤
15	①	②	③	④	⑤		35	①	②	③	④	⑤
16	①	②	③	④	⑤		36	①	②	③	④	⑤
17	①	②	③	④	⑤		37	①	②	③	④	⑤
18	①	②	③	④	⑤		38	①	②	③	④	⑤
19	①	②	③	④	⑤		39	①	②	③	④	⑤
20	①	②	③	④	⑤		40	①	②	③	④	⑤
41	①	②	③	④	⑤							
42	①	②	③	④	⑤							
43	①	②	③	④	⑤							
44	①	②	③	④	⑤							
45	①	②	③	④	⑤							
46	①	②	③	④	⑤							
47	①	②	③	④	⑤							
48	①	②	③	④	⑤							
49	①	②	③	④	⑤							
50	①	②	③	④	⑤							

※ OMR카드 작성요령

1. 감독관 지시에 따라 응답지를 작성할 것.

2. 반드시 컴퓨터용싸인펜을 사용할 것.

3. 인적사항은 좌측부터, 성명은 복모음에 유의하여 작성할 것.

성명

고유번호

수험번호

성별: 남 ⊙ / 여 ⊙

생년월일

시 험 응 시

감 독 확 인

소방안전관리자 1급 답안지

※ OMR카드 작성요령

1. 감독관 지시에 따라 응답지를 작성할 것.
2. 반드시 컴퓨터용싸인펜을 사용할 것.
3. 인적사항은 좌측부터, 성명은 복모음에 유의하여 작성할 것

성명	감독확인	응시분야

수험번호

고유번호

성명

성별 | 남 | 여 |

답 안 표 기 란

1	① ② ③ ④ ⑤
2	① ② ③ ④ ⑤
3	① ② ③ ④ ⑤
4	① ② ③ ④ ⑤
5	① ② ③ ④ ⑤
6	① ② ③ ④ ⑤
7	① ② ③ ④ ⑤
8	① ② ③ ④ ⑤
9	① ② ③ ④ ⑤
10	① ② ③ ④ ⑤
11	① ② ③ ④ ⑤
12	① ② ③ ④ ⑤
13	① ② ③ ④ ⑤
14	① ② ③ ④ ⑤
15	① ② ③ ④ ⑤
16	① ② ③ ④ ⑤
17	① ② ③ ④ ⑤
18	① ② ③ ④ ⑤
19	① ② ③ ④ ⑤
20	① ② ③ ④ ⑤

21	① ② ③ ④ ⑤
22	① ② ③ ④ ⑤
23	① ② ③ ④ ⑤
24	① ② ③ ④ ⑤
25	① ② ③ ④ ⑤
26	① ② ③ ④ ⑤
27	① ② ③ ④ ⑤
28	① ② ③ ④ ⑤
29	① ② ③ ④ ⑤
30	① ② ③ ④ ⑤
31	① ② ③ ④ ⑤
32	① ② ③ ④ ⑤
33	① ② ③ ④ ⑤
34	① ② ③ ④ ⑤
35	① ② ③ ④ ⑤
36	① ② ③ ④ ⑤
37	① ② ③ ④ ⑤
38	① ② ③ ④ ⑤
39	① ② ③ ④ ⑤
40	① ② ③ ④ ⑤

41	① ② ③ ④ ⑤
42	① ② ③ ④ ⑤
43	① ② ③ ④ ⑤
44	① ② ③ ④ ⑤
45	① ② ③ ④ ⑤
46	① ② ③ ④ ⑤
47	① ② ③ ④ ⑤
48	① ② ③ ④ ⑤
49	① ② ③ ④ ⑤
50	① ② ③ ④ ⑤

*연습용 답안지

소방안전관리자 1급 답안지

답 안 표 기 란

번호	①	②	③	④	⑤		번호	①	②	③	④	⑤		번호	①	②	③	④	⑤
1	①	②	③	④	⑤		21	①	②	③	④	⑤		41	①	②	③	④	⑤
2	①	②	③	④	⑤		22	①	②	③	④	⑤		42	①	②	③	④	⑤
3	①	②	③	④	⑤		23	①	②	③	④	⑤		43	①	②	③	④	⑤
4	①	②	③	④	⑤		24	①	②	③	④	⑤		44	①	②	③	④	⑤
5	①	②	③	④	⑤		25	①	②	③	④	⑤		45	①	②	③	④	⑤
6	①	②	③	④	⑤		26	①	②	③	④	⑤		46	①	②	③	④	⑤
7	①	②	③	④	⑤		27	①	②	③	④	⑤		47	①	②	③	④	⑤
8	①	②	③	④	⑤		28	①	②	③	④	⑤		48	①	②	③	④	⑤
9	①	②	③	④	⑤		29	①	②	③	④	⑤		49	①	②	③	④	⑤
10	①	②	③	④	⑤		30	①	②	③	④	⑤		50	①	②	③	④	⑤
11	①	②	③	④	⑤		31	①	②	③	④	⑤							
12	①	②	③	④	⑤		32	①	②	③	④	⑤							
13	①	②	③	④	⑤		33	①	②	③	④	⑤							
14	①	②	③	④	⑤		34	①	②	③	④	⑤							
15	①	②	③	④	⑤		35	①	②	③	④	⑤							
16	①	②	③	④	⑤		36	①	②	③	④	⑤							
17	①	②	③	④	⑤		37	①	②	③	④	⑤							
18	①	②	③	④	⑤		38	①	②	③	④	⑤							
19	①	②	③	④	⑤		39	①	②	③	④	⑤							
20	①	②	③	④	⑤		40	①	②	③	④	⑤							

*연습용 답안지

※ OMR카드 작성요령

1. 감독관 지시에 따라 응답지를 작성할 것.

2. 반드시 컴퓨터용싸인펜을 사용할 것.

3. 인적사항은 좌측부터, 성명은 복모음에 유의하여 작성할 것.

성 명

시 험 응 시

감 독 확 인

고 유 번 호

수 험 번 호

성 별: 남, 여

생 년 월 일

소방안전관리자 1급 답안지

※ OMR카드 작성요령

1. 감독관 지시에 따라 응답지를 작성할 것.
2. 반드시 컴퓨터용싸인펜을 사용할 것.
3. 인적사항은 좌측부터, 성명은 복모음에 유의하여 작성할 것.

수험번호				

| 감독확인 | |

성별	남	여
	◎	◎

생년월일		월	일

고유번호				

성명				

답 안 표 기 란

번호	①	②	③	④	⑤
1	①	②	③	④	⑤
2	①	②	③	④	⑤
3	①	②	③	④	⑤
4	①	②	③	④	⑤
5	①	②	③	④	⑤
6	①	②	③	④	⑤
7	①	②	③	④	⑤
8	①	②	③	④	⑤
9	①	②	③	④	⑤
10	①	②	③	④	⑤
11	①	②	③	④	⑤
12	①	②	③	④	⑤
13	①	②	③	④	⑤
14	①	②	③	④	⑤
15	①	②	③	④	⑤
16	①	②	③	④	⑤
17	①	②	③	④	⑤
18	①	②	③	④	⑤
19	①	②	③	④	⑤
20	①	②	③	④	⑤

번호	①	②	③	④	⑤
21	①	②	③	④	⑤
22	①	②	③	④	⑤
23	①	②	③	④	⑤
24	①	②	③	④	⑤
25	①	②	③	④	⑤
26	①	②	③	④	⑤
27	①	②	③	④	⑤
28	①	②	③	④	⑤
29	①	②	③	④	⑤
30	①	②	③	④	⑤
31	①	②	③	④	⑤
32	①	②	③	④	⑤
33	①	②	③	④	⑤
34	①	②	③	④	⑤
35	①	②	③	④	⑤
36	①	②	③	④	⑤
37	①	②	③	④	⑤
38	①	②	③	④	⑤
39	①	②	③	④	⑤
40	①	②	③	④	⑤

번호	①	②	③	④	⑤
41	①	②	③	④	⑤
42	①	②	③	④	⑤
43	①	②	③	④	⑤
44	①	②	③	④	⑤
45	①	②	③	④	⑤
46	①	②	③	④	⑤
47	①	②	③	④	⑤
48	①	②	③	④	⑤
49	①	②	③	④	⑤
50	①	②	③	④	⑤

*연습용 답안지

소방안전관리자 1급 답안지

*연습용 답안지

답안표기란

번호	답안	번호	답안	번호	답안
1	① ② ③ ④ ⑤	21	① ② ③ ④ ⑤	41	① ② ③ ④ ⑤
2	① ② ③ ④ ⑤	22	① ② ③ ④ ⑤	42	① ② ③ ④ ⑤
3	① ② ③ ④ ⑤	23	① ② ③ ④ ⑤	43	① ② ③ ④ ⑤
4	① ② ③ ④ ⑤	24	① ② ③ ④ ⑤	44	① ② ③ ④ ⑤
5	① ② ③ ④ ⑤	25	① ② ③ ④ ⑤	45	① ② ③ ④ ⑤
6	① ② ③ ④ ⑤	26	① ② ③ ④ ⑤	46	① ② ③ ④ ⑤
7	① ② ③ ④ ⑤	27	① ② ③ ④ ⑤	47	① ② ③ ④ ⑤
8	① ② ③ ④ ⑤	28	① ② ③ ④ ⑤	48	① ② ③ ④ ⑤
9	① ② ③ ④ ⑤	29	① ② ③ ④ ⑤	49	① ② ③ ④ ⑤
10	① ② ③ ④ ⑤	30	① ② ③ ④ ⑤	50	① ② ③ ④ ⑤
11	① ② ③ ④ ⑤	31	① ② ③ ④ ⑤		
12	① ② ③ ④ ⑤	32	① ② ③ ④ ⑤		
13	① ② ③ ④ ⑤	33	① ② ③ ④ ⑤		
14	① ② ③ ④ ⑤	34	① ② ③ ④ ⑤		
15	① ② ③ ④ ⑤	35	① ② ③ ④ ⑤		
16	① ② ③ ④ ⑤	36	① ② ③ ④ ⑤		
17	① ② ③ ④ ⑤	37	① ② ③ ④ ⑤		
18	① ② ③ ④ ⑤	38	① ② ③ ④ ⑤		
19	① ② ③ ④ ⑤	39	① ② ③ ④ ⑤		
20	① ② ③ ④ ⑤	40	① ② ③ ④ ⑤		

※ OMR카드 작성요령

1. 감독관 지시에 따라 응답지를 작성할 것.
2. 반드시 컴퓨터용싸인펜을 사용할 것.
3. 인적사항은 좌측부터, 성명은 복모음에 유의하여 작성할 것.

성 명

시 응 험 시

감 독 확 인

고유번호

수 험 번 호

생 년 월 일

성 별 남 / 여

소방안전관리자 1급 답안지

※ OMR카드 작성요령

1. 감독관 지시에 따라 응답지를 작성할 것.
2. 반드시 컴퓨터용싸인펜을 사용할 것.
3. 인적사항은 좌측부터, 성명은 볼모음에 유의하여 작성할 것.

시험 분야

감독 확인

수험번호

고유번호

생년월일

| 년 | 월 | 일 |

성별 | 남 ⊙ | 여 ⊙ |

성명

답 안 표 기 란					
1	①	②	③	④	⑤
2	①	②	③	④	⑤
3	①	②	③	④	⑤
4	①	②	③	④	⑤
5	①	②	③	④	⑤
6	①	②	③	④	⑤
7	①	②	③	④	⑤
8	①	②	③	④	⑤
9	①	②	③	④	⑤
10	①	②	③	④	⑤
11	①	②	③	④	⑤
12	①	②	③	④	⑤
13	①	②	③	④	⑤
14	①	②	③	④	⑤
15	①	②	③	④	⑤
16	①	②	③	④	⑤
17	①	②	③	④	⑤
18	①	②	③	④	⑤
19	①	②	③	④	⑤
20	①	②	③	④	⑤
21	①	②	③	④	⑤
22	①	②	③	④	⑤
23	①	②	③	④	⑤
24	①	②	③	④	⑤
25	①	②	③	④	⑤
26	①	②	③	④	⑤
27	①	②	③	④	⑤
28	①	②	③	④	⑤
29	①	②	③	④	⑤
30	①	②	③	④	⑤
31	①	②	③	④	⑤
32	①	②	③	④	⑤
33	①	②	③	④	⑤
34	①	②	③	④	⑤
35	①	②	③	④	⑤
36	①	②	③	④	⑤
37	①	②	③	④	⑤
38	①	②	③	④	⑤
39	①	②	③	④	⑤
40	①	②	③	④	⑤
41	①	②	③	④	⑤
42	①	②	③	④	⑤
43	①	②	③	④	⑤
44	①	②	③	④	⑤
45	①	②	③	④	⑤
46	①	②	③	④	⑤
47	①	②	③	④	⑤
48	①	②	③	④	⑤
49	①	②	③	④	⑤
50	①	②	③	④	⑤

소방안전관리자 1급 답안지

*연습용 답안지

답 안 표 기 란

번호	①	②	③	④	⑤	번호	①	②	③	④	⑤
1	①	②	③	④	⑤	21	①	②	③	④	⑤
2	①	②	③	④	⑤	22	①	②	③	④	⑤
3	①	②	③	④	⑤	23	①	②	③	④	⑤
4	①	②	③	④	⑤	24	①	②	③	④	⑤
5	①	②	③	④	⑤	25	①	②	③	④	⑤
6	①	②	③	④	⑤	26	①	②	③	④	⑤
7	①	②	③	④	⑤	27	①	②	③	④	⑤
8	①	②	③	④	⑤	28	①	②	③	④	⑤
9	①	②	③	④	⑤	29	①	②	③	④	⑤
10	①	②	③	④	⑤	30	①	②	③	④	⑤
11	①	②	③	④	⑤	31	①	②	③	④	⑤
12	①	②	③	④	⑤	32	①	②	③	④	⑤
13	①	②	③	④	⑤	33	①	②	③	④	⑤
14	①	②	③	④	⑤	34	①	②	③	④	⑤
15	①	②	③	④	⑤	35	①	②	③	④	⑤
16	①	②	③	④	⑤	36	①	②	③	④	⑤
17	①	②	③	④	⑤	37	①	②	③	④	⑤
18	①	②	③	④	⑤	38	①	②	③	④	⑤
19	①	②	③	④	⑤	39	①	②	③	④	⑤
20	①	②	③	④	⑤	40	①	②	③	④	⑤
41	①	②	③	④	⑤	46	①	②	③	④	⑤
42	①	②	③	④	⑤	47	①	②	③	④	⑤
43	①	②	③	④	⑤	48	①	②	③	④	⑤
44	①	②	③	④	⑤	49	①	②	③	④	⑤
45	①	②	③	④	⑤	50	①	②	③	④	⑤

※ OMR카드 작성요령

1. 감독관 지시에 따라 응답지를 작성할 것.
2. 반드시 컴퓨터용싸인펜을 사용할 것.
3. 인적사항은 좌측부터, 성명은 복모음에 유의하여 작성할 것.

성 명

고유번호

수험번호

생년월일

성별

	⊙
남	⊙
여	⊙

시험응시분야

감독확인

소방안전관리자 1급 답안지

※ OMR카드 작성요령

1. 감독관 지시에 따라 응답지를 작성할 것.
2. 반드시 컴퓨터용싸인펜을 사용할 것.
3. 인적사항은 좌측부터, 성명은 복모음에 유의하여 작성할 것.

이 시험 분야

감독확인

수험번호

생년월일 년 월 일

고유번호

성명

여 **남** **성별**

답안표기란

문번	①	②	③	④	⑤
1	①	②	③	④	⑤
2	①	②	③	④	⑤
3	①	②	③	④	⑤
4	①	②	③	④	⑤
5	①	②	③	④	⑤
6	①	②	③	④	⑤
7	①	②	③	④	⑤
8	①	②	③	④	⑤
9	①	②	③	④	⑤
10	①	②	③	④	⑤
11	①	②	③	④	⑤
12	①	②	③	④	⑤
13	①	②	③	④	⑤
14	①	②	③	④	⑤
15	①	②	③	④	⑤
16	①	②	③	④	⑤
17	①	②	③	④	⑤
18	①	②	③	④	⑤
19	①	②	③	④	⑤
20	①	②	③	④	⑤
21	①	②	③	④	⑤
22	①	②	③	④	⑤
23	①	②	③	④	⑤
24	①	②	③	④	⑤
25	①	②	③	④	⑤
26	①	②	③	④	⑤
27	①	②	③	④	⑤
28	①	②	③	④	⑤
29	①	②	③	④	⑤
30	①	②	③	④	⑤
31	①	②	③	④	⑤
32	①	②	③	④	⑤
33	①	②	③	④	⑤
34	①	②	③	④	⑤
35	①	②	③	④	⑤
36	①	②	③	④	⑤
37	①	②	③	④	⑤
38	①	②	③	④	⑤
39	①	②	③	④	⑤
40	①	②	③	④	⑤
41	①	②	③	④	⑤
42	①	②	③	④	⑤
43	①	②	③	④	⑤
44	①	②	③	④	⑤
45	①	②	③	④	⑤
46	①	②	③	④	⑤
47	①	②	③	④	⑤
48	①	②	③	④	⑤
49	①	②	③	④	⑤
50	①	②	③	④	⑤

*연습용 답안지